PAPIER Minis

Anka Brüggemann

Haupt
GESTALTEN

PAPIER Minis

Dekoratives und Kunstvolles
aus alten Büchern

Anka Brüggemann

Haupt Verlag

Inhalt

Kapitel | 1

Schneiden – Minis aus Streifen und Kreisen

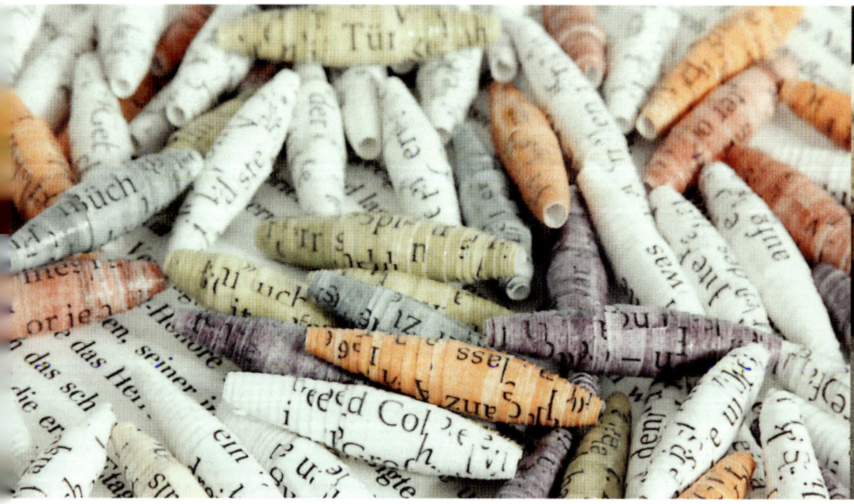

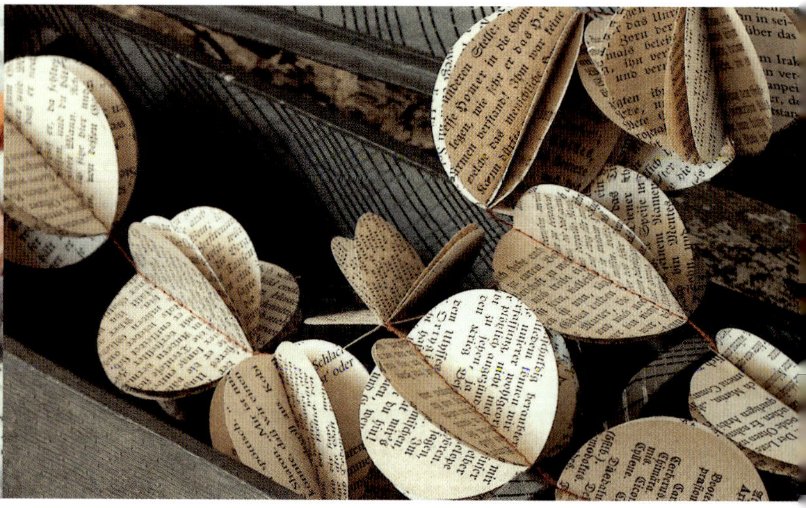

Kapitel | 2

Falten – Minis zum Schmücken und Blättern

Kapitel | 3

Flora & Fauna – Minis zum Aufhängen und Aufstellen

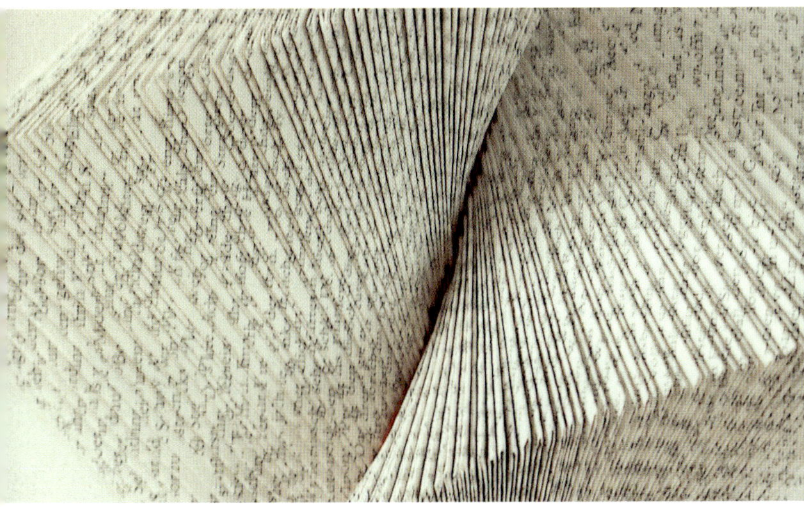

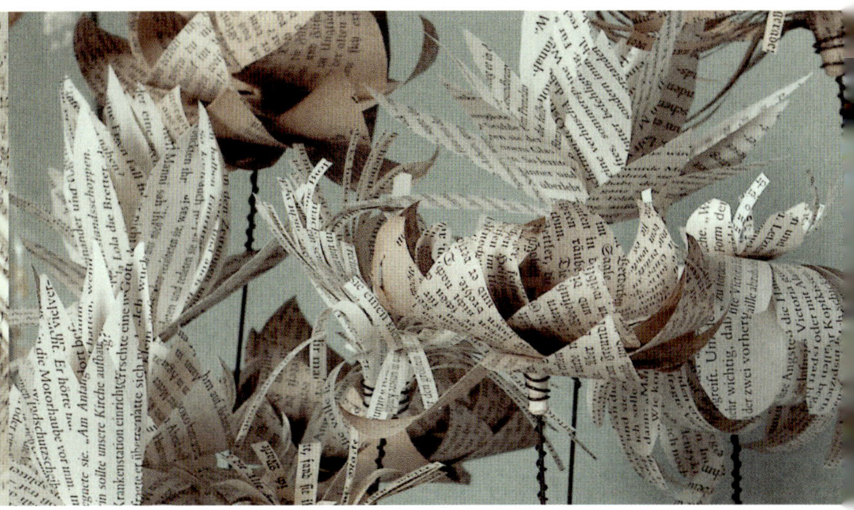

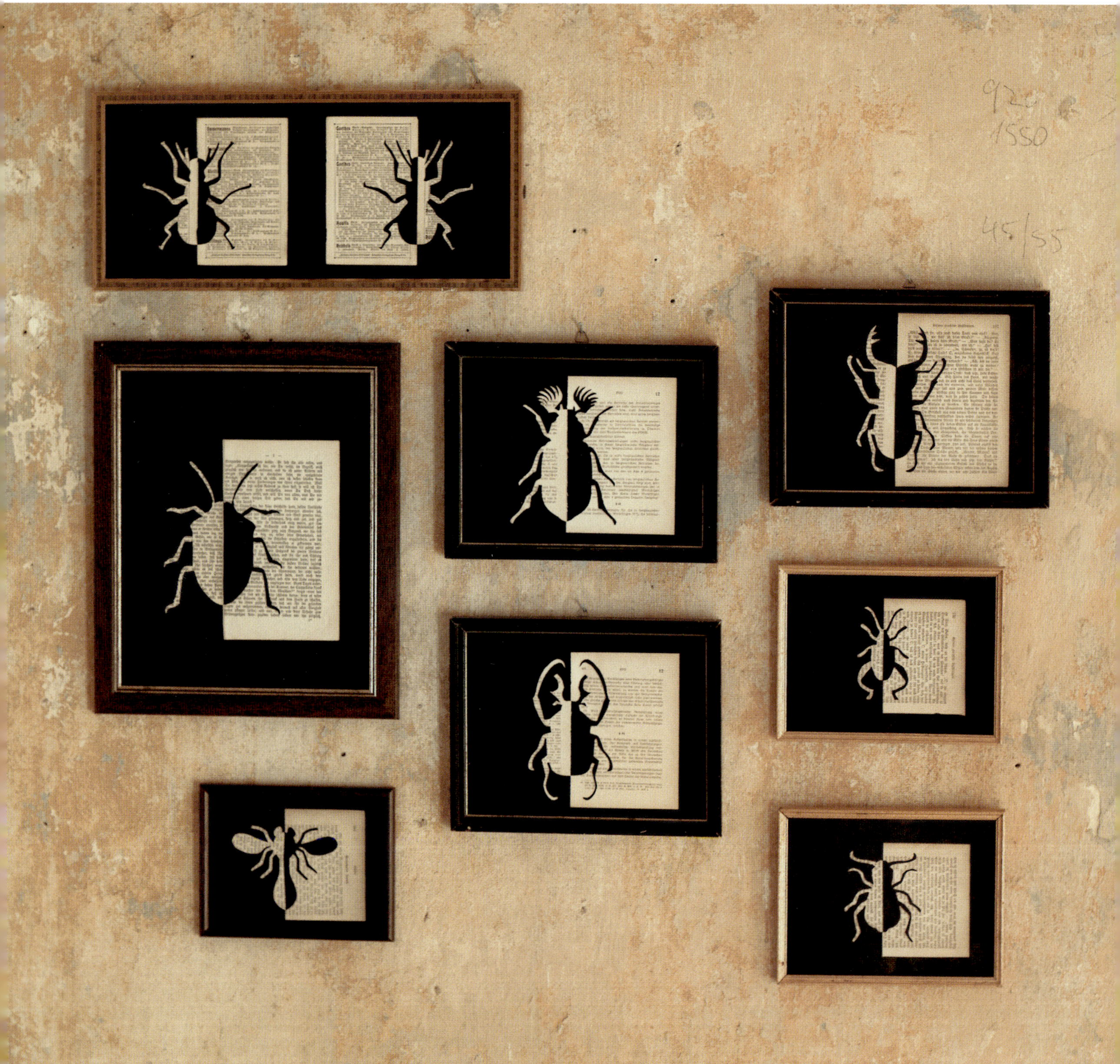

Vorwort

Alte Bücher, die keiner mehr liest, begegnen uns inzwischen überall: überholte Fach- und Sachbücher, beschädigte oder zerlesene Exemplare oder alte Druckwerke, deren Schrift heute kaum noch einer entziffern kann. Trotzdem mag man sie nicht wegwerfen, denn auch in diese Bücher kann man sich verlieben – in den Geruch der Buchseiten, in die Haptik und die Farben des Papiers, in schöne Schriftarten und Textstrukturen, in kunstvolle Illustrationen und ausgesuchte Farben.

Da liegt es doch nahe, aus den alten Buchseiten zauberhafte Dekoobjekte herzustellen, die durch ihre schlichte und zeitlose Eleganz faszinieren. Dazu will ich Sie mit diesem Buch inspirieren.

Einige der einfachen Objekte kennen wir so bereits aus Kindertagen. Andere Objekte sind schon echte Klassiker unter den Papierarbeiten. Und doch wirken sie – aus Buchseiten hergestellt – so ganz anders und sind kaum wiederzuerkennen.

Anfänger und Ungeübte finden ausführliche Schritt-für-Schritt-Anleitungen mit Vorlagen. Was auf den ersten Blick kompliziert aussieht, ist oft verblüffend einfach herzustellen. In vielen Fällen zeige ich zudem, wie das Objekt abgewandelt und verändert werden kann. Fortgeschrittene lassen sich möglicherweise von den vielen Fotos zum Experimentieren anregen. Meine Modelle mögen ihnen als Starthilfe und Anregung dienen, eigene Ideen zu entwickeln und selbst zu wunderschönen Ergebnissen zu kommen.

Ich wünsche allen gutes Gelingen.

März 2017 Anka Brüggemann

PS Mein wichtigster Tipp: Geben Sie nicht auf, wenn Sie eine Anleitung nicht sofort verstehen. Manchmal muss man erst ein wenig probieren, damit alles klar erscheint.

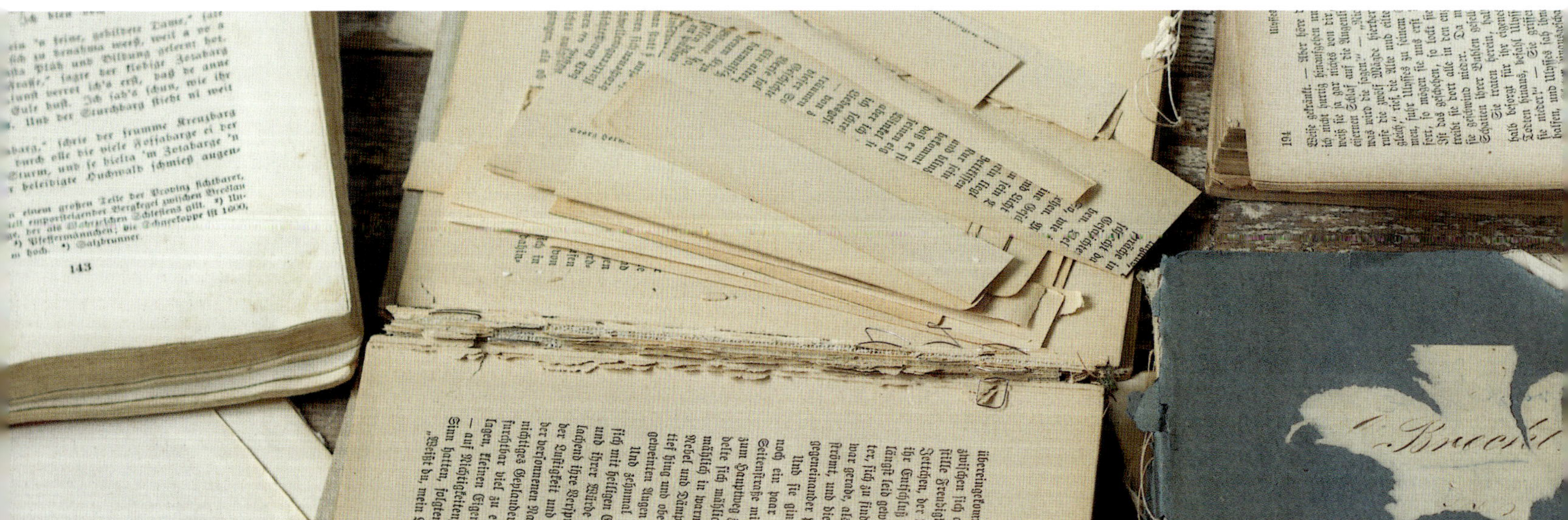

Grundlagen

Auch wenn für die Objekte im Buch ganz unterschiedliche Techniken verwendet werden, gibt es doch viele Gemeinsamkeiten bei ihrer Herstellung. Es ist sinnvoll, sich mit diesen grundlegenden Dingen vetraut zu machen, bevor ein Objekt in Angriff genommen wird. Das Kapitel Grundlagen ist wie ein kleines Nachschlagewerk aufgebaut — es lohnt sich, zwischendurch immer mal wieder hineinzuschauen.

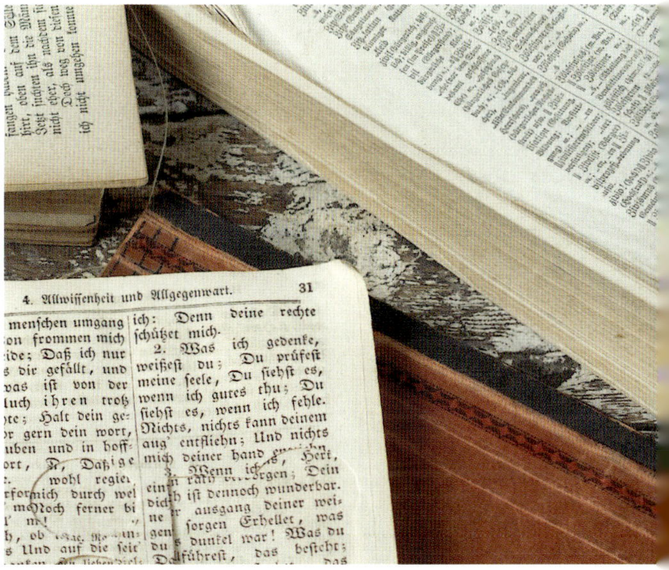

Über die Arbeit mit diesem Buch

Das Buch beginnt mit einigen ausgewählten Grundlagen zu Material und Werkzeug und beschränkt sich bei den Arbeitstechniken auf Tipps und Tricks, die sich speziell auf die Arbeit mit Buchseiten beziehen.

Die Papierobjekte zum Nacharbeiten sind auf 3 Kapitel verteilt: In Kapitel 1 wird hauptsächlich geschnitten und geklebt. In Kapitel 2 liegt der Schwerpunkt auf dem Falten von Papier. Kapitel 3 mischt die verschiedenen Methoden und präsentiert Objekte, die in Anlehnung an die Natur entstanden sind.

Jedem einzelnen Objekt wird zu Beginn einer von 3 Schwierigkeitsgraden zugeordnet:

ungeübt	★☆☆
fortgeschritten	★★☆
anspruchsvoll	★★★

Die Schritt-für-Schritt-Anleitungen werden durch Zeichnungen ergänzt, die die Vorgehensweise verdeutlichen. Für Ungeübte habe ich die Anleitungen einfach gehalten und exakte Kopiervorlagen beigefügt, sodass jedes Objekt genau nachgearbeitet werden kann.

Haben Sie erst ein paar einfache Objekte hergestellt, werden Ihnen auch die anderen Modelle keine Schwierigkeiten mehr bereiten. Sie sollten immer daran denken: Alle Anleitungen sind in erster Linie Starthilfen und sollen Ihnen als Anregung dienen, durch kleine Veränderungen individuelle Objekte zu schaffen.

Viele Modelle sind mit Draht kombiniert. Auch wenn Sie noch nie mit Draht gearbeitet haben, sollten Sie nicht davor zurückschrecken. Mit nur wenig Übung werden Sie schnell zu schönen Ergebnissen kommen.

Um die Faltanleitungen besser nachvollziehen zu können, wurden in den Zeichnungen einige Elemente verwendet, die der japanischen Faltkunst, dem Origami, entlehnt sind, wie z. B. Berg- und Talfalten. Bergfalten werden als blaue und Talfalten als orangefarbene Linien dargestellt.

Talfalten orange

Bergfalten blau

Blatt drehen

Blatt wenden

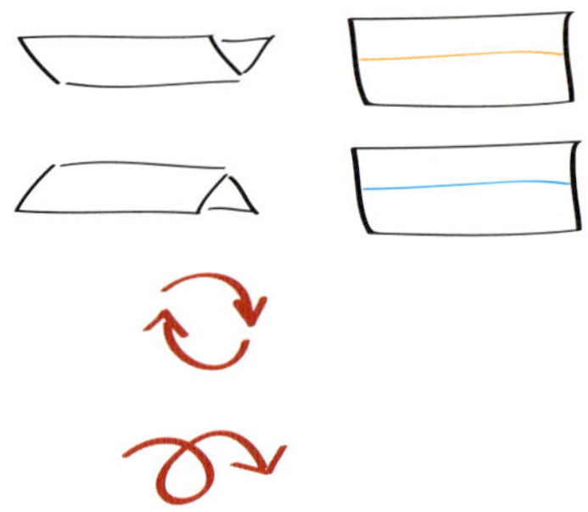

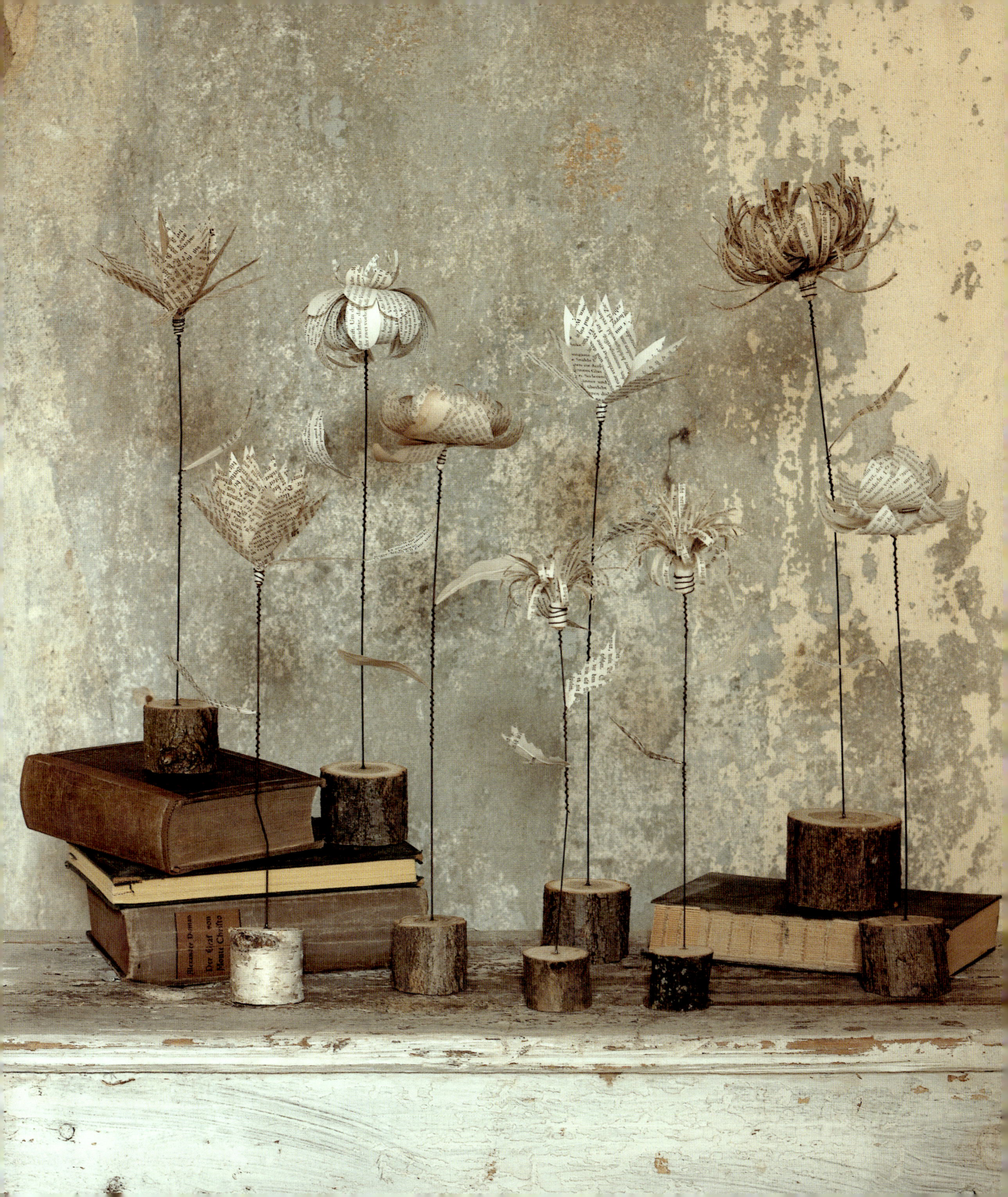

Kleine Buchkunde

Einband

Die äußere Hülle eines Buchs, die aus den Buchdeckeln und dem Buchrücken besteht. Der Einband schützt den Buchblock und verleiht dem Buch Stabilität.

Buchdeckel

Der vordere und hintere Buchdeckel bestehen aus Karton (bis 500 g/m²) oder Pappe (über 500 g/m²). Buchdeckel sind meist mit Papier oder Gewebe bezogen.

Buchrücken

Der Teil des Buchs, in dem die Blätter zusammengeheftet oder -geklebt sind. Ist der Rücken mit dem Buchblock verklebt, spricht man von einem festen Buchrücken, ist der Buchblock durch einen Kartonstreifen vom Rücken isoliert und bildet sich beim Aufschlagen ein Hohlraum, spricht man von einem hohlen Buchrücken.

Buchblock

Die gefalzten und zusammengefügten Blätter (ohne Vorsatzpapier) eines Buchs, die fadengeheftet oder klebegebunden sind.

Vorsatzpapier

Jedes Hardcover (Buch mit festem Einband) hat ein vorderes und ein hinteres Vorsatzpapier aus festerem Papier in der Größe einer doppelten Buchseite. Es wird mit dem Buchblock und dem Buchdeckel fest verklebt, ist fast immer unbedruckt, aber in alten Büchern manchmal marmoriert.

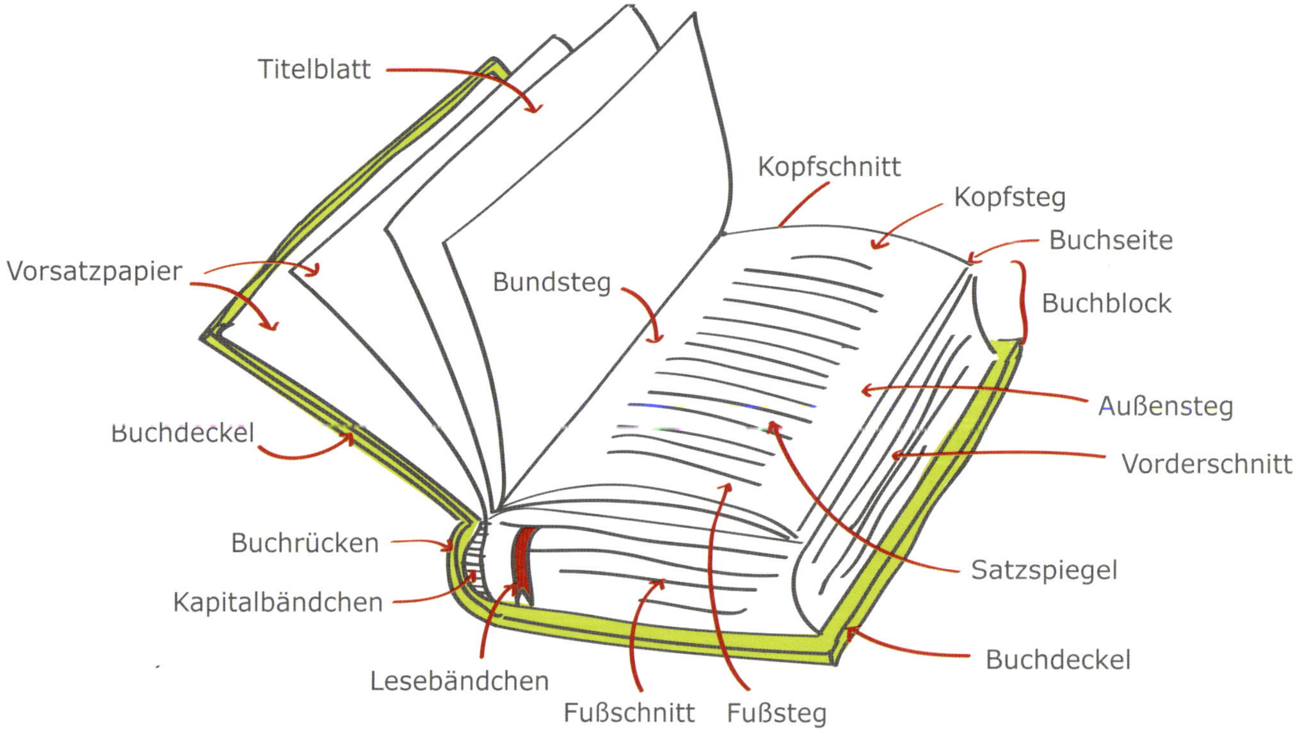

Buchseite
Jedes Blatt hat 2 Seiten, die in der Regel mit Seitenzahlen versehen sind: Die Vorderseite ist ungerade, die Rückseite gerade nummeriert.

Satzspiegel
Der bedruckte Teil bzw. der zum Bedrucken zur Verfügung stehende Teil einer Seite.

Steg
Die unbedruckten Ränder einer Buchseite werden als Stege bezeichnet: Den oberen Seitenrand nennt man Kopfsteg, den unteren Fußsteg. Der Bundsteg ist der innere, der Außensteg der äußere Seitenrand.

Titelblatt
Das Titelblatt enthält die wichtigsten Informationen zum Buch, also Titel und Autor und vor allem bei älteren Büchern auch bibliografische Angaben. Oft ist es typografisch schön gestaltet. Meist folgt das Titelblatt auf den sogenannten Schmutztitel, die 1. Seite des Buchs, die lediglich den Autor und den Buchtitel nennt.

Buchschnitt
Die 3 offenen Seiten des Buchblocks: Es gibt den Kopfschnitt, den Fußschnitt sowie den Vorderschnitt. Bei alten Büchern sind die Schnitte manchmal eingefärbt oder gemustert.

Kapitalbändchen
Der farbige (Zier-)Stoffstreifen am oberen und unteren Ende des Buchrückens, dessen Kanten es verdeckt und schützt.

Lesebändchen
Das schmale Stoffband in Hardcovern, das als Lesezeichen dienen soll. In älteren Büchern gibt es fast immer ein Lesebändchen. Heute wird aus Kostengründen meist darauf verzichtet.

Merkmale von Buchseitenpapier

Buchseite ist nicht gleich Buchseite. Hier gibt es eine große Bandbreite. Die erfolgreiche Umsetzung einer Idee ist nicht zuletzt von den Eigenschaften der bedruckten Papierseiten abhängig. Deshalb lohnt es, sich hier einen Überblick zu verschaffen.

Grammatur
Grammatur bezeichnet das Gewicht von Papier, es wird stets bezogen auf 1 m^2 angegeben.
Für den Buchdruck werden üblicherweise Papiere mit einer Grammatur zwischen 80 und 140 g/m^2 eingesetzt. Bei alten Bibeln oder Gesangbüchern wurde meist Dünndruckpapier verwendet, also 30 bis 60 g/m^2, während bei Bildbänden auch schon mal Papiere von 170 oder gar 200 g/m^2 zu finden sind.

Volumen
Das Volumen bezeichnet die Dicke von Papier, immer im Verhältnis zum Gewicht. Es ist abhängig davon, wie stark der Faserverbund bei der Herstellung verdichtet wird.
Bei einem Gewicht von 100 g/m^2 bedeutet ein einfaches Volumen eine Buchseitendicke von 0,1 mm. Bei sehr starker Faserverdichtung ist sogar ein Volumen unter 1 möglich.
Der Faserverbund von voluminösen Papieren ist

locker und zeichnet sich durch viele Hohlräume aus. Deshalb gilt: Je größer das Volumen, desto weicher und saugfähiger wird die Buchseite. Übliche Volumen bei Buchseiten sind 0,75, 1, 1,25, 1,5, 1,75, 2 und 2,2.
Papier mit einem großen Volumen reißt bei komplizierteren Faltarbeiten schnell und ist deshalb für solche Arbeiten ungeeignet. Um aber Papierperlen zu wickeln, eignet sich wiederum ein großes Volumen hervorragend.

Laufrichtung

Industriell gefertigte Papiere besitzen immer eine Laufrichtung, die vom Faserverlauf abhängt. Sie kann quer oder längs liegen.
Bei den meisten Büchern wird das Papier mit der Laufrichtung parallel zum Rücken verarbeitet.
Die Laufrichtung lässt sich durch eine Reißprobe feststellen: Eine Seite einmal quer zur langen und einmal quer zur kurzen Seite reißen. Der glatteste Riss zeigt die Laufrichtung an. Eine Buchseite lässt sich in Laufrichtung leichter biegen und der Falz wird sauberer. Kommt eine Buchseite während der Bearbeitung mit Feuchtigkeit in Berührung, z. B. durch Kleber, dehnt sie sich vor allem quer zur Laufrichtung aus, zieht sich aber beim Trocknen wieder zusammen.

Format

Das Format bezeichnet die Abmessungen eines Buchs. Die Auswahl der für Bücher verwendeten Formate ist riesig. Allein ein Blick ins private Buchregal macht dies deutlich.
Das Format wird immer in Breite x Höhe angegeben und bezieht sich auf das Cover. Bei Hardcovern ist das Format der Buchseite meist etwas kleiner als das Cover.
Das Buchformat begrenzt die Größe des zur Verfügung stehenden einzelnen Blatts Papier.
Bei Büchern mit Fadenheftung lässt sich die Blattgröße verdoppeln.
Wichtig ist das Format auch dann, wenn Satzspiegel und Stege (unbedruckte Seitenränder) als „Muster“ ins Papierobjekt integriert werden sollen.

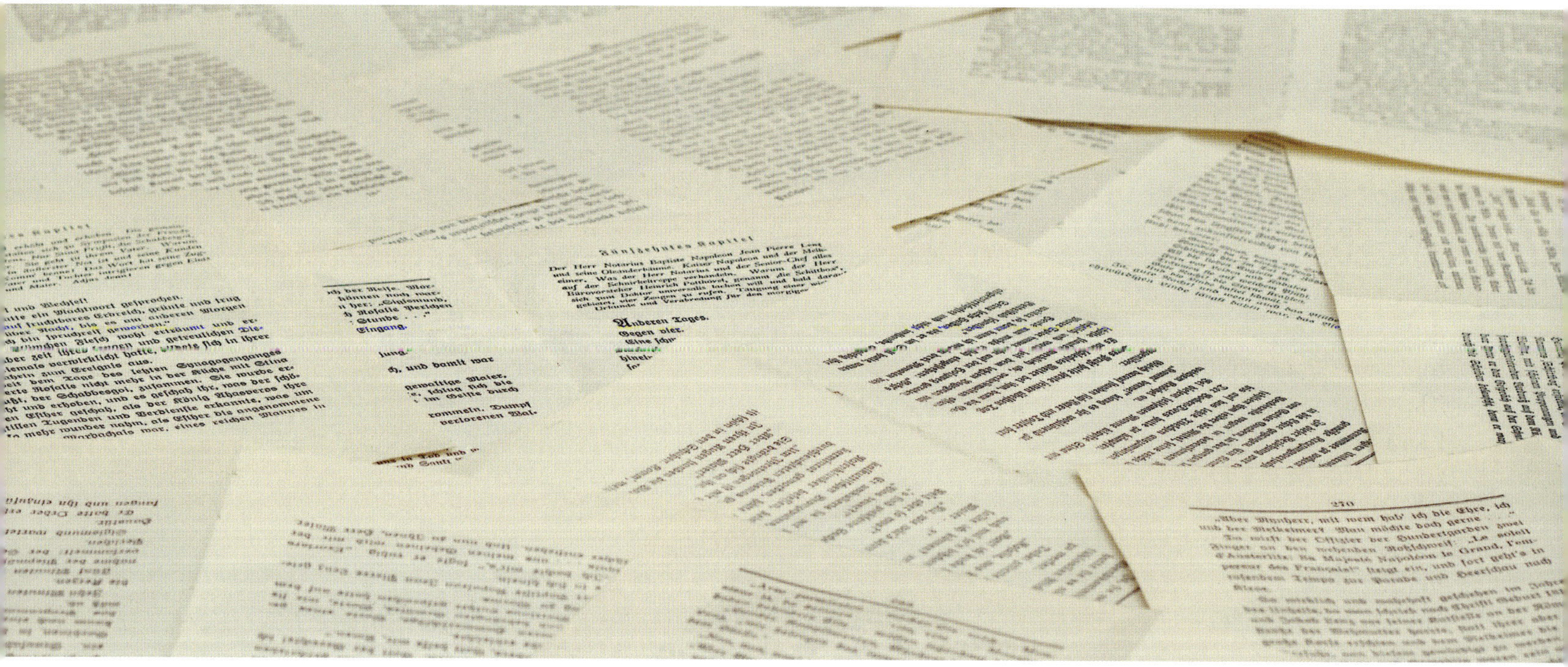

Man muss sich nur zu helfen wissen

Papierfläche vergrößern

Soll ein Objekt größer ausfallen, reicht das Format der Buchseiten oft nicht aus, um die Teile auszuschneiden. Am einfachsten ist es in einem solchen Fall, Buchseiten oder Ausschnitte von Buchseiten zusammenzukleben. Dafür die Ränder bis maximal 0,5 cm aufeinanderkleben.

TIPP: Ein schöner Effekt kann sich ergeben, wenn mit der Nähmaschine und farbigem Garn über die Klebestellen genäht wird.

Es gibt aber auch Objekte, z. B. viele Faltobjekte, an denen die zufälligen Klebestellen unschön aussehen würden. Dann ist es besser, die Papierfläche schrittweise erst bei der Herstellung des Objekts zu vergrößern, um die Klebestelle in einem Falz möglichst unauffällig „verschwinden" zu lassen. Bei den Plisseeanhängern wird diese Methode in der Schritt-für-Schritt-Anleitung angewendet.

Papier stabiler machen

Für größere Objekte sind einzelne Buchseiten oft nicht stabil genug. Dann kann es hilfreich sein, 2 Seiten übereinanderzukleben – 2 Seiten aus demselben Buch oder die gewünschte Buchseite und eine stabilere Seite. Je nach verwendetem Kleber und Art der geplanten Weiterverarbeitung kann es erforderlich sein, das stabilisierte Papier zu verarbeiten, bevor der Kleber ausgehärtet ist.

Lass es alt aussehen

Vergilbtes Papier sieht sehr schön aus. Oft ist es aber schon brüchig und eignet sich für verschiedene Arbeiten nicht mehr.
Mit Tee lässt sich für fast jede Buchseite dieser Effekt künstlich erzeugen: Starken Tee aufbrühen, abkühlen lassen und durch ein Sieb in eine flache Schale kippen. Die Buchseiten einzeln hineinlegen, sie müssen völlig mit Tee bedeckt sein. Je länger die Seite im Tee liegen bleibt, desto dunkler wird sie. Zum Schluss herausnehmen und trocknen lassen.
Die Seite kann unter einem dicken Bücherstapel wieder ganz glatt gepresst werden.

Farbe gewünscht

Natürlich kann auch das fertige Objekt noch angemalt werden. Aber durch Klebestellen, Falze u. Ä. wird die Farbe vom Papier meist nicht mehr gleichmäßig aufgenommen. Deshalb ist es besser, die Buchseiten schon vor der Verarbeitung einzufärben.
Ein ganz normaler Schultuschkasten genügt: Die Farbe ordentlich mit Wasser verdünnen, damit die Schrift der Buchseite nach dem Einfärben gut lesbar bleibt. Mit einem dicken Pinsel oder einem Schwamm die Seite einstreichen und trocknen lassen, ggf. mit der Rückseite genauso verfahren. Werden die eingefärbten Seiten ausreichend gepresst, sind sie wieder ganz glatt.

Format gesucht

Für manche Papierobjekte muss das Buch ein bestimmtes Verhältnis von Breite zu Höhe haben. Benötigt man nur einzelne Buchseiten, ist dies kein Problem. Sie lassen sich zuschneiden.
Aber ein ganzer Buchblock? Auch dann kann das Format angepasst werden – sofern das Buch eine Klebebindung hat.

Zunächst überzählige Seiten durch Herausreißen entfernen. Unbedingt ein paar Reserveseiten einplanen, da sich die äußeren Seiten beim Bearbeiten gerne mal lösen. Überstehende Reste der Klebebindung vorsichtig mit einer scharfen Schere entfernen.

Aus harter Pappe eine Schablone im gewünschten Format anfertigen. Die Schablone auf die oberste Seite legen und an zwei Kanten ausrichten, einmal an der Bindung und einmal an der oberen oder unteren Kante. Mit einem Cutter ausschneiden.

Kleine Reparaturen

Trotz größter Vorsicht kann ein Papierobjekt auch mal beschädigt werden. War seine Herstellung sehr aufwendig, lohnt sich meist eine Reparatur. Da eine „falsche" Buchseite sofort ins Auge sticht, sollten Sie sich für solche Notfälle ein kleines Papierarchiv anlegen. Dazu von allen verwendeten Buchseiten ein paar Stücke zusammen in einen Umschlag legen und außen notieren, für welches Objekt dies der Notfallkoffer ist.

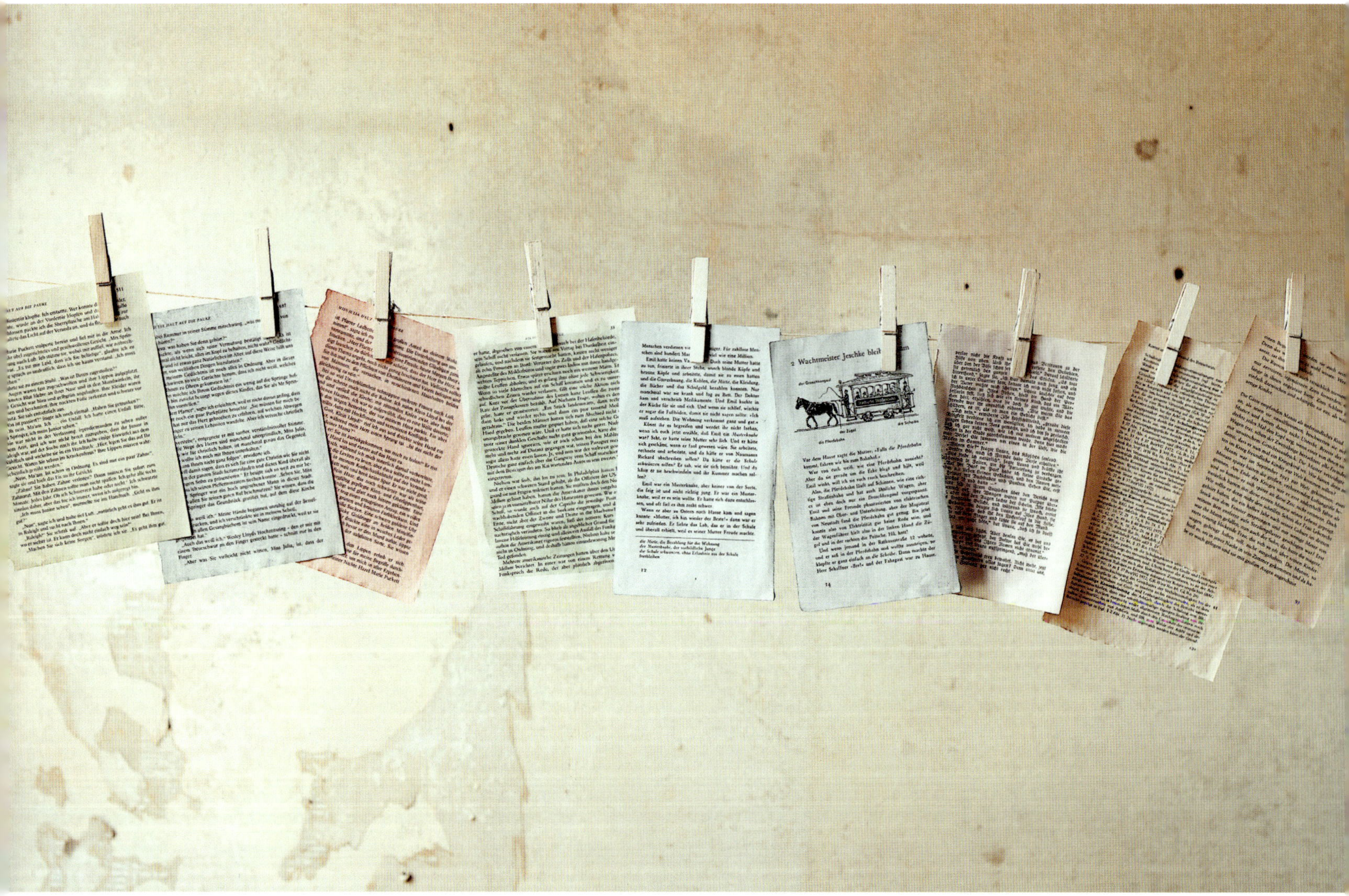

Die wichtigsten Werkzeuge und Materialien

Ein gut beleuchteter Arbeitsplatz, ein paar Werkzeuge und Materialien – das ist schon alles, was Sie für die Arbeit mit diesem Buch brauchen. Hier stelle ich die Werkzeuge vor, ohne die es gar nicht geht.

Schere

2 scharfe Scheren gehören zur Grundausstattung, eine große für den Normalfall und eine kleine und sehr spitze, wenn es um Details geht.

Cutter und Skalpell

Kommt es bei Schnitten auf besondere Genauigkeit an, reicht die Schere oft nicht. Dann kommt ein Cutter oder ein Skalpell zum Einsatz.
Der Cutter kann auch eingesetzt werden, wenn harte Pappen (z. B. Buchdeckel) geschnitten werden müssen. Besitzt man einen Papierschneider, kann dieser den Cutter bei geraden Schnitten ersetzen. So geht das Schneiden noch einfacher.

Schneidematte

Die Anschaffung dieser besonders robusten Schneide- und Arbeitsunterlage lohnt sich. Sie schont nicht nur den Tisch vor Einschnitten, Feuchtigkeit oder Kleber, sondern auch die Klinge des Schneidegerätes. Das zentimetergenaue Raster ist immer wieder sehr hilfreich.

Lineale

Unverzichtbar ist ein ca. 30 cm langes Metalllineal mit Gummistopper auf der Rückseite. Es verrutscht nicht beim Anzeichnen und kann gleichzeitig als Anlegekante für Cutter oder Skalpell dienen. Das Geodreieck wird benötigt, wenn es beim Zuschneiden der Papiere für Faltarbeiten auf einen exakten rechten Winkel ankommt.

Bleistift

Ein Druckbleistift ist immer gut gespitzt und stets einsatzbereit. Idealerweise wird eine dünne Mine der Stärke 2H verwendet, weil die Striche möglichst unsichtbar bleiben sollen. Für den Fall, dass man die Striche zwischen den Buchstaben einer Buchseite nicht erkennen kann, sollte auch ein Bleistift der Stärke HB bereitliegen. Und natürlich darf ein Radiergummi nicht fehlen.

Locher

Kleine Löcher ganz genau zu positionieren, geht am besten mit einer Lochzange, an der sich verschiedene Lochstärken einstellen lassen. Oft genügen aber auch eine dicke Nadel oder ein Nagel und ein Hammer.

Papierklammern

Davon kann man nicht genug haben. Sie hinterlassen keinen Abdruck auf dem Papier. Wäscheklammern mit einer glatten Fläche sind eine preiswerte Alternative.

Falzbein

Kein Muss, aber viele schwören drauf. Mit den Enden lässt sich zur Vorbereitung des Faltens eine Nut ziehen. Die Falten fallen durch das Flachstreichen schärfer aus. Zum Nuten kann aber auch eine stumpfe Stopfnadel verwendet werden.

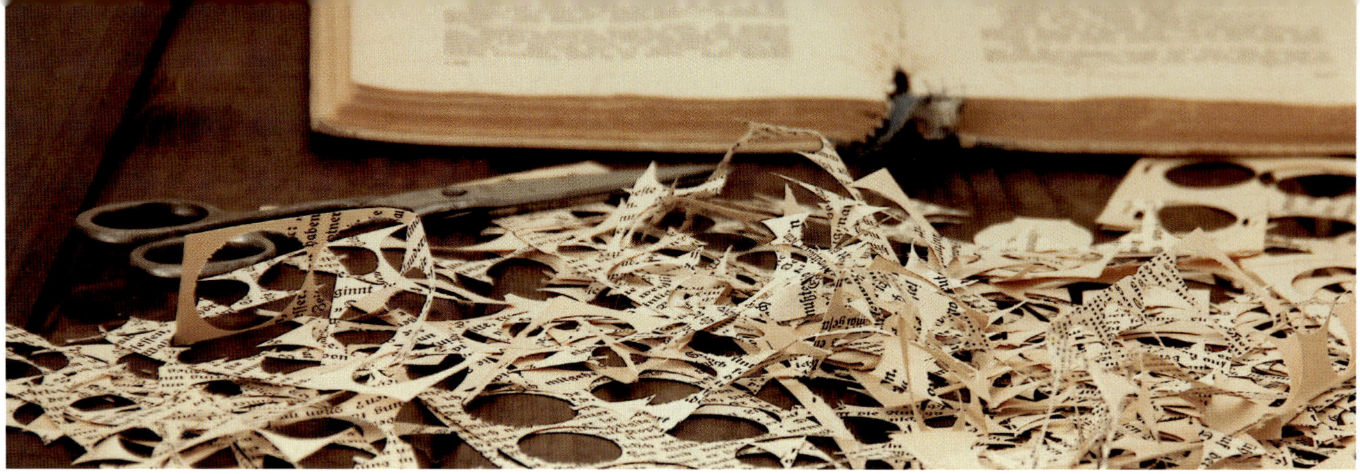

Zangenset

Es sollte aus Flachzange, Rundzange und Seitenschneider bestehen und ist für das Verarbeiten von Draht unverzichtbar. Mit der Flachzange wird der Draht gehalten und geknickt, mit der Rundzange geformt und mit dem Seitenschneider gekürzt.

Zeitungspapier

Das Papier von Tageszeitungen lässt sich in Kleister eingeweicht sehr gut formen und kann hervorragend für die 1. Lage beim Kaschieren eingesetzt werden. Es klebt auf fast jedem Untergrund und ist dadurch als Grundierung geeignet, bevor Buchseiten auf ein anderes Material geklebt werden.

Holz- oder Bastelleim

Auch als Weißleim bekannt. Er wird auf eine oder beide Seiten der zu klebenden Fläche aufgetragen, bei größeren Flächen am besten mit dem Pinsel, und muss während der Trockenzeit gepresst werden. Er kann mit Wasser verdünnt werden, dann klebt er nicht ganz so schnell fest. Auch wenn man größere Flächen zusammenklebt, wellt sich das Papier nicht.

Alleskleber

Ein flüssiger Kunstharzklebstoff, besonders praktisch in der Flasche. Die Klebeverbindung bleibt noch kurzfristig nachregulierbar. Das Papier wellt sich nicht.

Kleister

Kleister aus Zellulose ist beim Kaschieren oftmals die beste Wahl. Meist ist er in Pulverform erhältlich und wird portionsweise mit Wasser angerührt. Zum Auftragen verwendet man am besten einen Pinsel. Kleister trocknet farblos. Ist er trocken, ist er nicht mehr elastisch.

Heißkleber

Ein Klebestick wird in der Heißklebepistole erhitzt und dadurch geschmolzen. Je heißer der Kleber aufgetragen wird, desto besser haftet er. Er trocknet durch Abkühlung sehr schnell. Immer nur ganz wenig Kleber benutzen, denn wenn er herausquillt, kann er nicht mehr entfernt werden! Oft wirkt das ganze Objekt dadurch unschön. Deshalb sollte Heißkleber nur eingesetzt werden, wenn andere Klebstoffe nicht geeignet sind, z. B. wenn Papier mit Holz verbunden werden soll und die Klebefläche nur winzig klein und nicht plan ist.

ACHTUNG: Kontakt des heißen Klebers mit der Haut kann zu Verbrennungen führen.

Draht

Geglühter Eisendraht wirkt rustikal. Es gibt ihn im Bastelladen oder auf dem Baumarkt. Bis zu einer Stärke von 0,9 mm lässt er sich einfach biegen. Nur Steckdraht ist ganz gerade, alle anderen Drähte sind gewickelt.

Auch andere Drahtarten, wie gewickelter Alu- oder Kupferdraht, lassen sich gut verarbeiten.

Tipps und Tricks

Vorlagen übertragen und anzeichnen

Um Vorlagen, z. B. aus einem Buch, nutzen zu können, empfiehlt es sich, sie zunächst auf normales Papier zu übertragen. Die einfachste Methode ist das Abpausen: Meist scheint das Motiv schon durch normales Kopierpapier durch und lässt sich einfach nachzeichnen. Kommt es aber auf Genauigkeit an, sollte die Vorlage mit dem Kopierer kopiert werden.
Wird eine solche Vorlage auf Buchseiten übertragen, steht man oftmals vor dem Problem, dass die feinen Bleistiftlinien im Schriftbild kaum zu erkennen sind. Benötigt man nur die Außenkontur, kann ein weicher Bleistift verwendet werden. Ausgeschnitten wird am inneren Rand der Markierungen.

TIPP: Oft kann auf das Anzeichnen verzichtet werden, z. B. bei der Käfersammlung von S. 124: Sie legen einfach die bereits auf Papier übertragene, aber noch nicht ausgeschnittene Vorlage auf die Buchseite und schneiden Vorlage sowie Buchseitenobjekt gleichzeitig mit einer feinen Schere aus.

Hat ein Objekt eine später nicht mehr sichtbare Rückseite, wie z. B. die Plisseeanhänger von S. 98, kann man auf dieser Rückseite anzeichnen und Markierungen setzen. Aber Achtung: Vorher überlegen, ob das Objekt für die Rückseite gespiegelt werden muss.

Schneiden

In den meisten Fällen muss die Entscheidung getroffen werden, ob mit der Schere oder dem Skalpell geschnitten wird: Den Umgang mit der Schere haben wir schon im Kindergartenalter gelernt und sind ihn gewohnt. Ist die Schere spitz und scharf, lässt sie sich für viele Objekte in diesem Buch einsetzen. Der große Vorteil besteht für mich darin, dass beim Schneiden mit der Schere in der Regel kein fester Arbeitsplatz benötigt wird. 100 Blütenblätter lassen sich auch im Liegestuhl unter dem Apfelbaum ausschneiden.
Der Umgang mit dem Skalpell braucht etwas Übung. Es lohnt sich aber – probieren Sie es zunächst mit geraden Linien oder einfachen Formen. Von Mal zu Mal wird es besser gehen. Später werden Sie bei geraden Kanten oder filigranen Motiven nicht mehr auf das Skalpell verzichten wollen. Für gerade Kanten benötigen Sie zusätzlich ein Metalllineal. Und denken Sie daran, immer eine Schneidematte unterzulegen.

Kleben

Weniger ist hier oft mehr. Tragen Sie den Kleber nicht zu dick auf, sonst quillt er an den Rändern hervor. Sind Sie unsicher, wie viel Kleber verwendet werden muss bzw. ob ein Kleber überhaupt hält, machen Sie am besten einen Test mit einem Papierrest.
Wichtig ist es, die Klebeflächen am Rand exakt einzustreichen, damit dort später keine Lücken auftreten. Sollte dies doch einmal passieren, kann etwas Kleber auf eine feine Drahtspitze oder eine Nadel gegeben und diese in den Spalt zwischen zwei Blättern geführt werden.

Falten

Auf die Papierauswahl kommt es an. Nicht jede Buchseite ist zum Falten geeignet. Ist das Papier sehr holzhaltig, brechen die Falze. Ist das Papier zu weich, ist das Ergebnis meist sehr „wabbelig" und dort, wo sich Falze kreuzen, reißt es später ein. Auch gestrichene Papiere, bei denen die Oberfläche mit einem Bindemittelauftrag veredelt

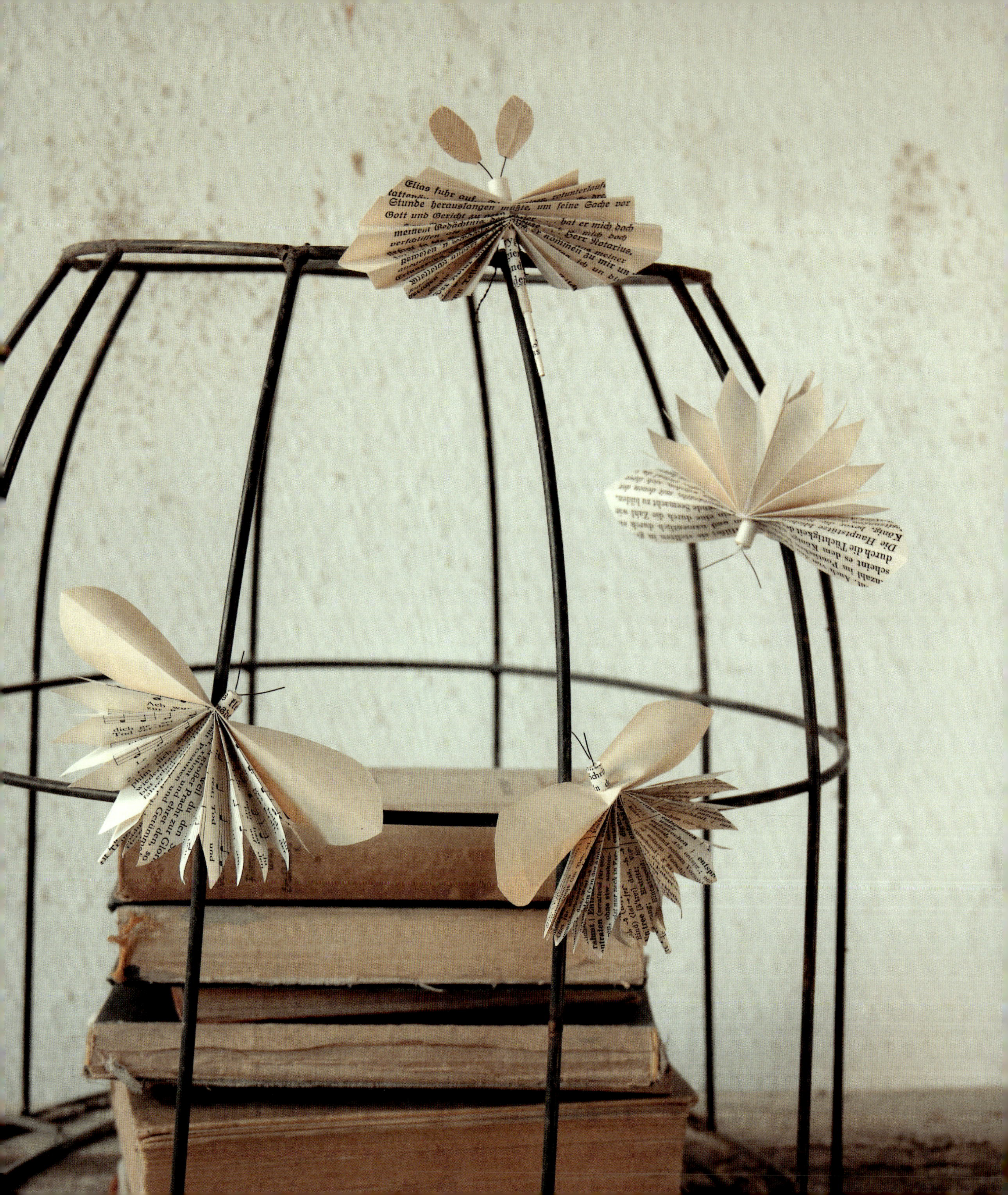
Elias fuhr auf
Stunde herauslangen müßte, um seine Sache vor
hat er mich doch
Herr Notarius

wurde, sind zum Falten meist ungeeignet. Machen Sie ein paar Probefaltungen, bevor Sie sich für ein Papier entscheiden.

Origamierfahrene werden feststellen, dass sich Buchseiten beim Falten manchmal ganz anders verhalten als klassisches Origamipapier. Deshalb muss auch die einfache Methode, ein Leporello herzustellen, abgewandelt werden: Ein Rechteck in der Mitte falten und wieder öffnen. Jede Hälfte bis zum Mittelfalz falten und wieder öffnen. Die beiden äußeren Kanten zum Viertelfalz falten und wieder öffnen. Die beiden äußeren Kanten zum Achtelfalz falten und wieder öffnen. An einer Kante beginnen, im Zickzack zu falten. Wo erforderlich, eine Umkehrfalte oder fehlende Falze falten. Das Leporello hat zum Schluss 16 gleich breite Streifen.

Ganz wichtig für ein exaktes Falten ist der Zuschnitt der einzelnen Faltblätter. Schon kleinste Abweichungen haben nach mehrmaligem Falten eine unschöne Wirkung. Deshalb die Winkel am besten mit einem Geodreieck anzeichnen und die Kanten mit Skalpell und Metalllineal schneiden. Noch besser geht es mit dem Papierschneider, weil sich bei dieser Methode automatisch ein rechter Winkel ergibt.

Um ein schönes Ergebnis zu erzielen, empfiehlt es sich häufig, das Papier zu nuten, bevor es gefaltet wird. Dafür einfach die zu faltenden Linien mithilfe eines Lineals und einer stumpfen Nadel nachfahren.

TIPP: Einmal vorhanden, bleibt ein Falz in den Buchseiten immer sichtbar. Haben Sie sich „verfaltet", ist es deshalb besser, mit einem neuen Blatt noch einmal zu beginnen.

Kaschieren

Kaschiert wird mit Kleister, indem Papier bzw. Papierschnipsel auf eine Grundform aufgetragen werden. Wird das Objekt zu feucht und droht dadurch die Form zu verlieren, sollte man es zwischendurch trocknen lassen. Meist ist es nicht gut, den Trockenprozess künstlich zu beschleunigen. Sommerliche Temperaturen unter freiem Himmel oder Zimmertemperatur im Winter sind optimal – den Backofen besser nicht einschalten.

Arbeiten mit Draht

Draht ist biegsam, leicht und wunderbar dekorativ in Kombination mit alten Buchseiten. Die Bearbeitung von Draht braucht zwar zunächst etwas Übung. Aber dann flutscht es, denn das Prinzip ist immer das gleiche.

Die Auswahl des Drahts hängt von seinem Einsatz ab. Grundsätzlich gilt: Je stärker der Draht, desto schwerer lässt er sich biegen. Und einmal geknickt, lässt sich der Knick nicht mehr unsichtbar machen.

Gewickelten Draht kann man in der der Krümmung entgegengesetzten Richtung über die Zange ziehen, um ein gerades Drahtstück zu erhalten. Aber hundertprozentig gerade wird der Draht auf diese Weise nicht.

So wird's gemacht:

Draht knicken

Den Draht zwischen die Backen der Flachzange an die Stelle schieben, an der der Knick vorgesehen ist, und mit dem Daumen um die Zangenbacke biegen.

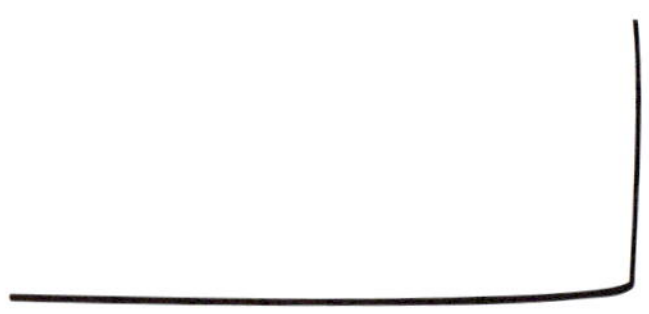

Offene Öse

Das Drahtende zwischen die Backen der Rundzange nehmen und umbiegen.

Geschlossene Öse

Die offene Öse weiter biegen, bis die Rundung geschlossen ist.

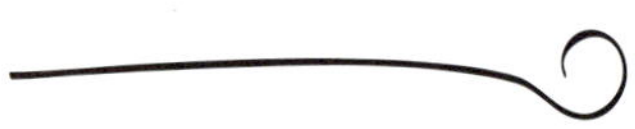

Draht verdrillen

Zwei Drahtenden eng aneinanderliegend zwischen die Backen der Flachzange legen. Die beiden herausschauenden Drahtstücke auseinanderbiegen und zwischen Daumen und Zeigefinger miteinander verdrehen. Ist der Draht zu stark, statt der Finger eine weitere Flachzange einsetzen.

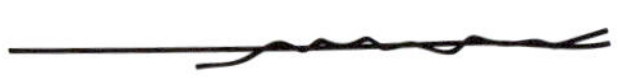

Offene flache Spirale

Mit der Rundzange eine offene Öse biegen. Mit der Zange den Draht weiter unten fassen und erneut biegen. Die Position der Rundzange immer wieder verändern und erneut biegen. Den gebogenen Draht zwischen Daumen und Zeigefinger der linken Hand nehmen, um die Spirale gleichzeitig auszurichten. Die Zwischenräume zwischen den Ringen sollen möglichst gleich groß sein. Die Spirale mit der Flachzange flach drücken.

Geschlossene flache Spirale

Mit der Spitze der Rundzange eine möglichst kleine geschlossene Öse biegen. Diese Öse zwischen die Backen der Flachzange legen und den Draht mit der linken Hand biegen. Darauf achten, dass keine Zwischenräume entstehen. Die Position der Flachzange immer wieder verändern und weiter biegen, bis der gewünschte Durchmesser der Spirale erreicht ist.

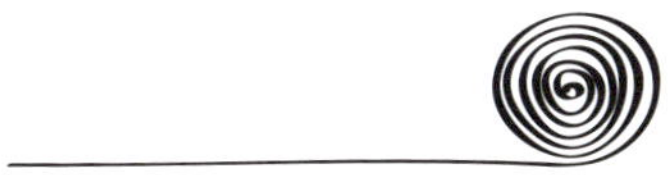

Flache Schlaufenreihe

Den Draht dicht an dicht um einen Bleistift oder Rundstab wickeln. Die linke Hand führt den Draht und wickelt, während die rechte Hand den Bleistift dreht. Den gewickelten Draht vom Bleistift schieben und die Spiralen vorsichtig zwischen Daumen und Zeigefinger flach drücken. Anschließend die Spiralen gleichmäßig auseinanderziehen.

Arbeiten mit dem Drahtplan

Der Drahtplan erleichtert es, größere Formen exakt zu biegen. Dazu den Plan in Originalgröße ausdrucken und auf den Arbeitsplatz legen. Den Draht darauflegen und entsprechend biegen.

TIPP: Bei komplizierten Formen kann der Drahtplan auch auf ein Holzstück genagelt werden. Schlagen Sie dafür entlang der Zeichnung Nägel ein. Dann den Draht entlang dieser Form biegen.

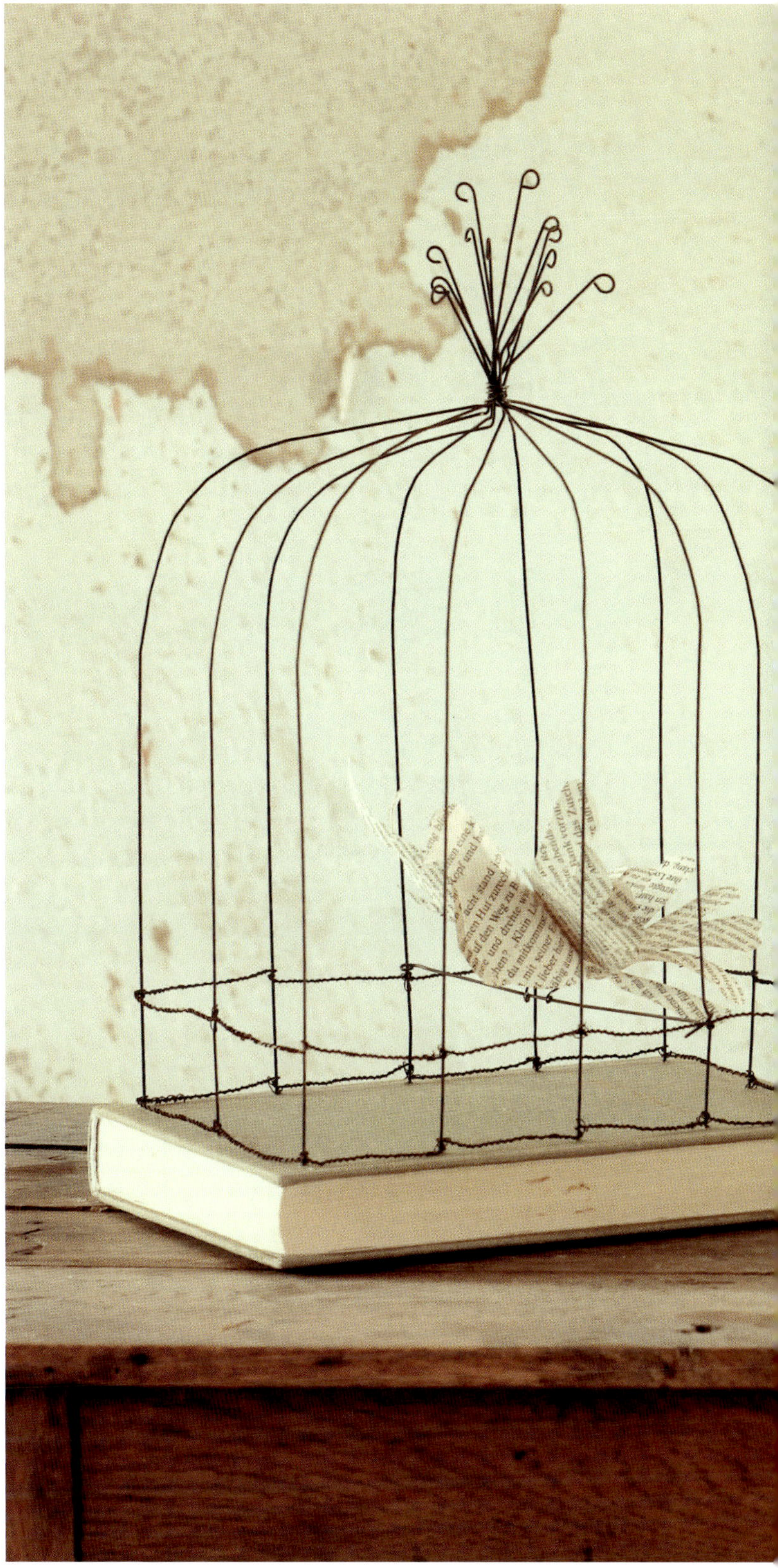

Papierperlen herstellen

Papierperlen sind nicht nur für Schmuckstücke geeignet, sie können auch Papierobjekte zusätzlich zieren. Außerdem können sie bestens als Klebehilfe eingesetzt werden. Es lohnt sich, einen kleinen Vorrat anzulegen.

Hilfsmittel:

- Schere oder Cutter
- Lineal
- Zahnstocher

Materialien:

- Buchseiten (möglichst dickes Papier)
- Klebstoff

So wird's gemacht:

1 Von der Buchseite einen 2 cm breiten Streifen abschneiden. Die Länge des Streifens ist ausschlaggebend für die Dicke der Perle, ggf. mehrere Streifen nacheinander verarbeiten.

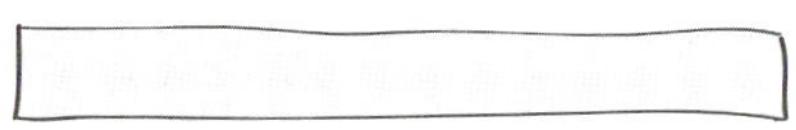

TIPP: Bei langen oder besonders dünnen Papierstreifen zwischendurch immer mal den Streifen festkleben, damit nichts verrutschen kann.

2 Den Streifen 2 x fest um den Zahnstocher wickeln und mit Klebstoff fixieren.

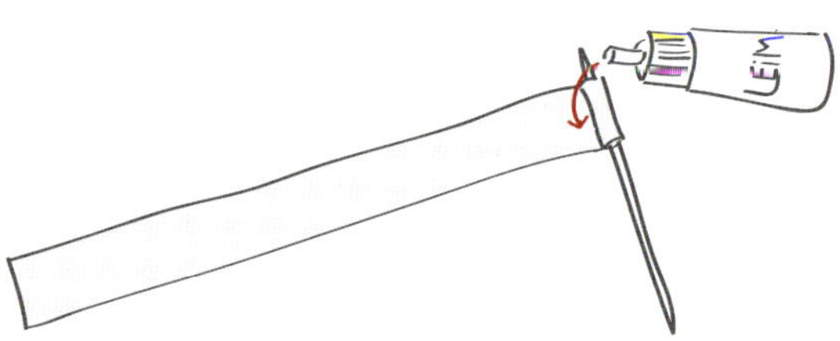

3 Den restlichen Streifen aufwickeln. Dabei dreht eine Hand den Zahnstocher und die andere führt das Papier.

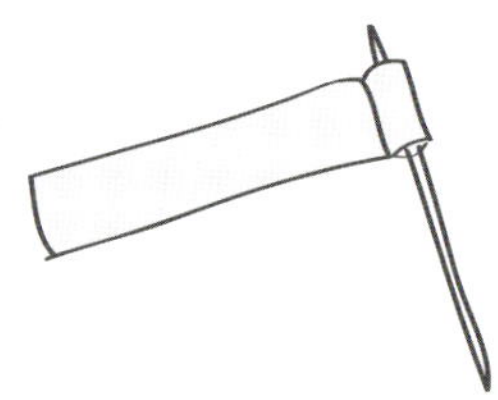

TIPP: Ein Papierstreifen rollt sich leichter auf, wenn er vor der Verarbeitung so über den Rücken einer Schere gezogen wird, dass er sich schon nach innen kräuselt.

4 Das Streifenende festkleben und die Perle abziehen.

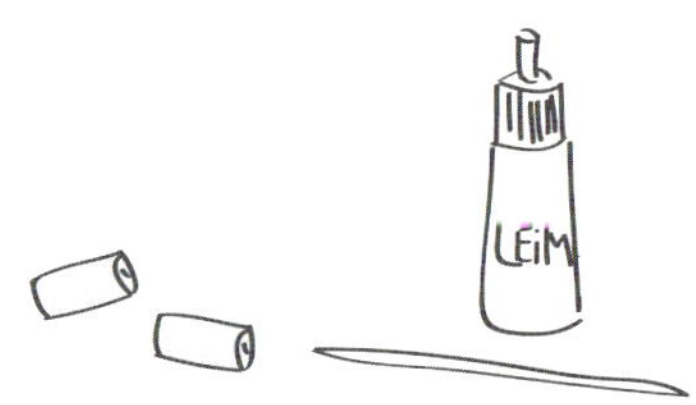

TIPP: Wird die Perle als Stopper oder Klebehilfe benötigt, verwenden Sie Draht anstelle des Zahnstochers. Das Loch der Perle bekommt auf diese Weise den richtigen Durchmesser.

Varianten

Die Form der Perlen verändert sich, wenn die Form der verarbeiteten Papierstreifen verändert wird. Hier ein paar Beispiele für Perlen, die sich als dekorative Elemente eignen:

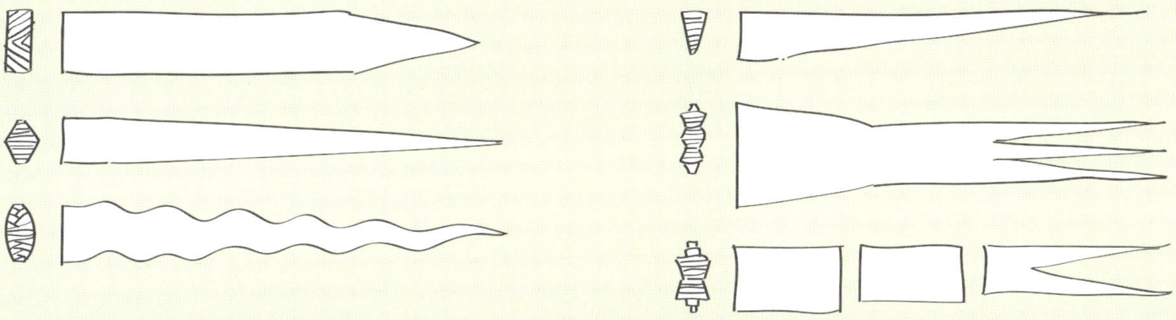

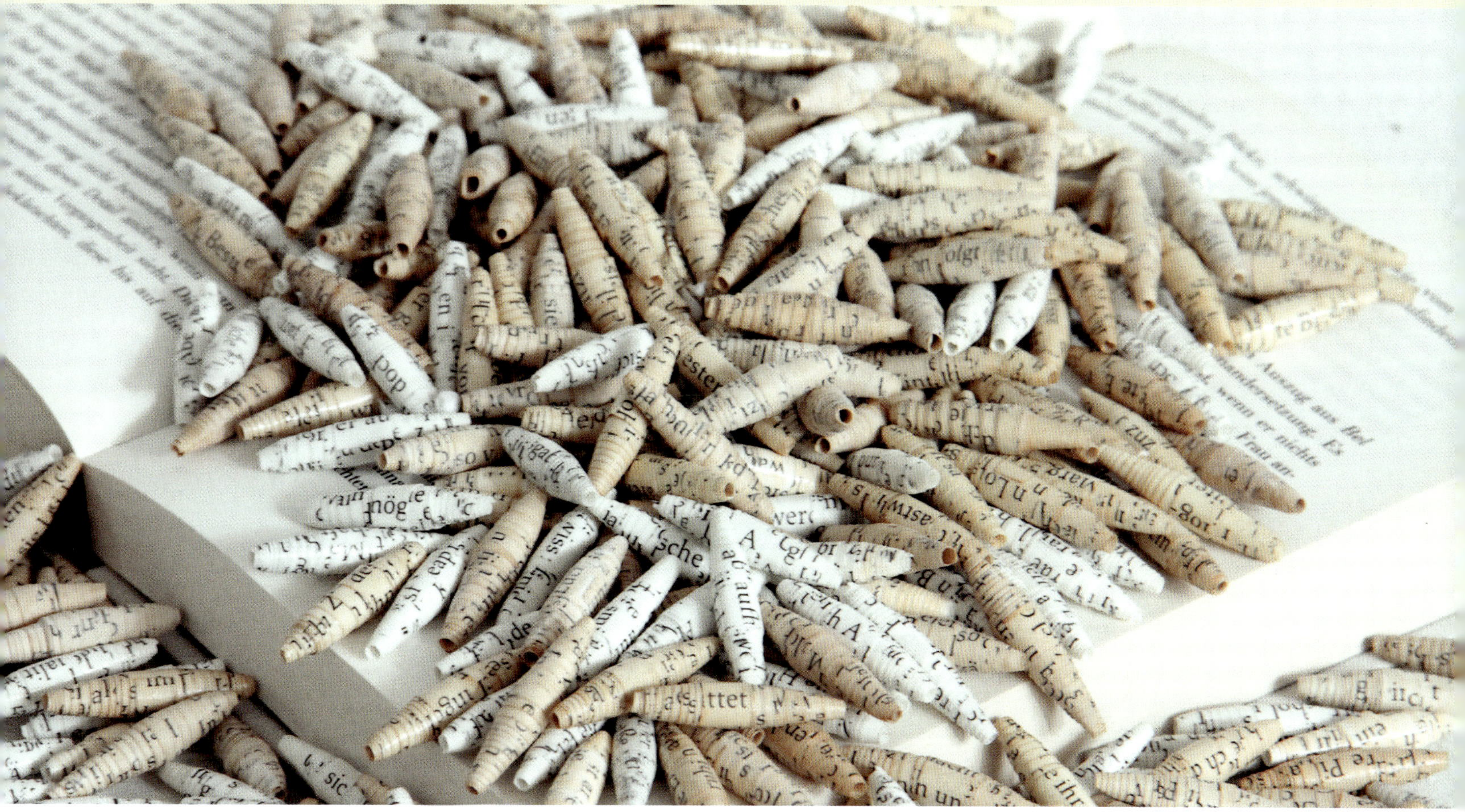

Quaste herstellen

Quasten wirken für sich allein, dienen aber auch als zusätzliche Zierde an vielen Papierobjekten.

Hilfsmittel:

- ☑ Schere oder Cutter
- ☑ Schneidematte
- ☑ Zangenset (Seitenschneider, Rundzange, Flachzange)

Materialien:

- ☑ Buchseiten
- ☑ Klebstoff (Holzleim)
- ☑ Blumensteckdraht, 0,9 mm Ø, ca. 5 cm lang

So wird's gemacht:

Am einfachsten lässt sich eine Papierquaste anfertigen, indem man eine Buchseite verwendet und sich am Satzspiegel orientiert.

1 An einer Seite des Blumensteckdrahts eine Öse biegen.

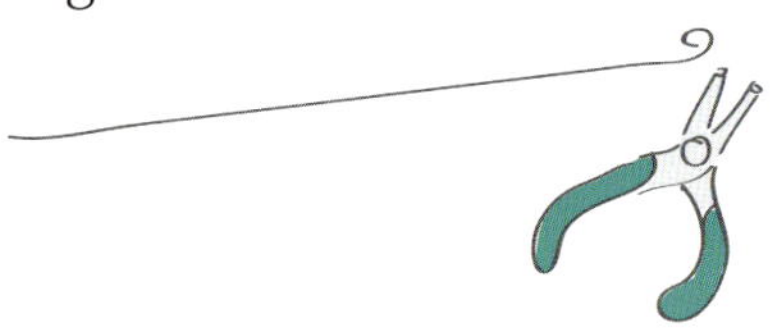

2 Von einer Buchseite den Außensteg abschneiden. Diesen über den Blumensteckdraht als Perle rollen, verleimen und direkt unterhalb der Öse mit dem Draht verkleben, sodass sich die Perle nicht mehr verschieben lässt.

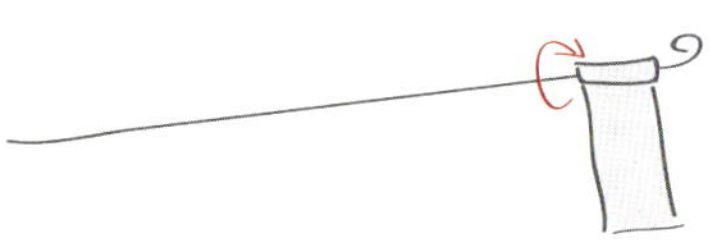

3 Von einer weiteren intakten Buchseite Kopf-, Bund- und Fußsteg abschneiden.

4 Den Satzspiegel dieser Seite bis zum Beginn des Außenstegs einschneiden. Die Abstände zwischen den Einschnitten sollen ca. 2 bis 3 mm betragen, maximal 5 mm.

5 Die eingeschnittene Buchseite am Außensteg über die Papierperle rollen und festkleben.

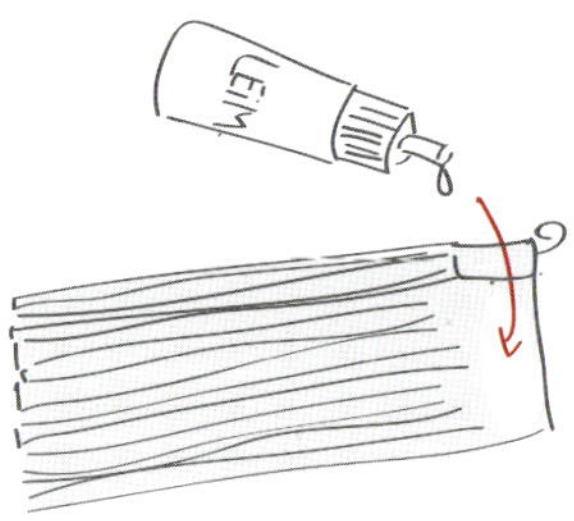

6 Einen 4 bis 5 cm langen Streifen in Höhe des Außenstegs zuschneiden und als Abschluss über den Außensteg kleben.

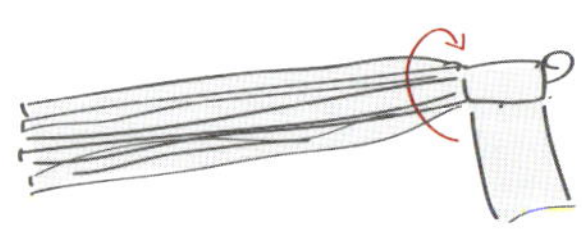

TIPP: Soll die Quaste dicker werden, kann eine weitere Buchseite eingearbeitet werden.

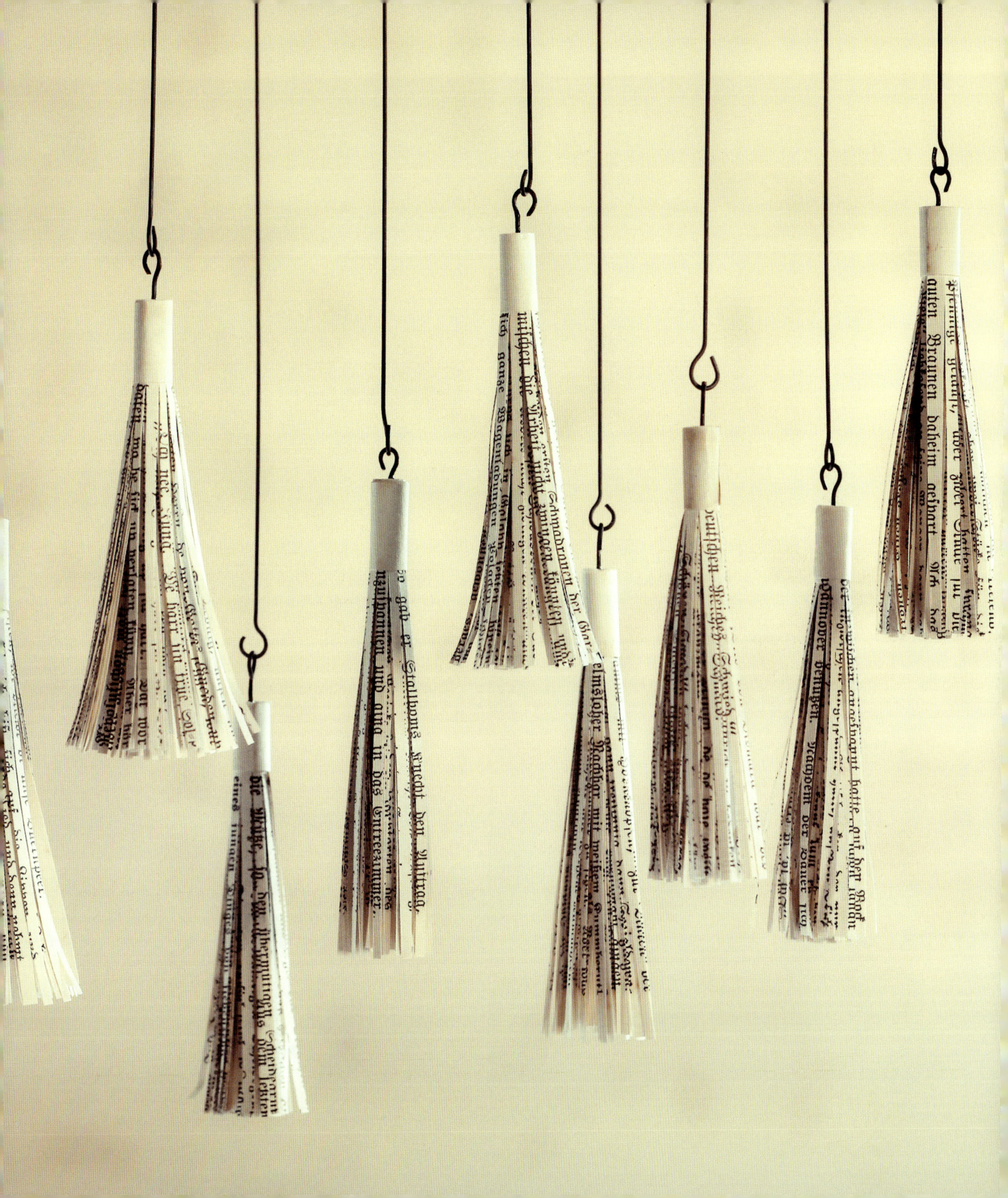

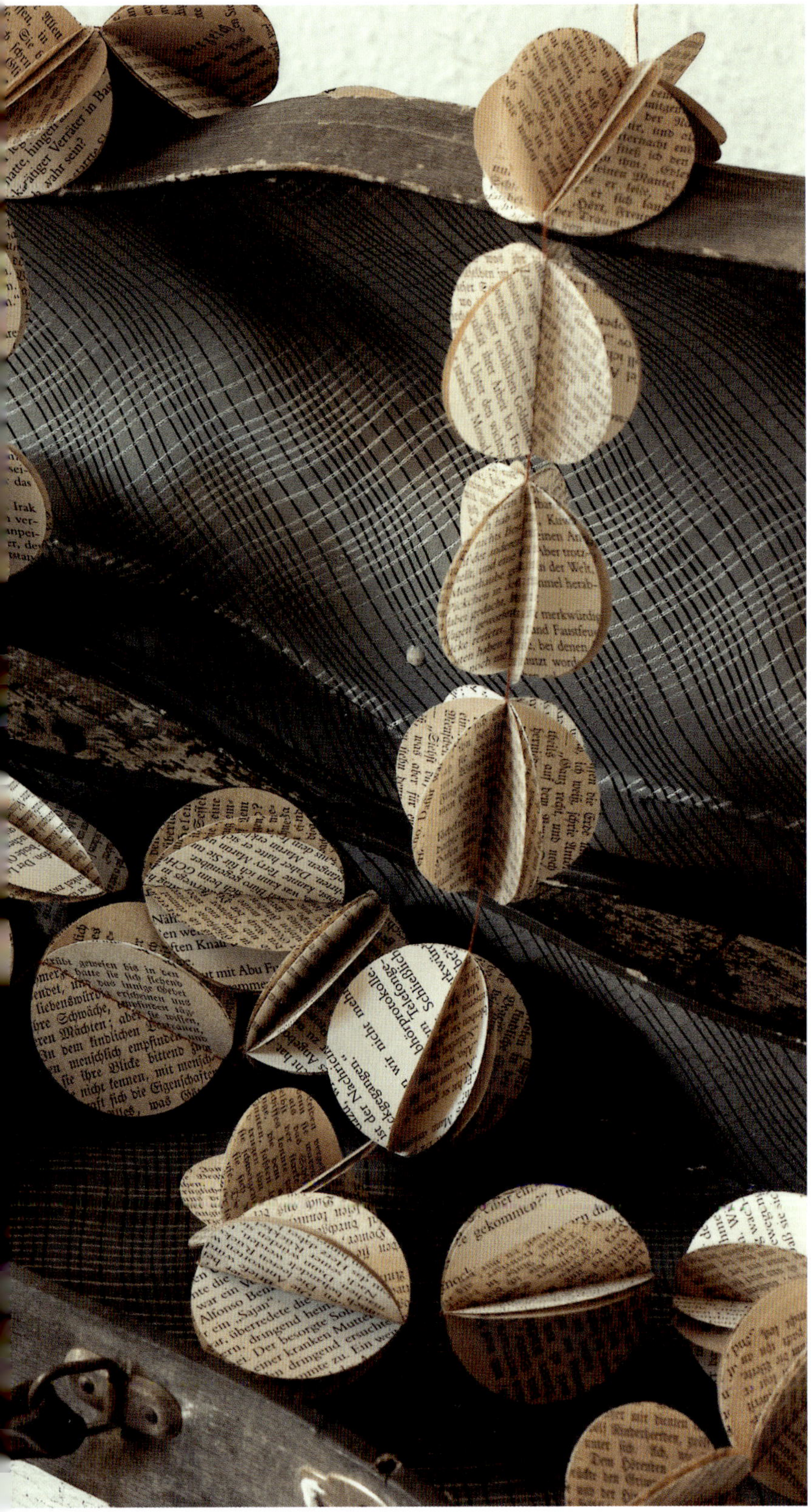

1. Kapitel

Schneiden

Minis aus Streifen und Kreisen

In diesem Kapitel kommen Schere, Skalpell und häufig auch Klebstoff zum Einsatz. Lassen Sie sich von den zarten Blüten, Kugeln, Ballons, Lampions und Collagen auf den nächsten Seiten verzaubern!

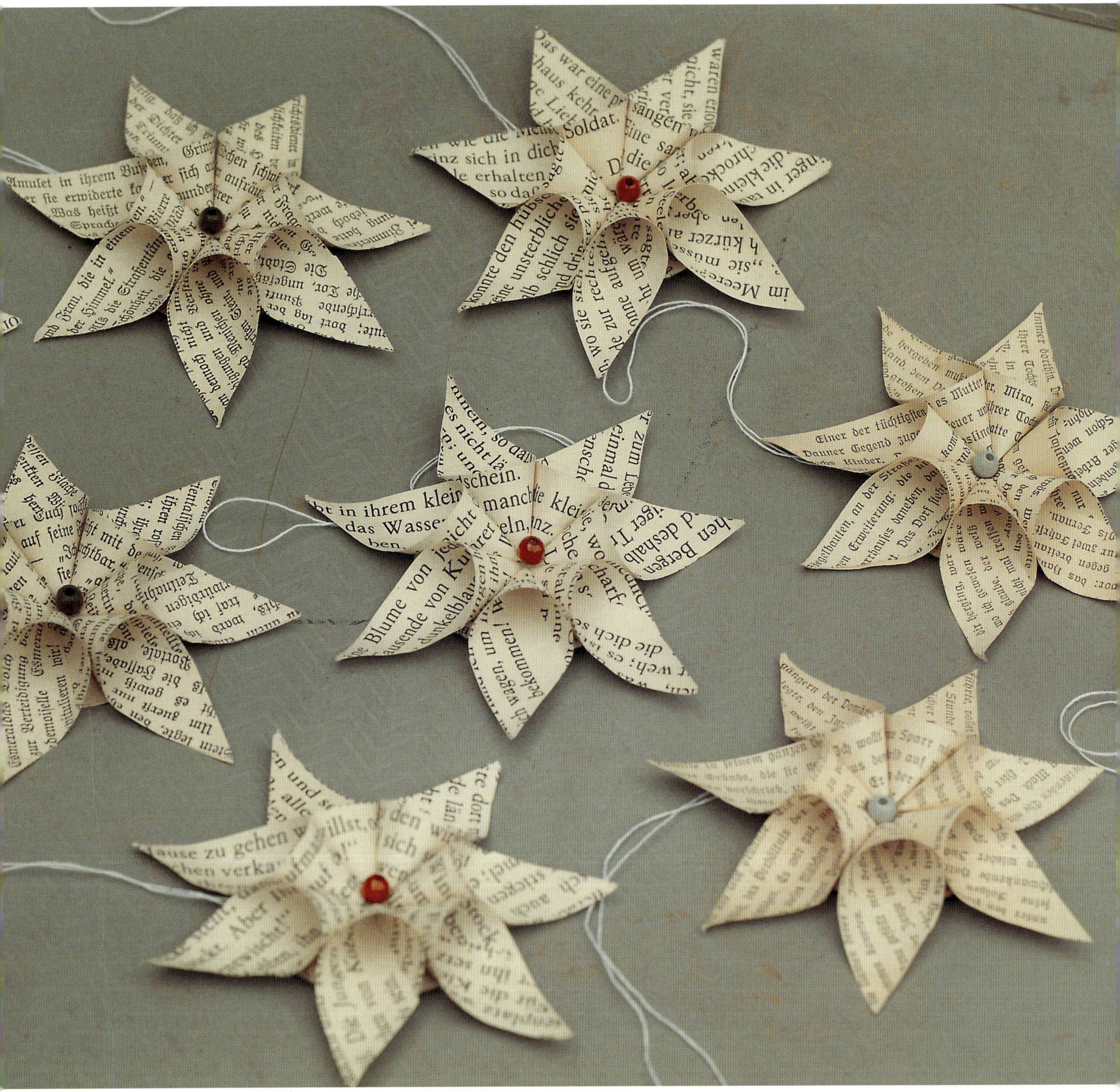

Tütenblüte aus Streifen

Soll dieses Objekt frei hängen, können 2 Ornamente aneinandergeklebt werden. Dann gibt es keine Rückseite mehr.

So wird's gemacht:

1 Aus den Buchseiten 7 Streifen im Format 2 x 10 cm schneiden. Die Enden der Streifen im rechten Winkel nach oben falten und am Falz abschneiden, sodass Spitzen entstehen.

2 Aus den Streifen Tüten formen. Dazu die beiden Spitzen passgenau übereinanderlegen und mit Klebstoff fixieren. Immer die rechte Spitze auf die linke kleben.

TIPP: Beim Zuschneiden und noch einmal beim Zusammenkleben auf gleiche Textverläufe achten.

3 Aus einer Buchseite einen Kreis von ca. 4 cm Ø ausschneiden. Den Mittelpunkt markieren, alle 7 Tüten darauf anordnen und aufkleben. Einen Faden als Aufhängung einarbeiten.

4 In die Mitte eine kleine Perle kleben.

Größe: 12,5 cm Ø

Hilfsmittel:

- Bleistift
- Lineal
- Radiergummi
- Schere

Materialien:

- Buchseiten
- Klebstoff
- Garn für die Aufhängung
- 1 kleine Perle

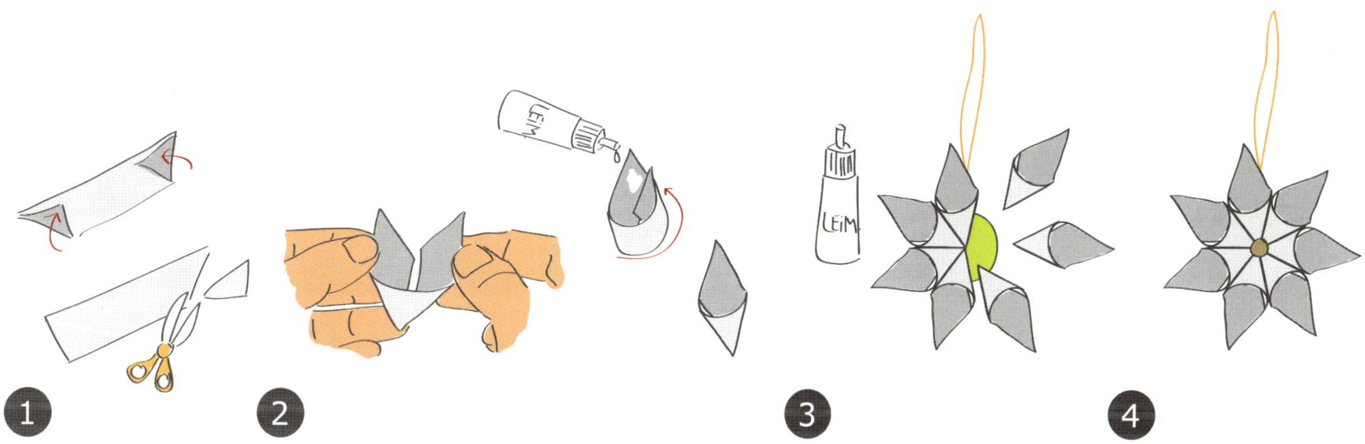

Tütenblüte aus Rechtecken ★★★

Liebhaber des Shabby-Stils sollten für dieses Ornament stark vergilbte Buchseiten verarbeiten. Um es aufzuhängen, genügt es, einen Faden einzukleben.

Größe: ca. 12,5 cm Ø

Hilfsmittel:
- Bleistift
- Lineal
- Radiergummi
- Schere

Materialien:
- Buchseiten
- Klebstoff

So wird's gemacht:

1 Aus den Buchseiten 14 Rechtecke im Format 5 x 4 cm schneiden.

2 Aus jedem Rechteck eine Tüte formen. Dazu eine kurze Seite ca. 3 mm breit mit Kleber bestreichen, um die Spitze wickeln und auf der Rückseite der anliegenden langen Seite festkleben.

TIPP: Leichter geht das, wenn man das Papier schon einmal ohne Kleber vorformt.

3 Jeweils 2 Tüten an den langen Seiten zusammenkleben.

4 Die 7 Doppeltüten jeweils an den kurzen Seiten zusammenkleben, sodass sie sich zu einem Ring schließen.

TIPP: In die Mitte kann noch ein Schmuckelement geklebt werden, z. B. ein kleiner Kreis mit Notenschrift oder einer ausgeschnittenen Seitenzahl.

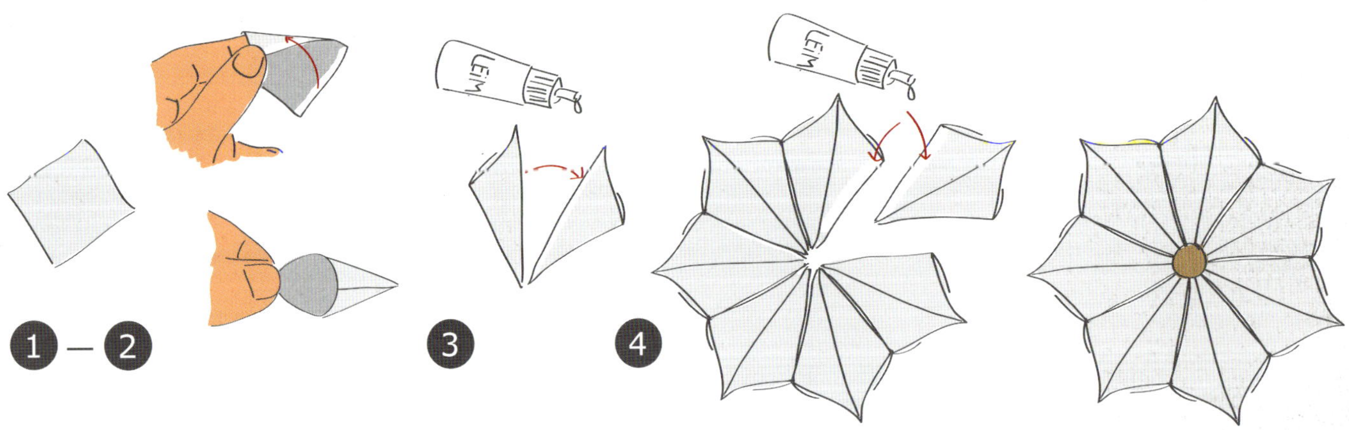

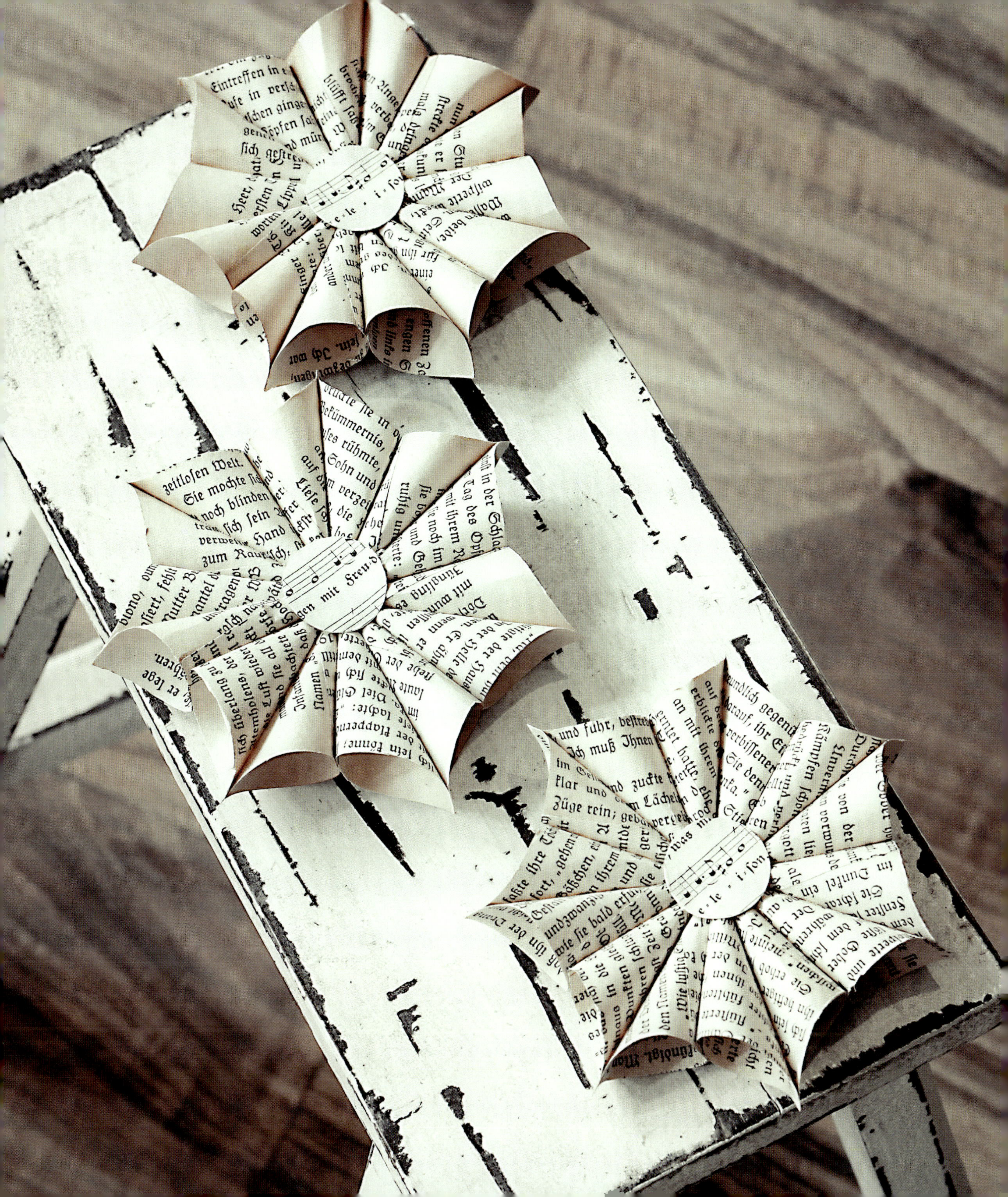

Varianten

Die kleinen Tüten lassen sich zu Anhängern in verschiedensten Formen verarbeiten, indem sie auf einer entsprechenden Unterlage angebracht werden. Für diese Varianten müssen die Tüten nicht so exakt geklebt werden – gewollte Unregelmäßigkeiten können sehr reizvoll sein.

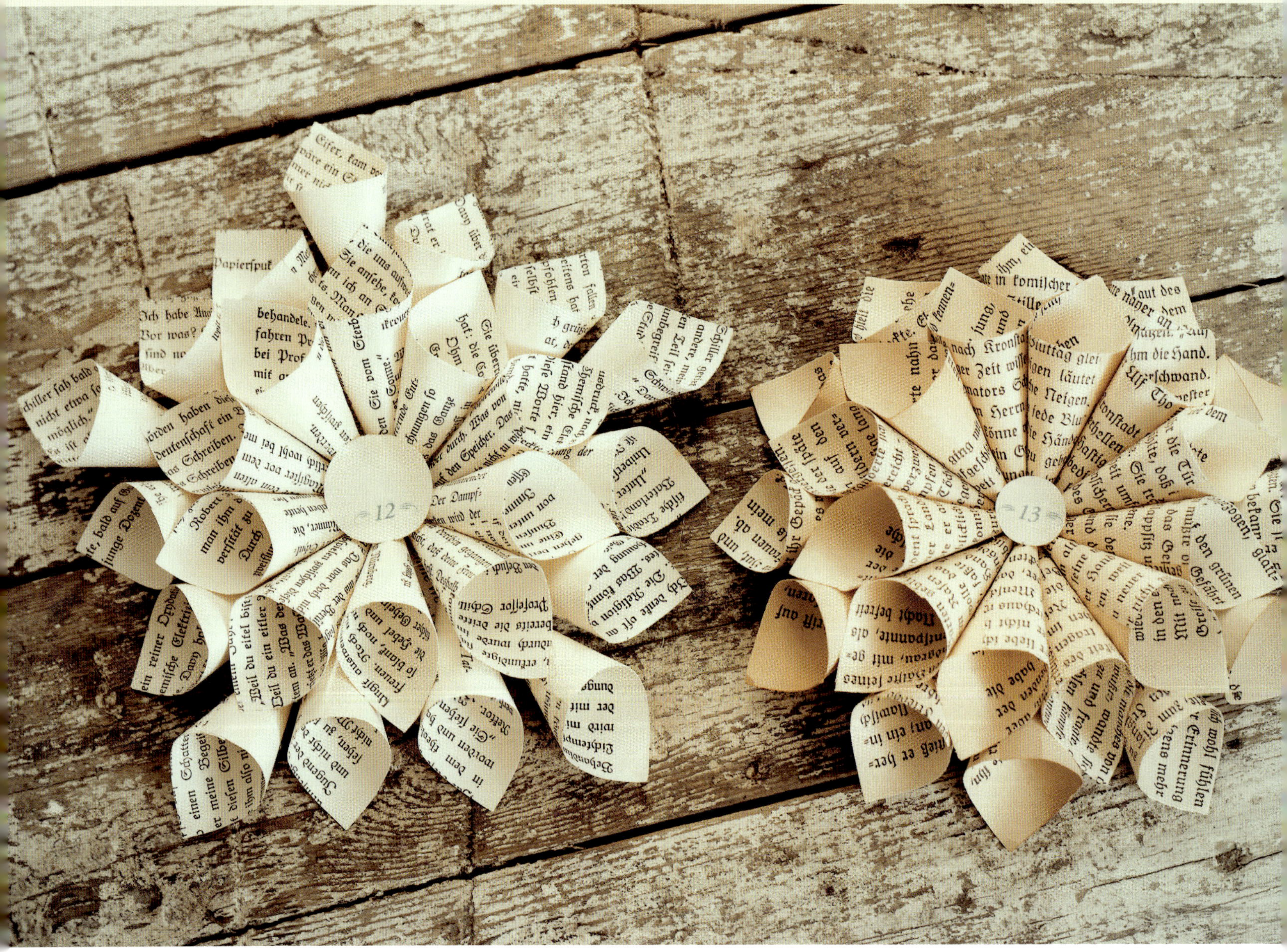

So wird's gemacht:

1 Kreis, Quadrat, Stern oder Herz aus einer dicken Buchseite ausschneiden.

2 Die Anzahl der Tüten ist variabel – benötigt werden ca. 25 bis 35 Stück je Modell.

3 Die Tüten, der Form der Unterlage folgend, einzeln aufkleben. Dabei am äußeren Rand beginnen und die Tüten überstehen lassen.

4 Die folgenden Tüten immer weiter zur Mitte hin kleben, bis die Unterlage nicht mehr sichtbar ist.

Größe: ca. 16 cm Ø

Hilfsmittel:
- Bleistift
- Lineal
- Radiergummi
- Schere

Materialien:
- Buchseiten
- Klebstoff

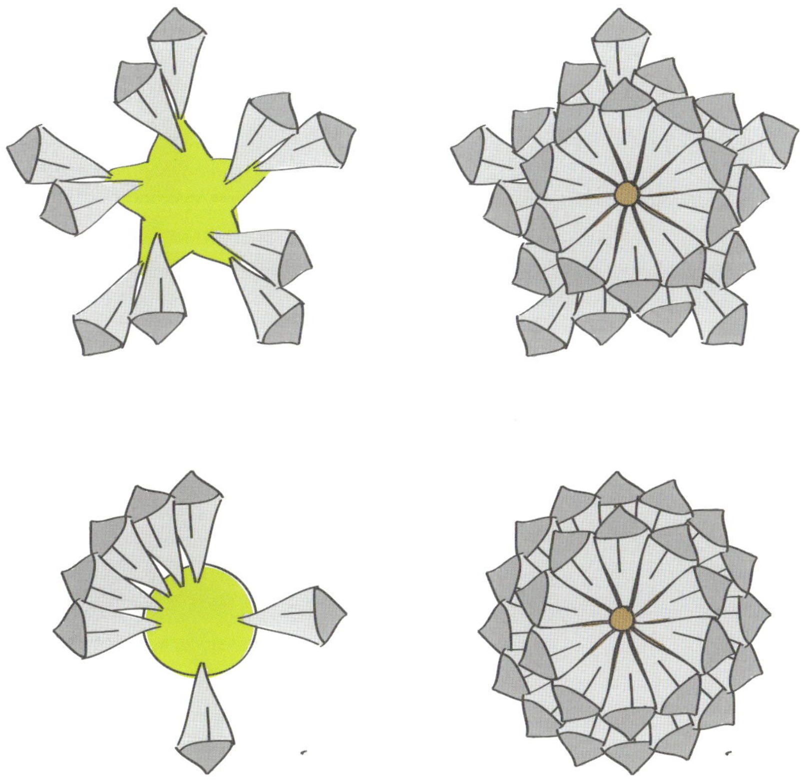

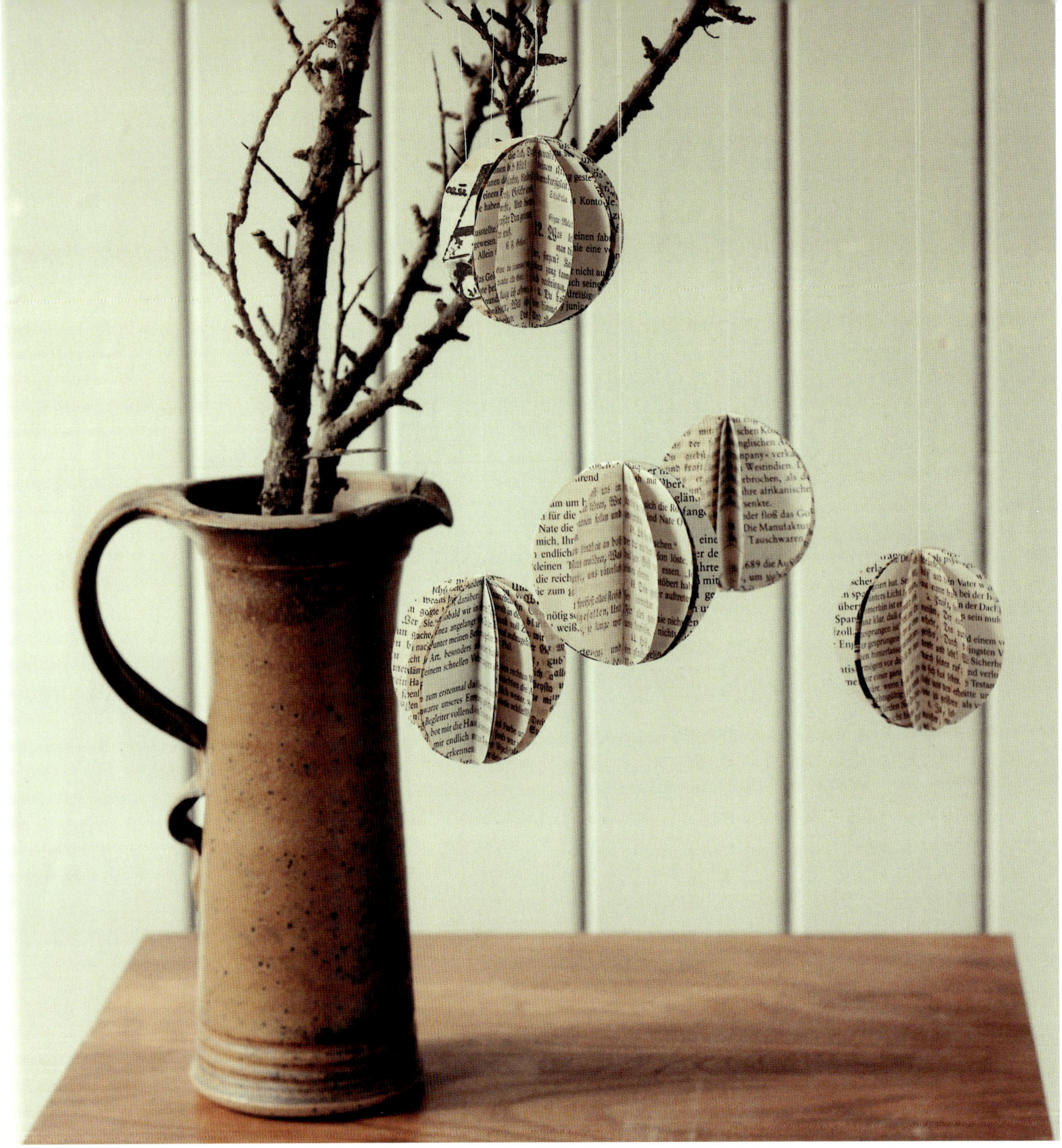

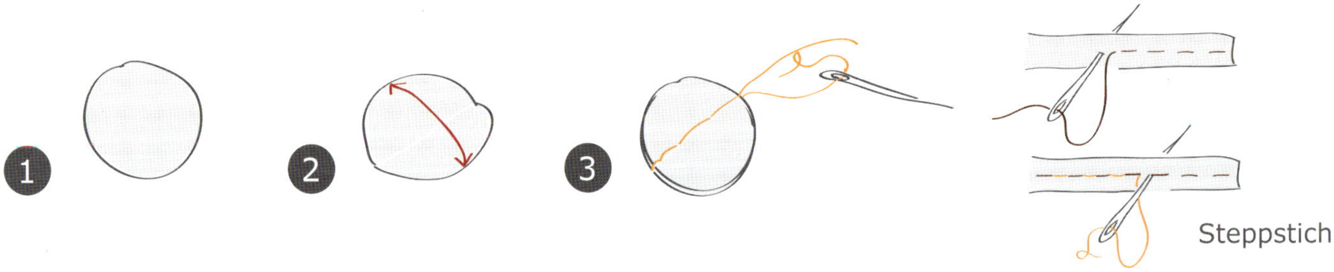
1
2
3
Steppstich

Große Papierkugel

Die Papierkugeln werden nicht geklebt, sondern genäht. Deshalb ist es nicht so wichtig, dass die Kreise exakt aufeinanderpassen – sie können auch gut von Hand ausgeschnitten werden. Durch die zweifache Naht blättern sie schön gleichmäßig auf.

So wird's gemacht:

1. Aus den Buchseiten 8 gleich große Kreise mit 7 cm Ø ausschneiden.
2. Alle Kreise senkrecht in der Mitte falten – dabei in beide Richtungen falten – und wieder auffalten.
3. 4 Kreise übereinanderlegen und im Falz mit einem Steppstich von oben nach unten und wieder zurück zusammennähen.
4. Immer 2 Kreise so nach oben und unten falten, dass sich die Naht jeweils in der Mitte befindet.
5. Auf die flachen Seiten jeweils 2 Kreise legen und ebenfalls mit dem Steppstich zusammennähen. Den Faden weiter nutzen. Den Faden dabei zwischen die Stoßkanten der ersten Kreise führen.
6. Die Fadenenden zu einer Aufhängung binden. Die Kreise aufbiegen und die Kugel formen.

Größe: 7 cm Ø

Hilfsmittel:
- Stanzer oder Gefäß mit ca. 7 cm Ø
- Bleistift und Radiergummi
- Nadel

Materialien:
- Buchseiten
- dünner, reißfester Faden

TIPP: Je dünner der Faden, desto besser lässt sich die Kugel in Form bringen.

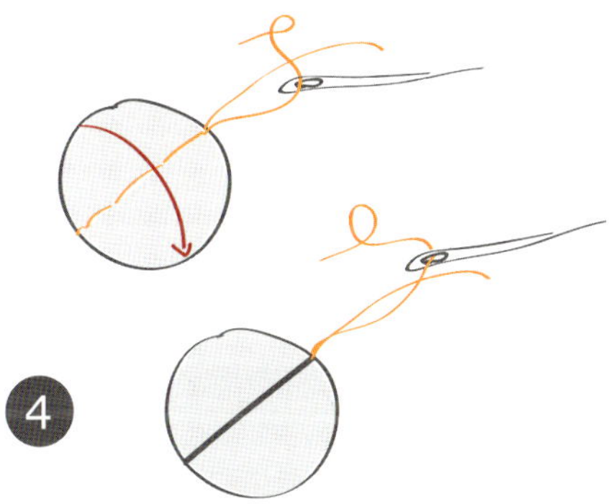

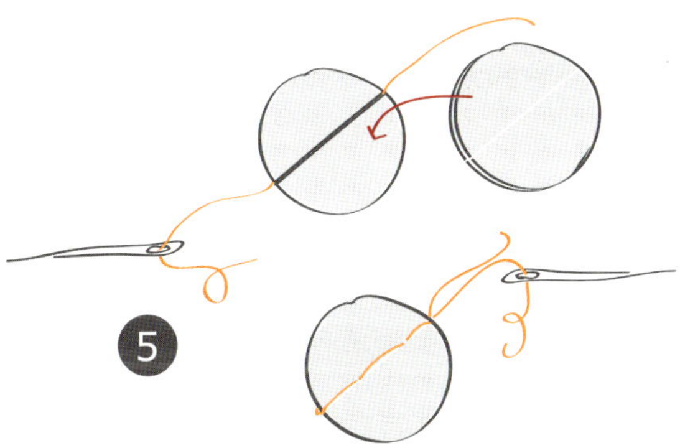

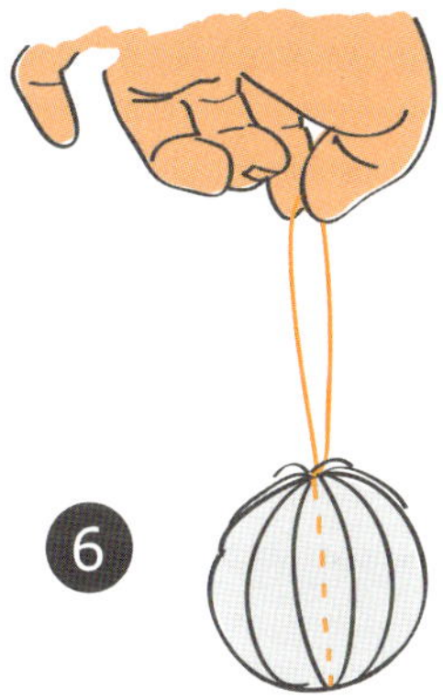

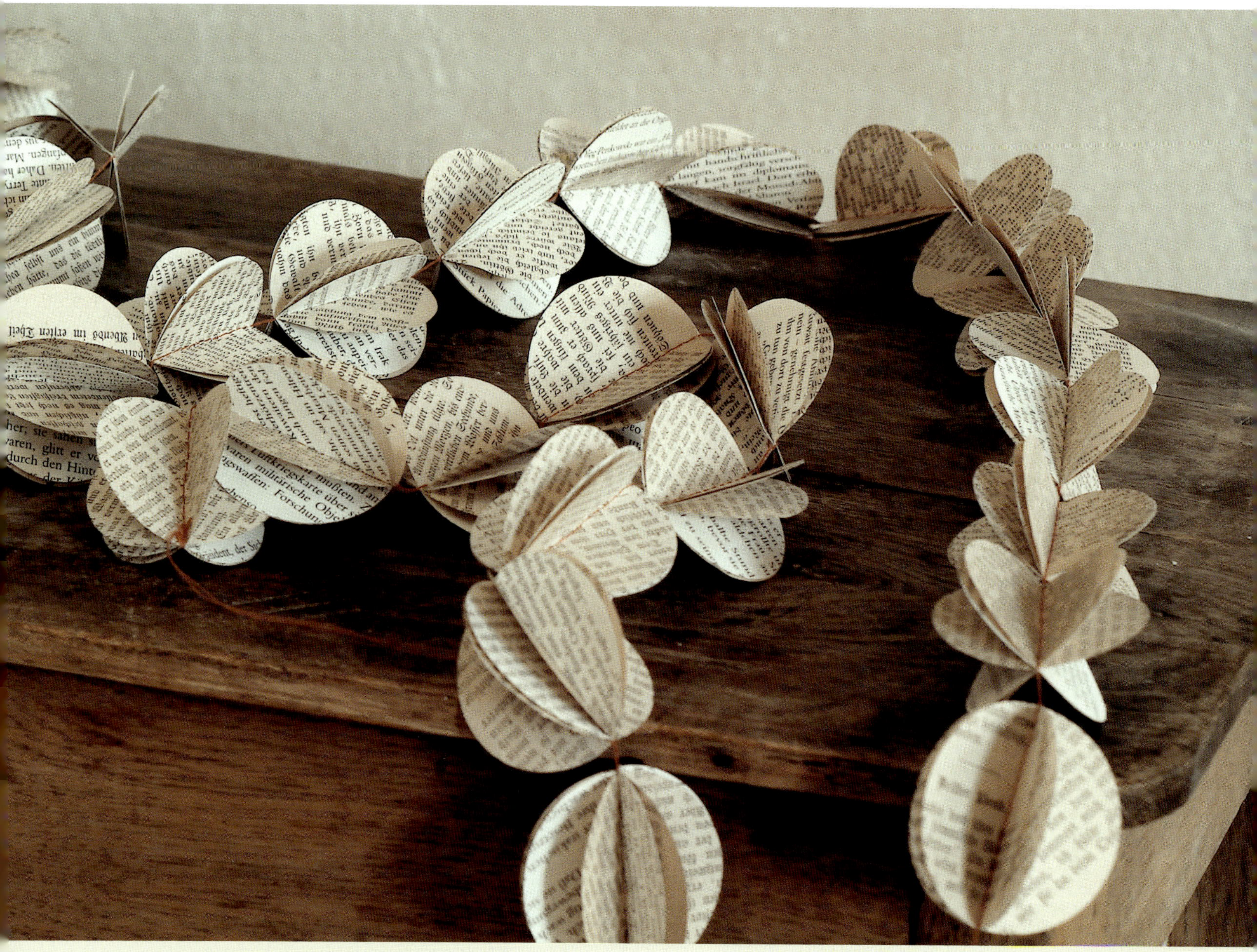

Girlande

Werden mehrere Kugeln jeweils mit einem 2 cm großen Abstand hintereinandergenäht, ergibt sich eine hübsche Girlande. Mit einer Nähmaschine geht das ratzfatz: Einfach immer 5 Kreise übereinanderlegen und lossteppen.

Heißluftballon ★★☆

Der Heißluftballon wird nach dem Prinzip der Papierkugel hergestellt. Hier kann man gut alle möglichen Arten von Buchseiten durcheinander verwenden – neben Textseiten auch Fotos, Landkarten oder Notenpapier.

So wird's gemacht:

1 Für den Ballon aus 20 verschiedenen Buchseiten die Form ausschneiden. Dazu jede Buchseite einmal falten. Die Schablone am Falz anlegen, die Ballonhälfte anzeichnen, ausschneiden und aufblättern.

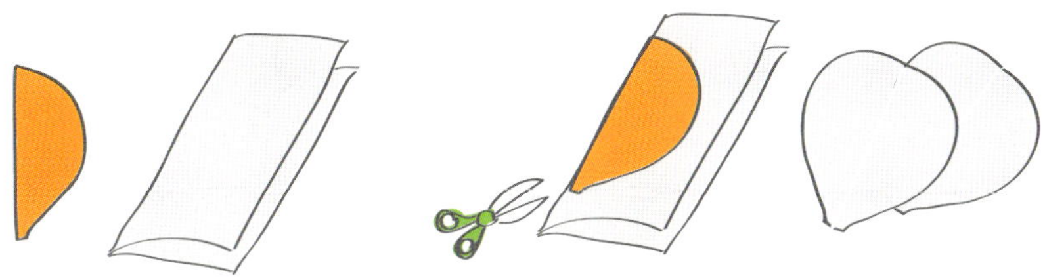

2 Die ausgeschnittenen Teile übereinanderlegen. Im Falz mit der Ahle Löcher für den Steppstich vorstechen.

3 Alle Teile zusammennähen – von oben nach unten und wieder zurück. Die Fadenenden zu einer Aufhängung verknoten.

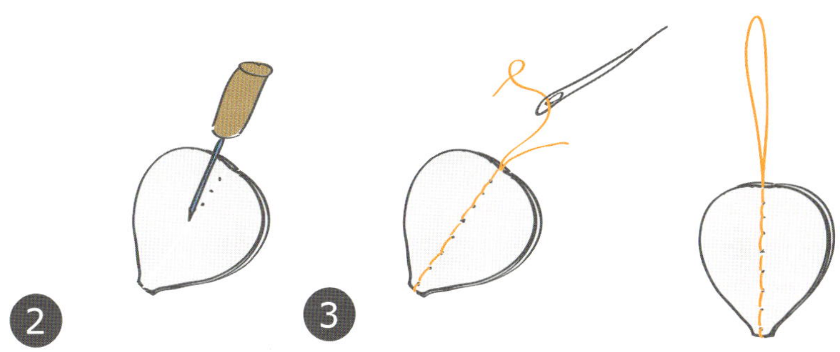

Größe: 11 x 18 cm

Hilfsmittel:

- Vorlage Heißluftballon (S. 178)
- Vorlage Körbchen (S. 178)
- Schere
- Nadel
- Ahle

Materialien:

- Buchseiten
- dünner, reißfester Faden, z. B. Zwirn
- dünnes Häkelgarn
- Klebstoff

4 Auf jedes 10. Blatt unten ein ca. 1 x 1 cm großes Stück Papier als Verstärkung aufkleben.

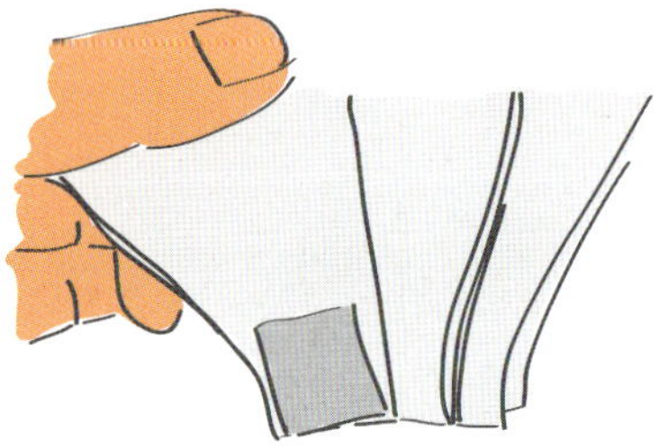

5 Für das Körbchen die Vorlage auf eine Buchseite übertragen, ausschneiden und zusammenkleben. Den oberen Überstand nach außen klappen und mit einem Tropfen Kleber am Korb fixieren.

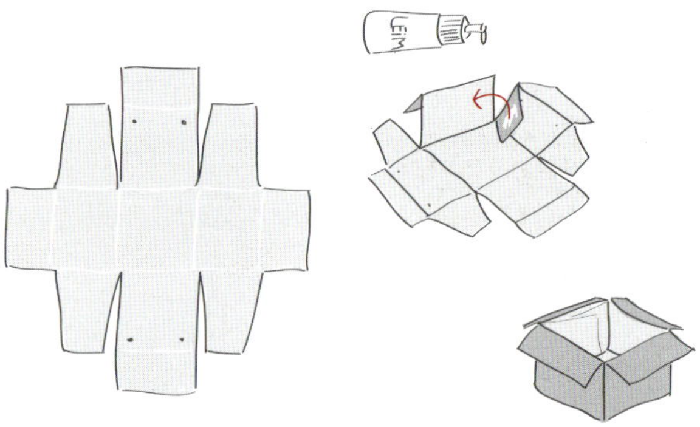

Die Aufhängung anbringen

6 An 2 gegenüberliegenden Seiten jeweils ein ca. 30 cm langes Stück Garn mit der Nadel durch die Markierungen am Korb von innen nach außen und wieder nach innen ziehen.

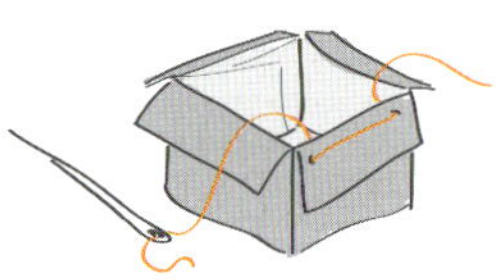

7 Ein Fadenende etwa in Fadenmitte durch eine Verstärkung im Ballon (siehe Schritt 4) ziehen.

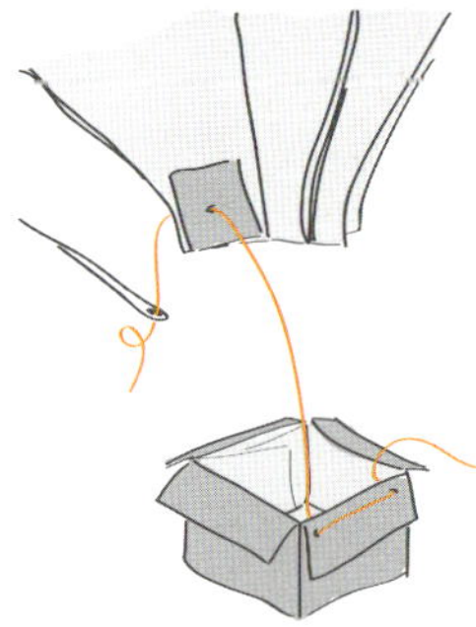

8 Den Faden zum Korb führen und von hinten nach vorne durch die bereits belegten Löcher ziehen. Das Ende lose hängen lassen.

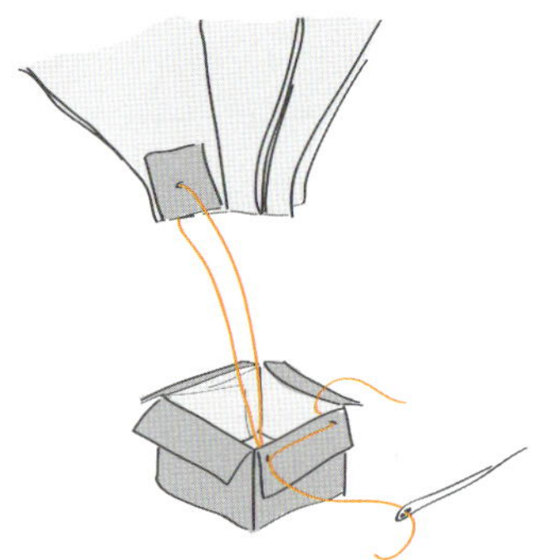

9 Schritt c) mit den anderen 3 Fäden wiederholen.

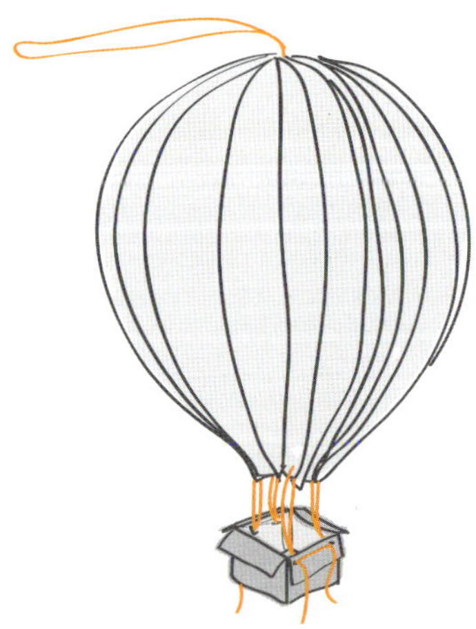

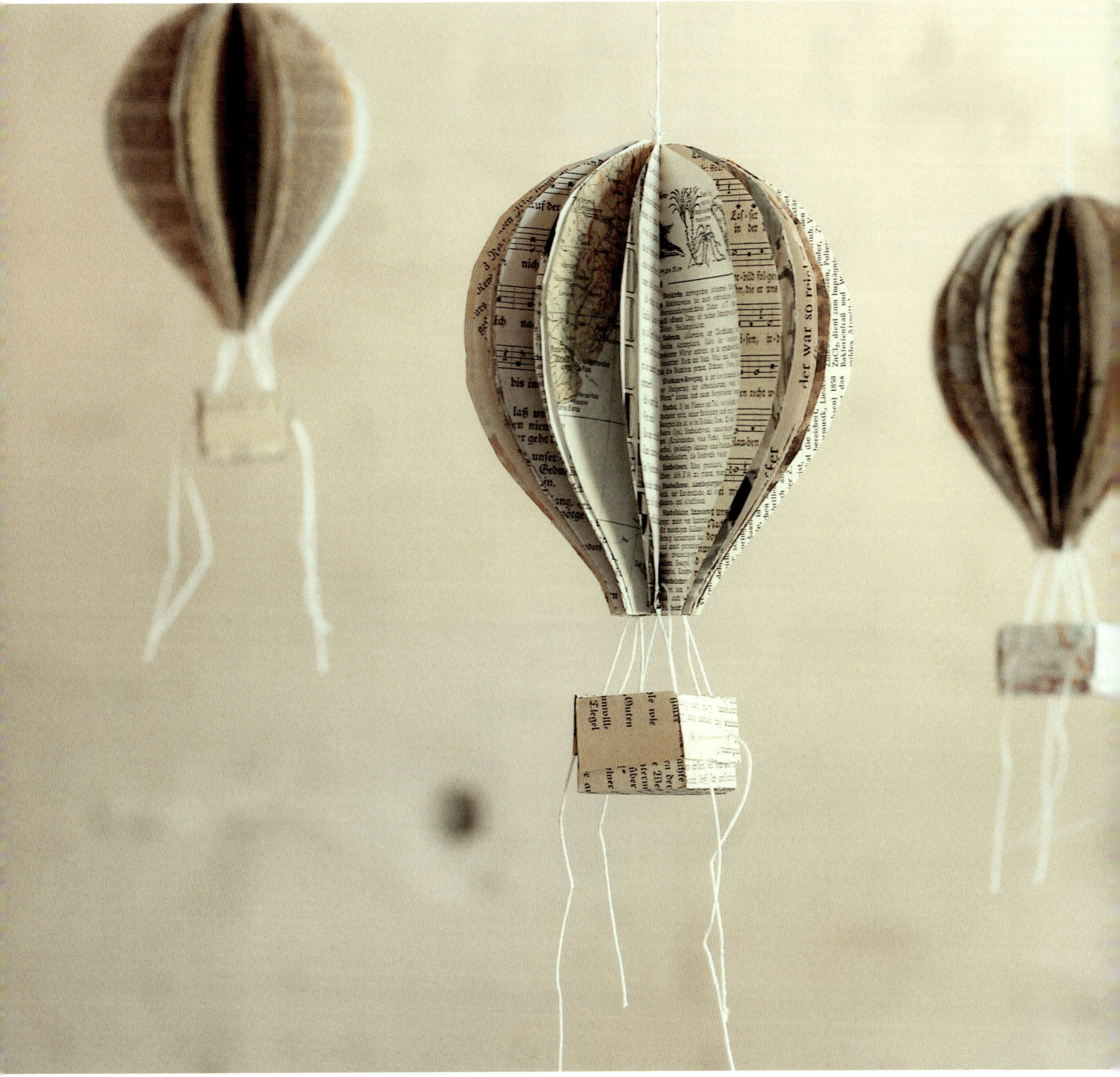

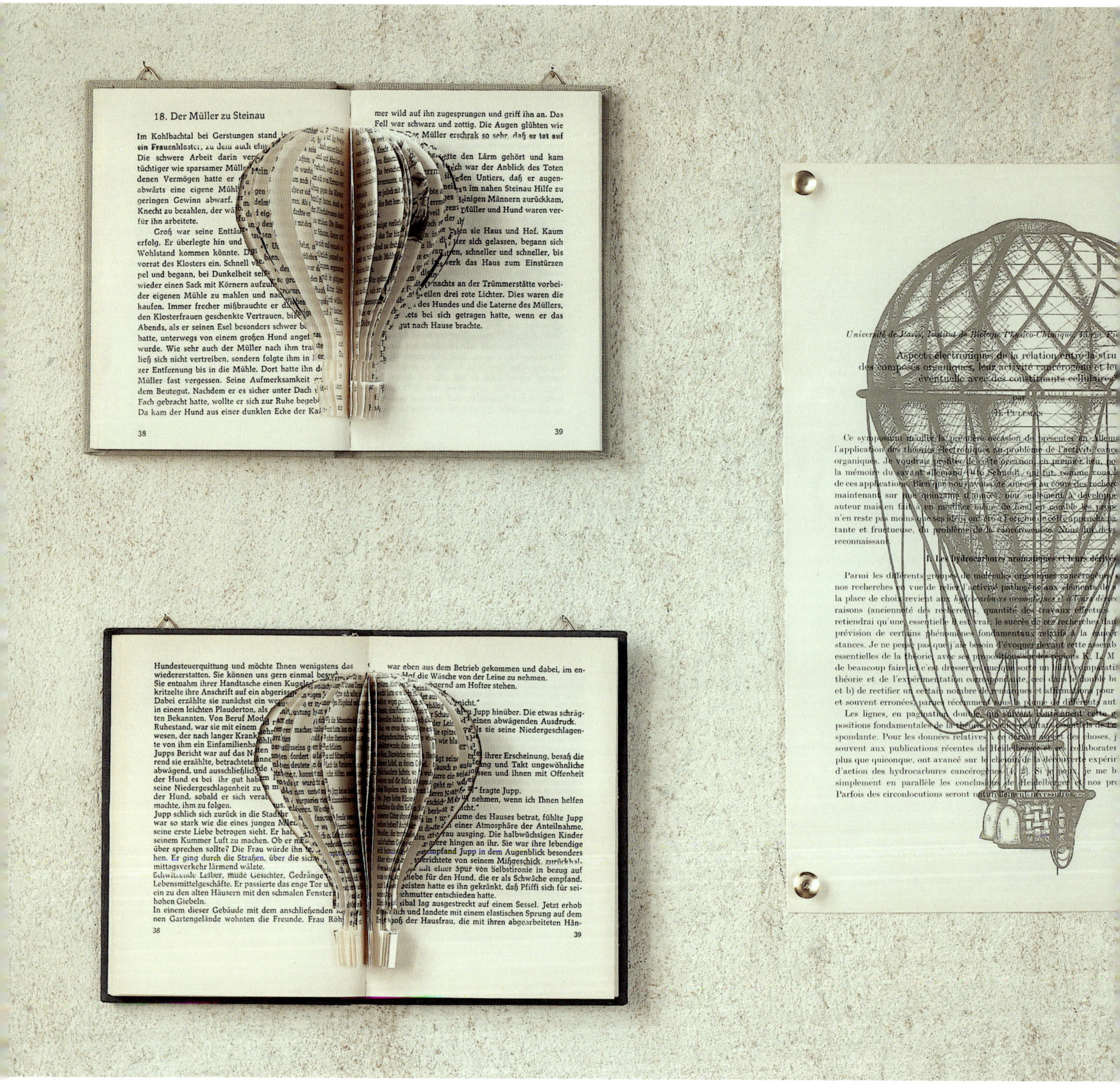
18. Der Müller zu Steinau

Ballon im Buch ★★★

Wenn man Glück hat, findet man für dieses Objekt ein Buch mit Fotos von Himmel, Himmelskörpern oder Flugzeugen in der Buchmitte. Man kann sich aber auch mit ein wenig blauer Farbe helfen.

So wird's gemacht:

1 Mithilfe der Vorlage eine Ballonhälfte als Schablone aus festem Karton ausschneiden.

2 Die Mitte des Buchs bestimmen. Diese Doppelseite ist sichtbar. Ist sie nicht attraktiv, eine Seite davor oder danach wählen.

3 In jede Richtung 10 Seiten abzählen und alle 20 Seiten an der Bindung je 1 cm vom oberen Rand mit einem Bleistiftpunkt markieren.

1

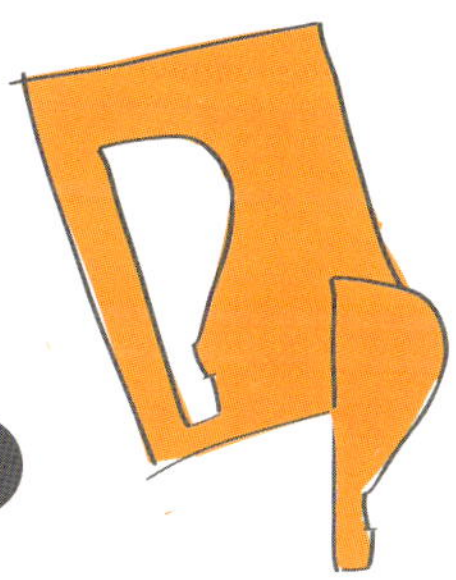

3

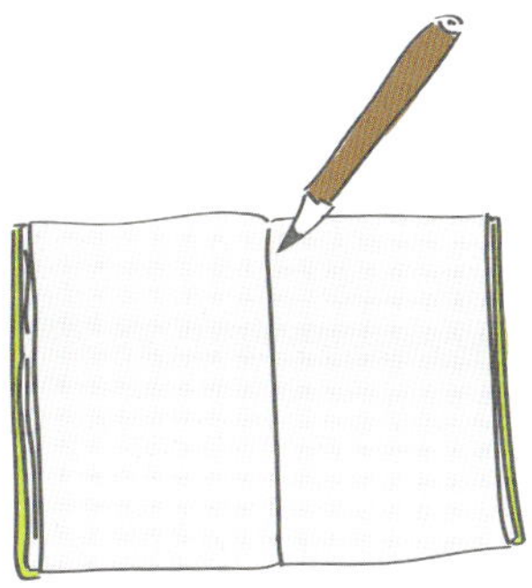

4 Den Karton als Schneideunterlage hinter die letzte markierte Seite bis an die Bindung schieben.

5 Die Ballonschablone auf die letzte markierte Seite bis an die Bindung legen. Oben schließt die Schablone mit dem Markierungspunkt ab.

4 – 5

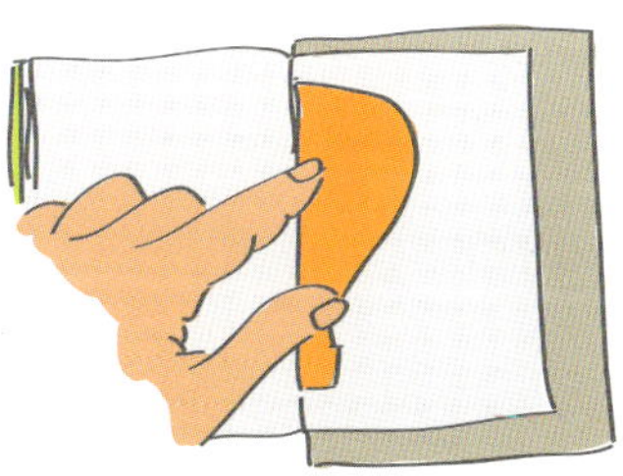

Größe: 15 x 22 cm

Hilfsmittel:

- Vorlage Ballon (S. 178)
- Bleistift
- Lineal
- Skalpell

Optional:

- Wolkenschablone (S. 178)
- Schwamm

Materialien:

- Buch mit wenigen Seiten, 10,5 x 14,8 cm
- Karton für Schablone
- Karton im Buchformat
- Wasserfarbe in Blau
- 2 selbstklebende Plakataufhänger

TIPP: Die Vorlage kann auf jedes beliebige Buchformat angepasst werden.

6 Mit dem Skalpell den Ballon ausschneiden.

7 Mit allen übrigen 19 markierten Seiten genauso verfahren. Dabei von hinten nach vorn im Buch arbeiten.

8 Die Mittelseite wieder öffnen. Der Ballon blättert von selbst auf.

9 Auf die Rückseite 2 selbstklebende Plakataufhänger für eine Wandbefestigung kleben.

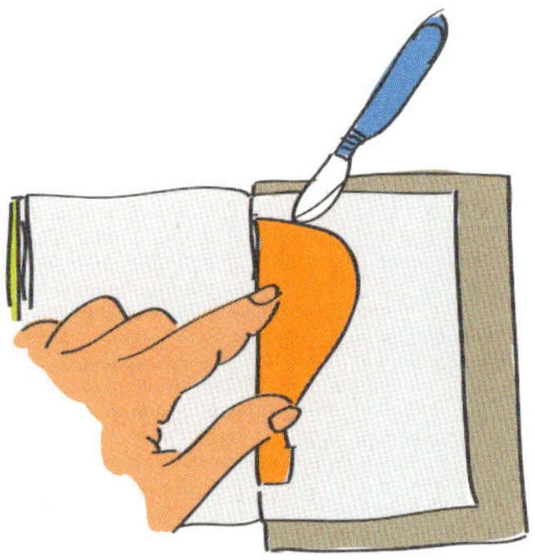

6

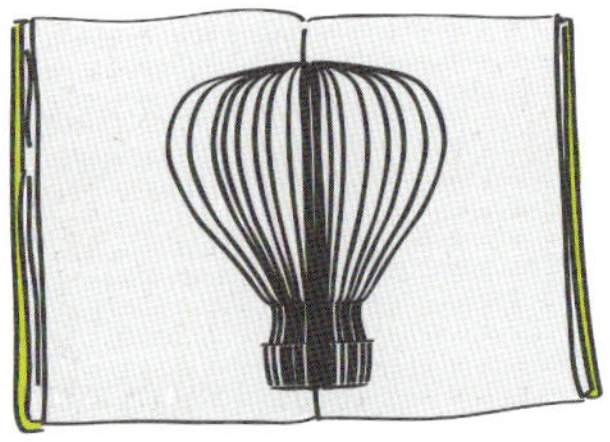

7 – 8

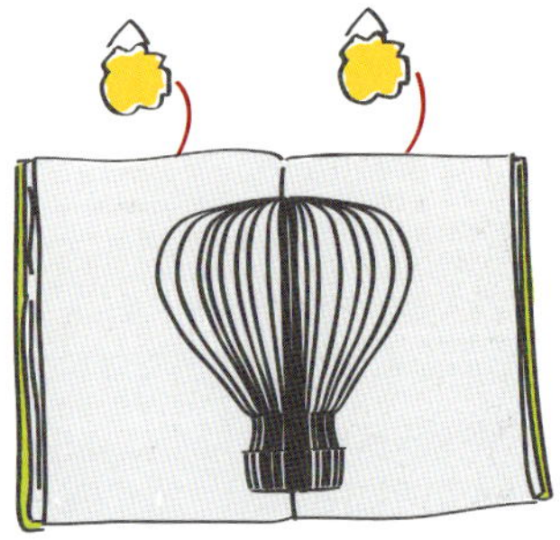

9

Wolken zeichnen:

10 Wolkenschablone ausschneiden.

11 Schablone auf die Mittelseite legen. Den Schwamm mit blauer Farbe benetzen und über den Schablonenrand wischen.

12 Die Schablone an weiteren Stellen platzieren und ebenfalls mit dem Schwamm über den Rand wischen.

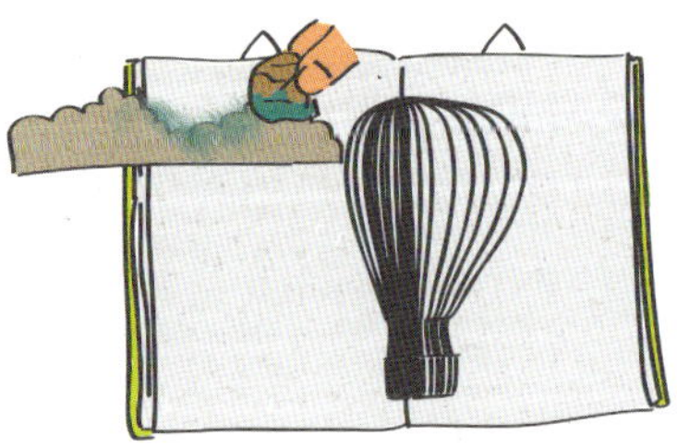

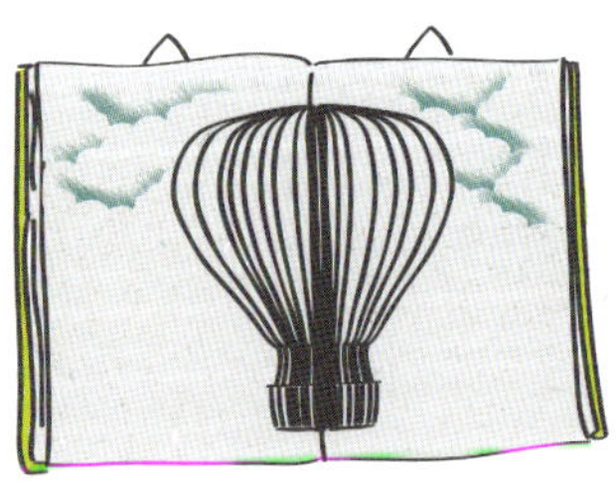

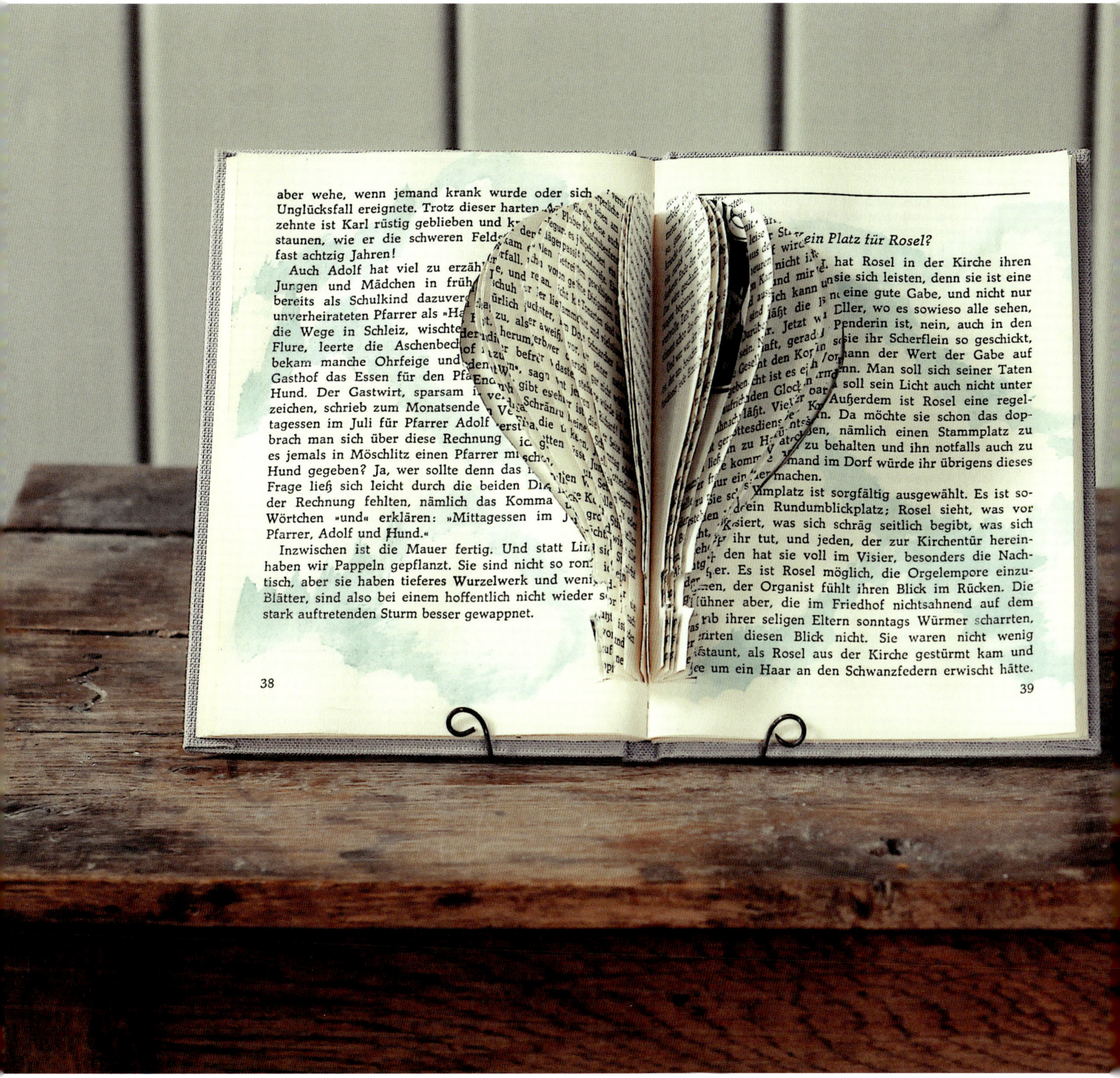

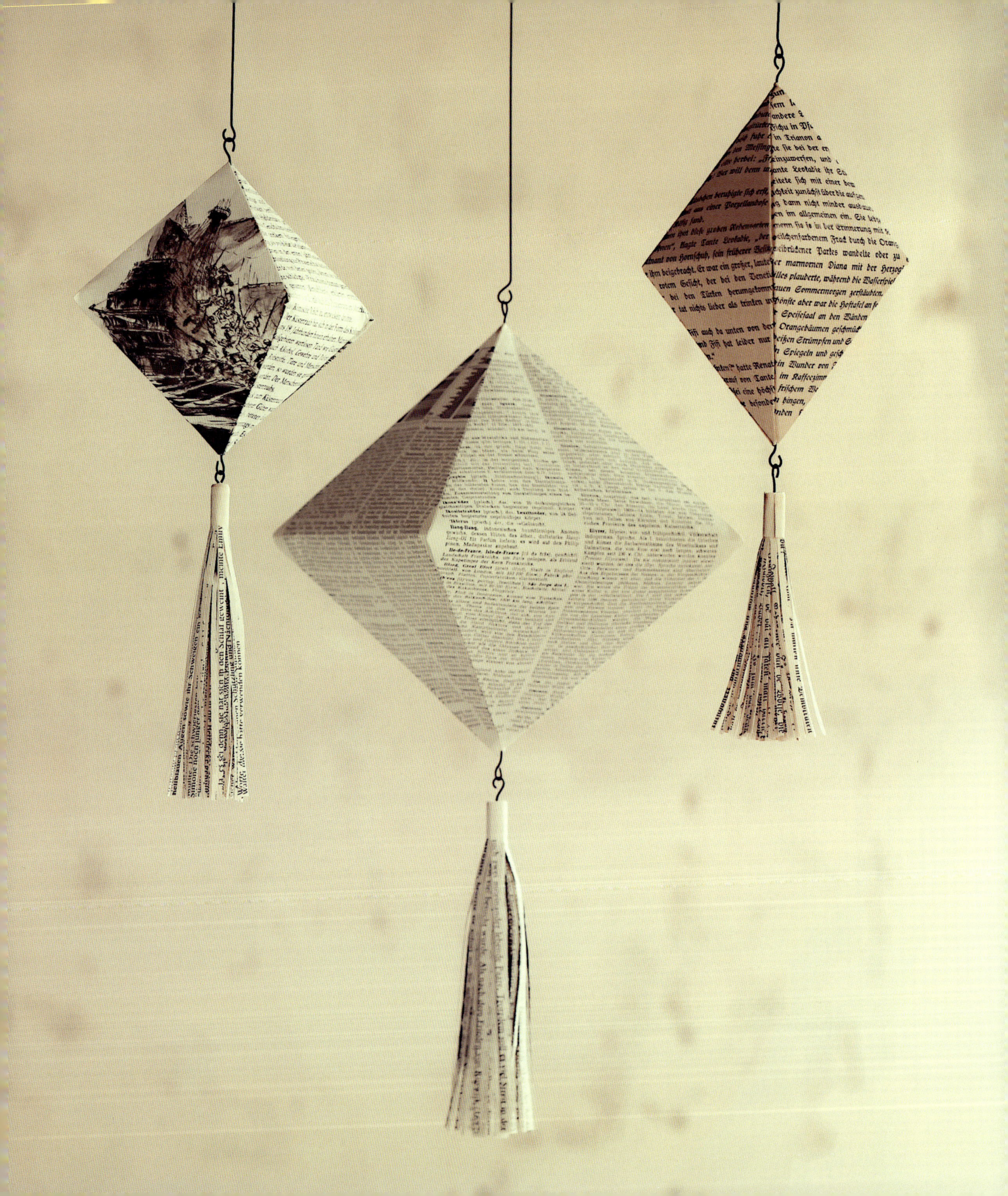

Chinesische Lampions

In China haben Laternen aus Papier eine lange Tradition. Vor die Häuser gehängt, informierten sie mithilfe der verwendeten Farben, Größen und Materialien über wichtige familiäre Ereignisse oder die gesellschaftliche Stellung der Bewohner. Auch aus alten Buchseiten gefertigt, sehen sie als Dekoration umwerfend aus.

Pyramidenlampion

Größe: 12 x 12 cm (ohne Quaste)

Hilfsmittel:
- Schere
- Lineal
- Zangenset (Seitenschneider, Flachzange, Rundzange)

Materialien:
- Buchseiten
- Klebstoff (Alleskleber und Holzleim)
- Blumensteckdraht, 0,9 mm Ø
- 1 dicke Papierperle als Stopper
- Papierquaste

So wird's gemacht:

1 4 gleich große Rechtecke im Format 9 x 13 cm zuschneiden.

2 Durch Knicke am Rand jeweils die Mitte der Seitenränder markieren.

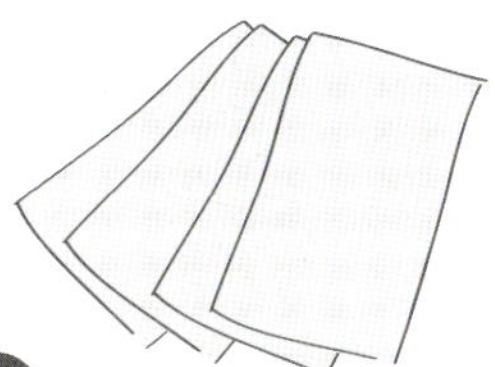

1

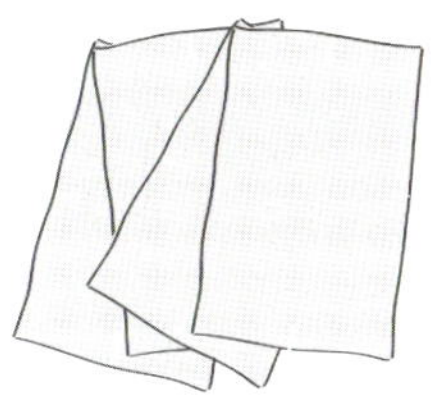

2

3 Ein Rechteck mit der später sichtbaren Seite nach unten ablegen. Die Ecken jeweils von einer Markierung der Längsseite zu einer Markierung der Querseite nach innen falten und wieder auffalten, sodass rundherum 4 Dreiecke entstehen. Das Gleiche mit den übrigen 3 Rechteckseiten wiederholen.

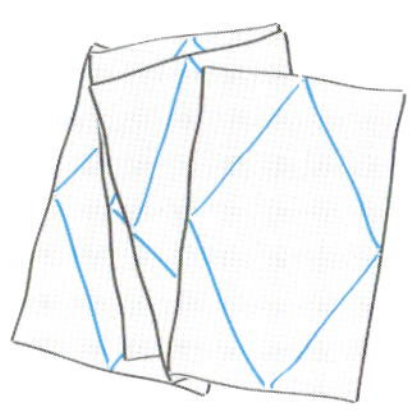

TIPP: Knicken Sie das Papier über ein Lineal, um exakte Falze zu erzielen.

4 An einem Drahtende eine Öse biegen. Eine dicke Papierperle (siehe S. 24) auf den Draht fädeln und etwas unterhalb der Öse mit Holzleim festkleben.

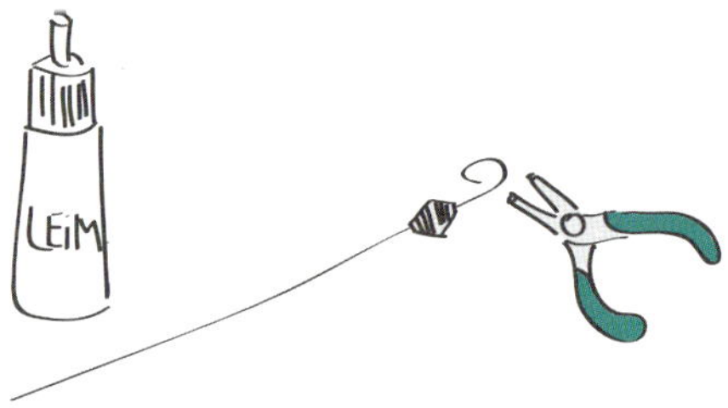

5 Die 4 Buchseiten oben an den Falzen zusammenkleben. Vor der letzten Klebeverbindung den Draht mit der Öse nach oben einlegen.

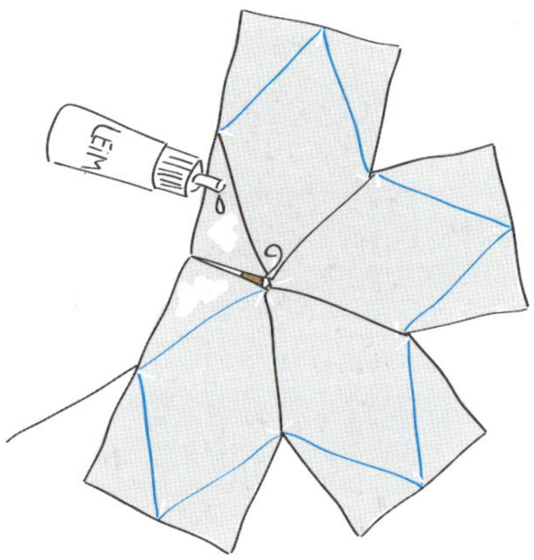

6 Das Objekt unten durch Verkleben an den Falzen schließen. Den Draht in der Mitte herausschauen lassen.

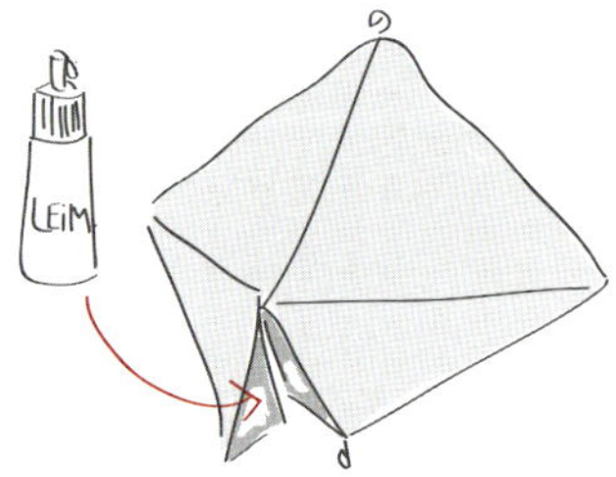

7 Unten eine Öse biegen und eine Quaste (siehe S. 26) einhängen.

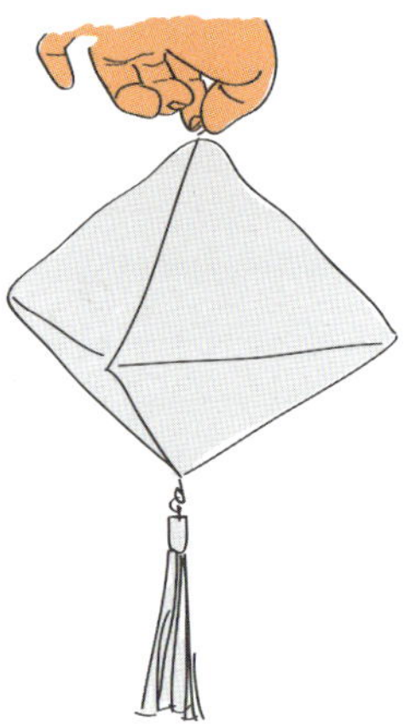

Tütenlampion ★★★

So wird's gemacht:

1 7 Streifen Papier im Format 4,9 x 14 cm schneiden.

TIPP: Sofern das Verhältnis zwischen Länge und Breite eingehalten wird, kann auch jede beliebige andere Größe gewählt werden.

2 Durch einen Knick am Rand die obere und untere Mitte markieren.

3 Jeden Streifen in der Mitte der Länge nach sanft über den Scherenrücken ziehen, um eine leichte Wölbung zu erreichen.

4 Oben und unten jeweils eine spitze Tüte kleben und sich dabei am Knick als Mitte orientieren.

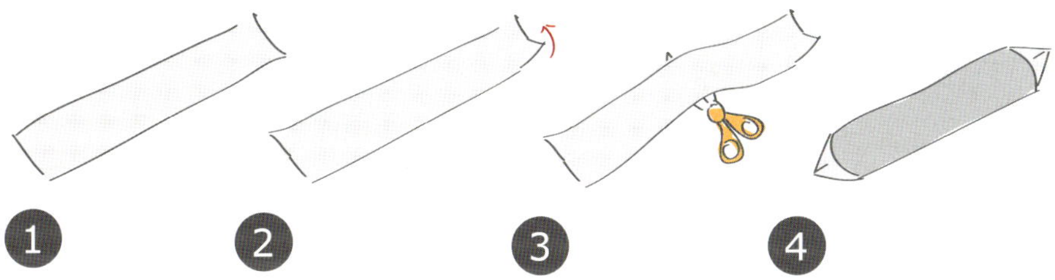

5 Die oberen Tüten so zusammenkleben, dass sich die Runde schließt. Dabei allerdings eine Klebestelle noch offen lassen.

6 Die einzelnen Teile nach innen wölben und die Tüten unten zusammenkleben. Dabei ebenfalls eine Klebestelle offen lassen.

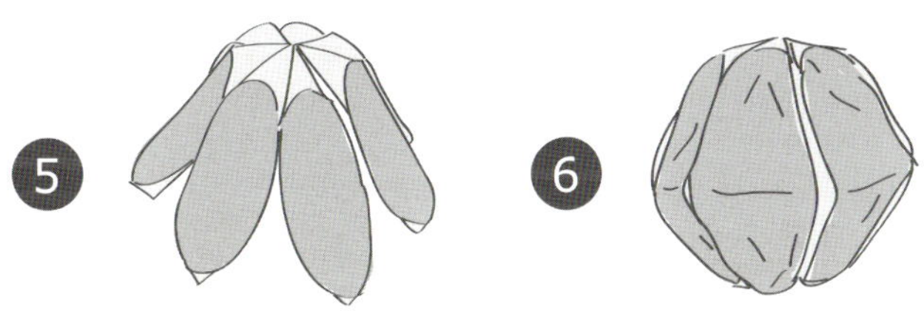

Größe: 10 x 11 cm (ohne Quaste)

Hilfsmittel:
- Schere
- Lineal
- Bleistift
- Radiergummi
- Zangenset (Seiteschneider, Flachzange, Rundzange)

Materialien:
- Buchseiten
- Klebstoff (Alleskleber und Holzleim)
- Blumensteckdraht, 0,9 mm Ø
- 2 dicke Papierperlen als Stopper
- Papierquaste

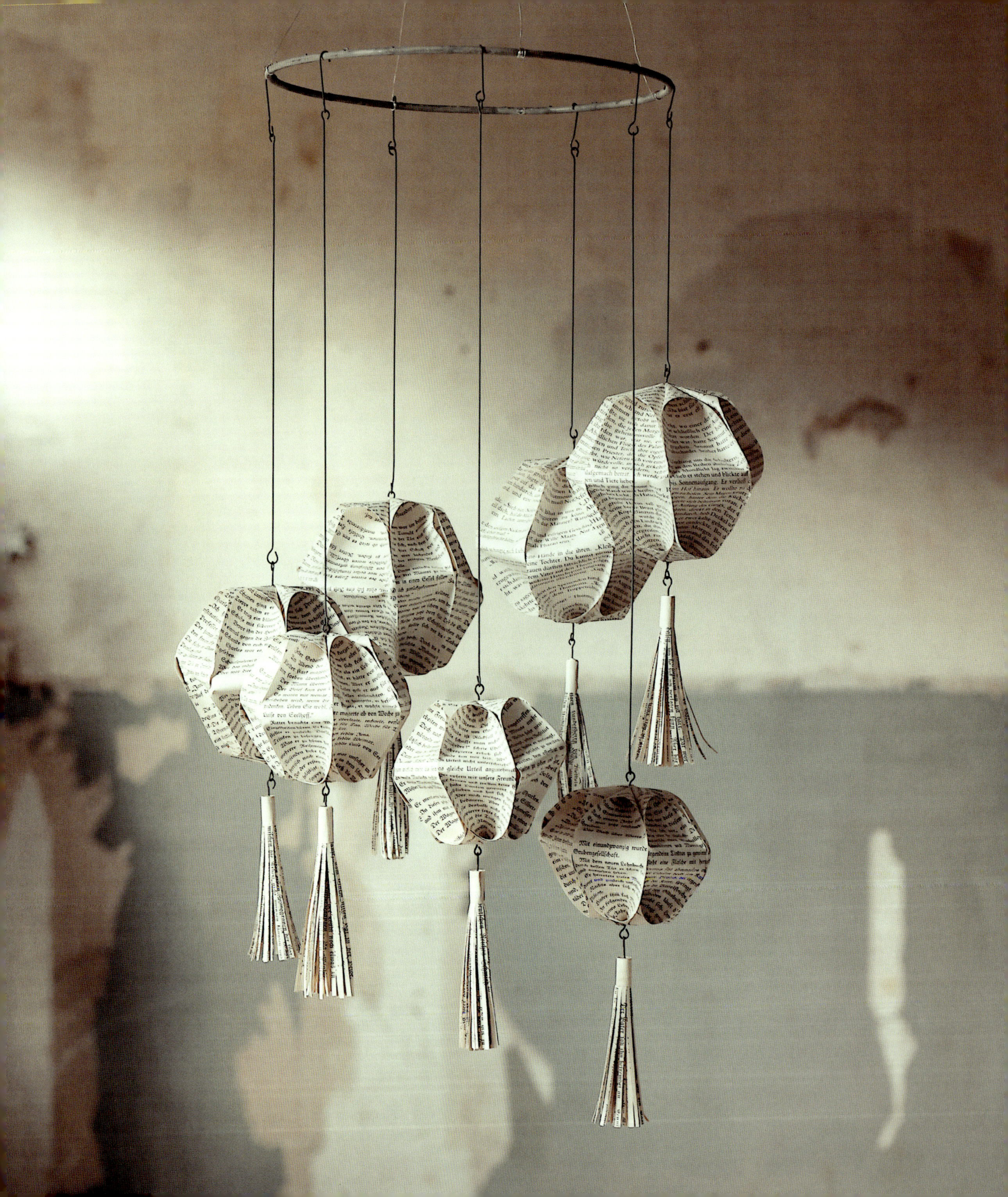

7 An einem Drahtende eine kleine Öse biegen, die beiden Papierperlen (siehe S. 24) auffädeln und am anderen Ende ebenfalls eine Öse formen.

8 Die Papierperlen mit Holzleim so dicht an die Ösen kleben, dass der Abstand von einem äußeren Perlenende zum anderen 9,5 cm beträgt.

9 Sind die Perlen getrocknet und lassen sich nicht mehr verschieben, den Drahtstab so in das Objekt einpassen, dass die Ösen oben und unten herausschauen, die Perlen jedoch im Inneren verschwinden, sodass sie das Objekt straff ziehen und sich die Seiten schließen.

10 Die noch offenen Stellen oben und unten zusammenkleben.

11 In die untere Öse eine Quaste (siehe S. 26) einhängen.

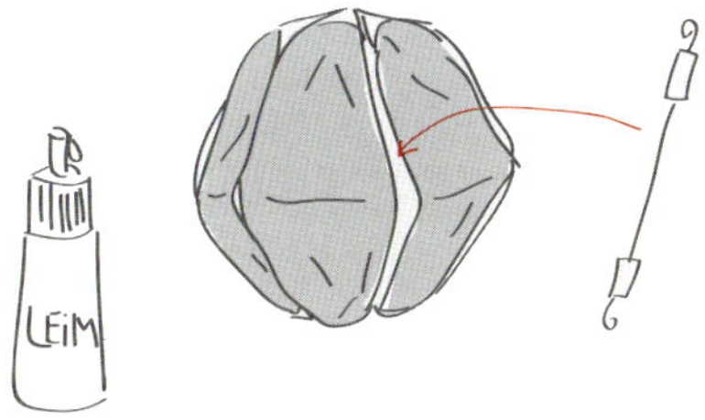

7 – 9

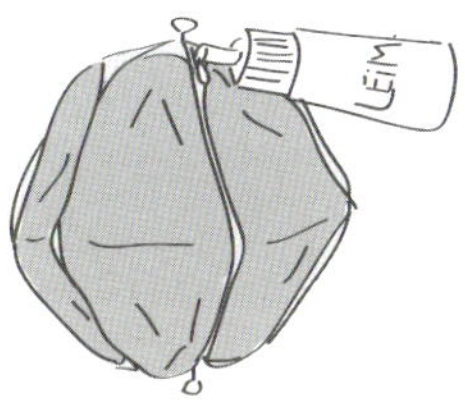

10

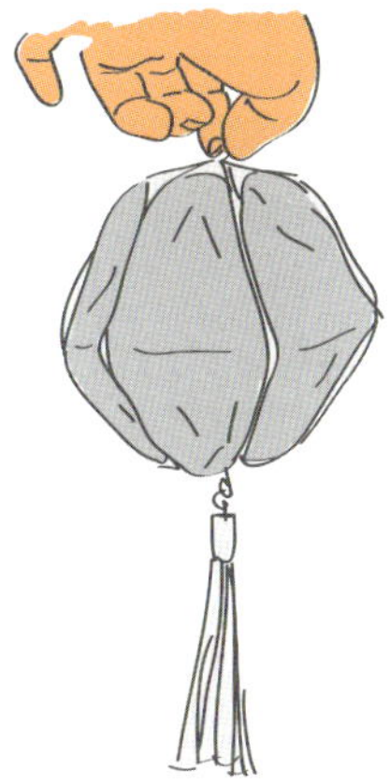

11

Mobile

Für dieses Mobile aus 7 Tütenlampions in unterschiedlichen Größen braucht man einen Metallring und zusätzlichen Blumensteckdraht.
Zunächst 7 kleine Drahthaken biegen, die am Ring hängen. Die Zwischenstücke sind unterschiedlich lang und haben an beiden Enden eine Öse.

Verdrehte Laterne ★★★

Größe: variabel

Hilfsmittel:
- Schere
- Lineal
- Bleistift
- Radiergummi
- Zangenset (Seitenschneider, Flachzange, Rundzange)

Materialien:
- Buchseiten, ca. 18 bis 20 cm hoch
- Klebstoff (Alleskleber und Holzleim)
- Blumensteckdraht, 0,9 mm Ø

So wird's gemacht:

1 Aus den Buchseiten 9 Streifen von 3 cm Breite schneiden.

2 Jeden Streifen an der oberen und unteren Kante ca. 1 cm nach innen falten.

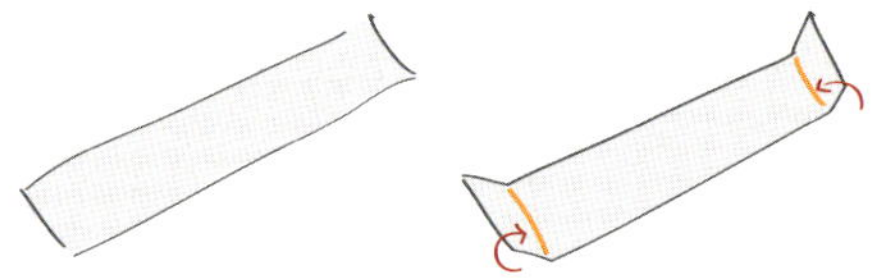

TIPP: Ganz schnell geht das Kantenfalten, wenn ein Prototyp untergelegt wird und beide Streifen gleichzeitig gefaltet werden.

3 Alle Streifen oben zusammenkleben. Dazu jeweils den gefalteten Teil mit Klebstoff bestreichen und an die obere Rückseite des nächsten Streifens kleben. Zum Schluss den letzten mit dem 1. Streifen verbinden, sodass sich ein Ring ergibt. Dabei darauf achten, dass in der Mitte ein kleiner Tunnel bleibt.

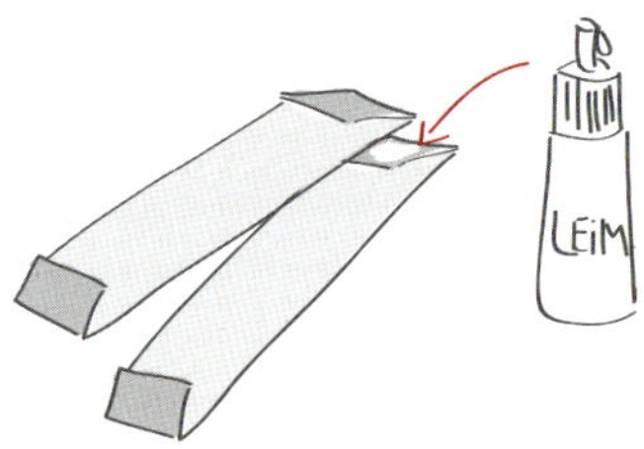

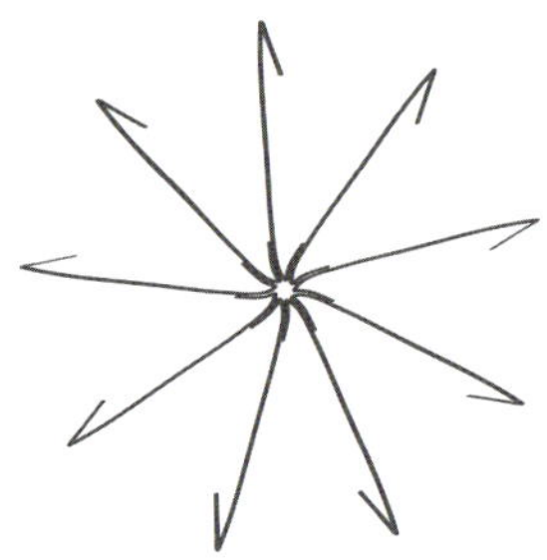

4 Dann alle Streifen unten auf die gleiche Art verkleben, aber zuvor jeden Streifen einzeln vor dem Kleben einmal verdrehen (halbe Drehung).

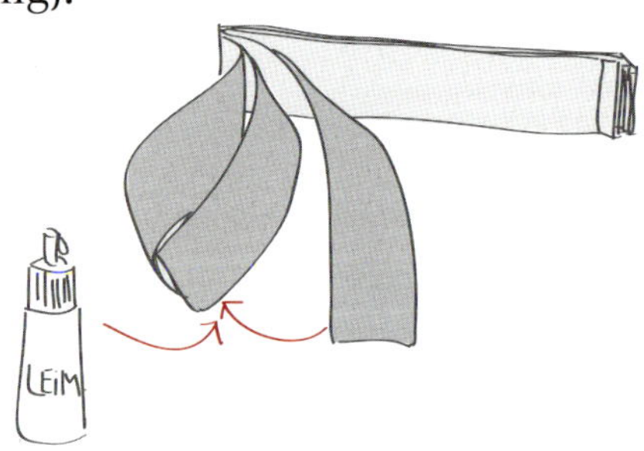

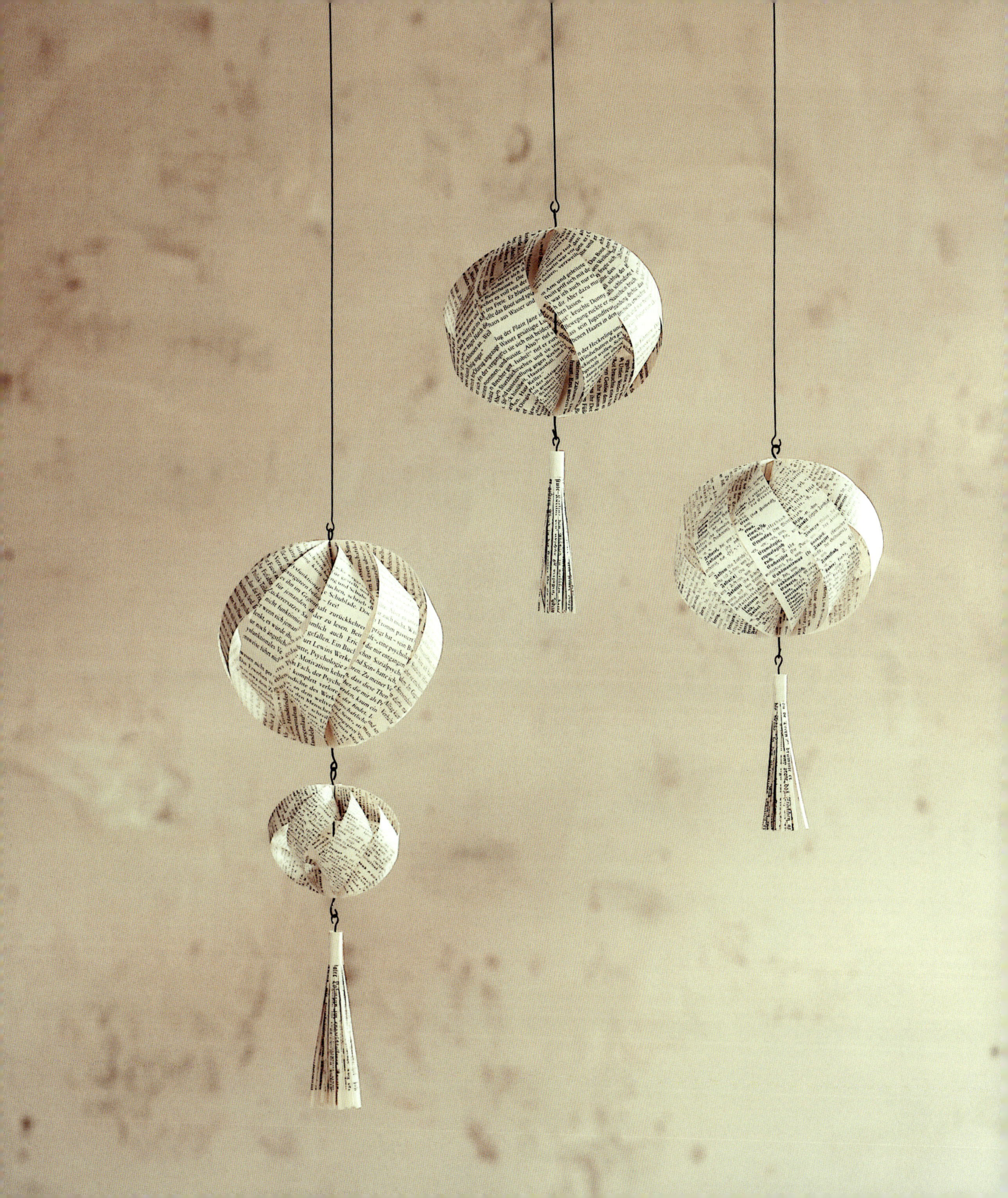

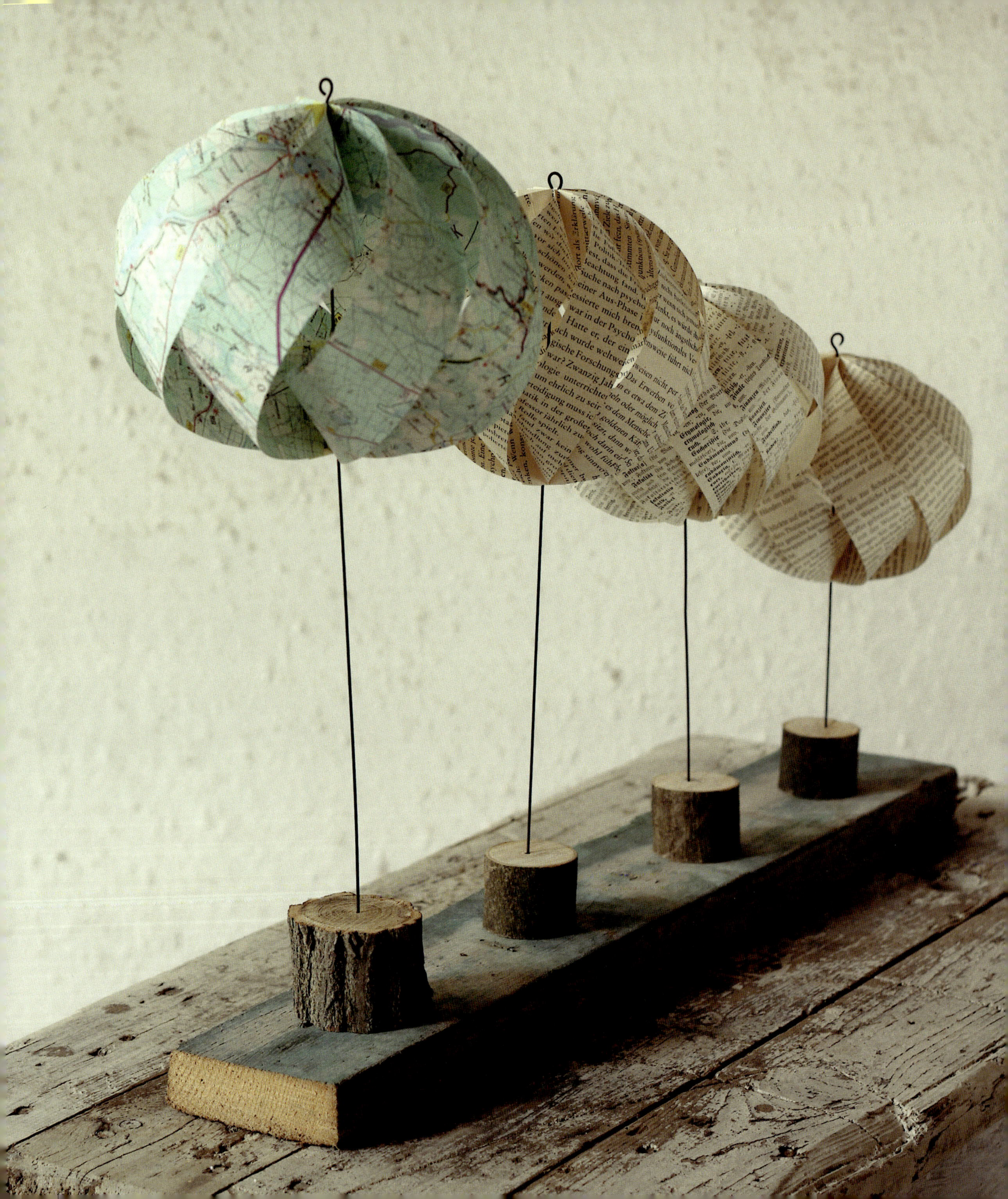

5 Nun ein Drahtende zu einer Öse biegen und den Draht durch den oberen und unteren Tunnel schieben.

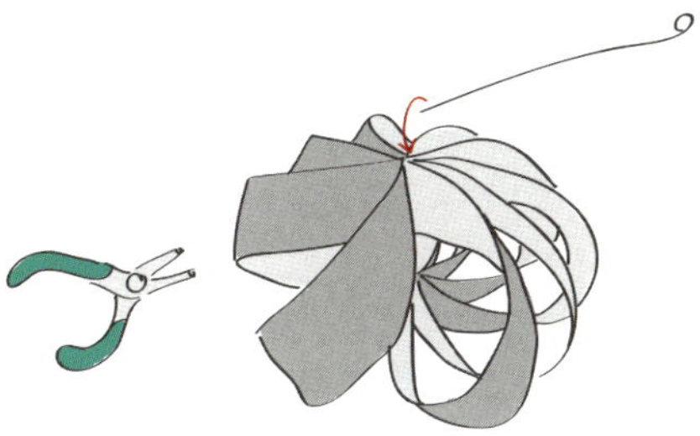

6 Das Objekt auf dem Draht in die gewünschte Form schieben und den Draht in beiden Tunneln mit etwas Klebstoff fixieren.

7 Den Draht unten abkneifen und eine Öse biegen.

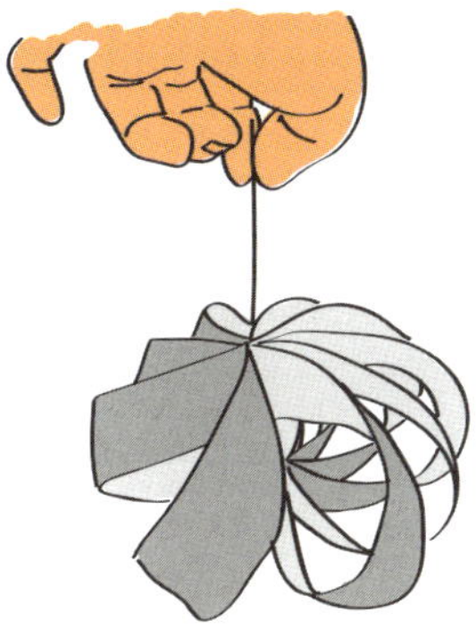

Laternenbäume

Eine Laterne muss nicht immer hängen. Wird der Draht unten nicht gekürzt, wirken die verdrehten Laternen wie kleine Bäumchen. So lässt sich nach Belieben ein ganzer Wald aus unterschiedlich hohen Bäumchen aufstellen.

Raffinierte Geschenkverpackung

Ein kleines Mitbringsel lässt sich in diesem Objekt wunderbar verschenken. Wird es statt mit Draht mit einem Faden verschlossen, blättern die Streifen beim Öffnen effektvoll auf.

Größe: ca. 12 cm hoch, 13 cm Ø

Hilfsmittel:

- Vorlage Kreis (S. 188)
- Vorlage Blatt (S. 188)
- Lineal
- Bleistift
- Radiergummi
- Lochzange
- Schere

Materialien:

- Buchseiten
- feiner Basteldraht
- Klebstoff

TIPP: Soll das Objekt etwas stabiler werden? Kleben Sie einfach immer 2 Buchseiten aufeinander, bevor Sie zu schneiden anfangen.

So wird's gemacht:

1 Buchseiten in 18 Streifen schneiden, je 18 cm lang und 2,2 cm breit. Aus einer Buchseite 2 Kreise in der Größe der Vorlage ausschneiden.

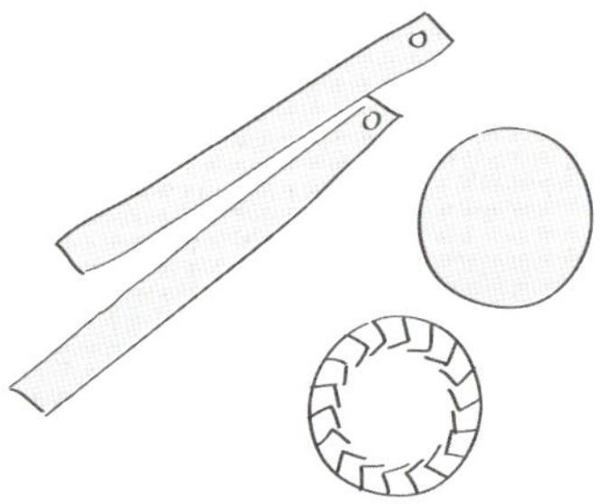

TIPP: Achten Sie auf das „Muster" der Streifen. Die Schrift sollte nicht auf dem Kopf stehen.

2 Jeden Streifen oben lochen – mit einem Abstand von 1 cm zum oberen und den beiden seitlichen Rändern.

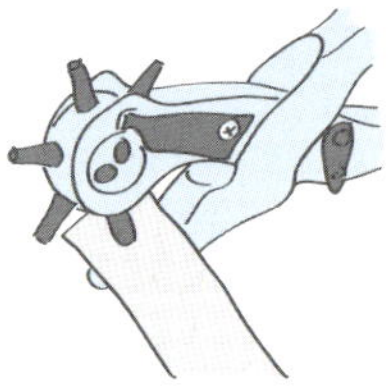

3 Die Vorlage vollflächig auf einen Kreis kleben.

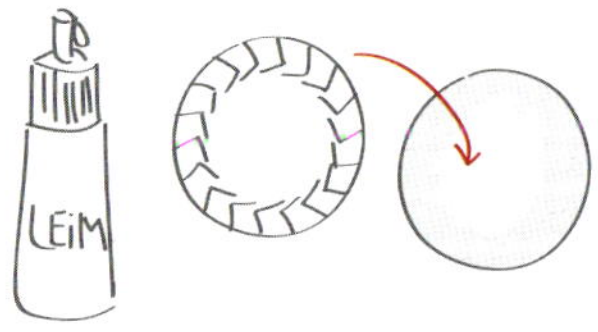

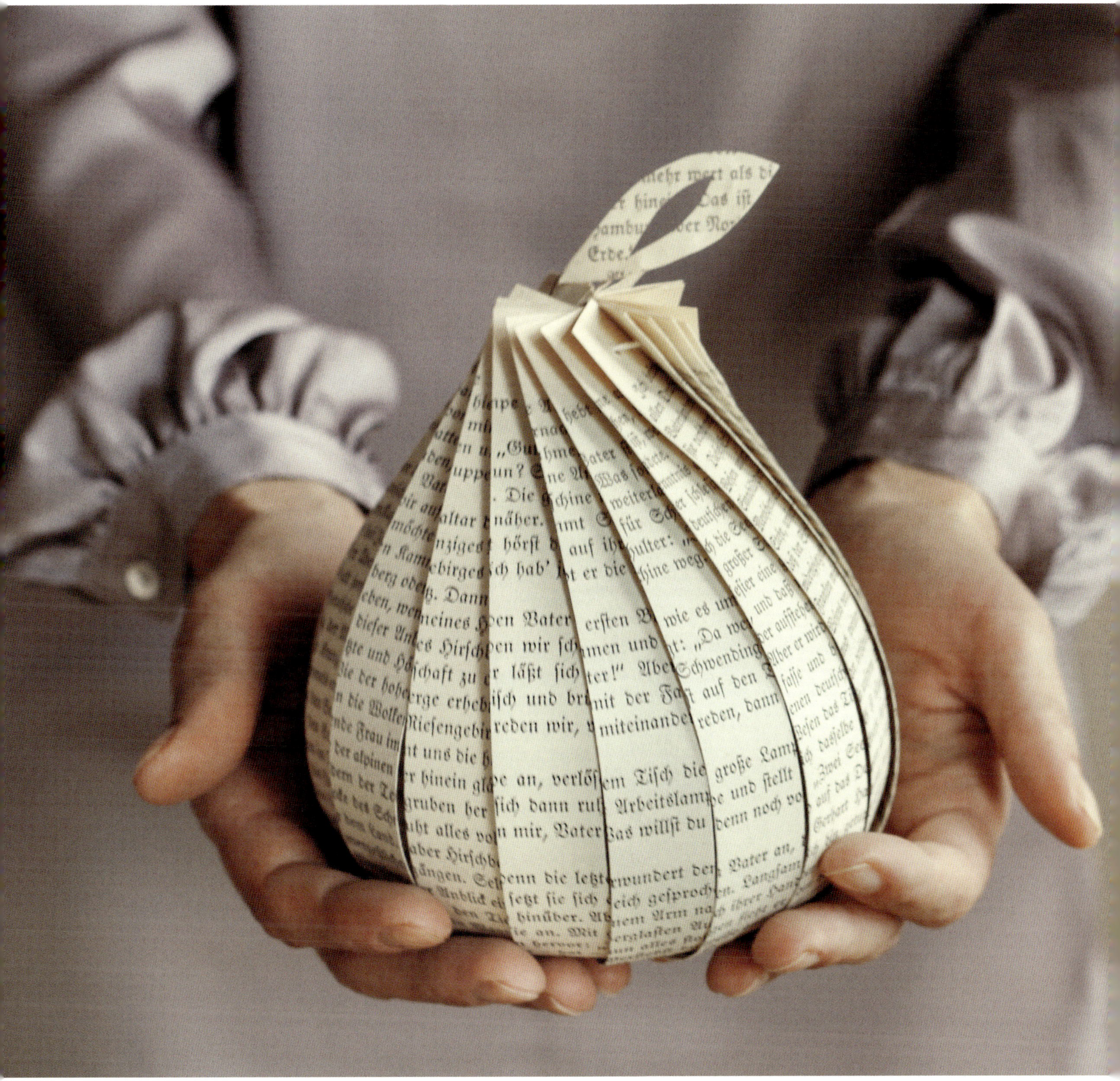

4 Die Streifen nun nacheinander und mit der Lochung nach außen überlappend auf den Rand kleben. Orientierung bieten die Markierungen auf der Vorlage. Den 1. Streifen nicht sofort vollständig festkleben, damit der letzte Streifen unter die Überlappung geschoben werden kann.

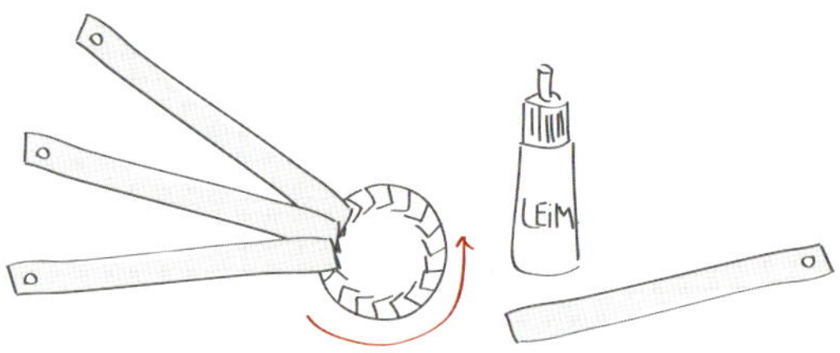

5 Sind alle Streifen gleichmäßig und sauber verklebt, wird der 2. Kreis obendrauf geklebt.

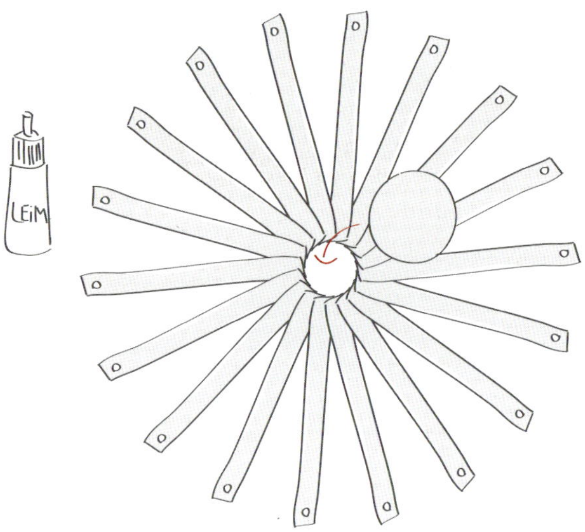

6 Den Draht im Uhrzeigersinn durch die Löcher der Streifen ziehen – bei jedem Streifen von außen nach innen – und mit der Hand verdrillen.

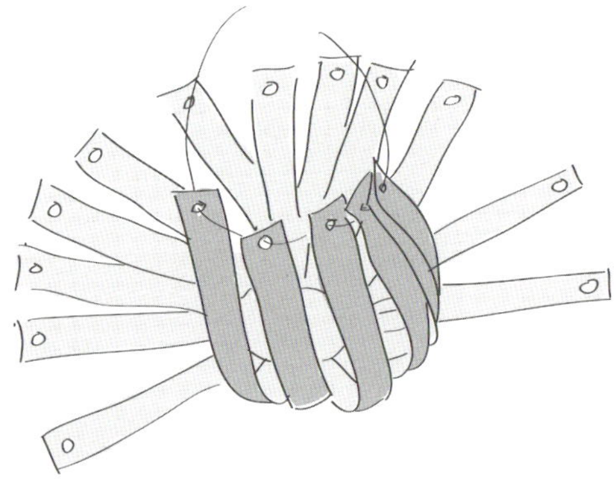

7 Das Blatt gemäß Vorlage 2 x ausschneiden, das Drahtende zwischen die Blätter legen und die Blätter zusammenkleben.

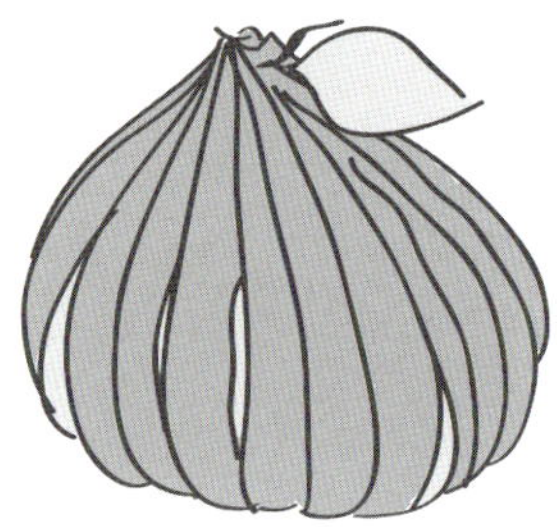

TIPP: Statt des Blatts können Sie einen kleinen, beschrifteten Anhänger anbinden. Der Draht lässt sich durch einen Faden ersetzen.

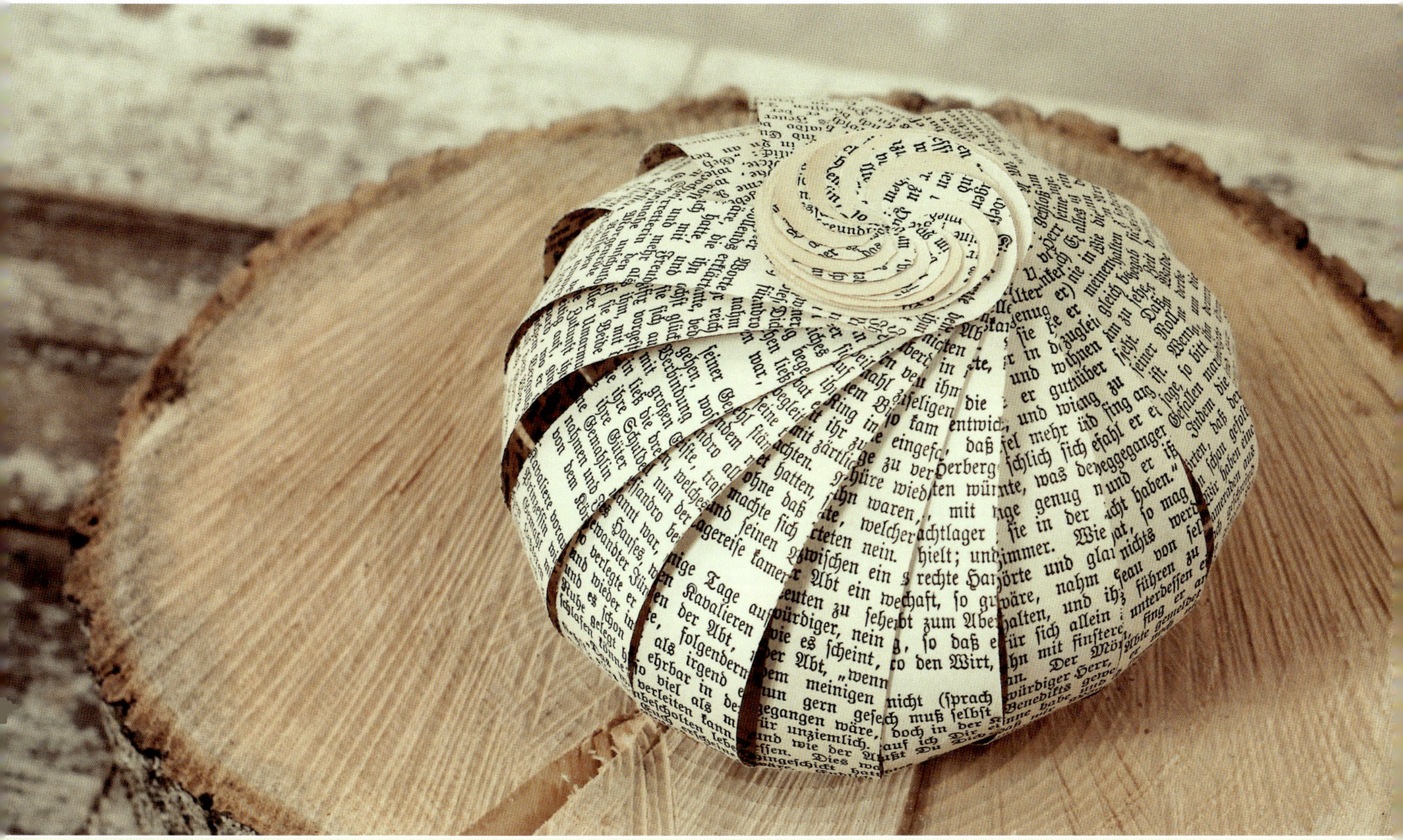

Verschlussvariante

Hierfür werden Streifen mit einem Haken am oberen Ende verwendet. Dafür die Vorlage „Streifen mit Haken" von S. 188 nutzen. Bei Bedarf können die Streifen in der Länge etwas gekürzt werden. 18 Streifen mit Haken zuschneiden und, wie zuvor erklärt, auf den Kreis kleben.
Um die Verpackung zu verschließen, einen Streifen nach oben aufrichten und alle übrigen Streifen nacheinander einhaken.

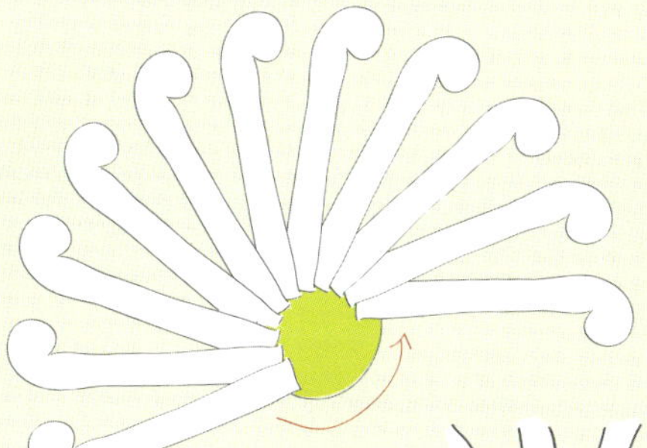

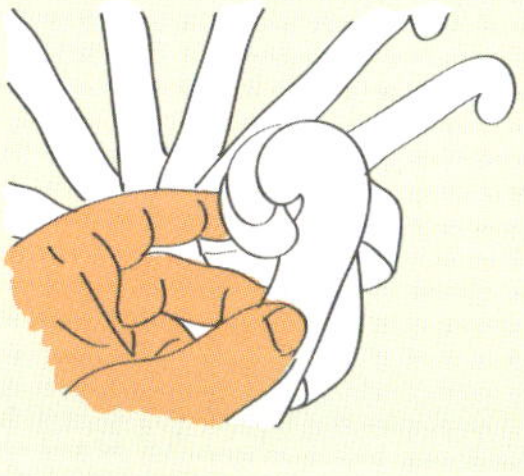

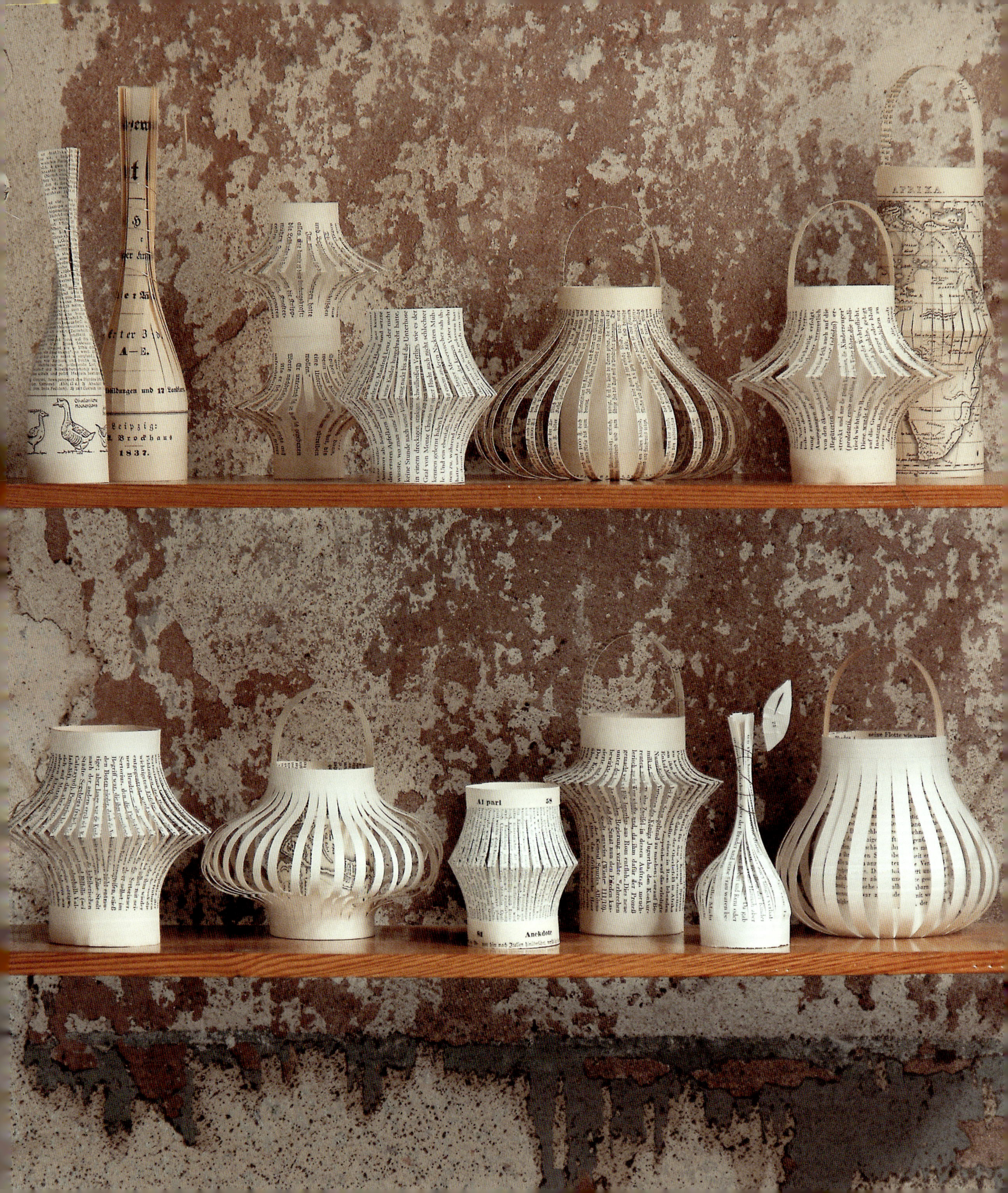
A–E.
Leipzig:
1837
AFRIKA.
Al pari
58
Anekdote

Laterne mit Einschnitten ★☆☆

Diese Laternen sind so einfach und schnell herzustellen – da dürfen es gleich ein paar mehr sein! Aber bitte niemals ein Teelicht ohne Sicherheitsglas hineinstellen.

So wird's gemacht:

1 Den zur Bindung gerichteten Rand einer Buchseite begradigen. Den oberen und unteren Rand über dem Satzspiegel abschneiden, dabei jedoch seitlich jeweils eine Klebefläche stehen lassen.

2 Die Buchseite der Länge nach so falten, dass die beiden Textränder genau übereinanderliegen. Kräftig über den Falz streichen.

3 Die gefaltete Seite über die gesamte Breite so einschneiden, dass sich ca. 0,5 cm breite Streifen ergeben. Oben einen Rand von ca. 1 bis 2 cm stehen lassen.

TIPP: Man kann auf das Anzeichnen der Streifen verzichten, wenn man sich beim Schneiden an den Textzeilen orientiert.

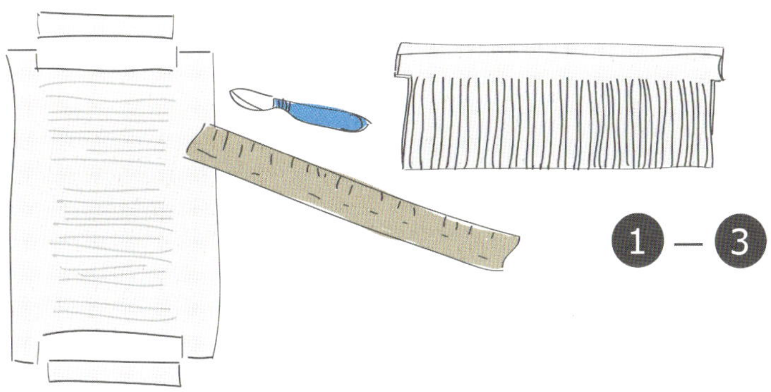

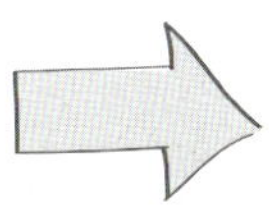

Größe: variabel

Hilfsmittel:

- Schneidematte
- Skalpell
- Bleistift
- Metalllineal
- Radiergummi
- Schere
- ggf. Falzbein

Materialien:

- Buchseiten
- Klebstoff

TIPP: Für den Zylinder eignet sich auch transparentes Papier sehr gut.

4 Eine Buchseite für den inneren Zylinder zuschneiden. Hierbei zur Länge der zuvor bearbeiteten Buchseite 0,5 cm hinzurechnen, die Breite um 1,5 bis 2,5 cm reduzieren.

5 Den inneren Zylinder rollen und zusammenkleben. 0,5 cm als Klebefläche verwenden.

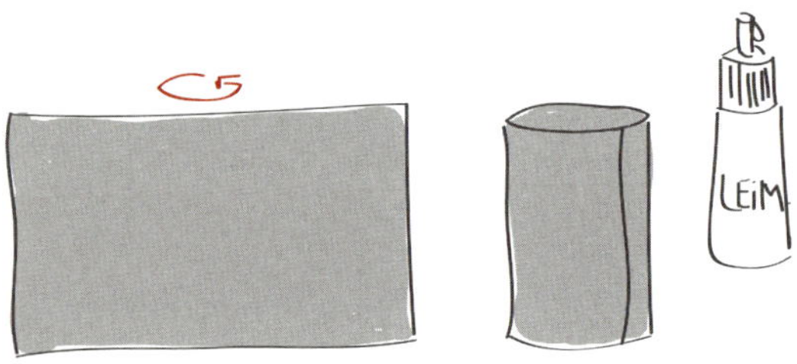

4 – 5

6 Die Buchseite aus Schritt 3 auffalten, in Laternenform rollen und die nicht eingeschnittenen Ränder oben und unten um die obere und untere Kante des Zylinders kleben. Die Laterne noch etwas in Form drücken.

7 Gegebenenfalls einen dünnen Papierstreifen ausschneiden und als Henkel innen oder außen ankleben.

TIPP: Falls Sie bei den Varianten nicht mit dem Skalpell, sondern lieber mit der Schere arbeiten möchten, schneiden Sie einfach über einen Rand hinweg und kleben anschließend einen Papierstreifen als neuen Rand auf.

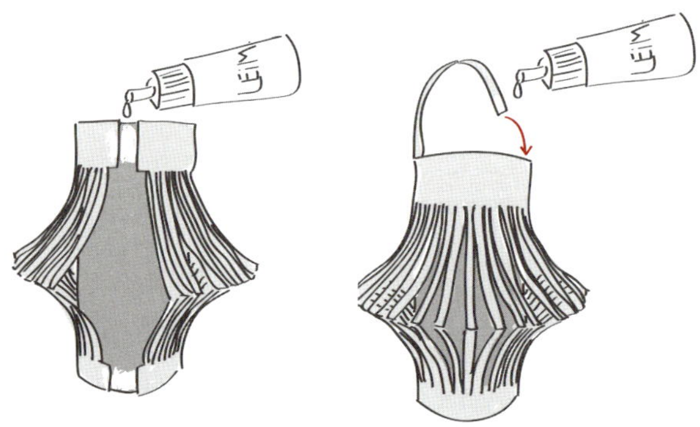

6 – 7

Variante A

Auf das Falten in Schritt 2 verzichten. Durch den fehlenden Falz ergibt sich eine schöne Rundung.

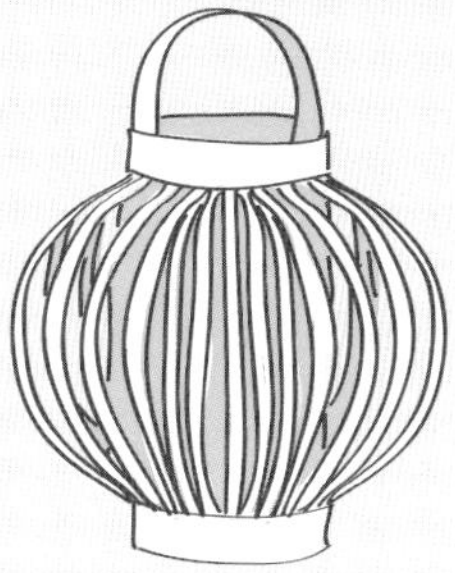

Variante B

Auf das Falten in Schritt 2 verzichten. Vor dem Ankleben an den Zylinder den unteren Rand nach innen falten.

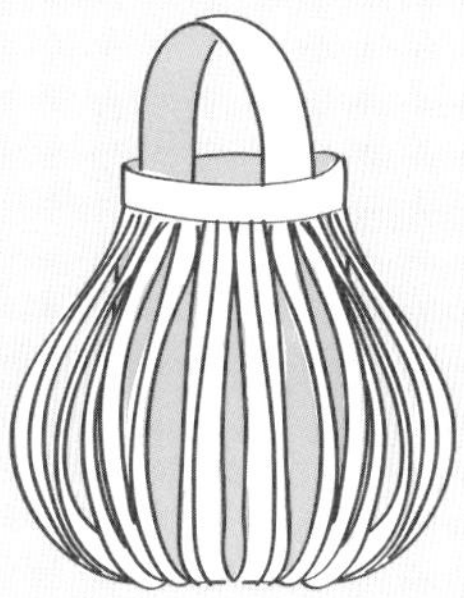

Variante C

In Schritt 2 nicht in der Mitte, sondern weiter oben oder unten falten. Die Rundung entsteht, wenn das Blatt vor dem Einschneiden um die Pappe einer Küchenrolle gerollt wird.

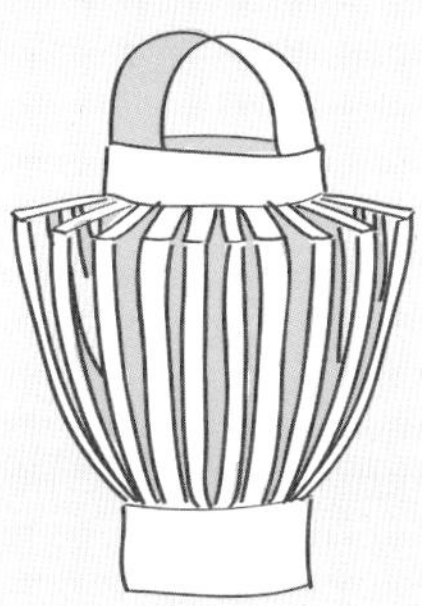

Variante D

Nur die untere Hälfte falten und in Streifen schneiden, die obere Hälfte als Rand stehen lassen.

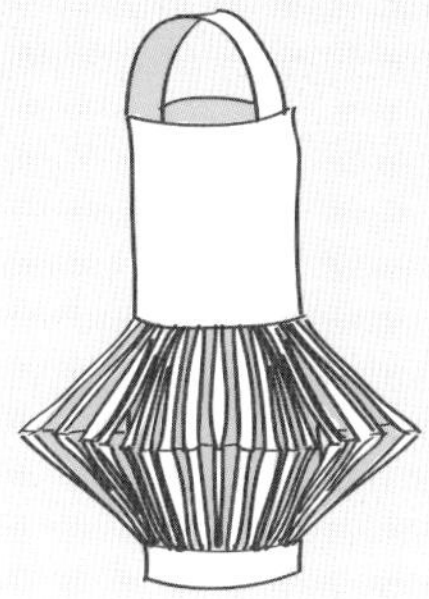

Variante E

2 Außenhüllen auf einen doppelt so hohen Zylinder setzen.

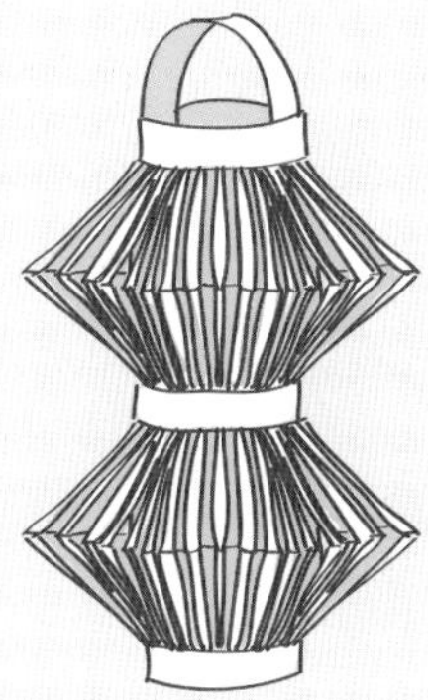

Variante F

Auf das Falten in Schritt 2 verzichten, den oberen Rand abschneiden und die Laterne oben mit dünnem Basteldraht umwickeln.

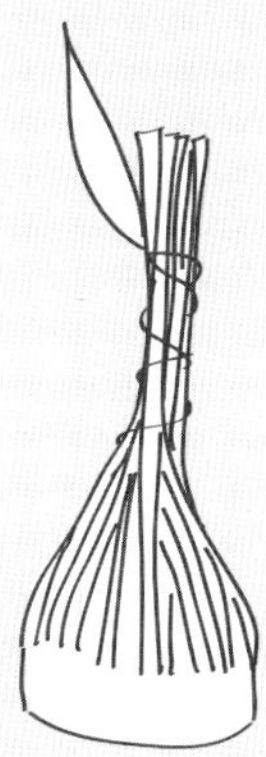

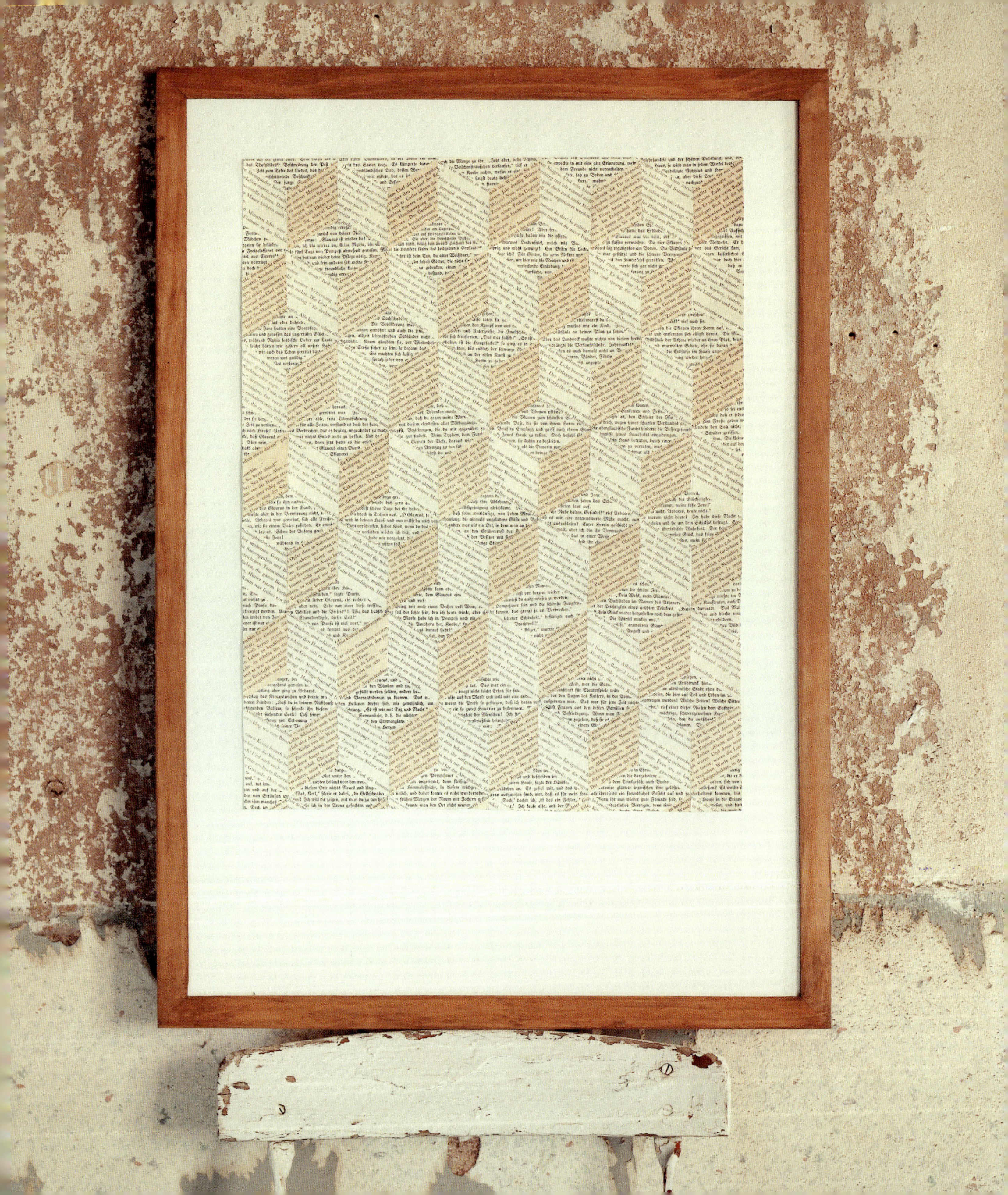

Collagen in 3-D-Optik ★★★

Die hier präsentierten Collagen aus geometrischen Formen spielen mit unserer Wahrnehmung und erzeugen optische Täuschungen. Zu den verblüffenden Effekten tragen nicht nur unterschiedliche Papierfarben, sondern auch der Schriftverlauf bei.

So wird's gemacht:

TIPP: Bei der Auswahl der Buchseiten darauf achten, dass sie sich in möglichst vielen Details, wie Schriftbild und Papierfarbe, unterscheiden. Legen Sie ein paar Probeelemente aneinander.

1 Die Vorlagen auf ein festes Stück Papier übertragen und als Schablonen ausschneiden.

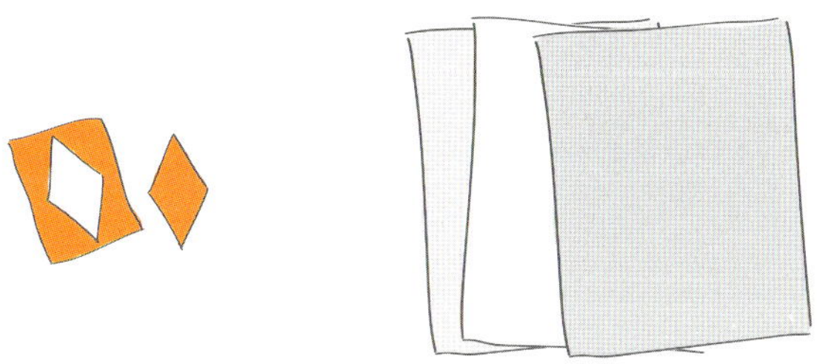

2 Mithilfe der Schablonen die Formen exakt auf die Buchseiten übertragen und ausschneiden. Dabei pro Element auf die gleiche Schriftausrichtung achten.

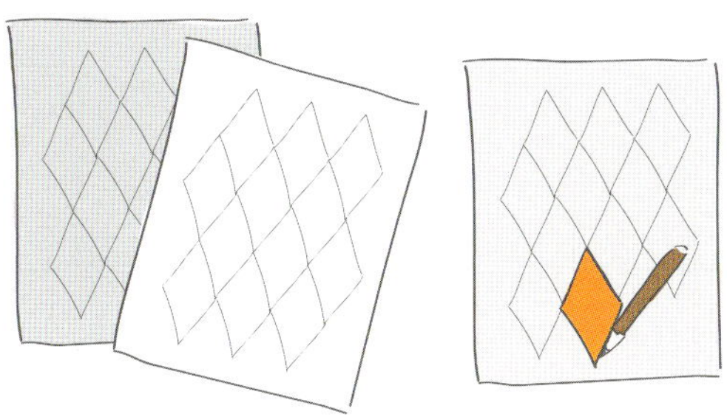

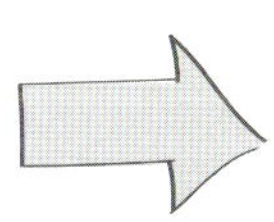

Größen:

Poster A 50 x 67 cm
Poster B 40 x 50 cm

Hilfsmittel:

- Vorlage A (S. 179)
- Hilfslinienvorlage A (S. 179)
- Klebeplan A (S. 179)
- Vorlage B (S. 179)
- Hilfslinienvorlage B (S. 179)
- Klebeplan B (S. 179)
- dünner Fallbleistift
- langes Lineal
- Geodreieck
- Radiergummi
- Schere
- Skalpell
- Metalllineal
- Schneidematte

Materialien:

- Buchseiten aus 3 unterschiedlichen Büchern
- Papierrest in Tonkartonstärke
- Trägerpapier, etwas größer als das Poster
- Klebstoff

3 So oft wiederholen, bis genügend Elemente für die jeweilige Postergröße vorhanden sind.

Poster A:	122 Elemente A1
	138 Elemente A2
	138 Elemente A3
Poster B:	44 Elemente B1
	40 Elemente B2
	40 Elemente B3

4 Auf dem Trägerpapier mit Bleistift Hilfslinien ziehen, um genauer arbeiten zu können. Dazu die Hilfslinienvorlage nutzen.

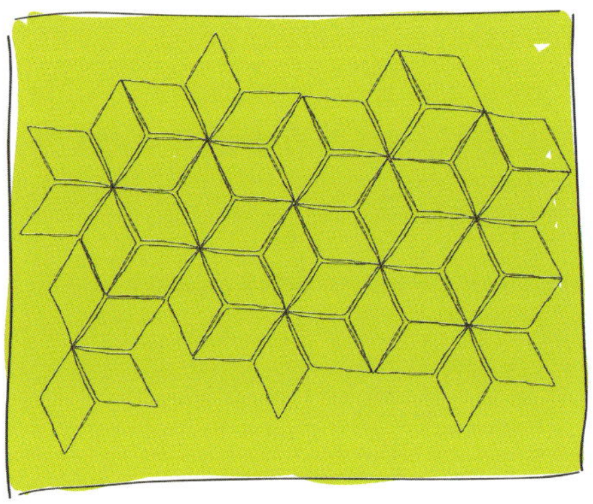

5 Die ausgeschnittenen Teile sorgfältig auf das Trägerpapier kleben. Von der Mitte aus arbeiten und das Muster spiralförmig nach außen aufbauen.

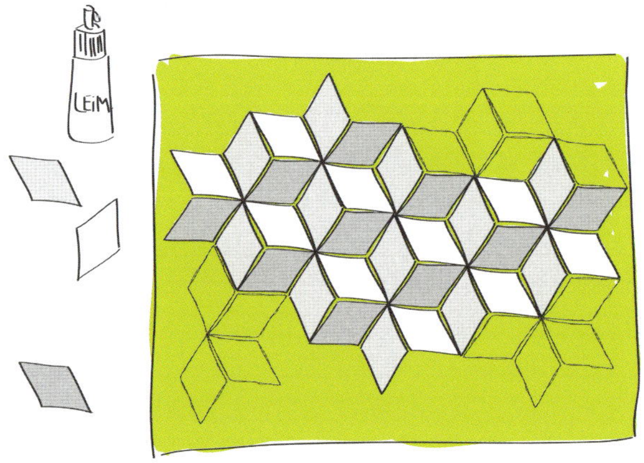

TIPP: An den Rändern ganze Elemente aufkleben und später einen geraden Schnitt über die gesamte Kante machen.

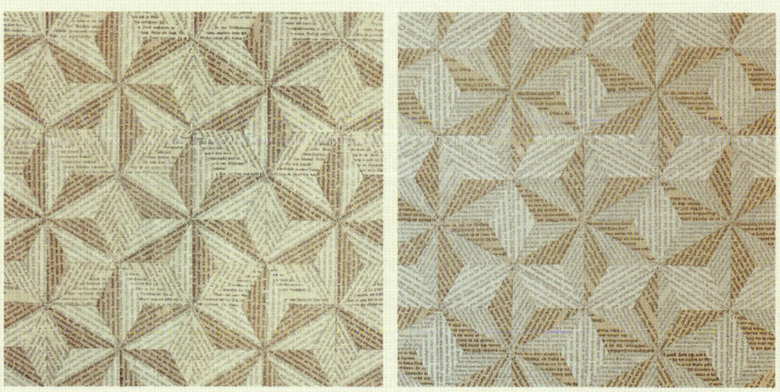

Laufrichtung

An diesen Vergleichsfotos erkennt man gut, welche besondere Wirkung der Schriftverlauf hat.

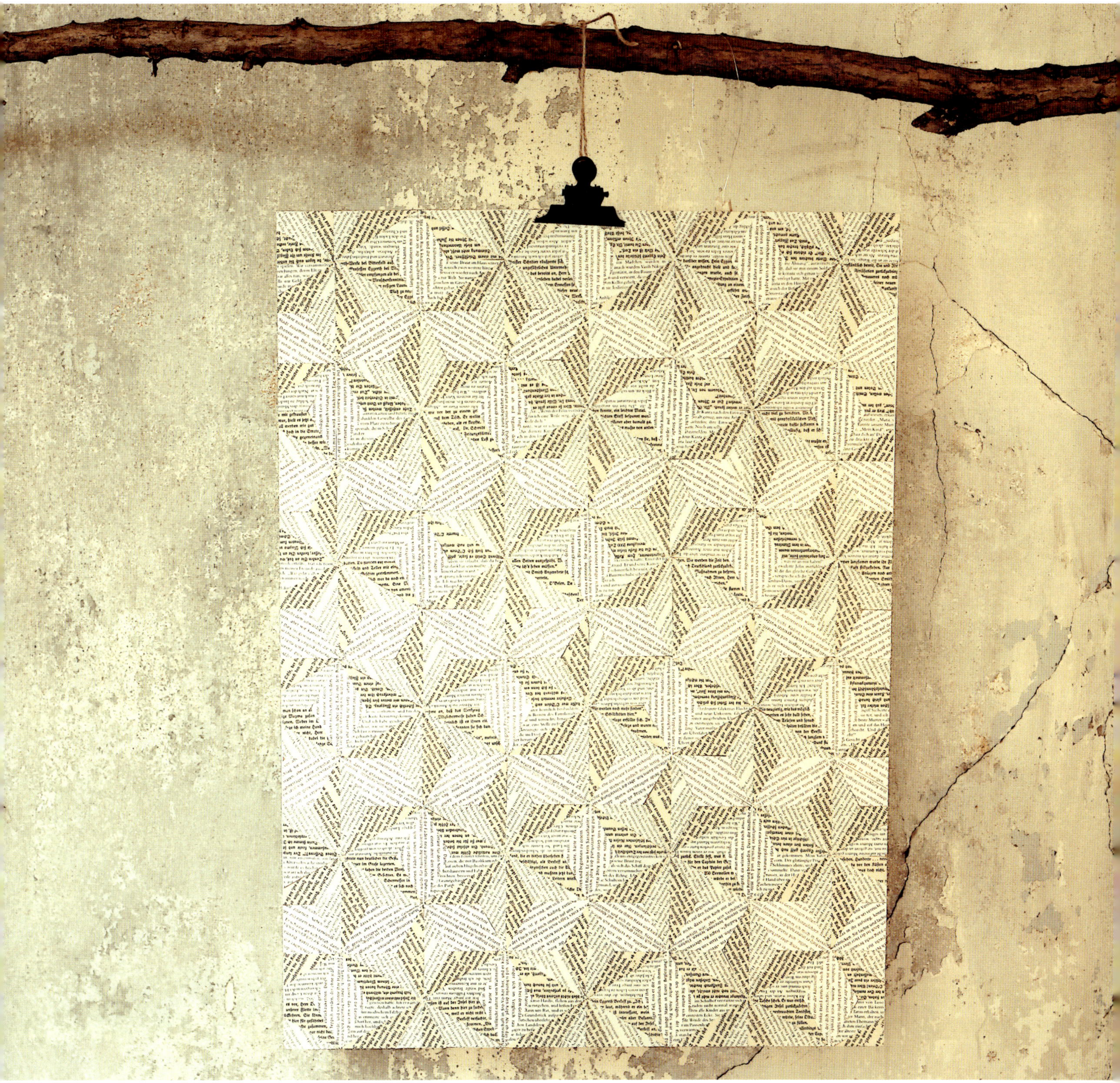

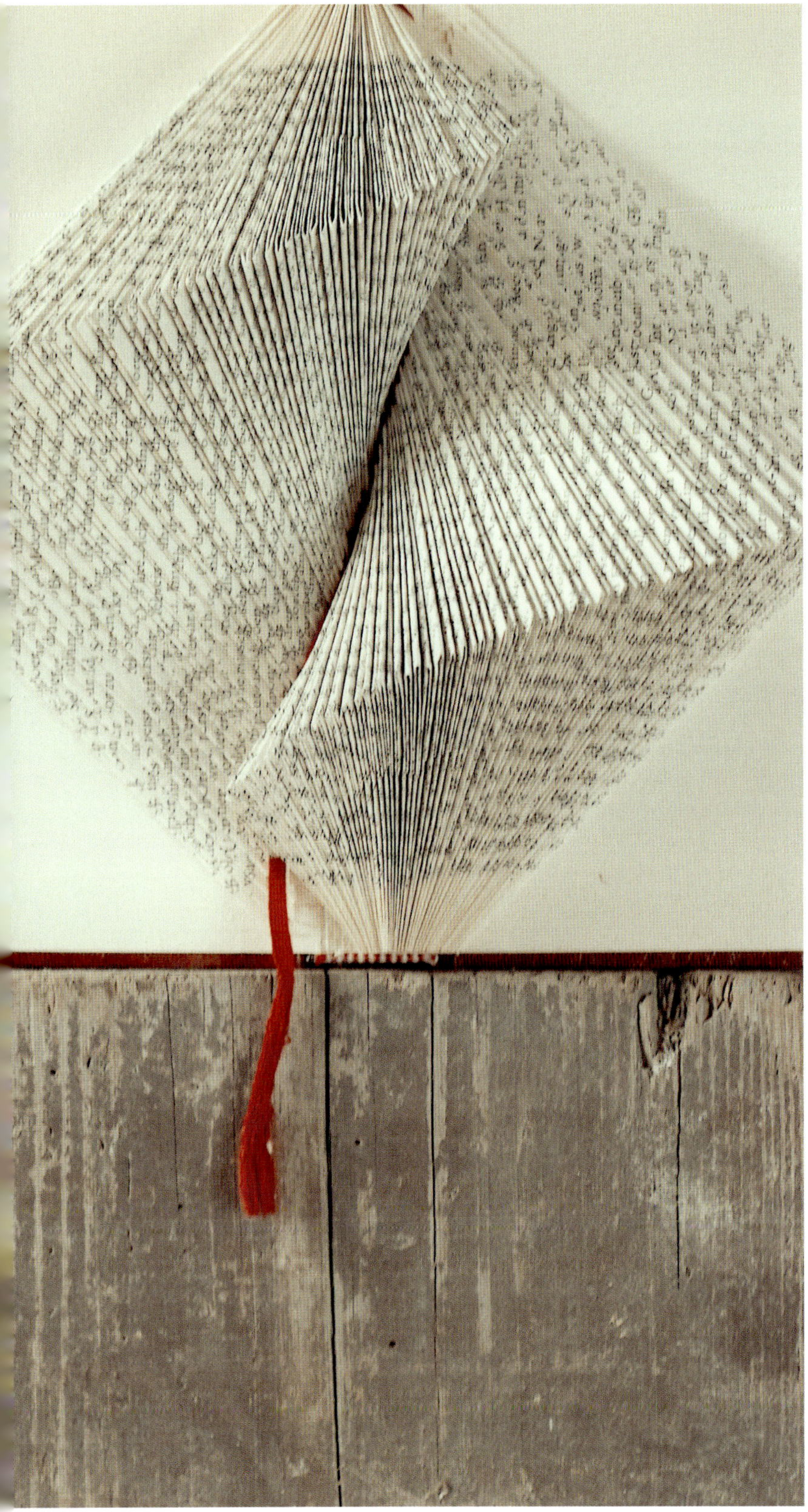

2. Kapitel

Falten

Minis zum Schmücken und Blättern

Die Objekte in diesem Kapitel zeichnen sich durch ihre kunstvollen Faltungen aus.
Suchen Sie noch Ideen für Christbaumschmuck? Dann werden Sie hier sicher fündig. Und Geschenkideen für bibliophile Freunde und Verwandte entdecken Sie obendrein.

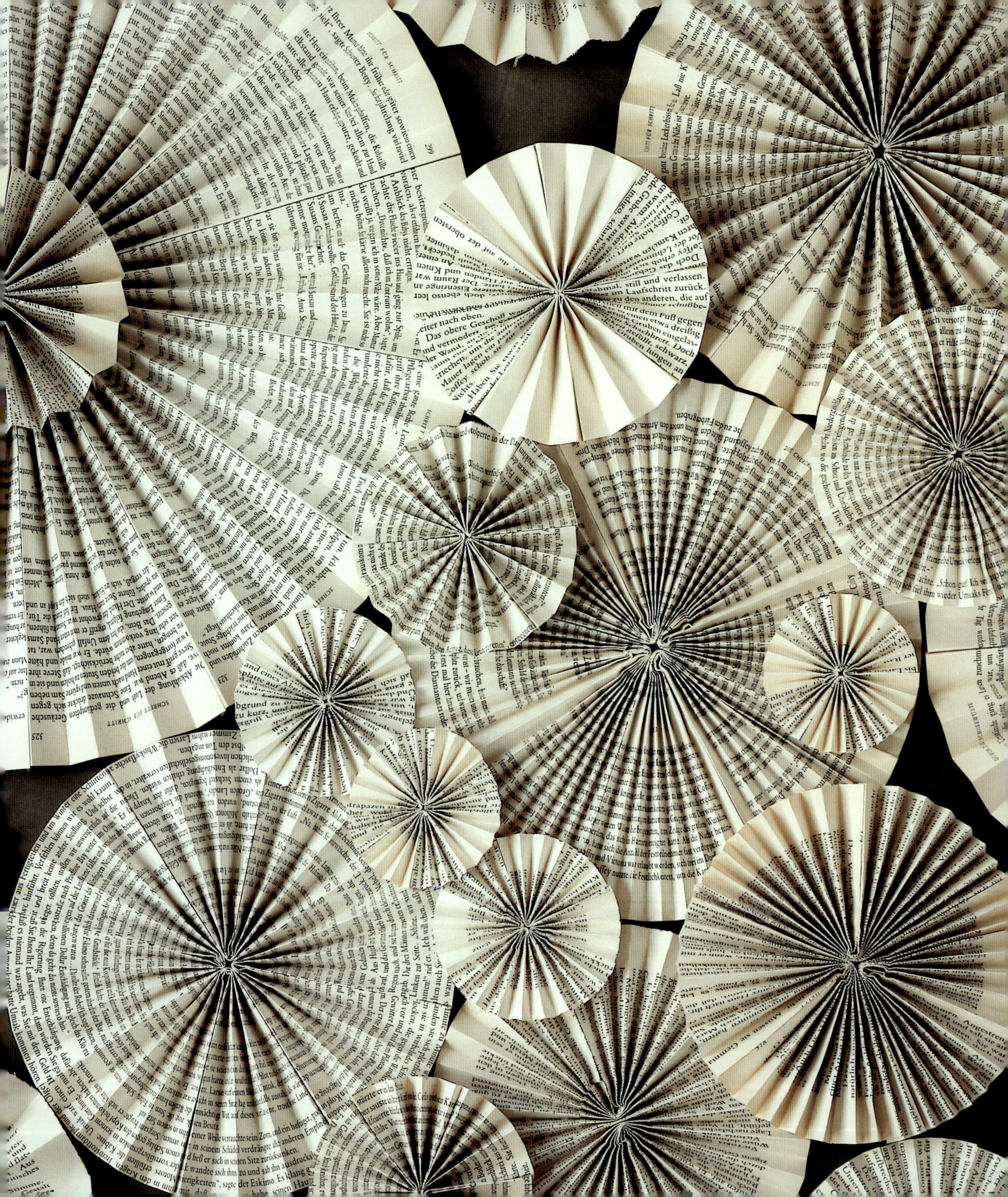

Rosetten ★★★

Papierrosetten sind ein Klassiker. Es gibt viele Arten, sie herzustellen. Hier wird eine gezeigt, die eine harmonische Verteilung der Schriftbilder von Buchseiten ermöglicht.

So wird's gemacht:

1 3 Rechtecke im Format 14 x 12 cm zuschneiden. Auf möglichst gleiche Ausschnitte achten.

2 Jedes Blatt als Leporello falten: Ein Rechteck der Länge nach in der Mitte falten und wieder öffnen. Jede Hälfte bis zum Mittelfalz falten und wieder öffnen. Die beiden äußeren Kanten zum Viertelfalz falten und wieder öffnen. Die beiden äußeren Kanten zum Achtelfalz falten und wieder öffnen. An einer Kante beginnen, im Zickzack zu falten. Wo erforderlich, eine Umkehrfalte oder fehlende Falze falten. Das Leporello hat zum Schluss 16 gleich breite Streifen.

3 Jedes zusammengedrückte Leporello einmal in der Mitte falten.

4 Die inneren Ränder jeweils aneinanderkleben.

5 An den äußeren Rändern alle 3 Teile zu einem Kreis zusammenkleben. Die Mitte dabei fest zusammendrücken.

TIPP: Allein durch Änderungen der Rechteckformate ergeben sich die unterschiedlichsten Rosetten. Auch die Anzahl der Faltungen oder der verwendeten Rechtecke kann variiert werden.

Größe: 12 cm Ø

Hilfsmittel:
- Bleistift
- Lineal
- Radiergummi

Materialien:
- Buchseiten
- Klebstoff

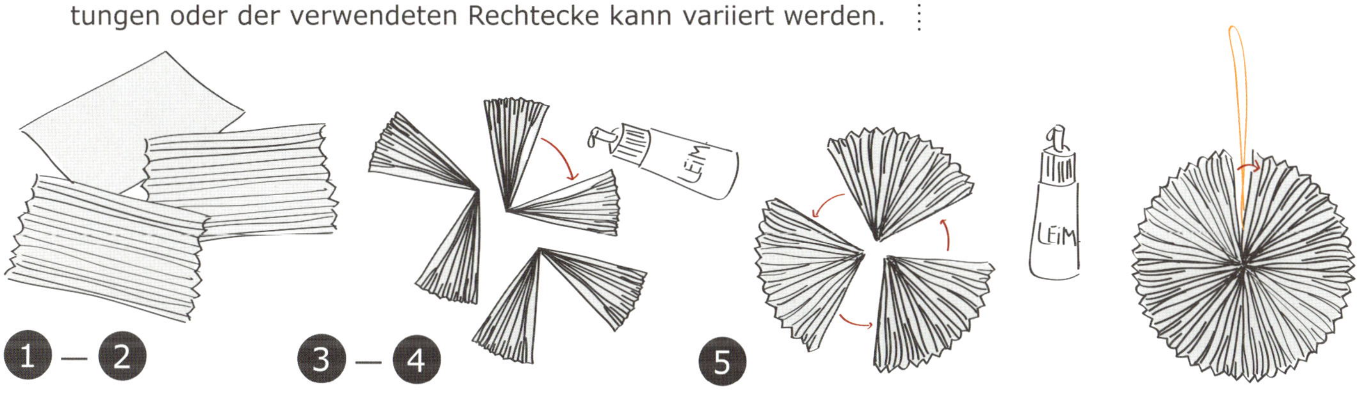

Fächer

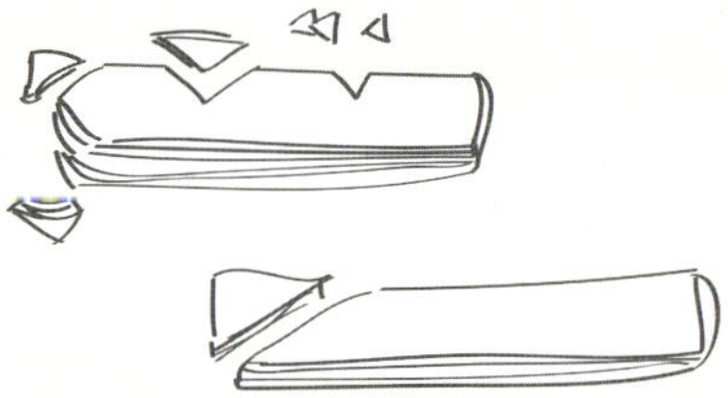

Mit eingeklebten Holzspateln entsteht ein kleiner Fächer. So lassen sich die Rosetten jederzeit platzsparend zusammenklappen. Schön wirken auch Verzierungen am Außenrand. Für schräg oder rund geschnittene Spitzen oder kleine Lochungen dürfen die gefalteten Streifen nicht zu schmal sein.

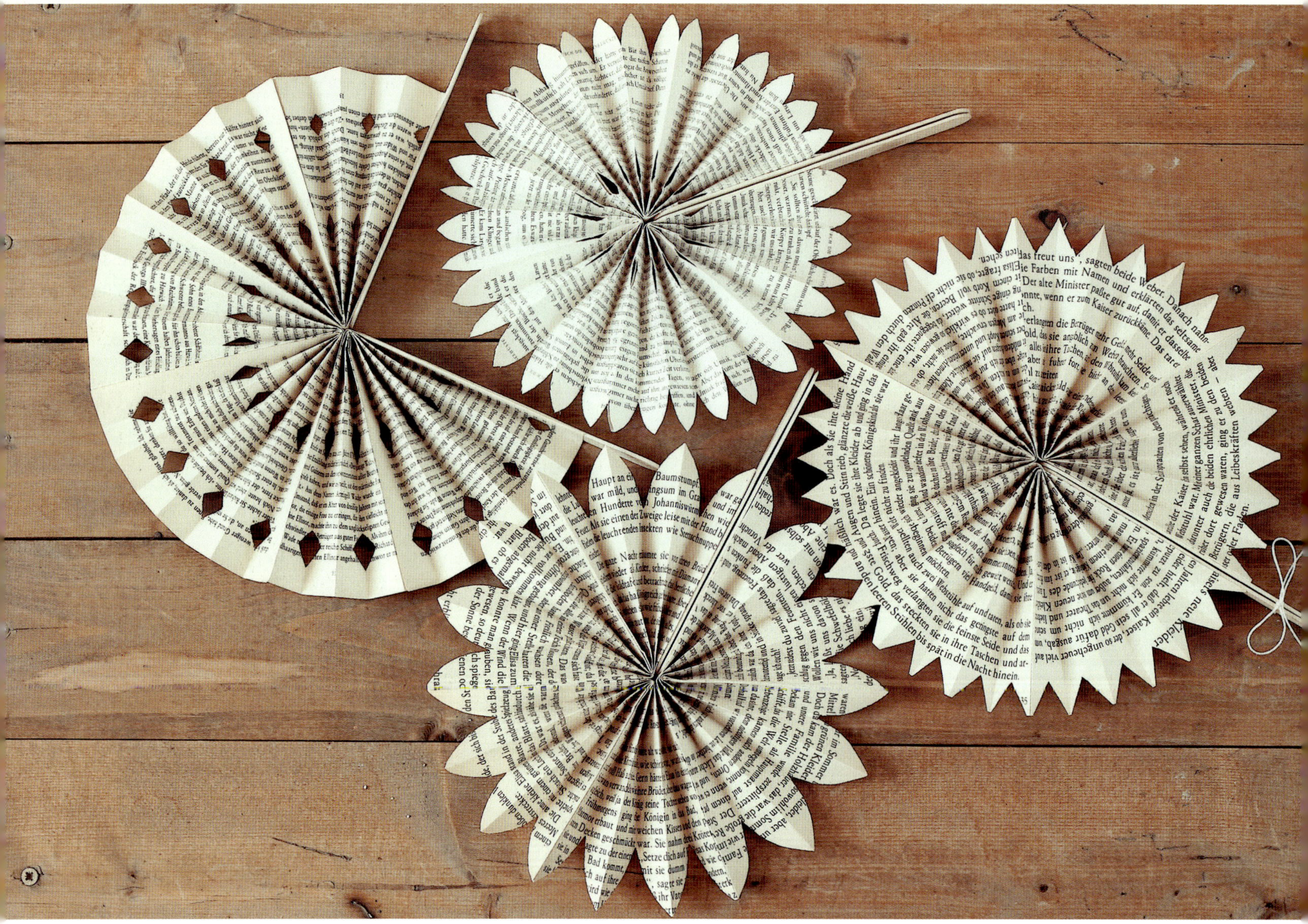

Girlanden

Einfach einen langen Faden in mehrere Rosetten hintereinander einkleben – schon ist eine Girlande fertig!

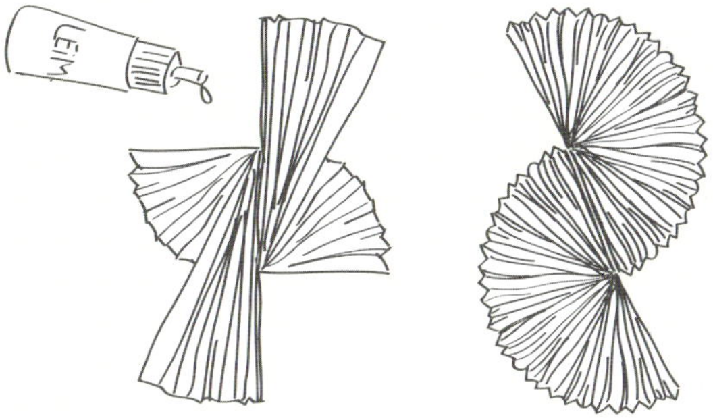

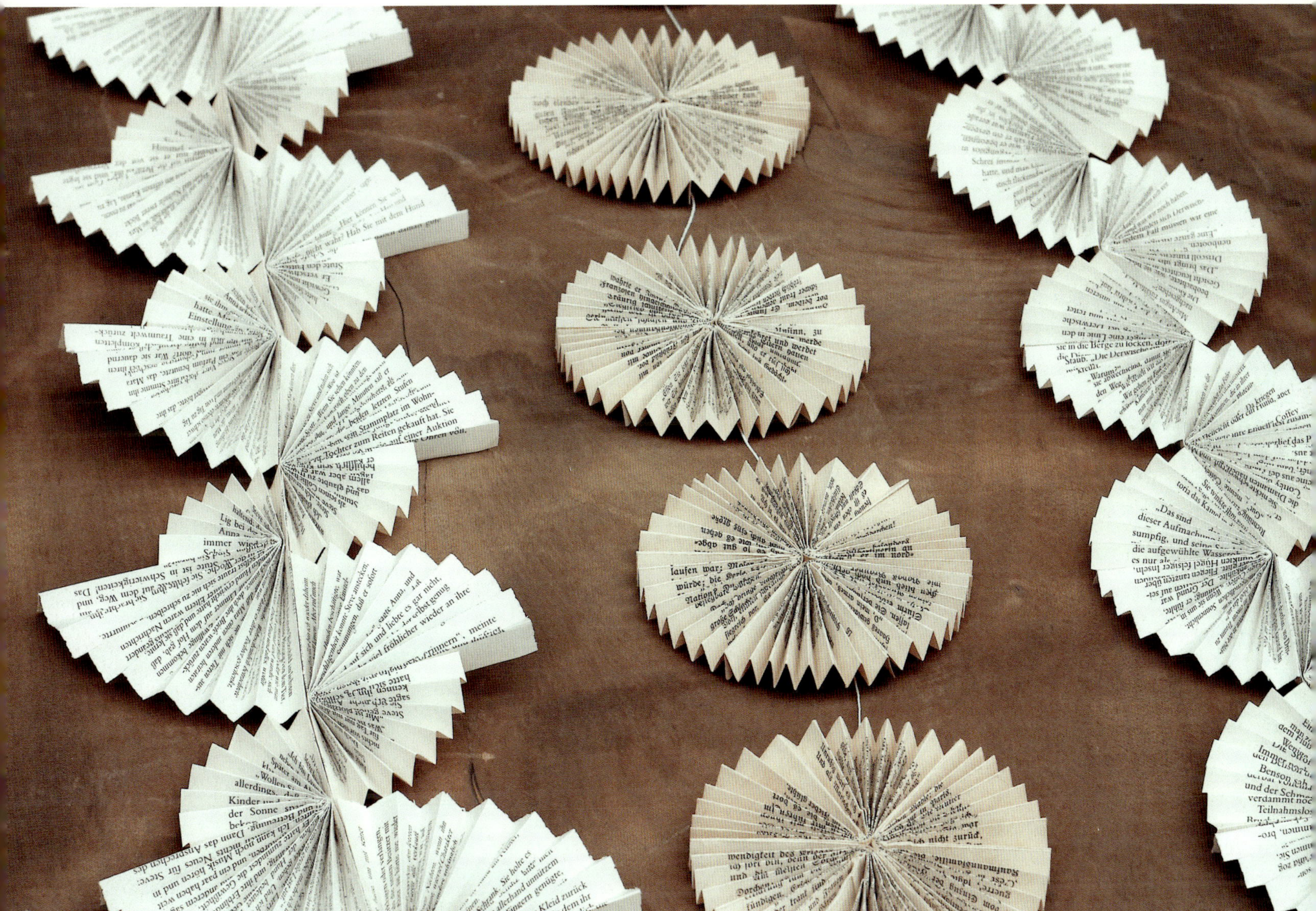

Blüte ★★★

So wird's gemacht:

1 6 Quadrate im Format 7 x 7 cm zuschneiden.

2 Ein Quadrat 2 x diagonal falten und wieder auffalten.

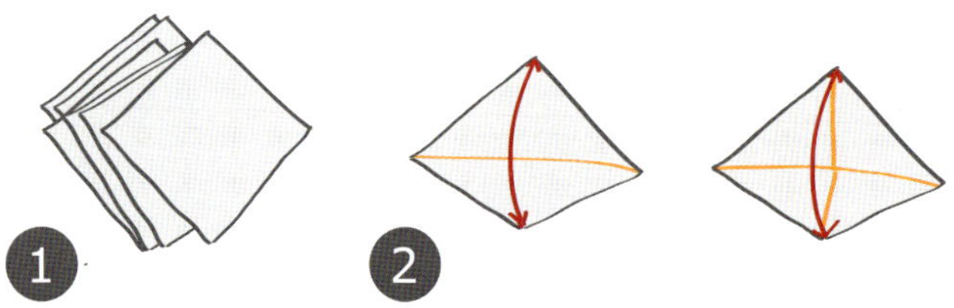

3 Auf einer Seite die äußere Spitze zur Mitte Falten.

4 Die untere Kante auf die Mitte falten.

5 Das Blatt wenden und die untere Kante am Mittelfalz nach oben falten.

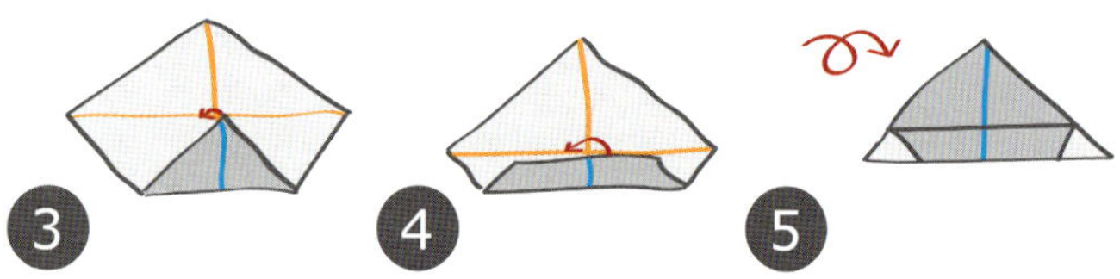

6 Das Blatt wenden und so drehen, dass die Spitze zum Bearbeiter zeigt.

7 Die Spitze so nach oben falten, das der Falz genau auf dem darunterliegenden Falz liegt.

8 Die Spitze nach rechts drehen und alles auffalten.

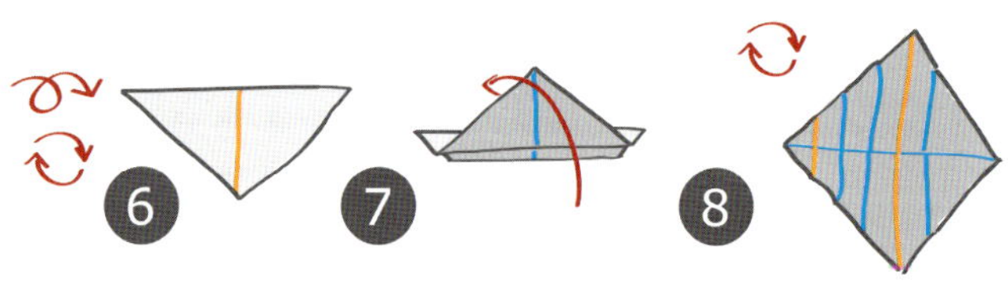

9 Die untere dreieckige Hälfte nach oben klappen.

10 Die rechte Spitze so im 45°-Winkel falten, dass die Kante genau auf dem 1. Falz aufliegt.

11 Die rechte Spitze erneut so nach vorne umfalten, dass die Kante senkrecht liegt.

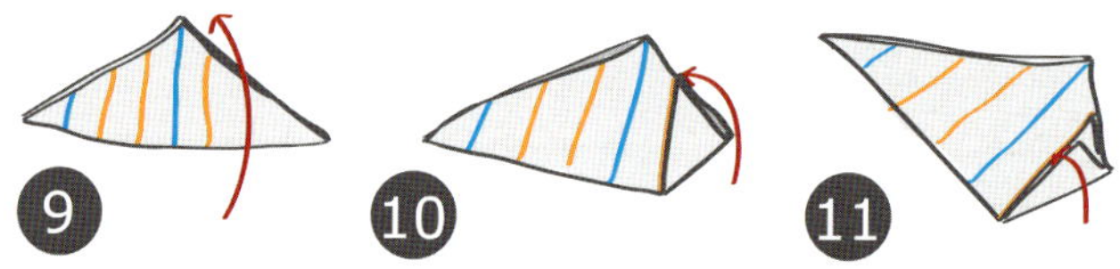

12 Komplett auffalten und wenden. Die 3 unteren neuen Falze als Umkehrfalten falten. Es entsteht ein Fächer mit Zickzackfaltung.

13 Die linke Hälfte entsprechend den Falzen falten.

14 Die rechte Spitze in den senkrechten Falz nach links falten.

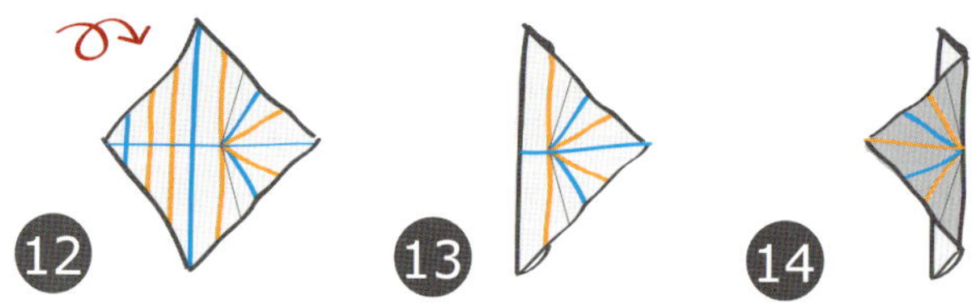

15 Die untere Spitze auf die obere Spitze falten. Dabei den Fächer zusammenfalten, sodass er zwischen den beiden gefalteten Strängen liegt. 3 Fächerspitzen schauen in der Mitte heraus.

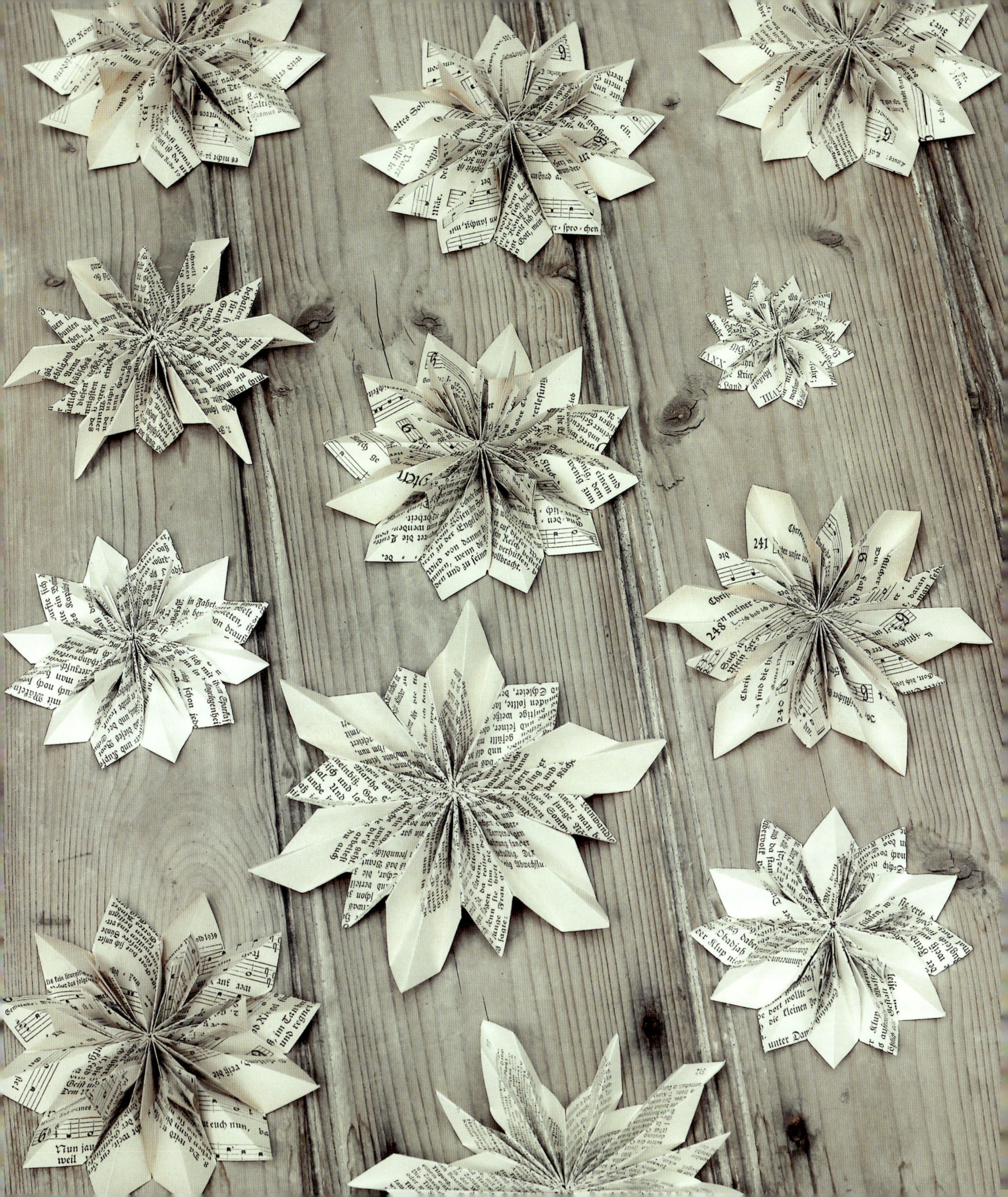

16 Das Blütenteil in der Mitte zusammenkleben. Dabei nur knapp oberhalb des unteren Falzes kleben.

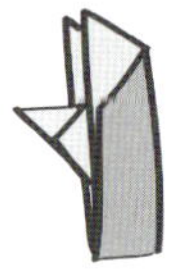

15

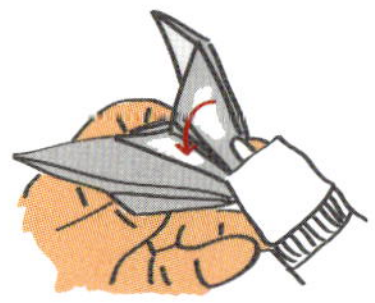

16

17 Die Schritte 2 bis 14 für die übrigen 5 Quadrate wiederholen.

18 Alle 6 Teile kreisförmig zusammenkleben.

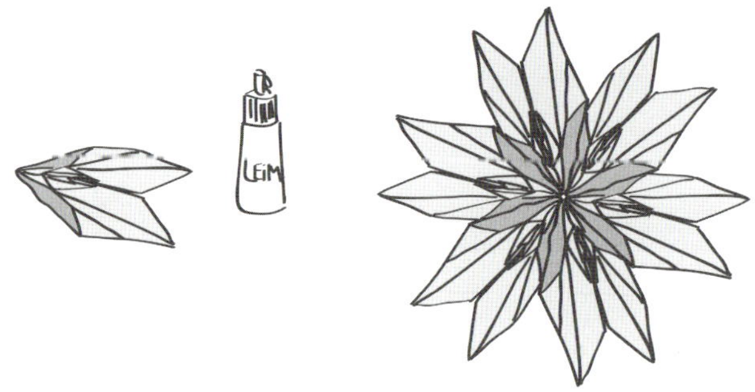

Stern ★★★

So wird's gemacht:

1 9 Quadrate im Format 7 x 7 cm zuschneiden.

2 Ein Quadrat 2 x diagonal falten und wieder auffalten.

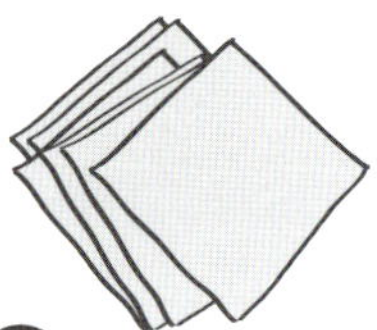

1

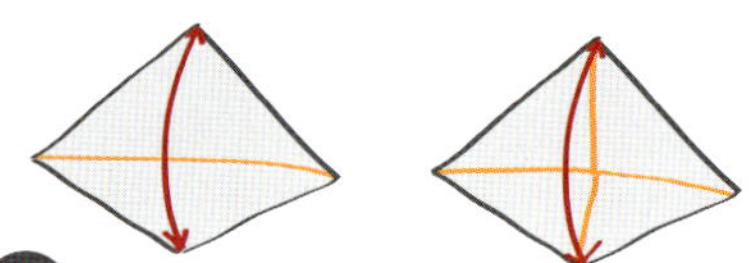

2

3 Die beiden äußeren Spitzen zur Mitte falten.

4 Die Kanten unten und oben zur Mitte falten.

5 Wenden und in der Mitte falten.

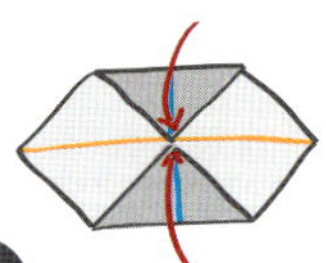

3

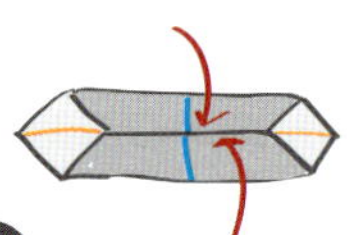

4

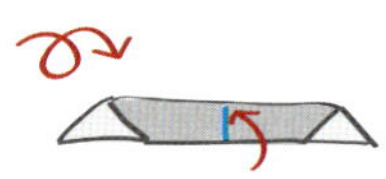

5

6 Schritte 2 bis 5 für die übrigen 8 Quadrate wiederholen.

7 3 Teile der Länge nach in der Mitte falten.

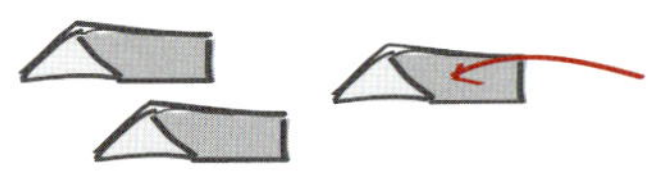

8 Ein mittig gefaltetes Teil gespiegelt so auf ein langes Teil legen, dass die Spitze genau mit der Kante der äußeren Faltung eines langen Teils abschließt. Den Überstand des langen Teils unten abschneiden.

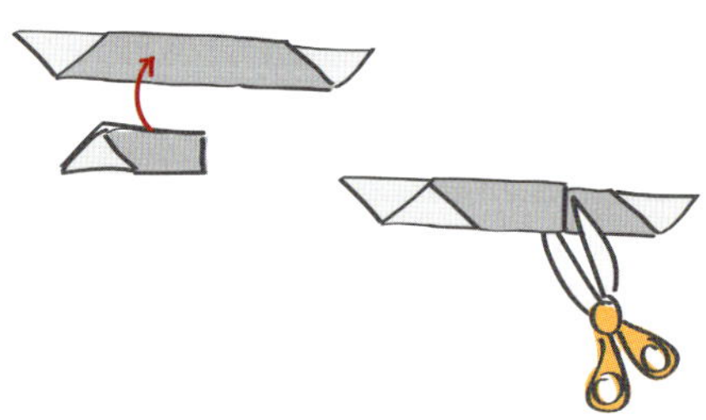

9 Die übrigen 5 Teile auf die gleiche Länge schneiden.

10 Jetzt gibt es 3 mittig gefaltete und 6 gekürzte Teile.

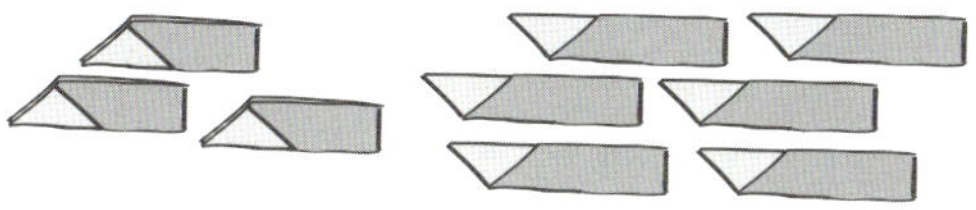

11 Jeweils ein gekürztes Teil in die Mitte eines gefalteten Teils schieben und die Teile in der unteren Hälfte zusammenkleben. Dabei müssen die Spitzen in entgegengesetzte Richtungen zeigen.

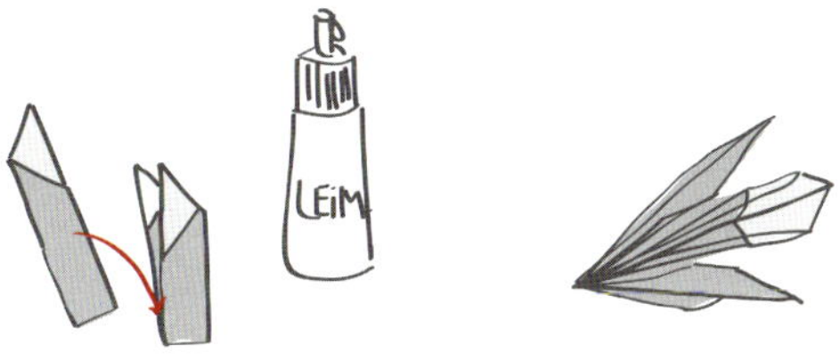

12 Die übrigen 3 gekürzten Teile jeweils auf die rechte Seite der gefalteten Teile kleben. Die Ausrichtung der Spitze anpassen.

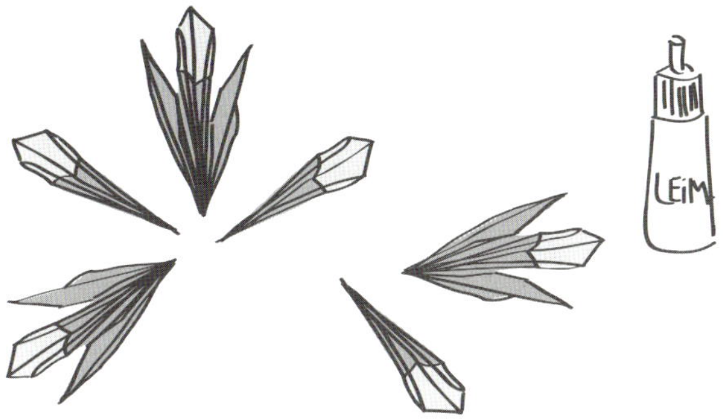

13 Alle Teile so zusammenkleben, dass sich der Kreis schließt.

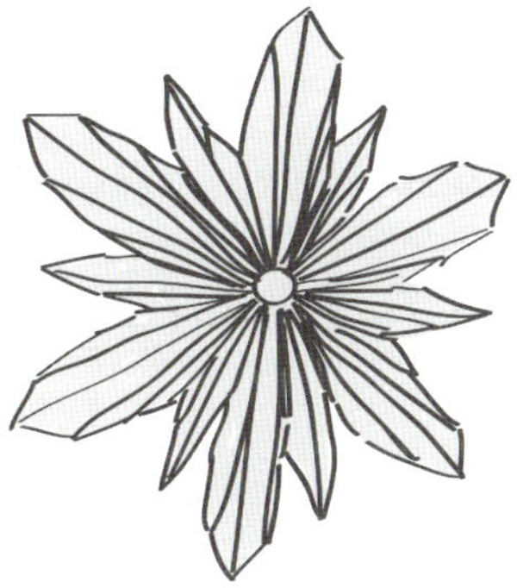

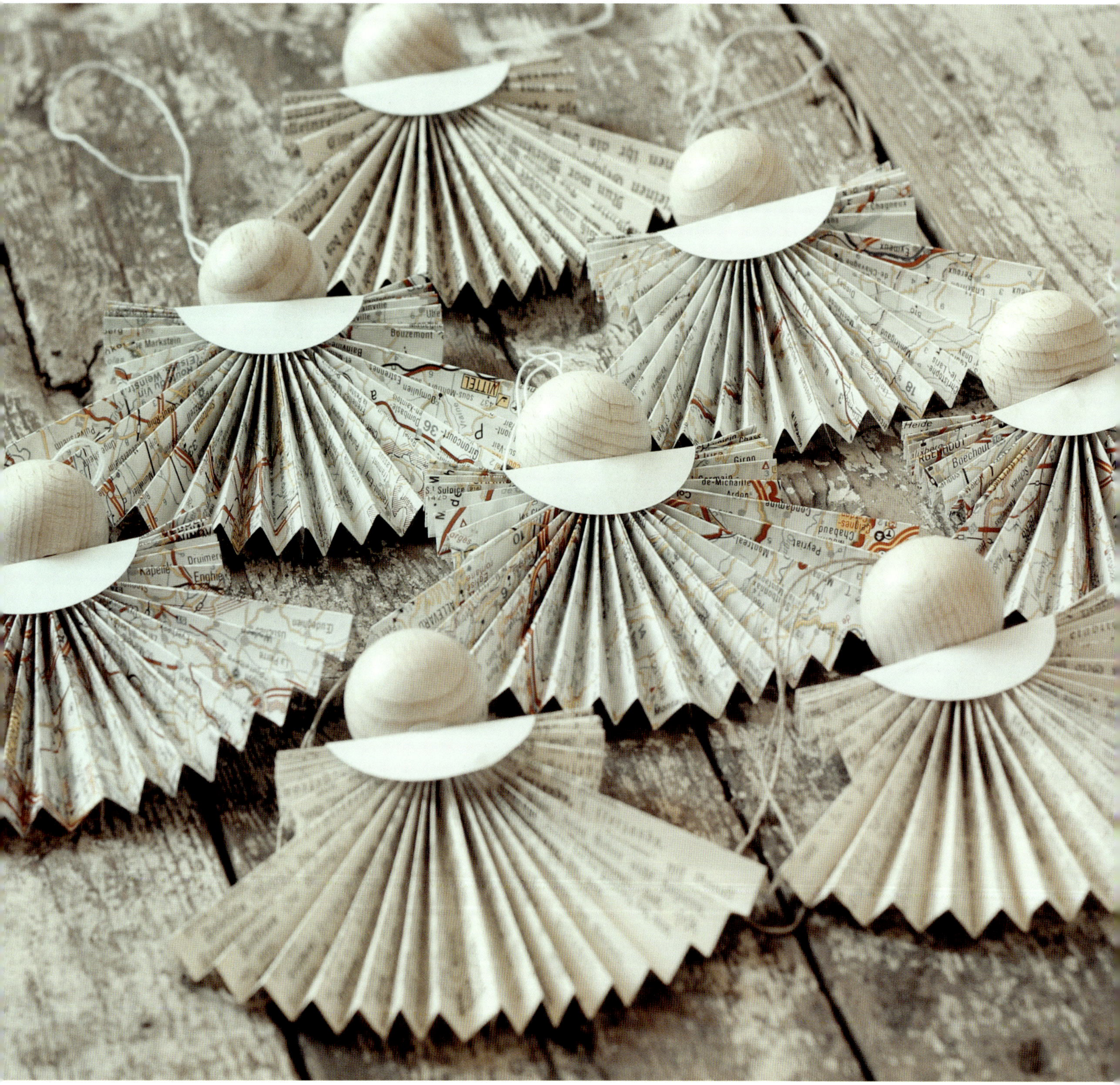
Bouzemont
Heide
Chabaud

Püppchen im Plisseekleid ★★★

Diese kleinen Puppen sind eine Abwandlung der in der Weihnachtszeit so beliebten Papierengel. Durch den Kragen entsteht ein ganz neuer Eindruck und der Anhänger kann so das ganze Jahr über Verwendung finden.

So wird's gemacht:

1 Aus den Buchseiten 2 Rechtecke à 9 x 14 cm schneiden.

TIPP: Achten Sie darauf, dass jeweils die beiden Vorder- und Rückseiten optisch gut zusammenpassen.

2 Jedes Blatt als Leporello falten: Ein Rechteck der Länge nach in der Mitte falten und wieder öffnen. Jede Hälfte bis zum Mittelfalz falten und wieder öffnen. Die beiden äußeren Kanten zum Viertelfalz falten und wieder öffnen. Die beiden äußeren Kanten zum Achtelfalz falten und wieder öffnen. An einer Kante beginnen, im Zickzack zu falten. Wo erforderlich, eine Umkehrfalte oder fehlende Falze falten. Das Leporello hat zum Schluss 16 gleich breite Streifen.

3 Die beiden gefalteten Streifen längs nebeneinanderlegen. Darauf achten, dass die Schrift jeweils von der Mitte nach außen verläuft und alle Enden in die gleiche Richtung weisen.

4 Von jeder Ziehharmonika das obere Drittel nach außen abknicken. Der Knick muss bei beiden Teilen exakt auf gleicher Höhe liegen.

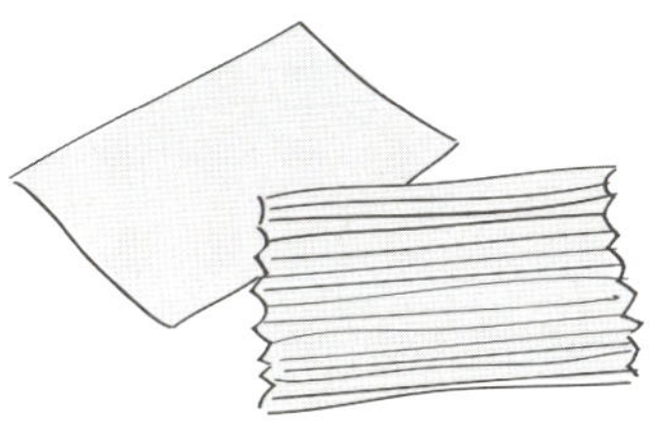

1 – 2

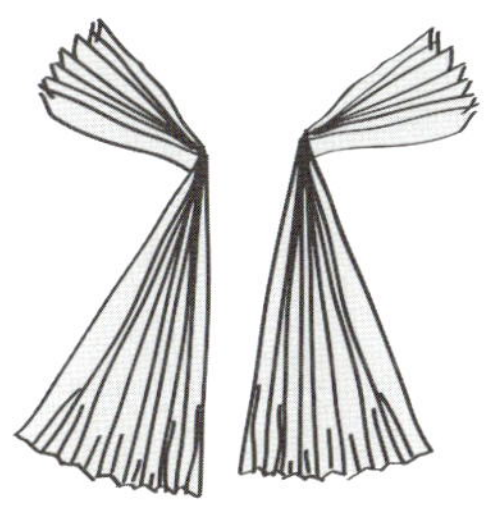

3 – 4

Größe: ca. 9 x 10 cm

Hilfsmittel:

- Bleistift
- Lineal
- Radiergummi
- Nadel
- Schere
- Zirkel oder kreisförmiger Gegenstand mit etwa 3,5 cm Ø
- Heißklebepistole

Materialien:

- 2 Buchseiten
- 1 kleines Stück weißes Papier, z. B. Kopierpapier
- Faden
- Klebstoff
- Holzperle, 25 mm

TIPP: Besonders schön kommt der weiße Kragen auf vergilbten Buchseiten zur Geltung.

5 Die äußeren Streifen des oberen Drittels und des unteren Fächers jeweils aufeinanderkleben.

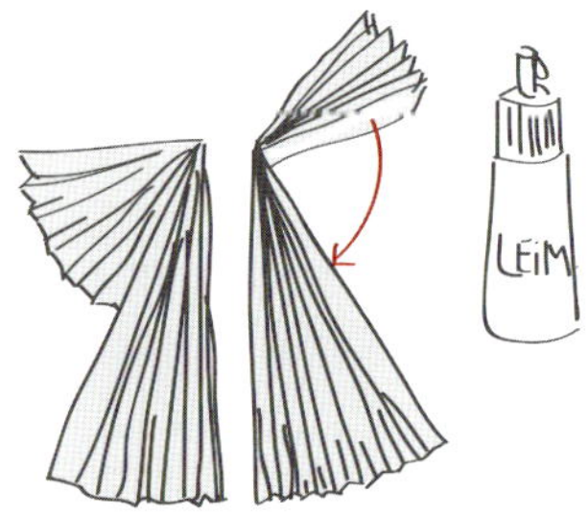

6 Beide Teile am inneren Streifen zusammenkleben und dabei den Faden als Aufhängung mit einkleben.

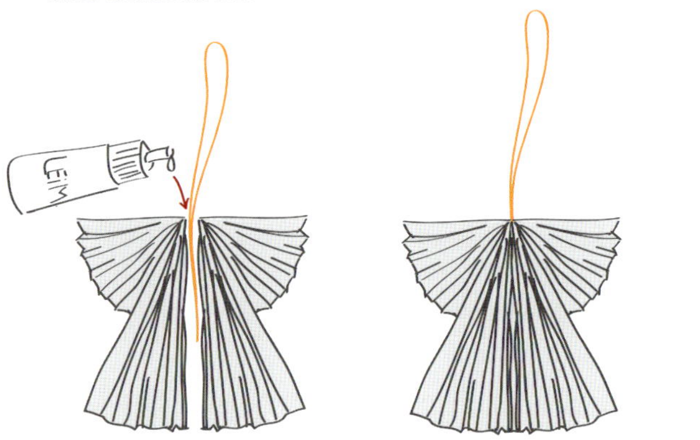

7 Für den Kragen aus weißem Papier einen Kreis mit 35 mm Ø ausschneiden. Genau in der Mitte ein Loch stechen.

8 Auf der Rückseite des Kreises für den Schulterstreifen mit dem Bleistift ca. 4 bis 5 mm vom Loch entfernt eine hauchdünne Linie zeichnen, eine 2. parallele Linie auf der anderen Seite zeichnen, ebenfalls mit 4 bis 5 mm Abstand zum Loch. An diesen beiden Linien den Kragen nach innen falten.

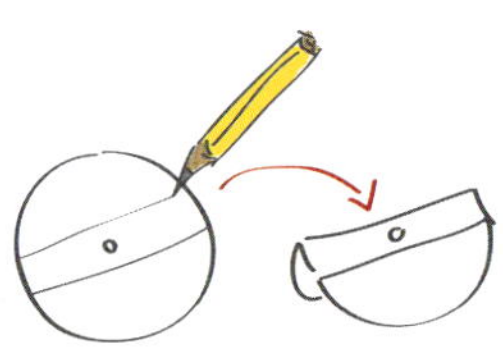

TIPP: Messen Sie die Auflagefläche für den Schulterstreifen ab und passen Sie das Maß entsprechend an.

9 Den Kragen auf den Faden fädeln, in der Mitte bis ca. 3 mm über die Falzlinien mit Kleber einstreichen und genau mittig auf die Ärmel kleben. Die Kragenteile vorn und hinten während der Trockenzeit des Klebers leicht andrücken.

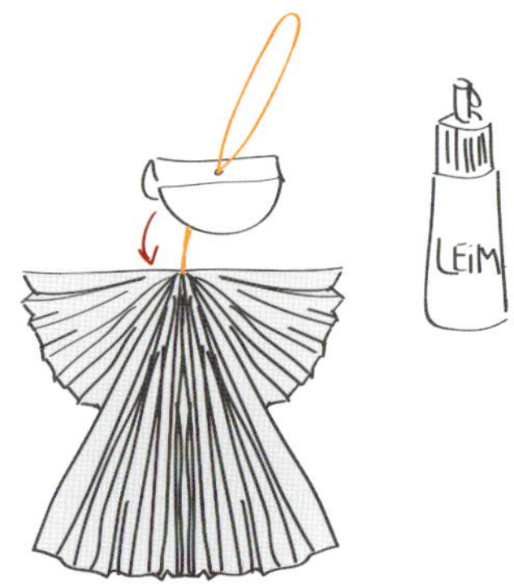

10 Zum Schluss die Holzkugel auffädeln und am Kragen festkleben. Am besten hält sie mit Heißkleber.

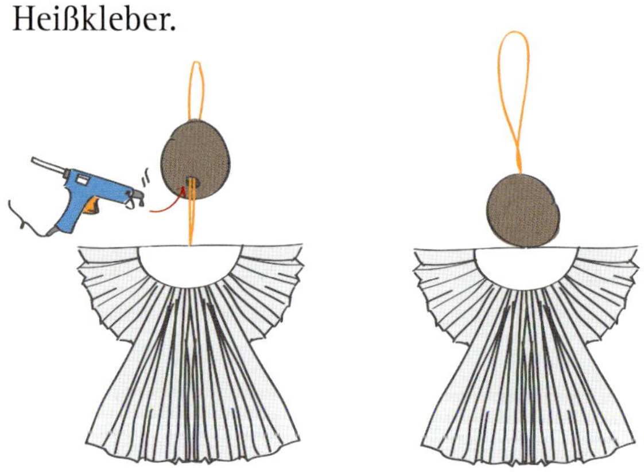

TIPP: Holzkugeln haben oft ein zu großes Bohrloch: Mit einer eingeklebten Papierperle (siehe S. 24) kann die Größe an die Fadenstärke angepasst werden.

Tropfen ★★☆

Diese Anhänger wirken für sich, lassen sich aber auch mit Perlen (S. 24) oder Quasten (S. 26) kombinieren.

So wird's gemacht:

1 2 Quadrate im Format 10 x 10 cm zuschneiden.

2 Ein Quadrat 2 x diagonal falten und auffalten.

3 Das Blatt wenden, 2 x in der Mitte falten und auffalten.

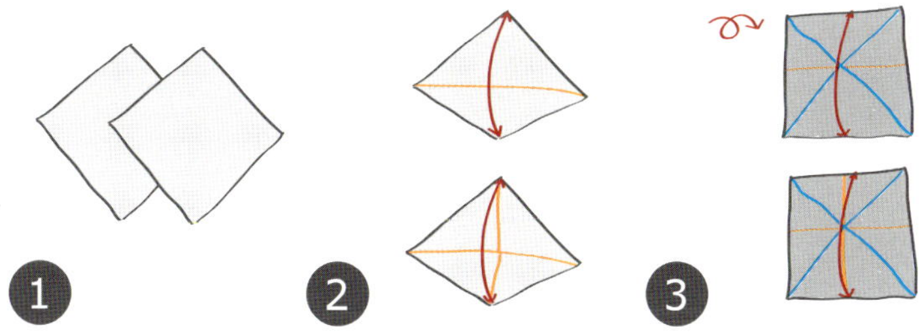

4 Das Blatt einmal zur Mitte klappen und die äußeren Ränder rechts und links nach innen schieben, sodass ein kleineres Quadrat entsteht.

5 Die beiden oberen Kanten so auf den Mittelbruch falten, dass die Spitze zur geschlossenen Kante zeigt.

6 Die untere Spitze derselben Lage nach oben falten.

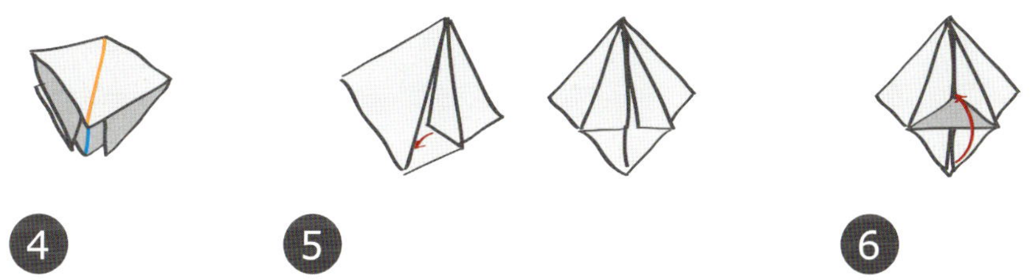

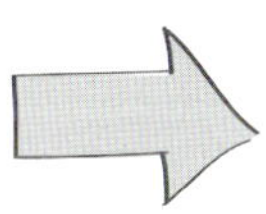

Größe: 10 x 4 cm

Hilfsmittel:
- Bleistift
- Metalllineal
- Geodreieck
- Schere
- Nadel

Materialien:
- Buchseiten
- Faden, z. B. Zwirn
- 2 kleine Holzperlen

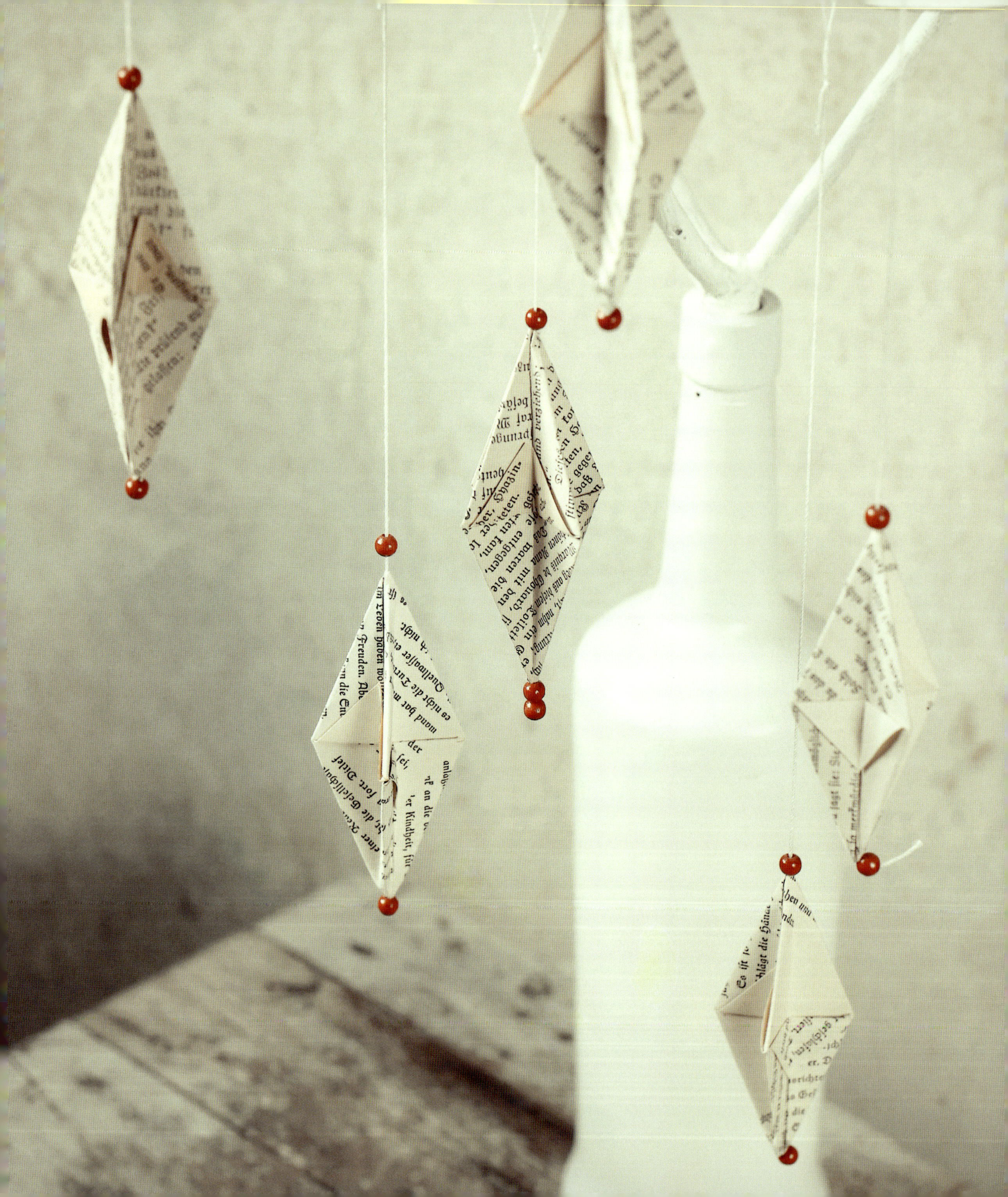

7 Wenden und die Schritte 5 und 6 wiederholen.

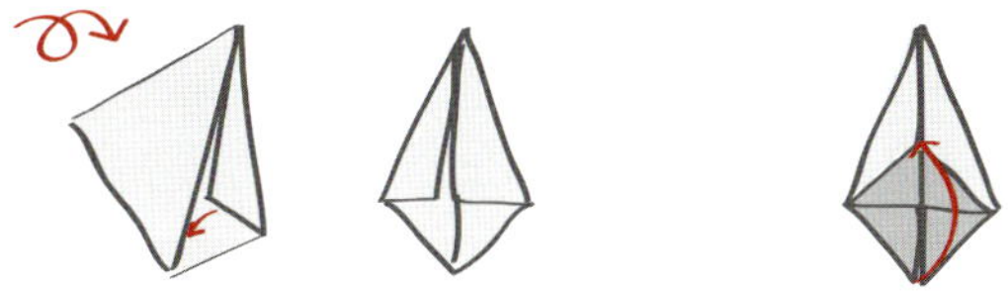

8 Die 4 äußeren Kanten so ausrichten, dass sie in einem 90°-Abstand zueinander stehen.

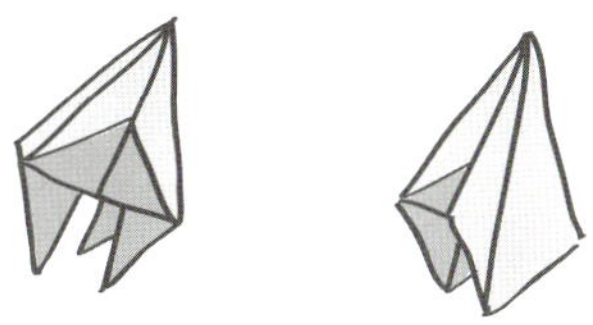

9 Für das 2. Quadrat die Schritte 2 bis 8 wiederholen.

10 Die beiden Teile so ausrichten, dass die Spitzen nach außen zeigen. Mithilfe der Nadel einen Faden durch die Spitzen ziehen, der die beiden Teile verbindet.

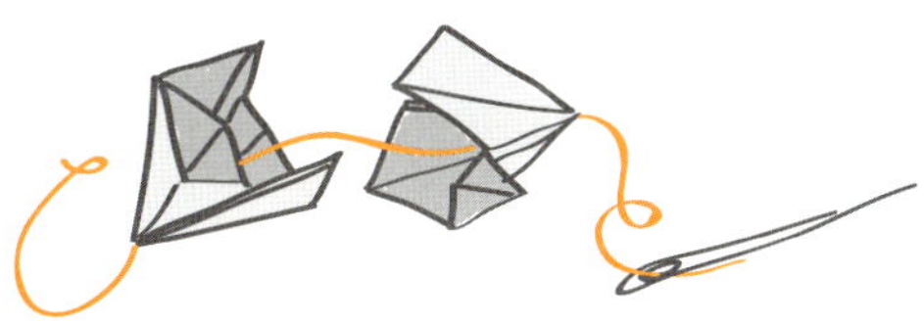

11 Die Teile versetzt ineinanderschieben und den Faden straff ziehen.

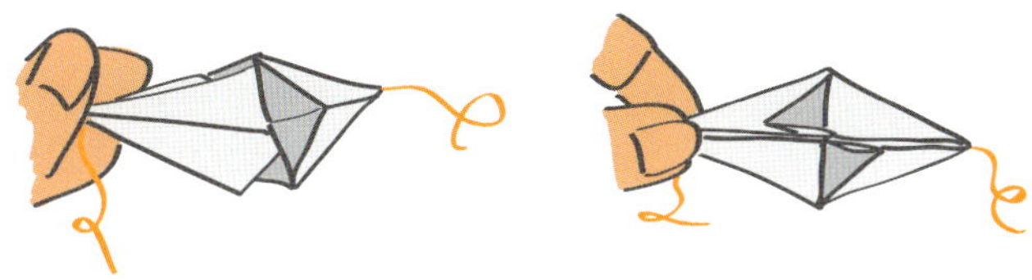

12 Oben und unten je eine Perle anknüpfen, bei Bedarf am Faden festkleben. Oben eine Aufhängung knoten.

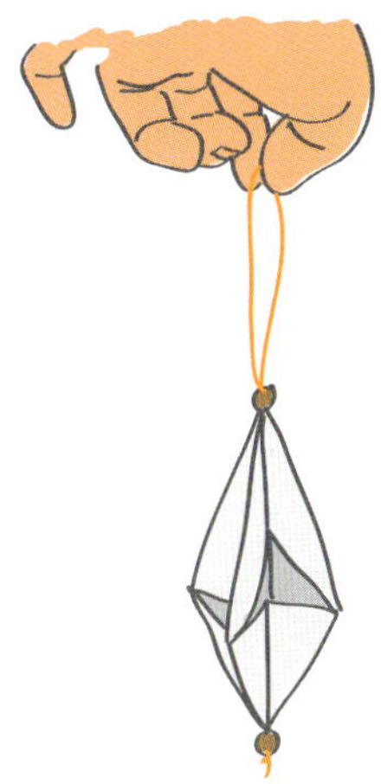

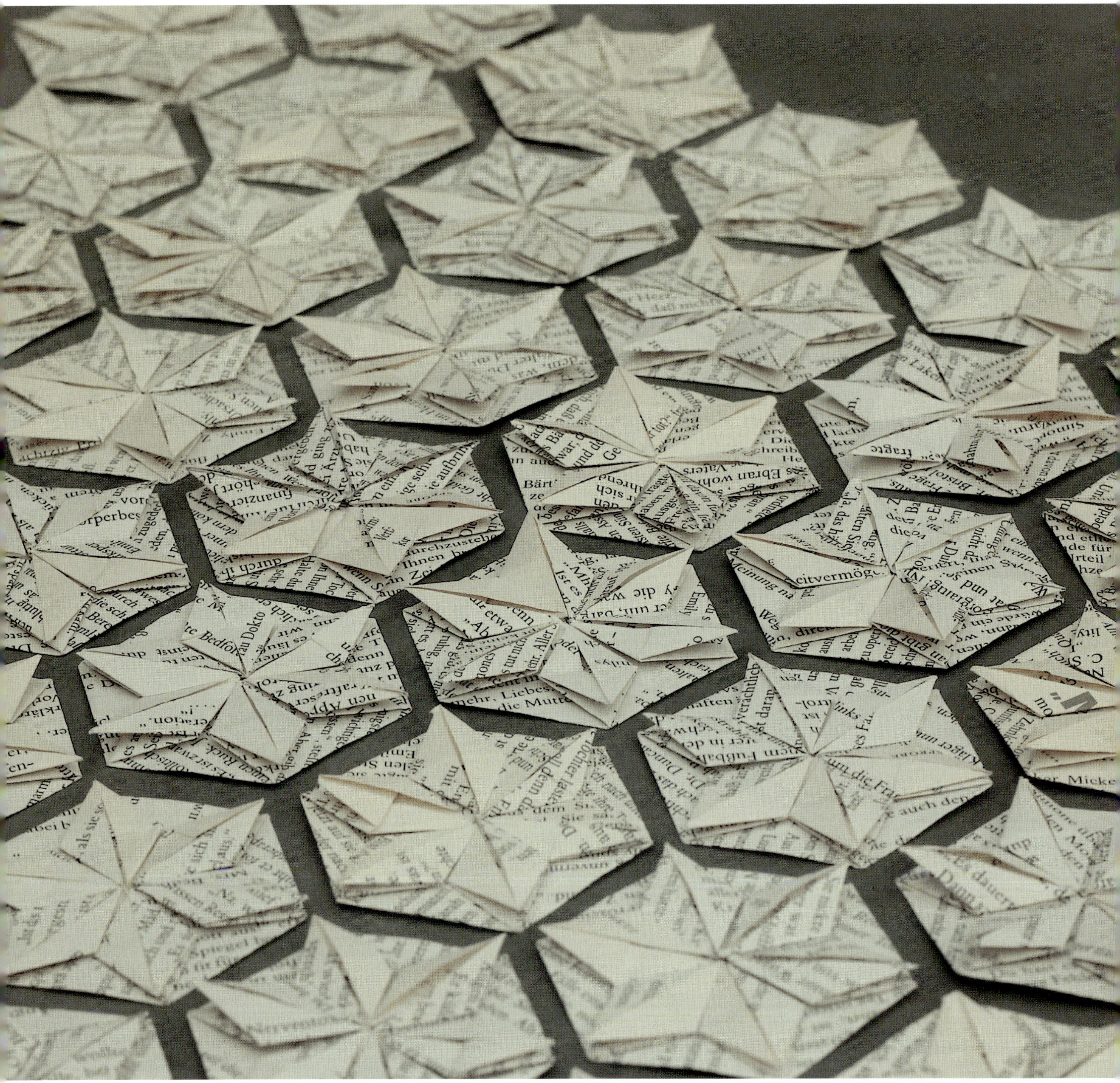

Collage mit Origamisternen ★★☆

Diese Sterne sehen vor allem in Gruppen gut aus und eignen sich deshalb besonders für Collagen. Aber auch als Verzierung auf einer Geschenkverpackung wirkt ein einzelner Stern ausnehmend schön.

So wird's gemacht:

1 Aus einer Buchseite (evtl. anhand der Vorlage) ein Sechseck in beliebiger Größe ausschneiden.

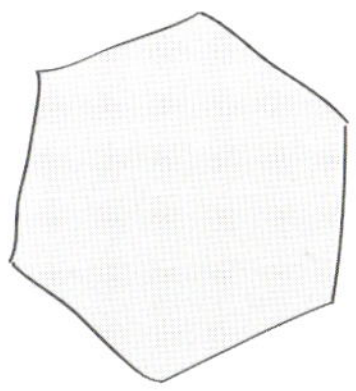

2 Jeweils die gegenüberliegenden Kanten mittig falten und wieder öffnen. Es verläuft immer ein Falz zwischen den gegenüberliegenden Spitzen.

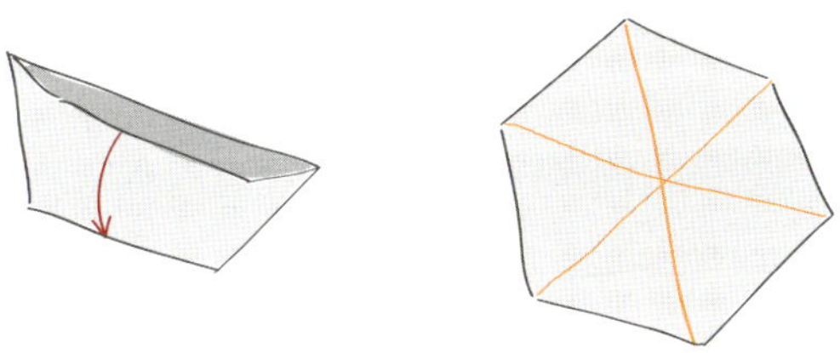

3 Jede Kante bis zum parallel verlaufenden Falz falten und wieder öffnen.

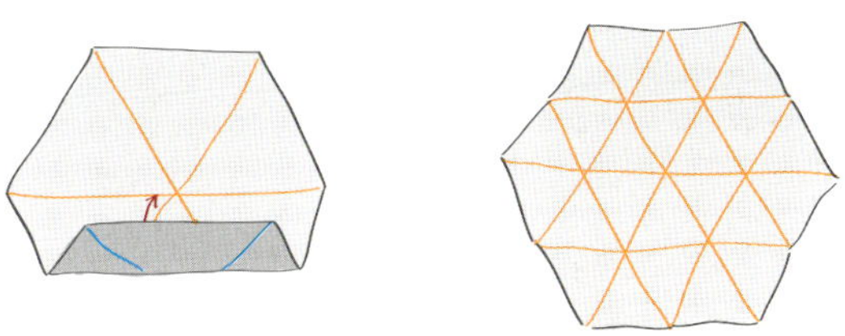

Größe: variabel

Hilfsmittel:
- ☑ Vorlage Sechseck (S. 185)
- ☑ Vorlage für Abstandshalter (S. 181)
- ☑ Schere
- ☑ Lineal
- ☑ Bleistift
- ☑ Radiergummi

Materialien:
- ☑ Buchseiten (1 Seite pro Stern)
- ☑ Trägerpapier in der gewünschten Größe
- ☑ Pappstreifen für Abstandshalter

TIPP: Mit doppelseitigem Klebeband lassen sich die Sterne auch direkt auf die Wand kleben.

4 Eine Kante wie in Schritt 3 falten, die Kante rechts daneben ebenfalls. Darauf achten, dass die Spitze zwischen beiden Kanten außen bleibt. Diese Spitze einmal nach rechts und einmal nach links falten und wieder aufrichten.

5 Mit der jeweils rechts danebenliegenden Kante weiter so verfahren, bis alle Kanten zur Mitte gefaltet sind und alle Spitzen nach oben stehen.

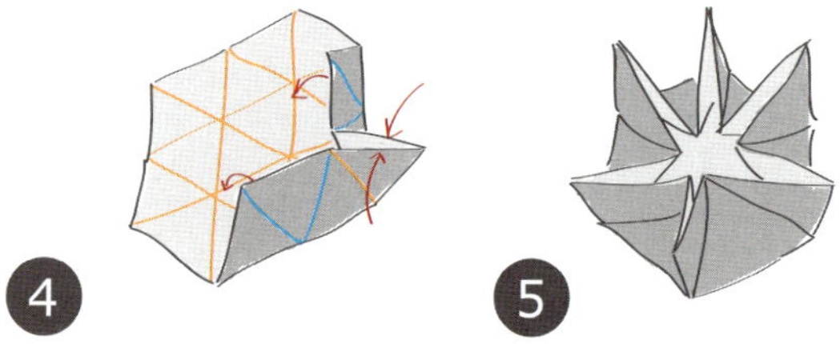

6 Jede Spitze genau auf die Mitte falten und dabei flach drücken.

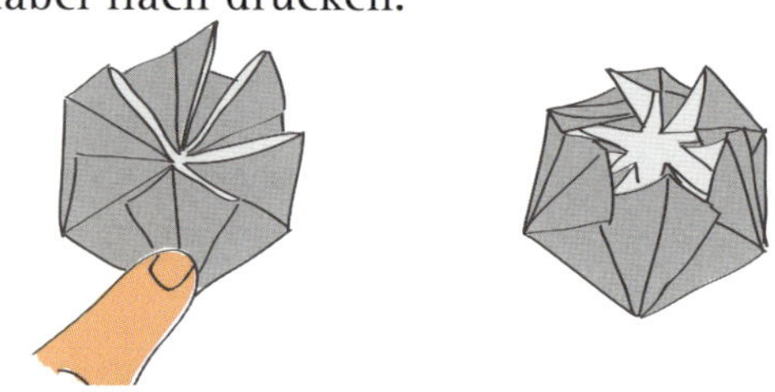

7 Die linke und rechte Kante jeder Spitze zum Mittelbruch falten und wieder entfalten.

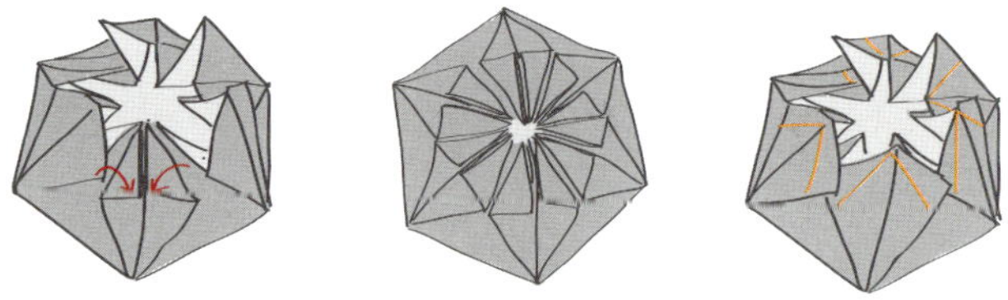

8 Jede Spitze nach oben ziehen, dabei wandern die äußeren Kanten zur Mitte und können leicht nach innen gefaltet werden. Die obere Spitze nach außen falten.

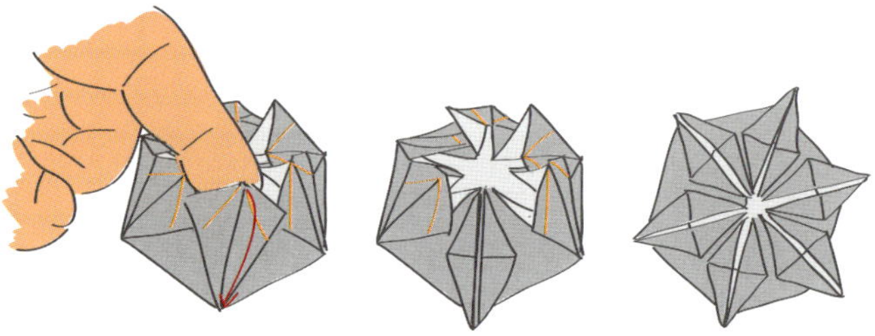

9 Zum Schluss jeden Stern für ca. einen Tag unter einem Bücherstapel pressen.

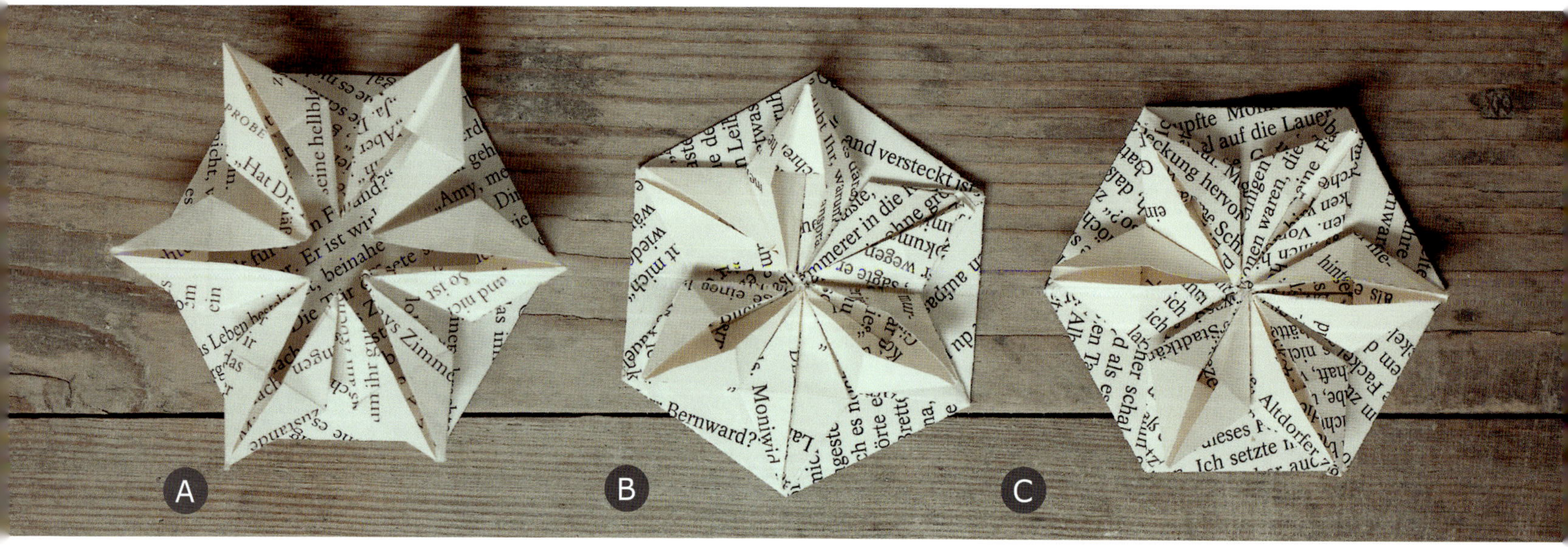

Collage zusammenstellen

10 Zunächst die gewünschte Anzahl Sterne falten.

11 Einen Abstandshalter aus Pappe gemäß Vorlage schneiden.

12 Den 1. Stern auf das Trägerpapier kleben.

13 Den nächsten Stern mithilfe des Abstandshalters positionieren und festkleben.

TIPP: Der Abstandshalter kann in seiner Breite verändert werden. Es sollte aber unbedingt ein Abstand berücksichtigt werden, da sich sonst die Spitzen der Sterne etwas im Wege stehen.

14 So weiter verfahren, bis alle Sterne aufgeklebt sind.

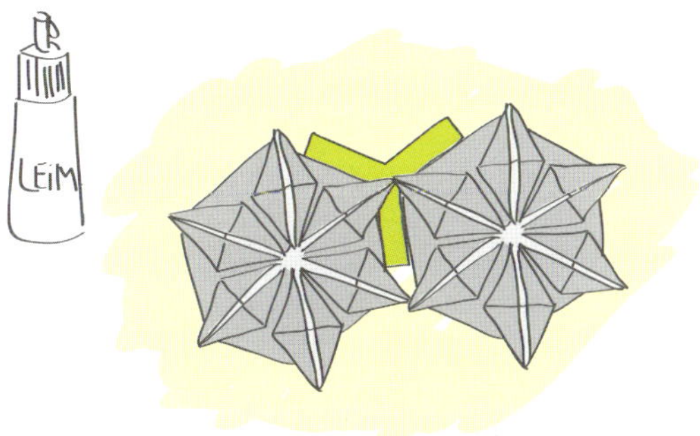

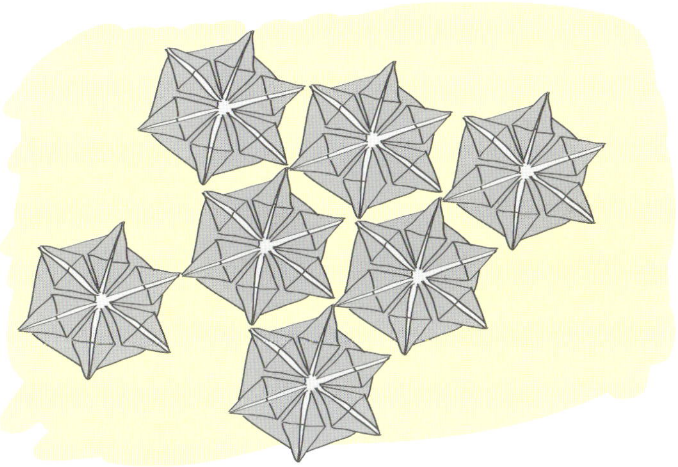

TIPP: Die Sterne öffnen sich im Laufe der Zeit etwas (A). Ist dieser Effekt nicht gewollt, können einzelne Teile (B) oder der ganze Stern (C) fest verklebt werden.

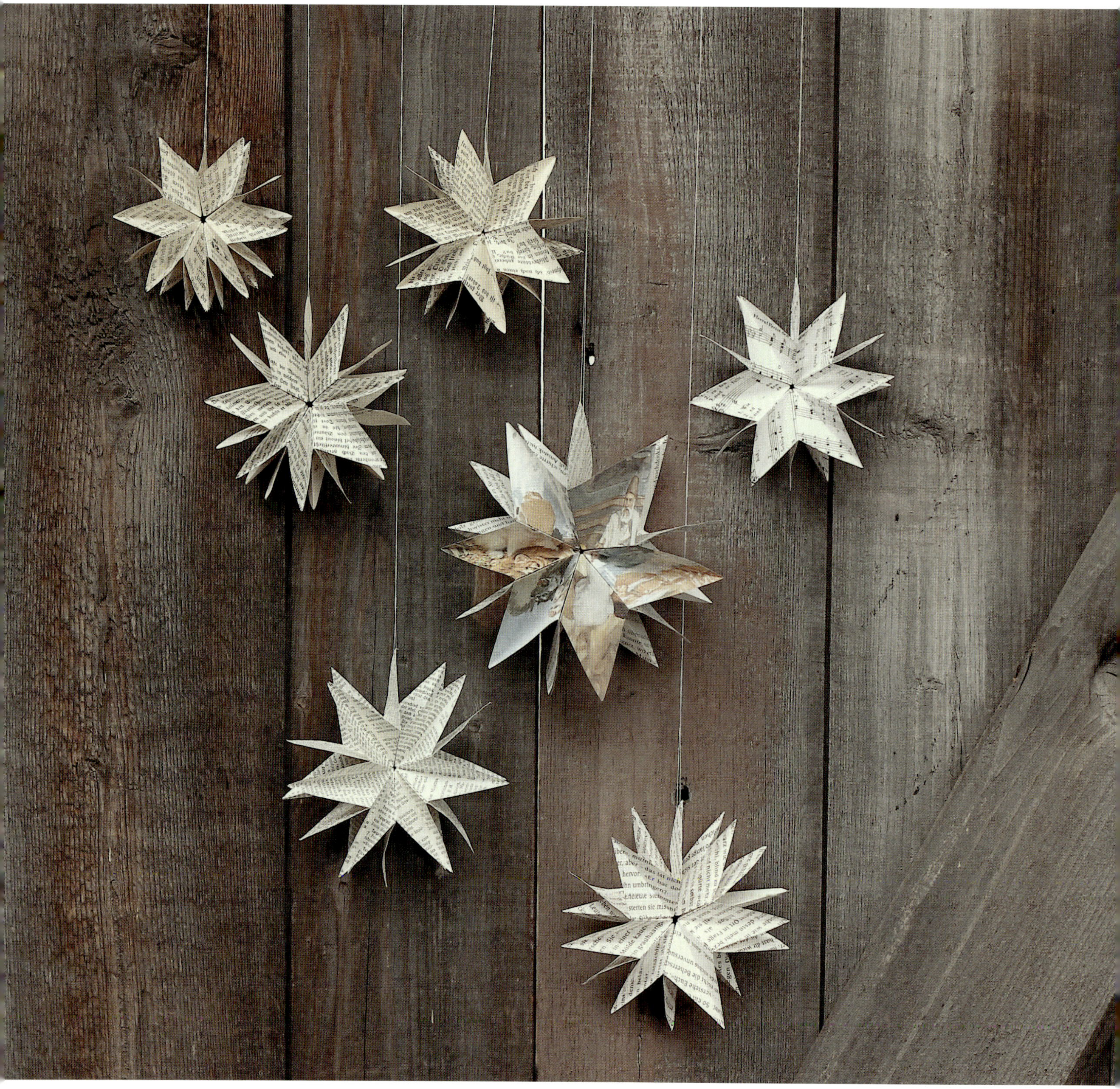

Beweglicher Stern

Ein beweglicher Stern ist schnell und einfach hergestellt. Er wird aus mindestens 6 Quadraten gefaltet, die lediglich zusammengeklebt werden.

So wird's gemacht:

1 Aus den Buchseiten 6 Quadrate von mindestens 8 x 8 cm schneiden.

2 Ein Quadrat 2 x diagonal falten und auffalten.

3 Das Blatt wenden, 2 x in der Mitte falten und auffalten.

4 Das Blatt einmal zur Mitte klappen und die äußeren Ränder rechts und links nach innen schieben, sodass ein kleineres Quadrat entsteht.

5 Mithilfe der Vorlage an der offenen Kante den Überstand abschneiden. Dabei die rechtwinklige Ecke der Vorlage auf die geschlossene Ecke des gefalteten Quadrats legen.

6 Mit den übrigen Quadraten genauso verfahren.

7 Alle Teile an den Außenseiten jeweils vollflächig aneinanderkleben und zum Schluss zu einem Ring schließen.

Größe: 11,5 cm Ø

Hilfsmittel:
- Vorlage (S. 180)
- Schere
- Bleistift

Materialien:
- 6 Buchseiten
- Klebstoff

TIPP: Varianten entstehen durch Veränderungen der Größe und Quadratanzahl.

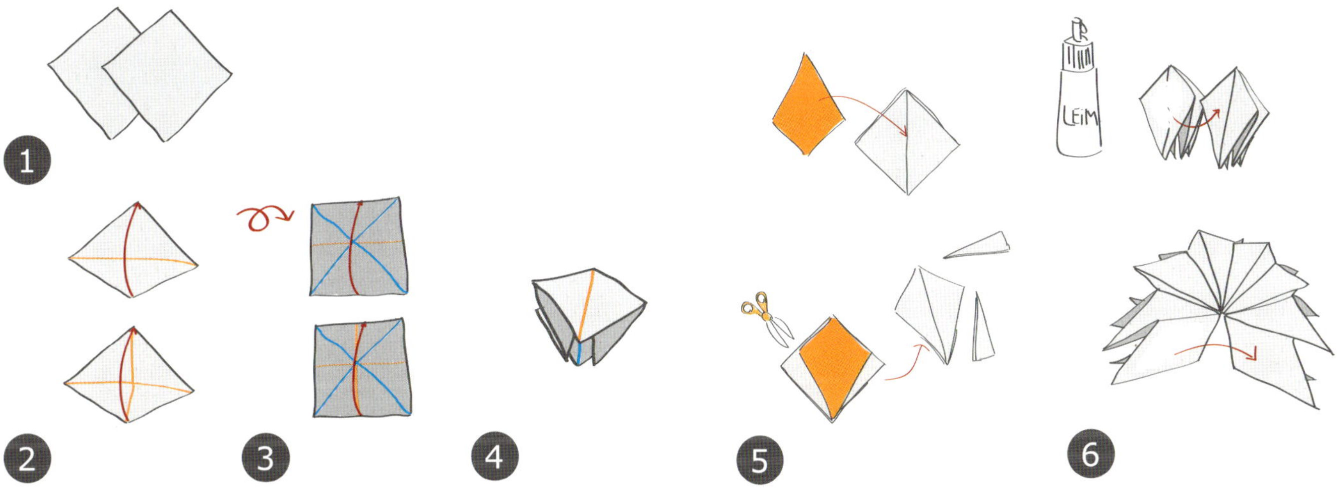

Pomponblüten

Solche üppigen Blütenköpfe entstehen durch dieselbe einfache Falttechnik.

Größe: ca. 10 x 11 cm (ohne Stiel)

Hilfsmittel:

- 2 Vorlagen Blüte A (S. 180)
- Schere
- Bleistift
- Lineal
- ggf. Falzbein

Materialien:

- 26 Buchseiten – jeweils 13 Seiten sollten zusammengehören
- Klebstoff
- Draht, z. B. starker Wickeldraht, 40 cm lang

So wird's gemacht:

1 Aus den Buchseiten 26 Quadrate von mindestens 10 x 10 cm schneiden.

2 Die Schritte 2 bis 4 des beweglichen Sterns von S. 89 ausführen.

3 Mithilfe der beiden Schablonen an der offenen Kante die gewünschte Form ausschneiden: Für 13 Quadrate die Vorlage A1 verwenden, für die anderen 13 die Vorlage A2.

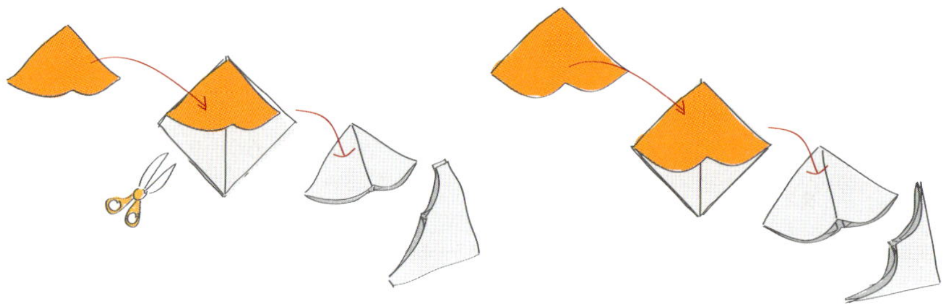

4 Alle Teile an den Außenseiten jeweils vollflächig aneinanderkleben und am Ende zu einem Ring schließen. Es ergeben sich 2 bewegliche Ringe.

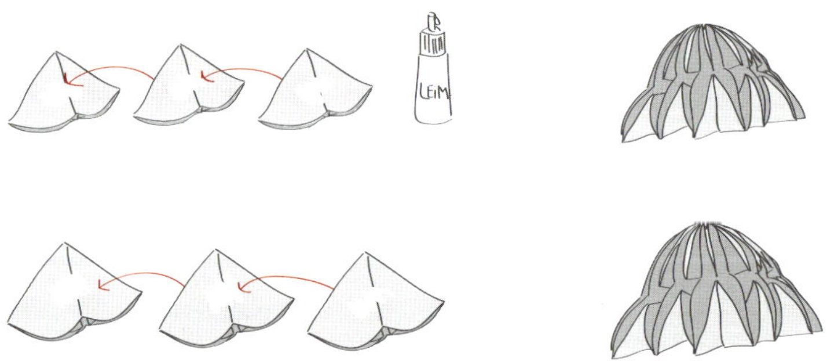

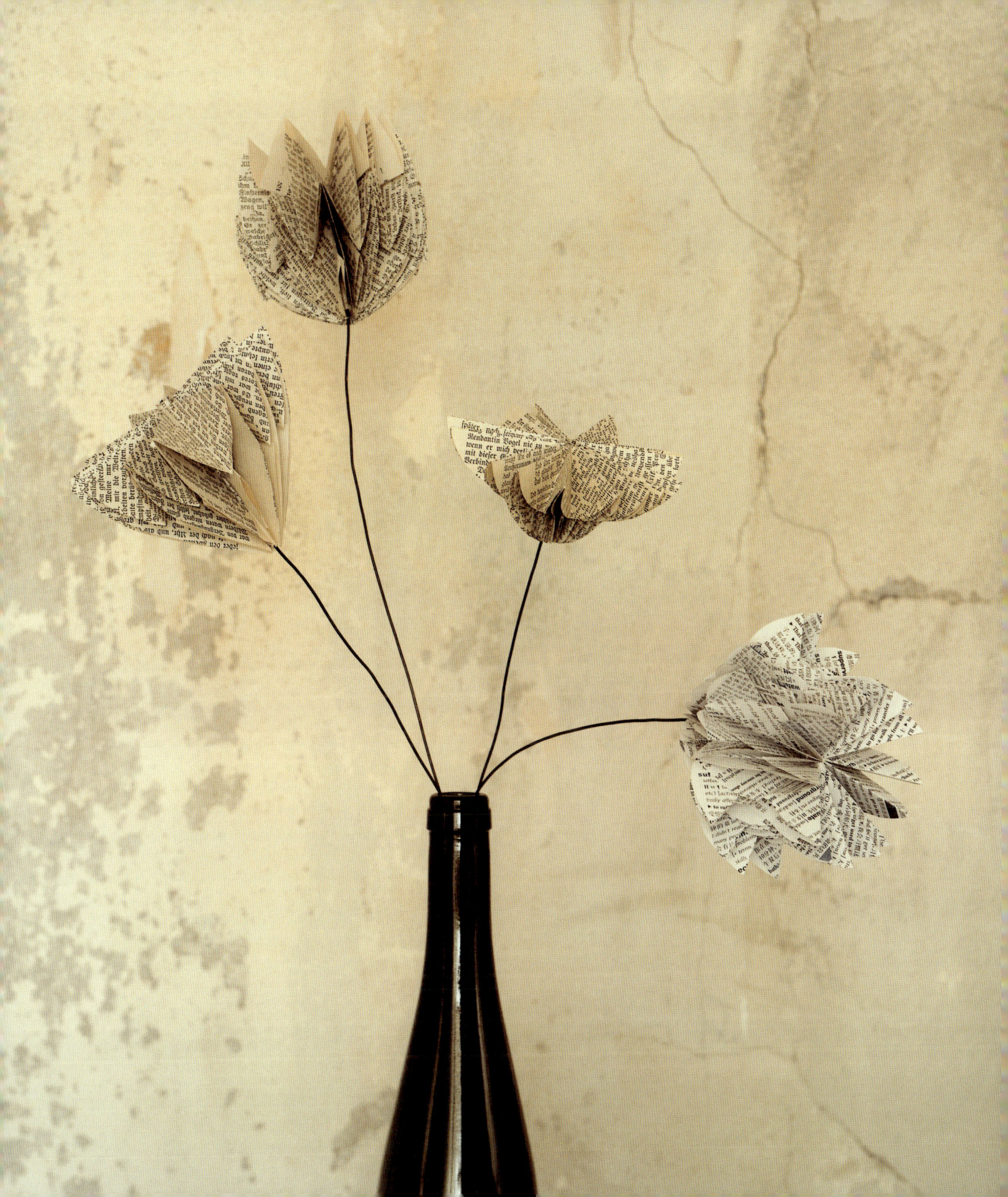

5 Die beiden Ringe an den Kanten ineinanderstecken – so wie es passt und gefällt – und an mehreren nicht sichtbaren Stellen mit etwas Kleber fixieren.

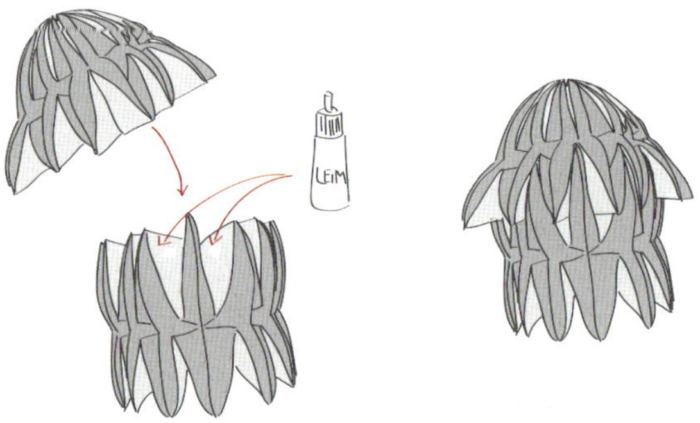

6 Zum Schluss den Draht als Blütenstiel in die Blüte kleben. Der Draht hält besser, wenn zunächst um die Drahtspitze, die später im Pompon verschwindet, eine Papierperle (siehe S. 24) geklebt wird.

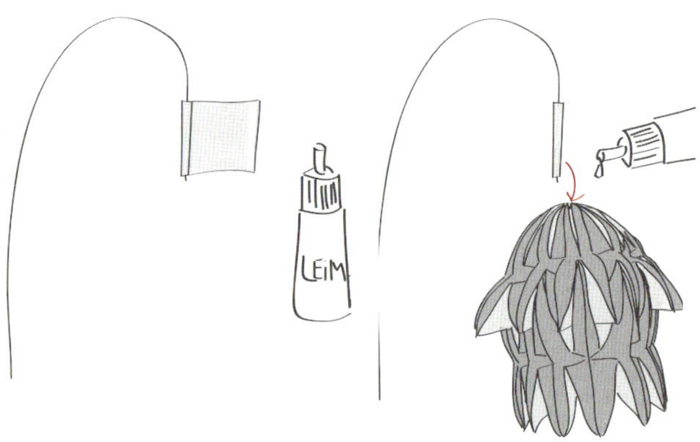

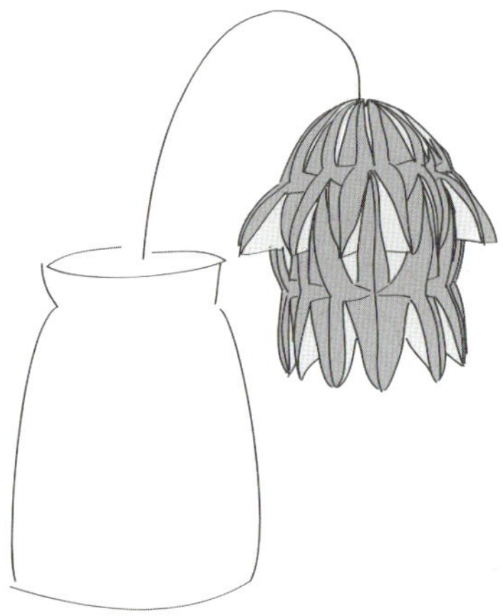

Varianten

Durch die Kombination der unterschiedlichen Vorlagenformen ergeben sich ganz verschiedene Blüten. Seien Sie mutig und entwerfen Sie eigene Formen!
Blüte B mit Vorlagen B1 und B2 (S. 180): 2 x 13 Quadrate
Blüte C mit Vorlage C (S. 180): 13 Quadrate
Blüte D (ohne Stiel) mit Vorlagen D1, D2, D3 (S. 180): 3 x 13 Quadrate

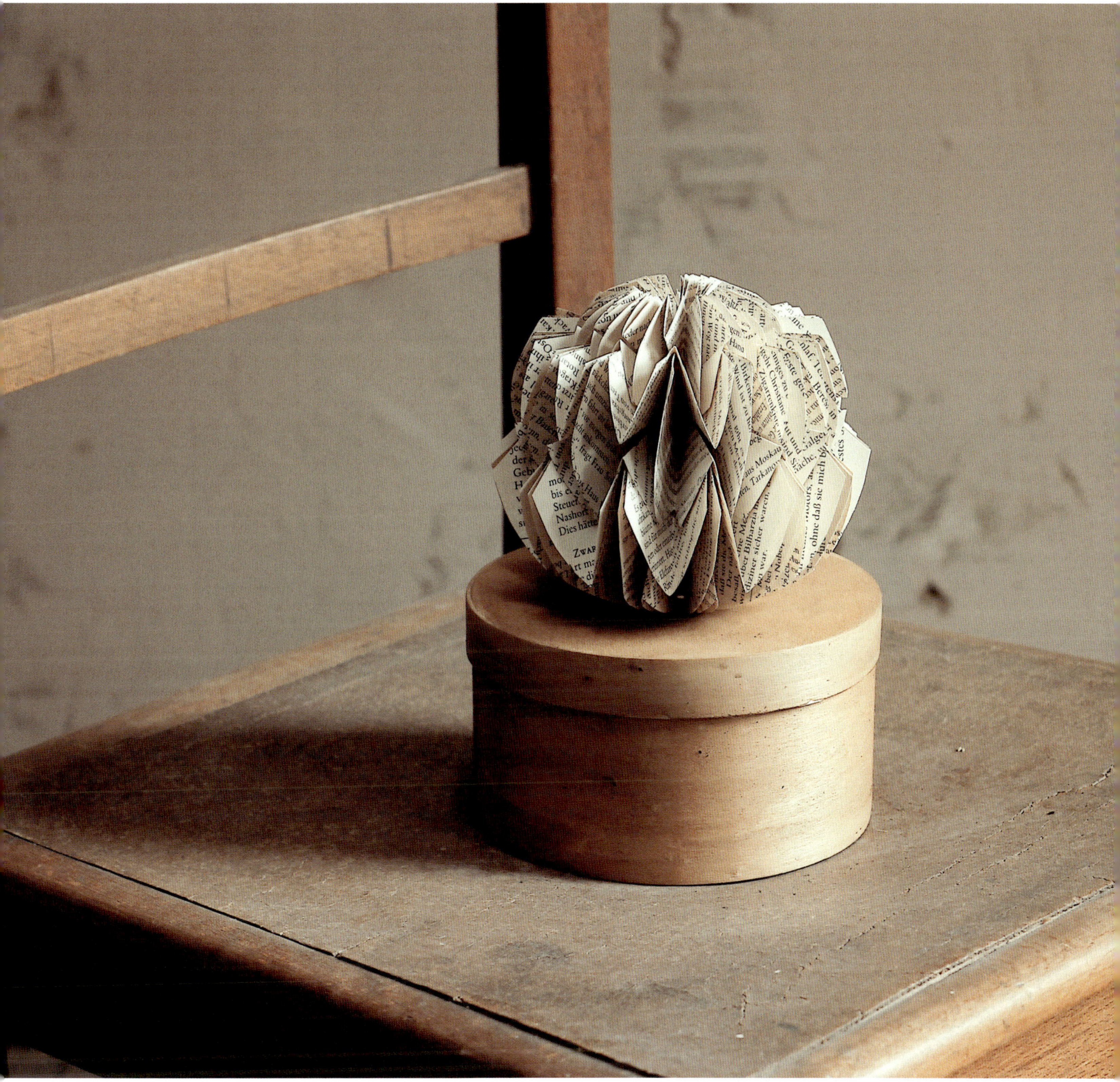

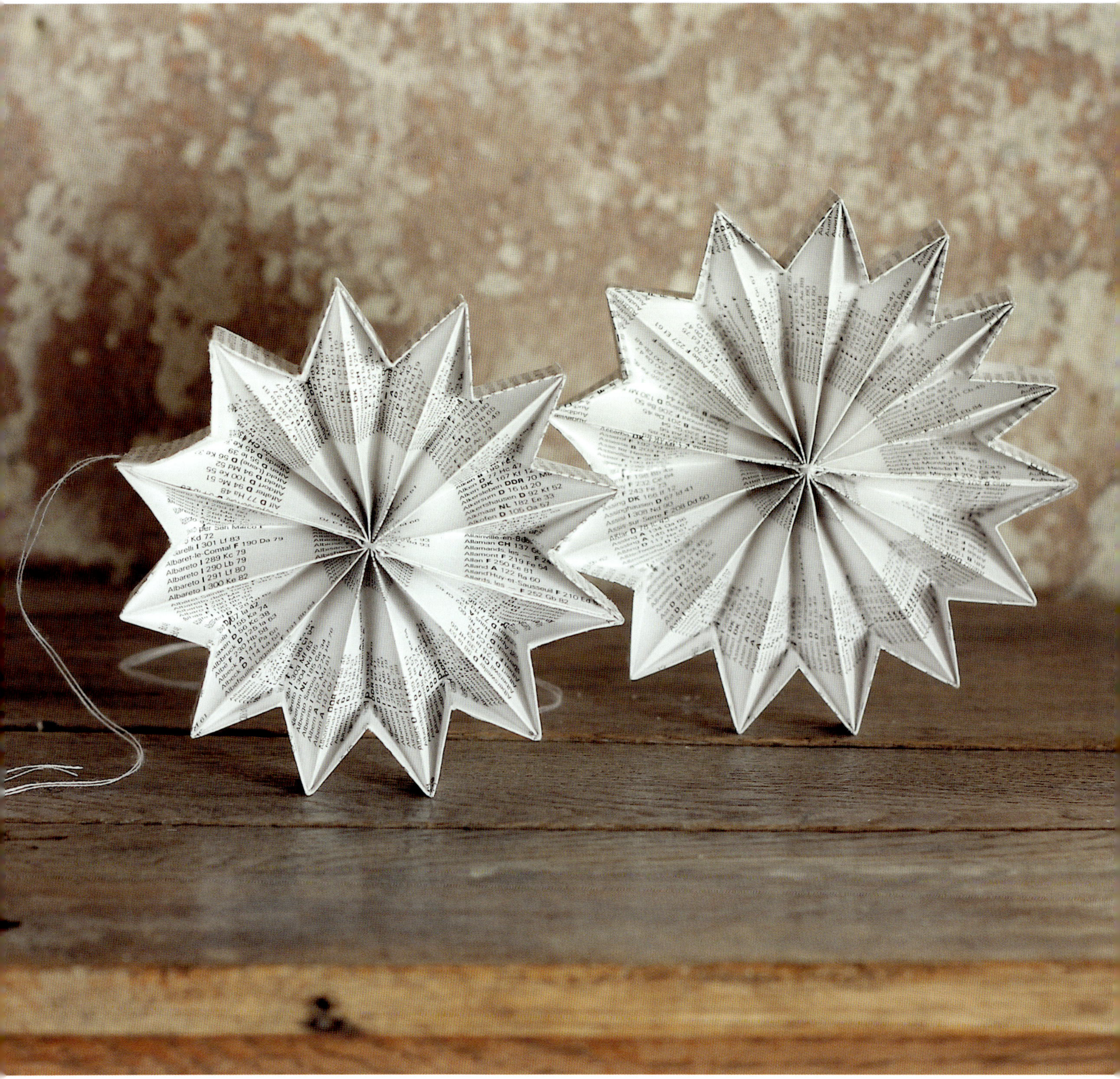

Stern mit Plisseerand ★★★

Auf der Suche nach einer originellen Abwandlung der Rosetten von S. 70 entstand nach und nach dieser Stern. Er kann sogar frei stehen.

So wird's gemacht:

1 Einen Papierstreifen im Format 23,8 x 15,6 cm zuschneiden.

2 Vorlage kopieren.

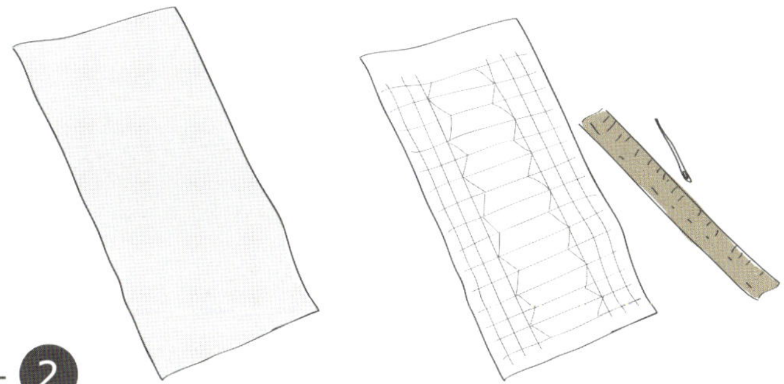

1 – 2

3 Die Linien der Vorlage auf den Papierstreifen übertragen und mit dem stumpfen Ende der Nadel nuten.

a) Dazu den Papierstreifen exakt auf die Kopiervorlage legen und mit Tape fixieren. Die waagerechten und senkrechten Linien nuten – Orientierung bieten die gestrichelten Überstände der Vorlage.

b) Für die diagonalen Linien die Querlinien abwechselnd bei 3,3 cm und 4,9 cm markieren und entsprechend der Vorlage zwischen 2 Markierungen nuten.

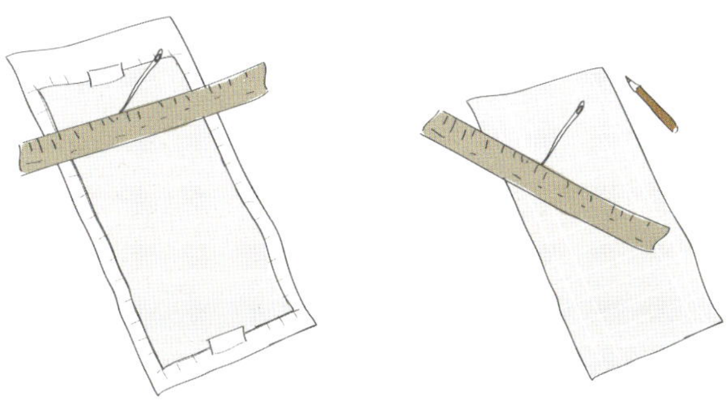

Größe: 11,5 cm Ø

Hilfsmittel:

- Faltvorlage (S. 180)
- Bleistift
- Geodreieck
- Metalllineal, mindestens 30 cm lang
- Schere oder Cutter
- ggf. Falzbein
- Nadel zum Nuten

Materialien:

- 1 große, feste Buchseite
- festes Nähgarn, ca. 60 cm lang
- Klebstoff
- ablösbares Tape

TIPP: Gut geeignet ist z. B. das Register eines alten Atlas im A4-Format.

4 Entlang der Querlinien als Leporello falten – mit einer Bergfalte beginnen – und wieder auffalten.

5 Alle Linien knicken. Berg- und Talfalten ergeben sich aus dem Faltplan.

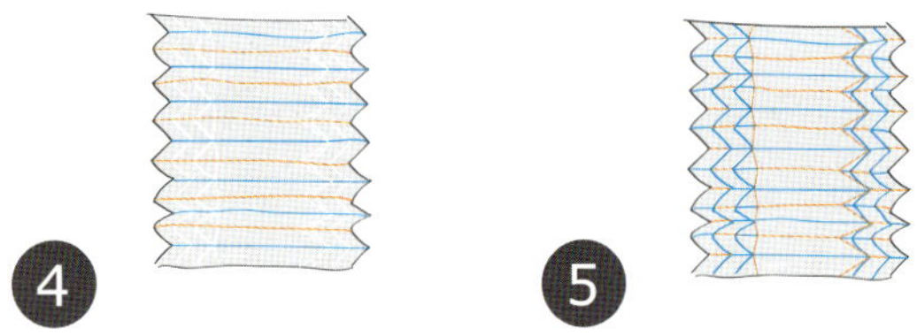

6 Das Blatt wenden und die Ränder der langen Seiten je 2 x einschlagen.

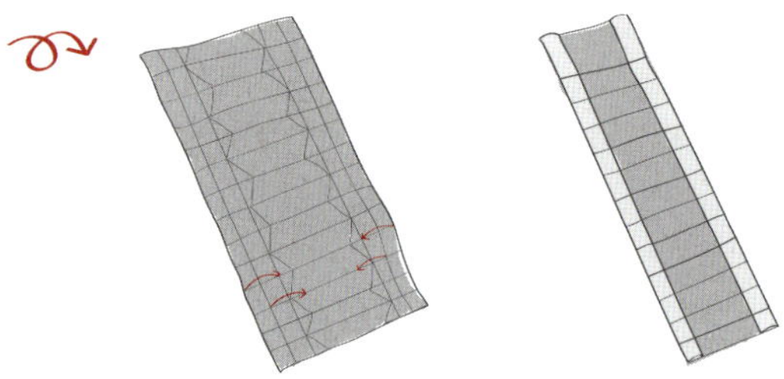

7 Das Blatt wieder wenden und das Leporello noch einmal falten. Dabei den Rand falten. Dazu einen umgeschlagenen Rand der Längsseite um ca. 45° anheben und nacheinander die Diagonalen falten. Mit der 2. Längsseite genauso verfahren.
Das Ergebnis ist ein Leporello mit einem rechtwinkligen Zickzackrand.

8 Das zusammengedrückte Leporello in der Mitte in jede Richtung 1 x falten und wieder öffnen.

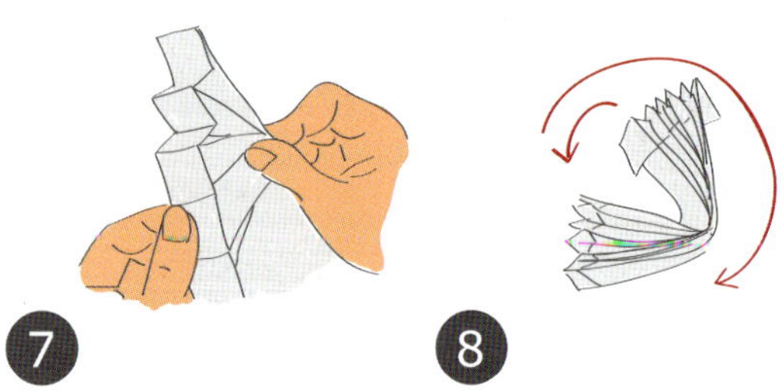

9 Das Leporello an beiden kurzen Seiten entsprechend den hellblauen Markierungen im Faltplan ein- und abschneiden.

10 Die Mitte mit dem Faden mehrfach umwickeln und verknoten.

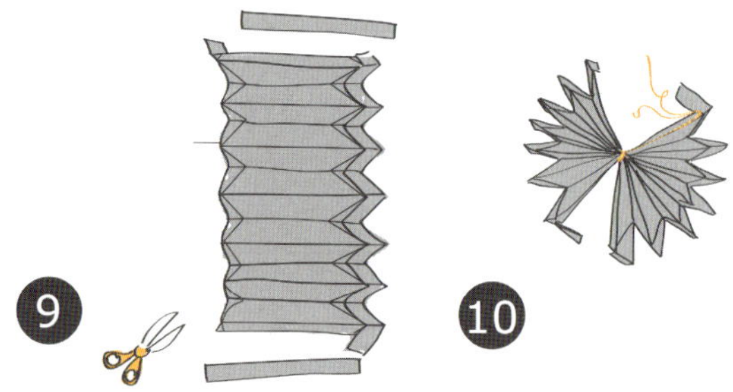

11 Jeweils das linke auf das rechte schmale Ende der kurzen Seite kleben. Auf einer Seite die Fadenenden so einkleben, dass sie am Rand herausschauen.

12 Jeweils die Lasche am Zickzackrand über die anliegende Spitze klappen und festkleben.

13 Den Faden mit der Nadel durch den Rand fädeln und zur Aufhängung verknoten.

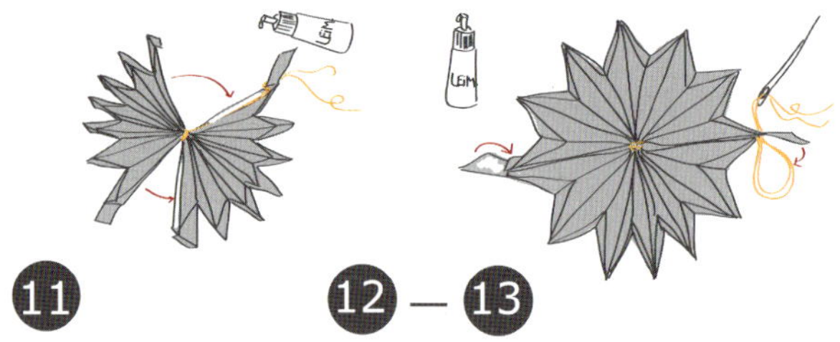

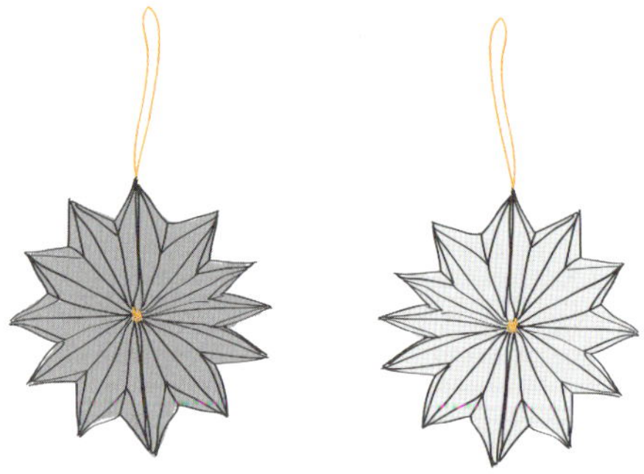

Vorderseite Rückseite

Variante mit schlichterem Rand

Erscheint Ihnen der Stern zunächst zu kompliziert, beginnen Sie mit einer schlichteren Variante. Schneiden Sie dafür vom Faltplan an jeder Längsseite 3,3 cm ab.
Die Vorlage übertragen, das Papier als Leporello falten und die Diagonalen als Talfalten knicken. Ab Schritt 9 verfahren, wie beschrieben.

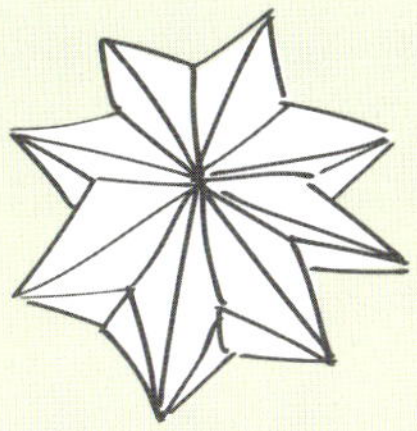

Stern vergrößern

Die Größe des Sterns lässt sich gut variieren, wenn 2 Aspekte berücksichtigt werden:
Der Abstand zwischen den senkrechten Linien an den Rändern muss identisch sein mit dem Abstand zwischen den waagerechten Linien.
Je größer der Stern (bei gleicher Faltenbreite) werden soll, desto mehr Querfalten werden benötigt.

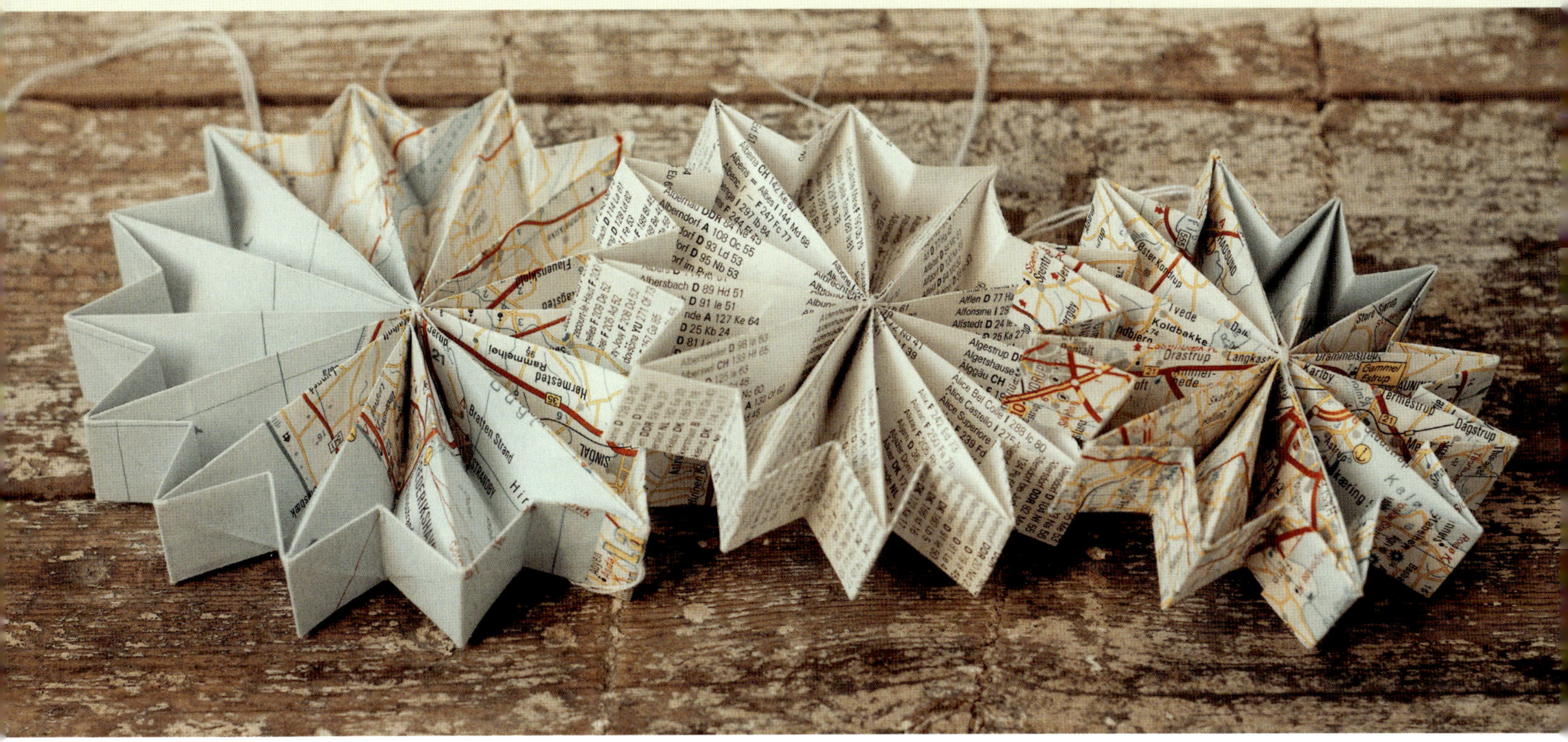

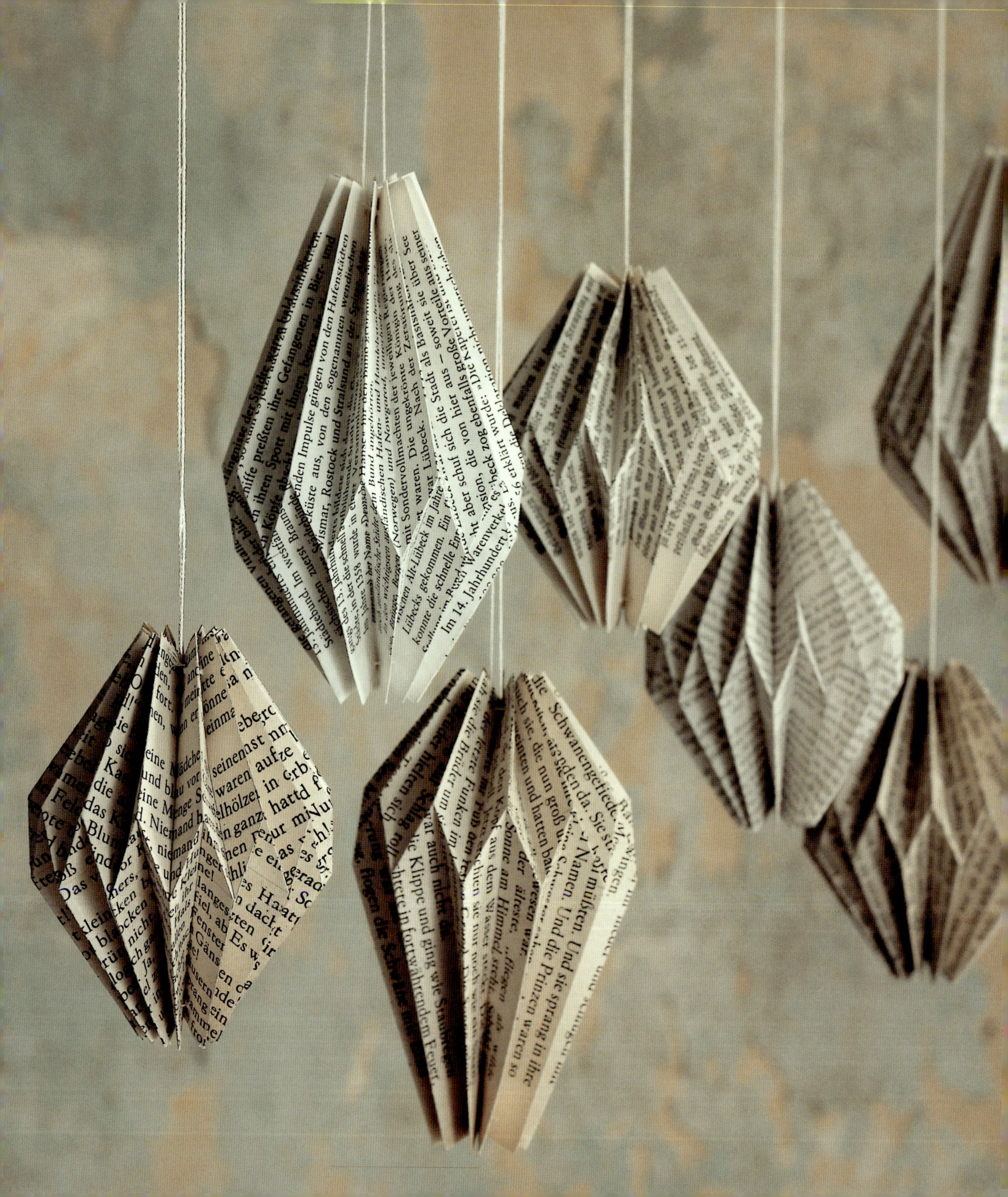

Plisseeanhänger ★★☆

Diese Faltobjekte, die alle von einer Leporellofaltung ausgehen, sind inzwischen ein Klassiker. Üblicherweise werden lange Papierstreifen verarbeitet. Da Buchseiten dafür viel zu klein sind, wird gezeigt, wie das Papier – angepasst an das jeweilige Faltmuster – gestückelt verarbeitet werden kann.

So wird's gemacht:

1 Aus 3 Buchseiten je ein Rechteck im Format 12 x 15,4 cm zuschneiden.

2 Bei jedem Blatt muss man sich für eine Außen- und eine Innenseite entscheiden. Angezeichnet wird auf der Innenseite. Orientierung bietet der Faltplan.

a) Im Abstand von jeweils 1,4 cm parallel zur schmalen Kante Linien zeichnen.

b) Jede Linie 5,2 cm vom Rand entfernt mit einem Punkt markieren – abwechselnd vom linken und rechten Rand aus. Diese Punkte mit dem Bleistift verbinden, sodass eine Zickzacklinie entsteht.

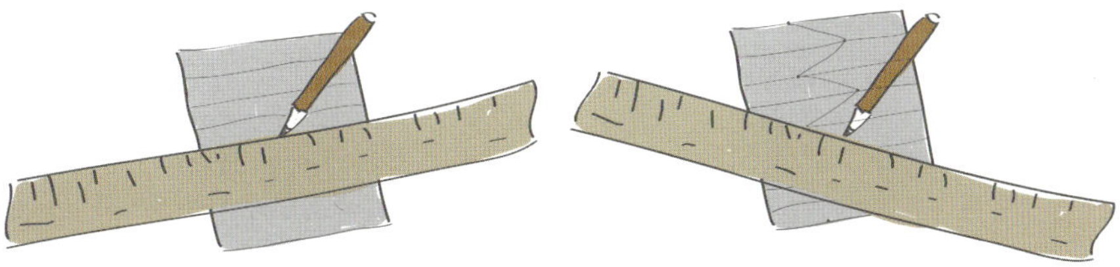

TIPP: Besser sichtbar sind die Linien, wenn Sie statt des Bleistifts einen farbigen Stift verwenden.

3 Alle Linien mit dem stumpfen Ende einer Nadel nachfahren.

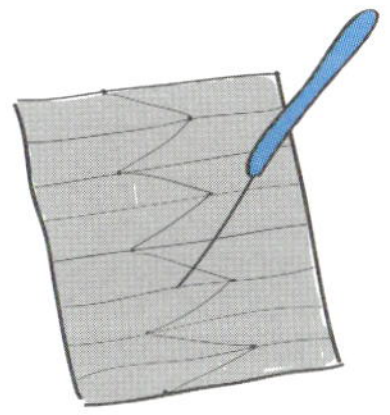

Größe: 11 x 9 cm

Hilfsmittel:

- Faltplan A (S. 180)
- Bleistift
- Metalllineal
- Geodreieck
- Schere
- Vorstecher
- Nadel
- Nadel zum Nuten
- Falzbein

Materialien:

- Buchseiten
- Klebstoff
- Faden, z. B. Zwirn
- 1 Holzperle

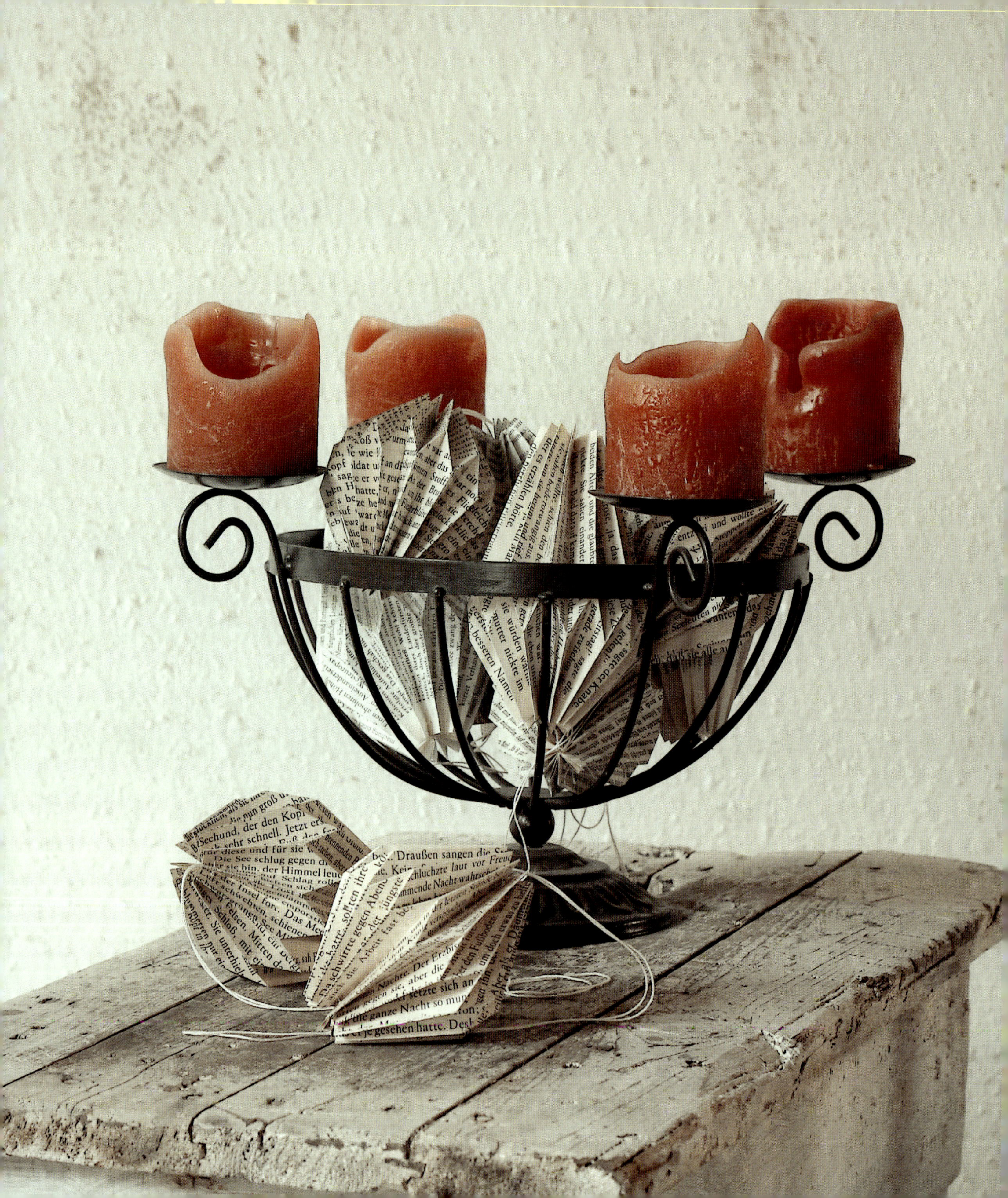

TIPP: Je nach Papierart reicht der Bleistiftstrich schon zum Nuten. Dann kann auf Schritt 3 verzichtet werden.

4 Jetzt lässt sich das Papier ganz leicht falten.

a) Die Querlinien jeweils in beide Richtungen als Leporello falten. Wieder auffalten.

b) Die Zickzacklinie falten und dabei die Querlinien in die richtige Richtung falten.

c) Jedes Teil sieht nun so aus:

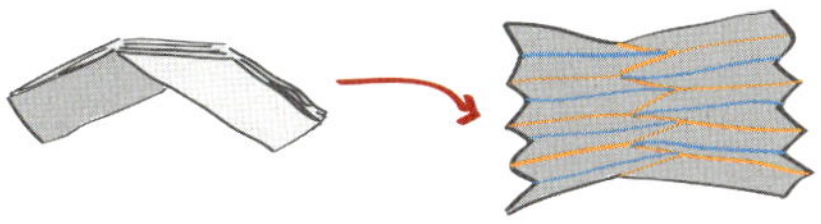

5 Die 3 Teile zu einem langen Streifen zusammenkleben. Dafür jedes Teil wenden – die Berg- und Talfalten verkehren sich.

a) Alle 3 Teile richtig ausgerichtet hintereinanderlegen.

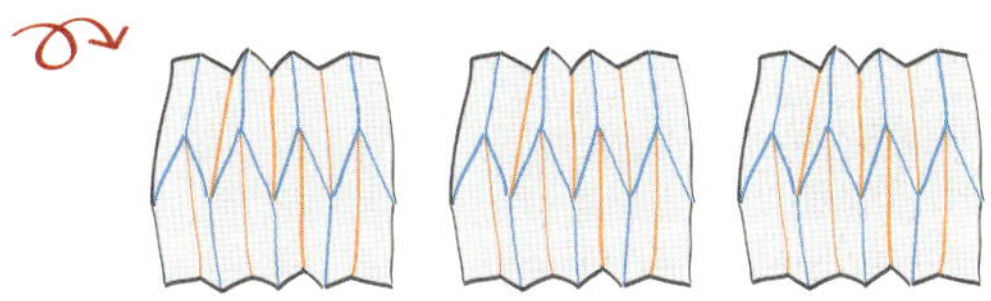

b) So zusammenkleben, dass jeweils die rechte Kante eines Teils unter die linke Kante des nächsten Teils geschoben wird. Die Faltenfolge muss stimmen.

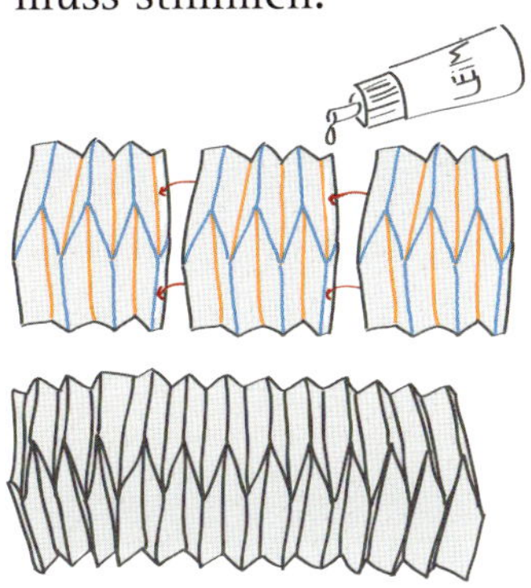

6 Oben und unten in die Spitzen (ca. 0,5 cm vom Rand) mit dem Vorstecher ein Loch stechen und jeweils einen Faden durchziehen.

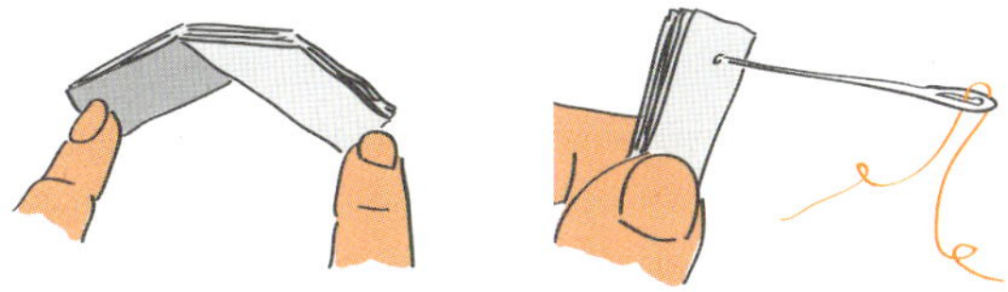

7 Die offenen Kanten schließen. Dabei kleben, wie in Schritt 5 beschrieben.

8 Einen Faden mit Perle als Aufhängung in die Mitte stecken. Die Fadenenden oben und unten zusammenziehen und verknoten.

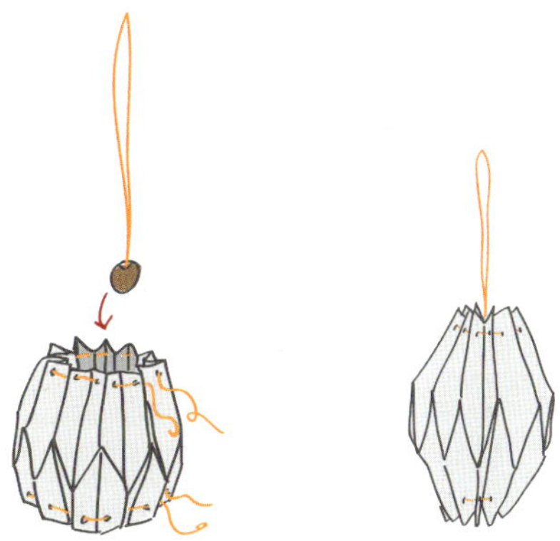

9 Optional die äußeren Spitzen oben und unten in eine Richtung knicken. Das ergibt einen schönen Abschluss.

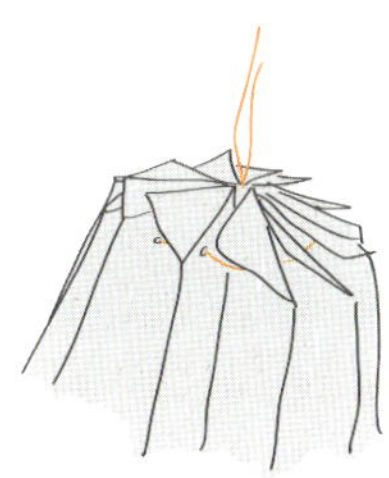

TIPP: Wird die Faltvorlage nach oben oder unten verlängert, sieht der Anhänger gleich ganz anders aus.

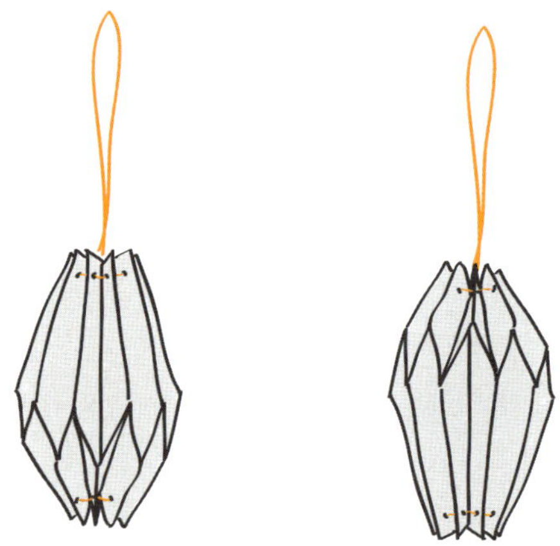

Weitere Faltvorlagen

Die Falzlinien-Geometrie kann vielfältig verändert werden, es entstehen immer neue Formen. Für die abgebildeten Varianten finden sich Faltpläne auf S. 181.

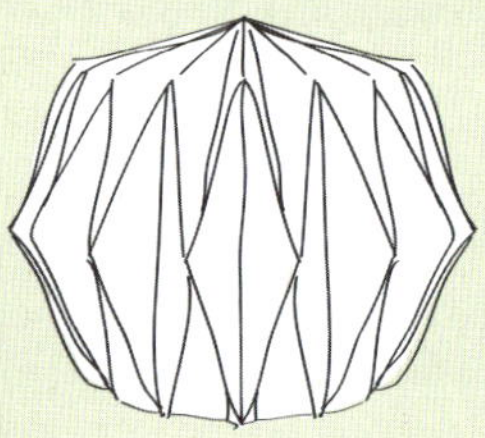

B

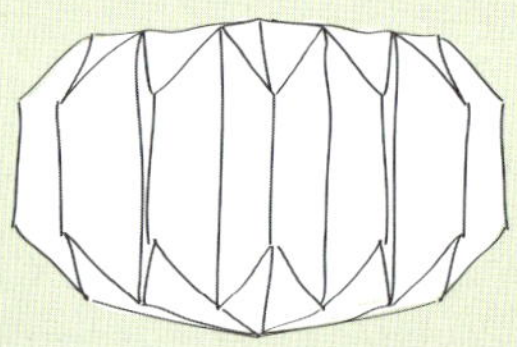

C

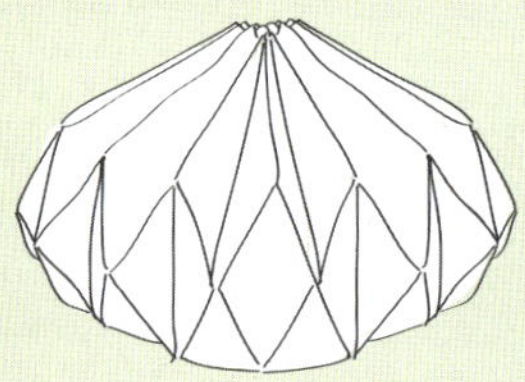

D

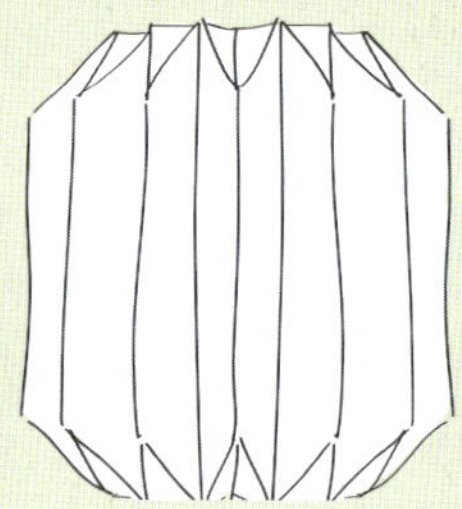

E

Eigene Faltvorlagen

Das Prinzip der Faltvorlagen ist immer das gleiche: Zwischen den Leporellofalten werden diagonale Falten platziert. Das Verhältnis zwischen Länge und Breite des Papiers sollte ca. 1 : 4 betragen.
Zum Ausprobieren eignet sich am besten einfarbiges Kopierpapier, weil die angezeichneten Linien gut sichtbar sind und es sich leicht falten lässt. Sieht das Ergebnis gut aus, kann es auf Buchseiten übertragen werden.

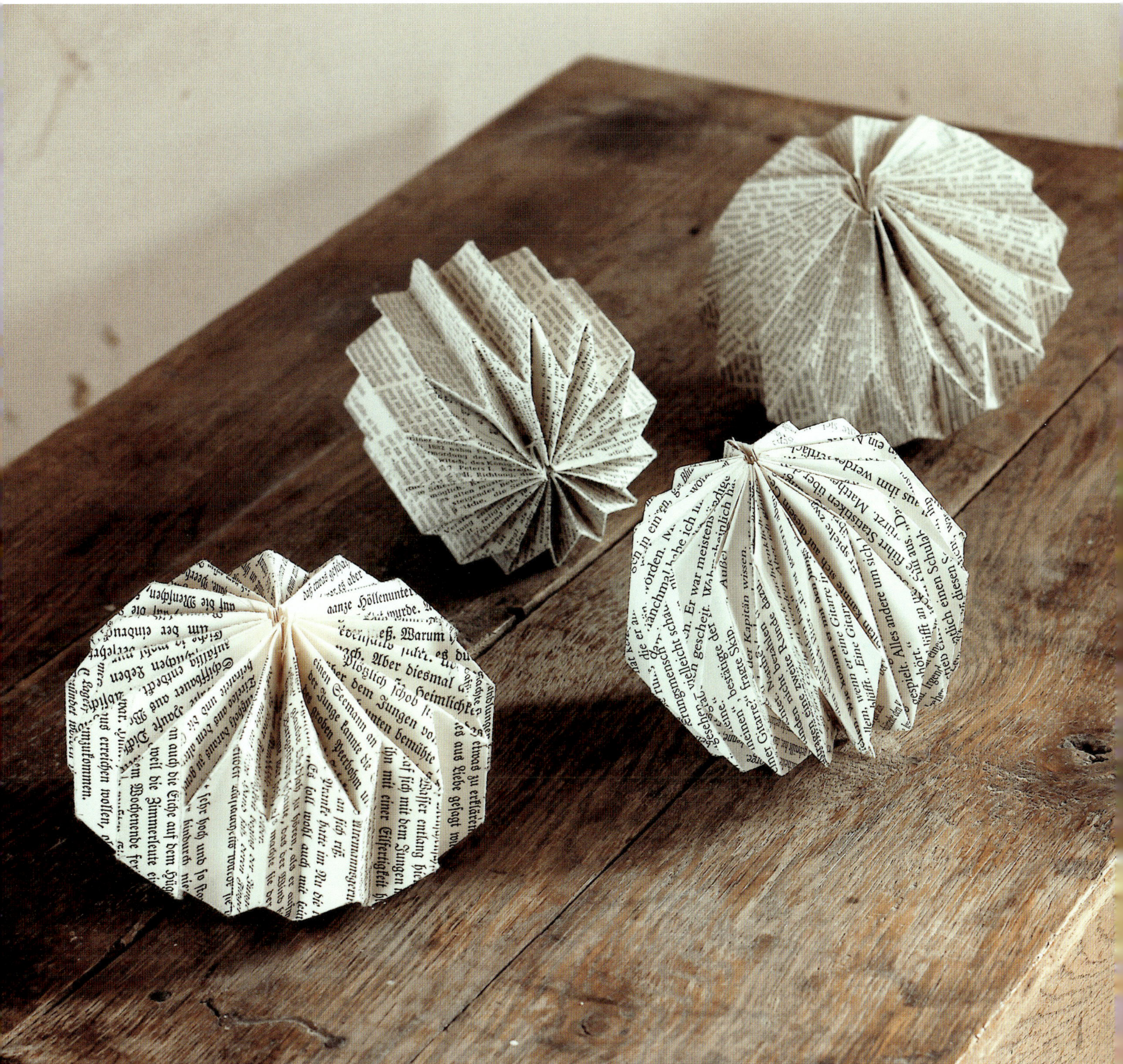

Buchengel mit Heiligenschein ★★★

Dieser kleine Engel zieht zur Weihnachtszeit garantiert alle Blicke auf sich. Soll er nicht am Christbaum hängen, sondern im Stehen eine weihnachtliche Atmosphäre verbreiten, braucht er eine Stehhilfe.

Größe: 9 x 6 cm

Hilfsmittel:

- Bleistift
- Lineal
- Radiergummi
- Schere
- Skalpell
- Metalllineal
- Heißklebepistole
- Zangenset (Flachzange, Rundzange, Seitenschneider)

Materialien:

- Buch mit Klebebindung (möglichst dünnes Papier)
- Perlgarn
- Klebstoff
- Holzperle, 2 cm Ø
- Steckdraht, 0,9 mm Ø

TIPP: Der Engel kann in jeder Größe hergestellt werden. Wichtig ist, das Verhältnis der Maße zueinander einzuhalten. Auch die verwendete Seitenzahl muss sich ggf. erhöhen.

So wird's gemacht:

Kleid

1 Den Buchblock vom Einband befreien. Am einfachsten geht dies bei Taschenbüchern durch Reißen, bei Hardcovern hilft ein Skalpell.

2 Die ersten Seiten herausreißen, bis die Textseiten beginnen.

3 Für die Faltarbeit werden 23 bis 27 Seiten benötigt. Also einen Block mit ca. 30 Seiten so abreißen, dass die Klebebindung intakt bleibt, ggf. das Skalpell zu Hilfe nehmen. Lose und überschüssige Seiten entfernen.

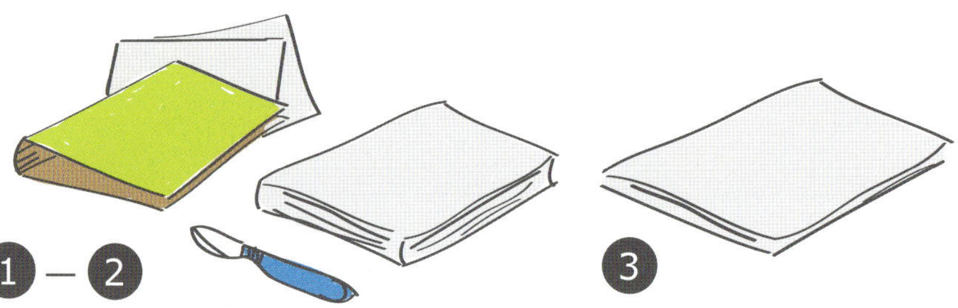

4 Mit dem Skalpell den Block auf das Format 3,4 x 6 cm schneiden. Dabei nur am rechten und am unteren Rand schneiden, damit die Klebebindung erhalten bleibt.

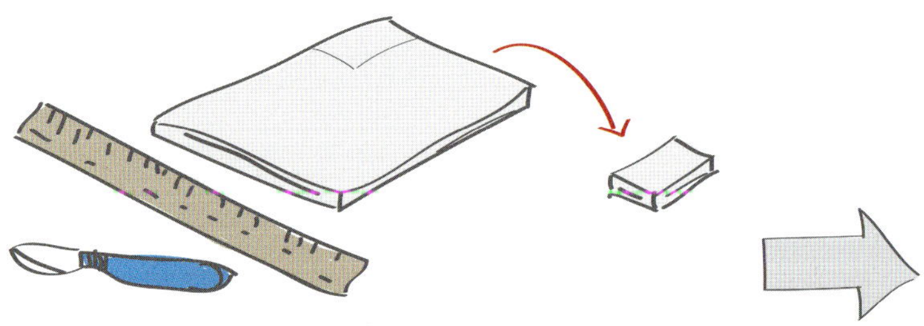

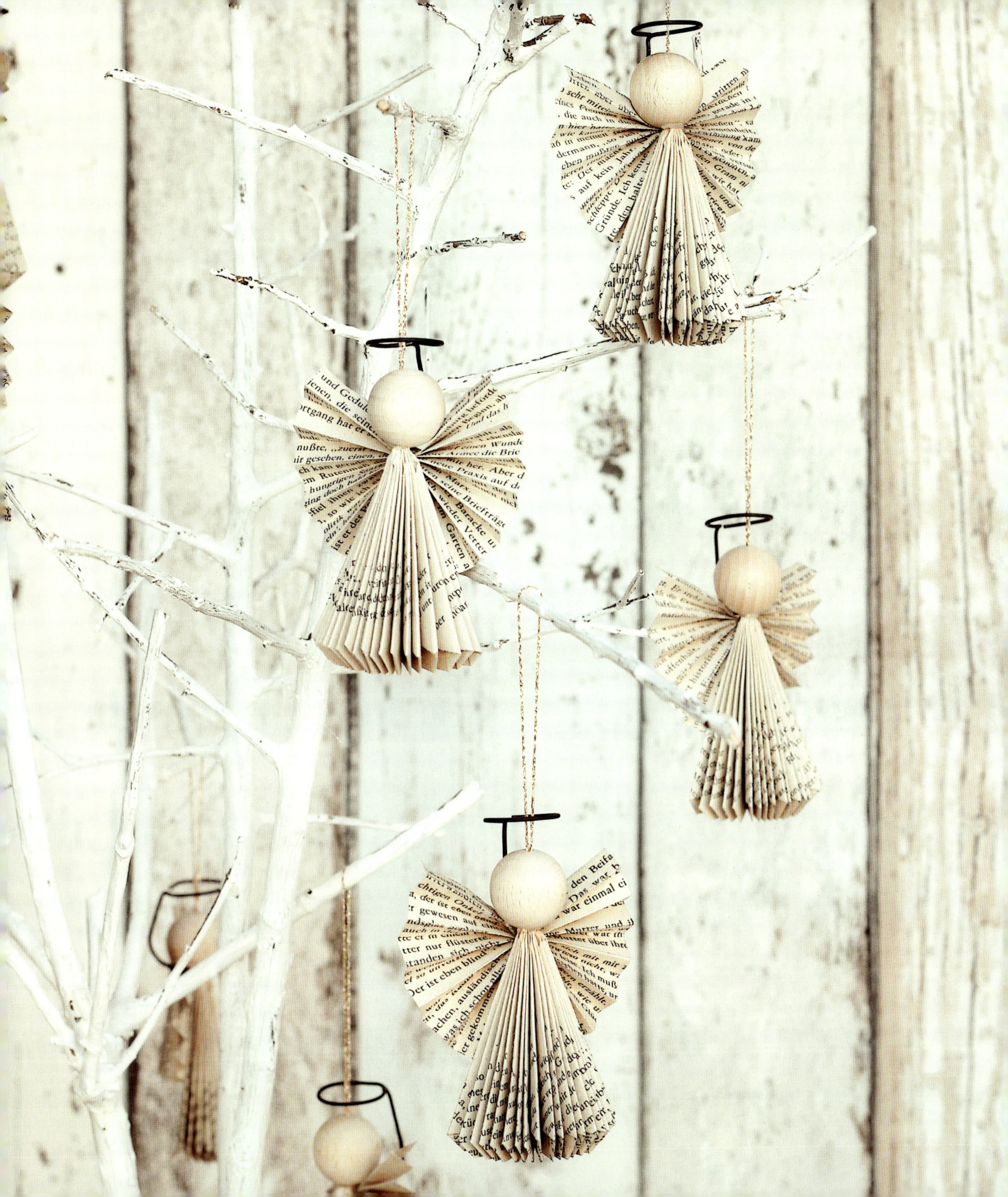

5 Jetzt wird gefaltet. Dafür liegt der Buchblock so, als würde man zu lesen beginnen wollen.

1. Seite

a) Die 1. Seite umschlagen und die obere linke Ecke so im 45°-Winkel falten, dass die obere Kante genau an der Bindung liegt.

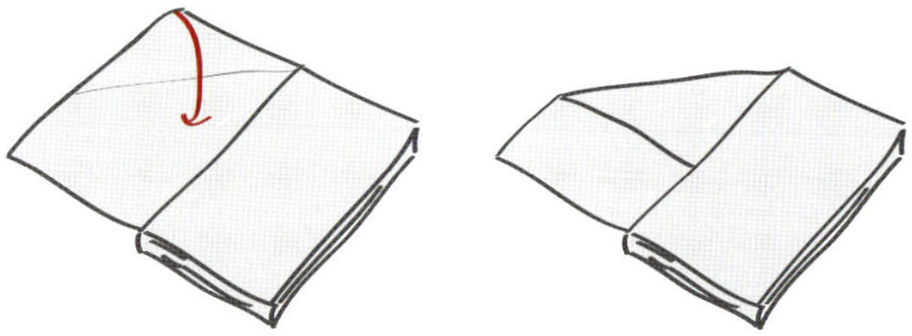

b) Die untere linke Ecke so im 45°-Winkel falten, dass die linke Kante genau an der waagerechten Kante aus a) anliegt.

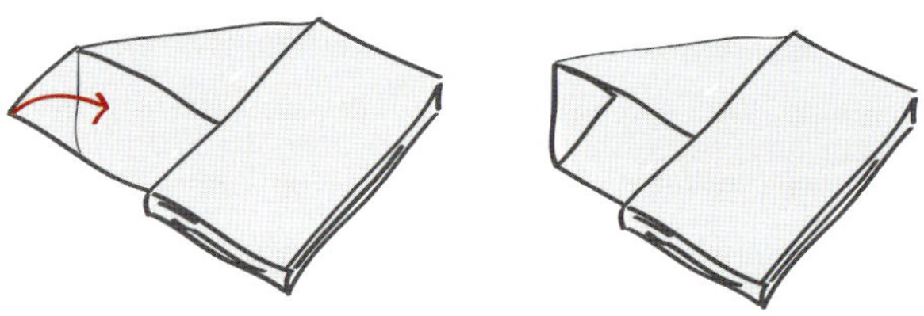

c) Für die dritte Faltung die obere schräge Kante so winklig zur Mitte falten, dass sie direkt an der Bindung verläuft.

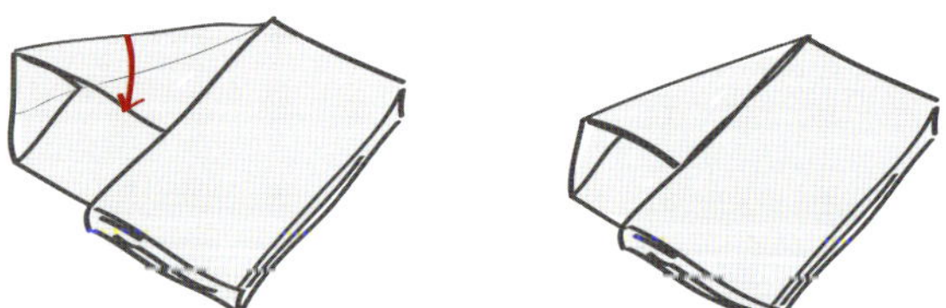

2. Seite

d) Die obere rechte Ecke so im 45°-Winkel falten, dass die obere Kante genau an der Bindung liegt.

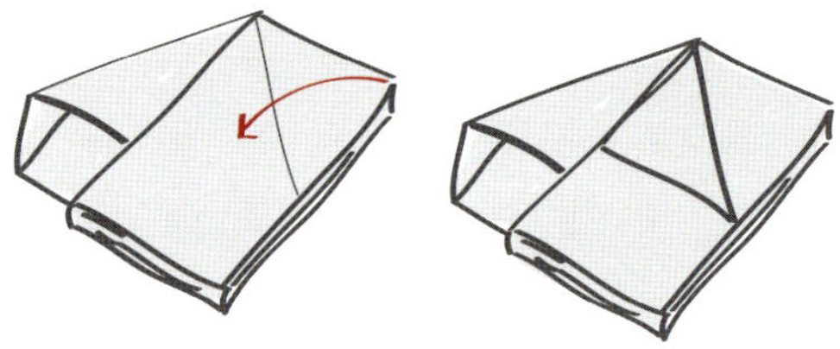

e) Die untere rechte Ecke so im 45°-Winkel falten, dass die rechte Kante genau an der waagerechten Kante aus d) anliegt.

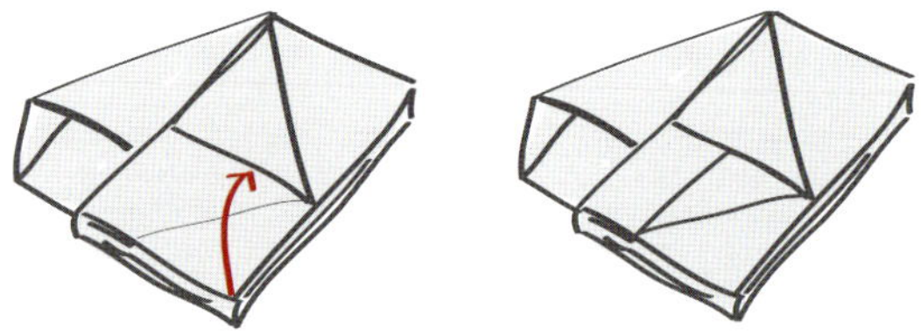

f) Für die dritte Faltung die obere schräge Kante so winklig zur Mitte falten, dass sie direkt an der Bindung verläuft.

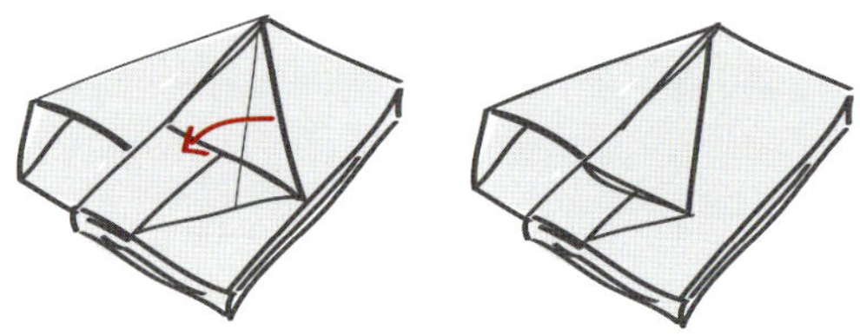

Alle weiteren Seiten falten, wie in den Schritten d) bis f) erklärt.

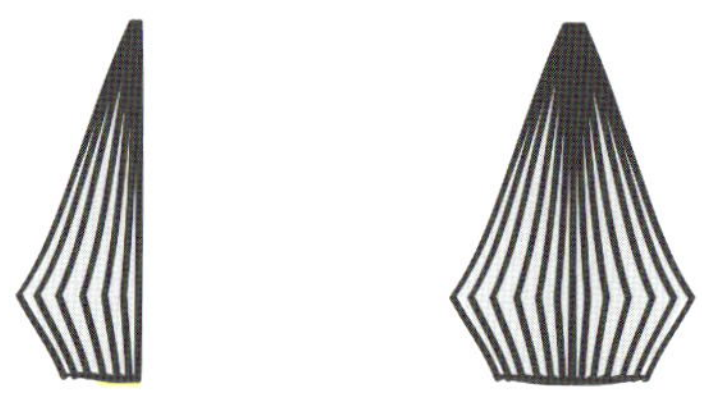

Kopf befestigen

6 Etwa 20 cm Faden als Aufhänger durch die Holzkugel ziehen, diese mit etwas Heißkleber auf das gefaltete Kleid setzen und dabei den Faden mit festkleben.

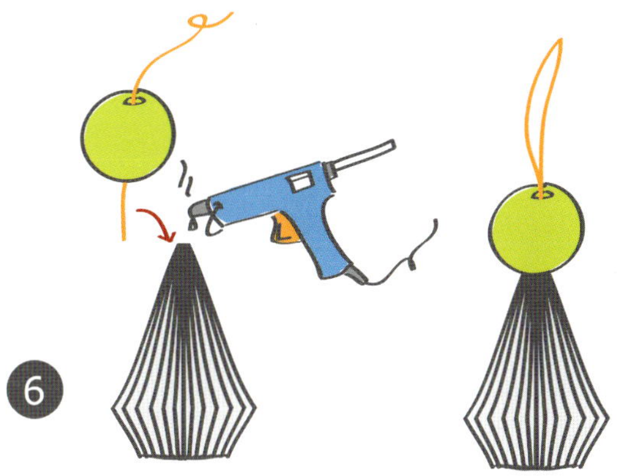

Flügel

7 Aus einer Buchseite ein Rechteck im Format 7,5 x 15 cm ausschneiden.

8 Die kurze Seite als Leporello falten: Einmal genau in der Mitte falten, anschließend jede Hälfte zu ihrer Mitte falten, dann jedes Viertel und danach jedes Achtel in der Mitte falten. Zum Schluss die Falze so ausrichten, dass sie ein 16-teiliges Leporello bilden.

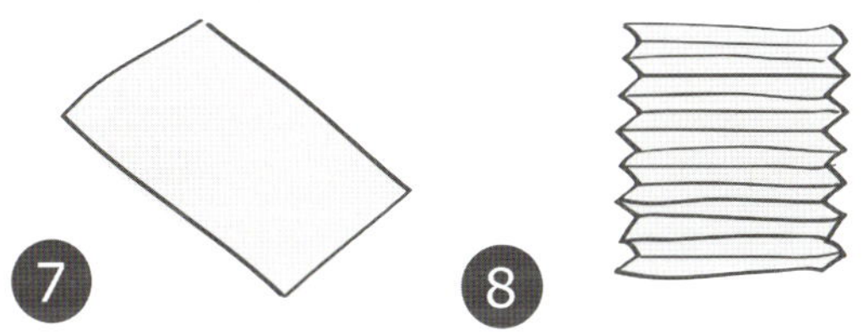

9 Das zusammengedrückte Leporello in der Mitte falten und die aufeinanderliegenden Abschnitte zusammenkleben.

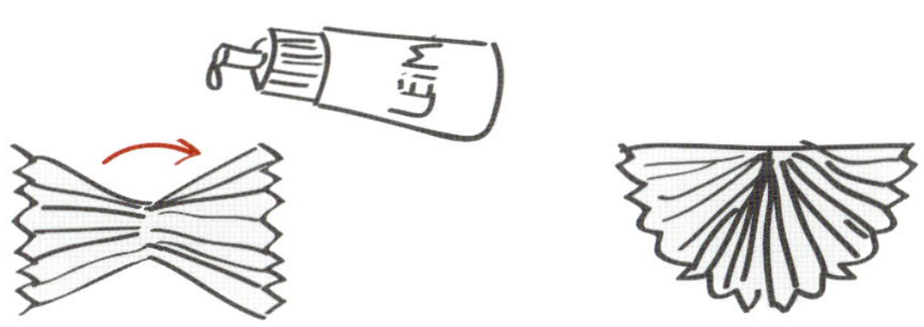

Heiligenschein

10 Den Draht an einem Ende zu einem Ring von ca. 2 cm Ø biegen, z. B. über einen schlanken Flaschenhals.

11 Den Draht so biegen, dass der Ring fast waagerecht steht. Nach 2 cm den Draht leicht nach vorne biegen. Nach ca. 1 cm den Draht ein weiteres Mal biegen, sodass er wieder gerade nach unten zeigt.

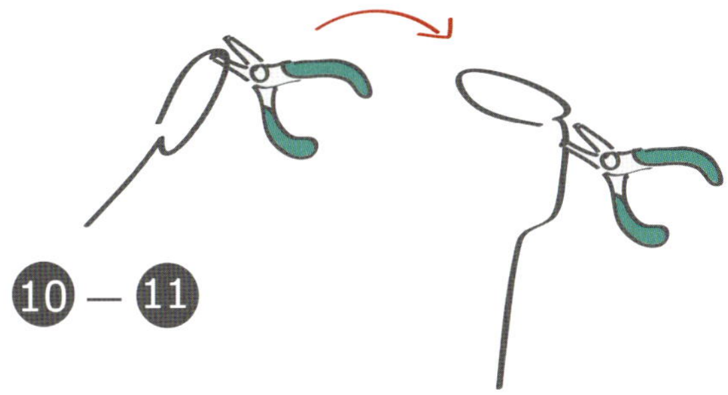

Flügel und Heiligenschein befestigen

12 Das Drahtende unterhalb der Holzkugel mit Heißkleber am Buchrücken befestigen, ggf. den Draht passend kürzen. Dann die Flügel darüberkleben.

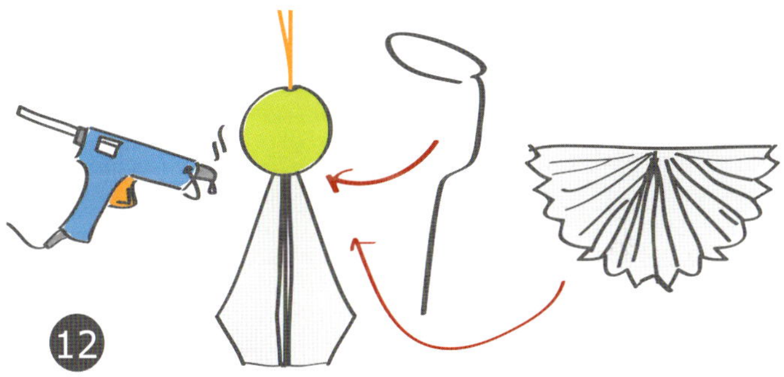

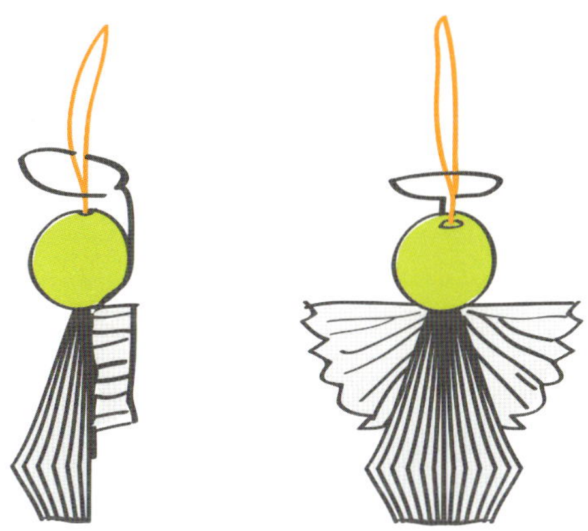

Muschelornament im Buch ★★★

Will man von den klassischen Ornamenten des Buchfaltens abweichen, wird es sich meist nicht vermeiden lassen zu schneiden. Die erforderlichen Schnitte können aber in der Regel gut vorausberechnet werden, sodass man nicht lange experimentieren muss.

Größe: 19 x 26 cm

Hilfsmittel:
- Bleistift
- Metalllineal
- Skalpell
- Falzbein
- Pinzette
- Lesezeichen, z. B. Bindfaden

Materialien:
- 1 Hardcover mit Klebebindung in gutem Zustand, 19 cm hoch, 13 cm breit, ca. 336 Seiten
- Pappen, etwas größer als das Buchformat, als Schneideunterlage

TIPP: Machen Sie an einer unauffälligen Stelle im Buch eine Probefaltung: Das Papier darf nicht brechen oder weich werden. Es müssen saubere Falten entstehen.

So wird's gemacht:

1 Die Mitte des Buchs bestimmen und ein Lesezeichen einlegen.

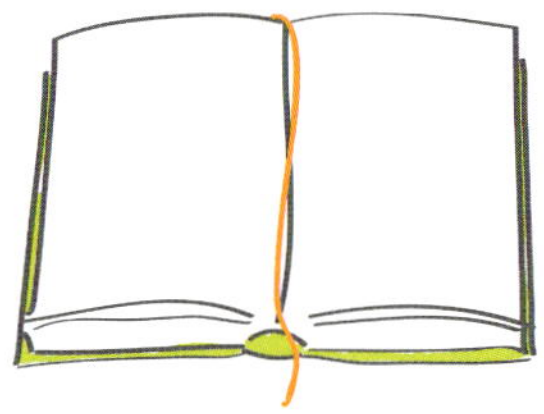

TIPP: Hat das Buch mehr als 336 Seiten, am Anfang und am Ende des Buchs die gleiche Anzahl an Seiten unbearbeitet lassen. Oder sie werden wie die 1. Seite gefaltet. Ein paar Seiten weniger sind auch kein Problem – die fehlenden werden dann in der Mitte eingespart.

Buchseiten beschneiden

2 Die vordere Hälfte der Buchseiten zuschneiden – dabei die Pappe dazwischenlegen, um die übrigen Seiten nicht zu beschädigen:

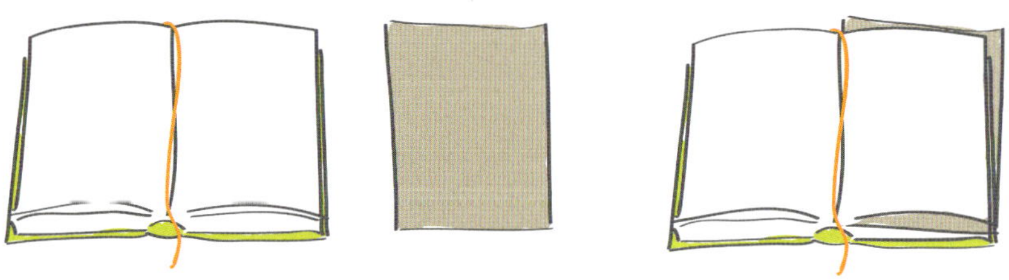

1. und 2. Seite von vorne

Diese Seiten werden nicht beschnitten.

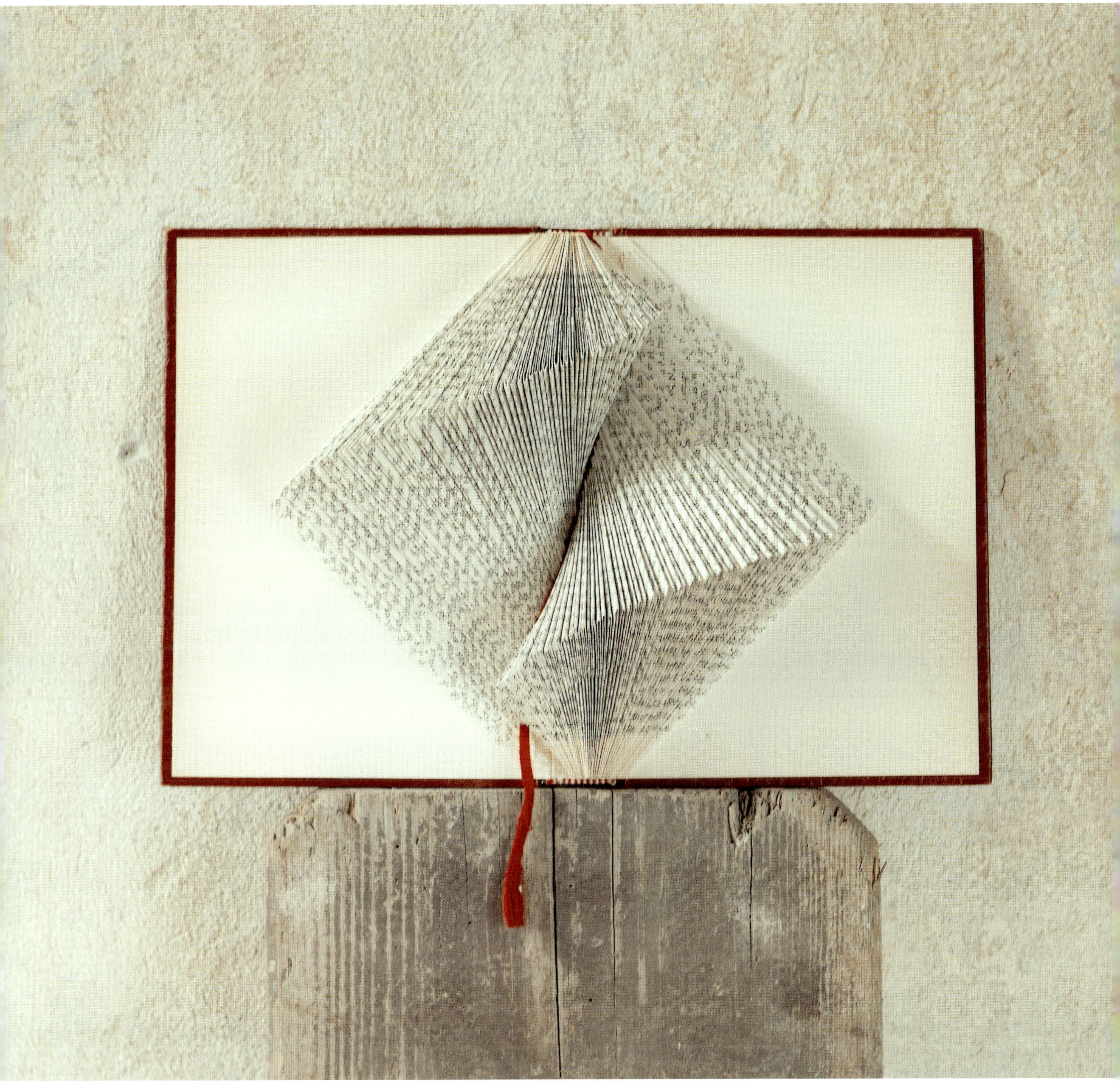

3. Seite von vorne

a) Parallel zur unteren Kante das Blatt um 3 mm kürzen, dabei an der Bindung besonders sauber arbeiten. Vom Außenrand 2 mm abschneiden.

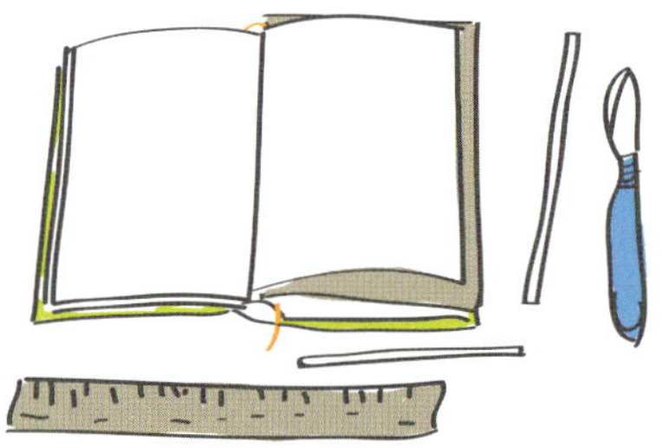

TIPP: Die Pinzette hilft dabei, das Papier an der Bindung sauber zu entfernen.

4. Seite von vorne

b) Das Blatt wie in a) bearbeiten.

5. Seite von vorne

c) Parallel zur unteren Kante das Blatt um 6 mm kürzen. Vom Außenrand 4 mm abschneiden.

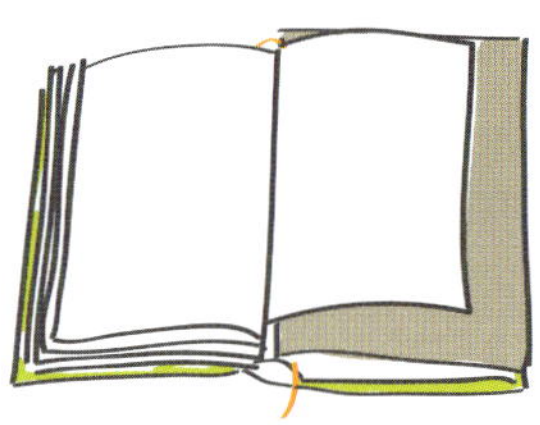

6. Seite von vorne

d) Das Blatt wie in c) bearbeiten.

e) Alle weiteren Seiten bis zur Mitte (Lesezeichen) in derselben Weise bearbeiten wie in den Schritten c) bis d). Dabei nach jeder 2. Seite die Blätter an der unteren Kante um weitere 3 mm und am Außenrand um weitere 2 mm beschneiden.

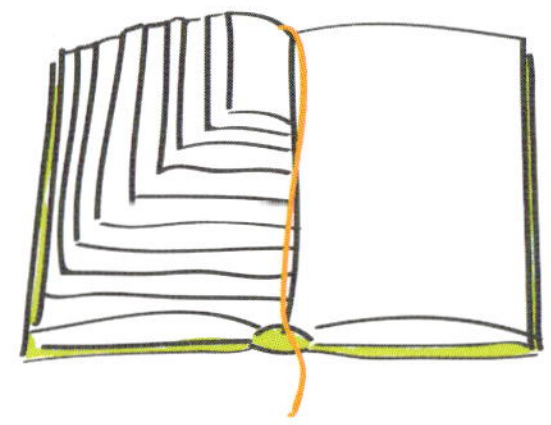

3 Die hintere Hälfte der Buchseiten wird von hinten nach vorne zugeschnitten:
Die 1. und 2. Seite von hinten werden nicht beschnitten.

3. Seite von hinten

a) Parallel zur oberen Kante das Blatt um 3 mm kürzen und vom Außenrand 2 mm abschneiden.

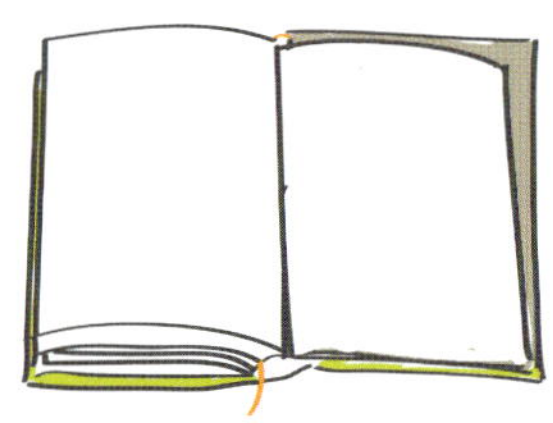

4. Seite von hinten

b) Das Blatt wie in a) bearbeiten.

5. Seite von hinten

c) Parallel zur oberen Kante das Blatt um 6 mm kürzen. Vom Außenrand 4 mm abschneiden.

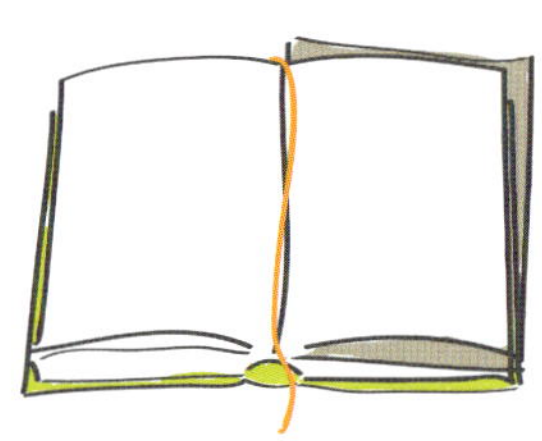

6. Seite von hinten

d) Das Blatt wie in c) bearbeiten.

e) Alle weiteren Seiten bis zur Mitte (Lesezeichen) in derselben Weise bearbeiten wie in den Schritten c) bis d). Nach jeder 2. Seite die Blätter an der oberen Kante um weitere 3 mm und am Außenrand um weitere 2 mm beschneiden.

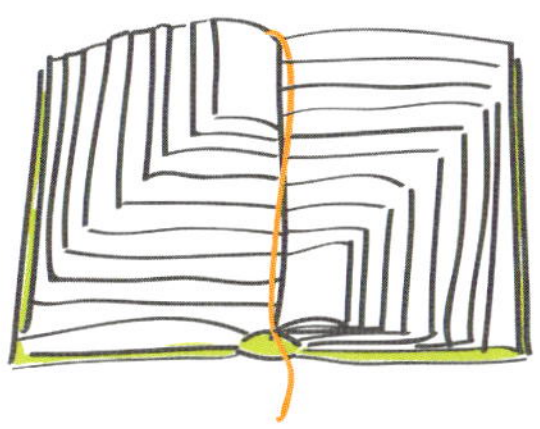

TIPP: Bei anderen Buchformaten die Seiten so beschneiden, dass das Verhältnis zwischen unterer Kante und Außenrand möglichst 3 : 2 beträgt.

Buchseiten falten

4 In der ersten Hälfte des Buchs werden die geraden Seiten einzeln gefaltet. Legen Sie das Buch dafür so vor sich hin, als wollten Sie anfangen, darin zu lesen.

1. Seite von vorne

a) Die obere linke Ecke im 45°-Winkel zum Bundsteg falten, sodass die zum Bund gerichtete Kante mit einem Abstand von ca. 5 mm parallel zur Bindung verläuft.

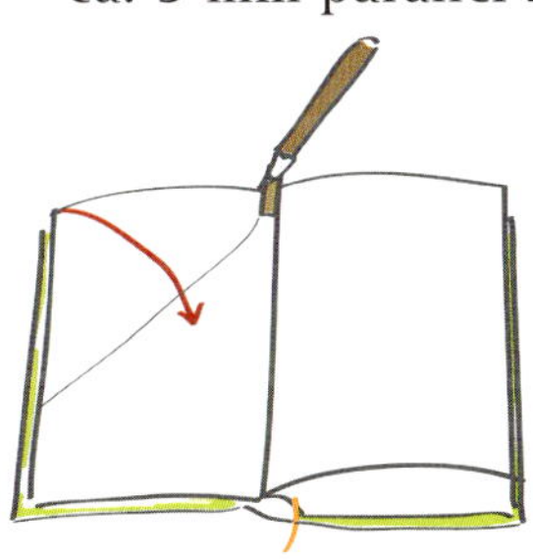

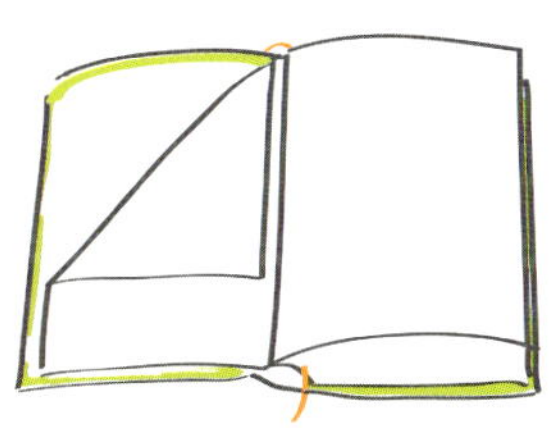

TIPP: Der Abstand zur Bindung muss bei jeder Faltung im Buch gleich sein. Hilfreich ist es, eine Schablone einzusetzen und den Abstand jeweils mit einer Bleistiftmarkierung zu kennzeichnen.

b) Die untere linke Ecke so falten, dass die untere Kante ebenfalls parallel zur Bindung verläuft. Dabei überlappt die Spitze nach oben.

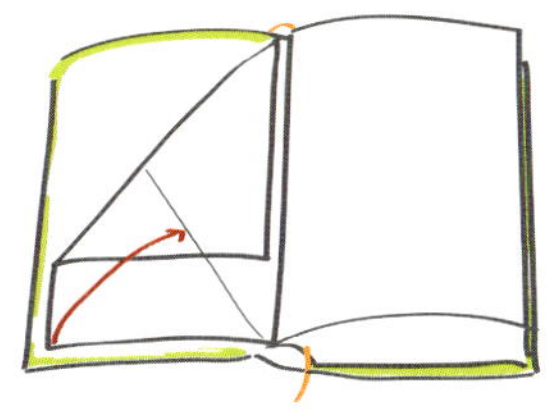

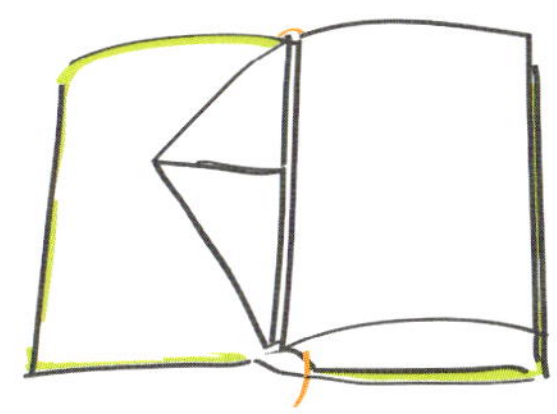

2. Seite von vorne

c) Das Blatt wie in a) bis b) bearbeiten.

3. Seite von vorne

d) Das Blatt wie in a) bis b) bearbeiten. Die untere schräge Kante verläuft 2 bis 3 mm oberhalb der Kante der darunterliegenden Faltung.

4. Seite von vorne

e) Das Blatt wie in d) bearbeiten.

f) Alle weiteren Seiten bis zur Mitte auf dieselbe Weise bearbeiten wie in den Schritten d) bis e). Da das Format alle 2 Seiten kleiner wird, wandert die Spitze zwangsläufig etwas nach oben.

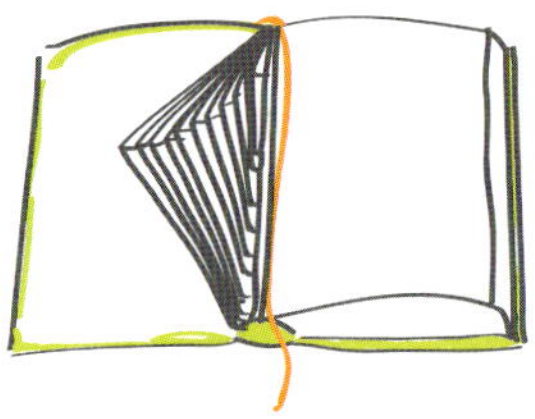

5 In der hinteren Hälfte des Buchs werden die ungeraden Seiten einzeln gefaltet. Legen Sie das Buch dafür so vor sich hin, als wollten Sie anfangen, darin zu lesen, und blättern Sie zur letzten Seite des Buchs. Es wird von hinten nach vorne gearbeitet.

1. Seite von hinten

a) Die untere rechte Ecke im 45°-Winkel zum Bundsteg falten, sodass die zum Bund gerichtete Kante mit einem Abstand von ca. 5 mm parallel zur Bindung verläuft.

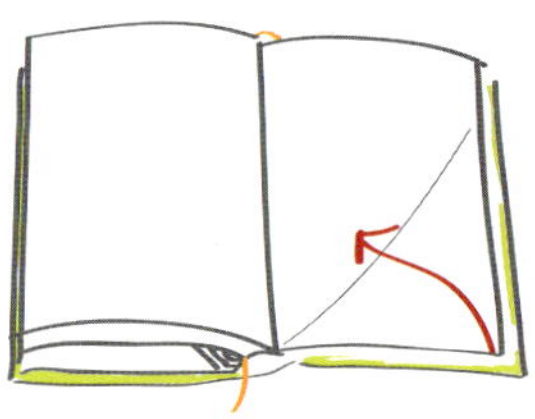

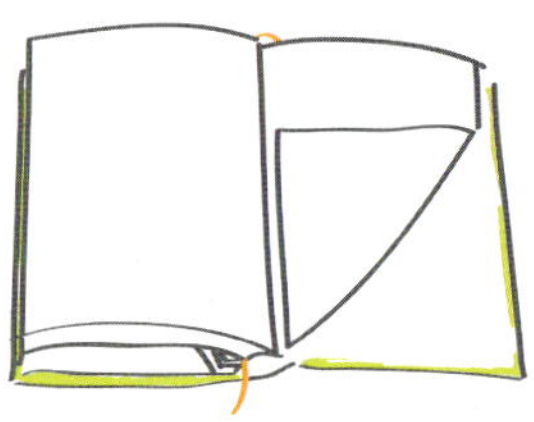

b) Die obere rechte Ecke so falten, dass die obere Kante ebenfalls parallel zur Bindung verläuft. Dabei überlappt die Spitze nach unten.

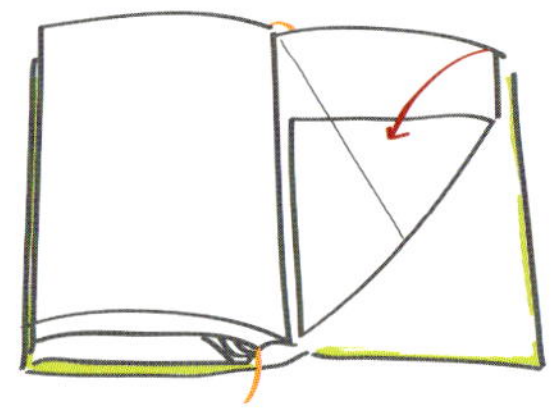

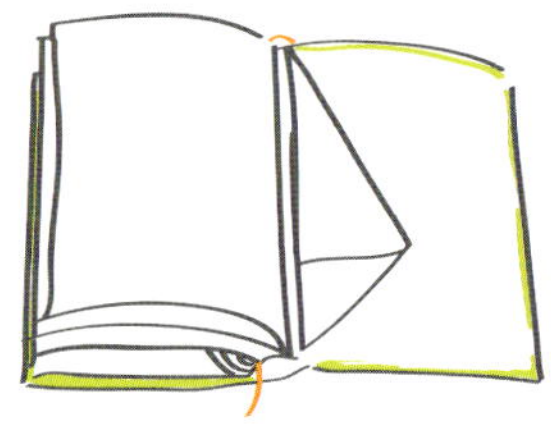

2. Seite von hinten

c) Das Blatt wie in a) bis b) bearbeiten.

3. Seite von hinten

d) Das Blatt wie in a) bis b) bearbeiten. Die untere schräge Kante verläuft 2 bis 3 mm unterhalb der Kante der darunterliegenden Faltung.

4. Seite von hinten

e) Das Blatt wie in d) bearbeiten.

f) Alle weiteren Seiten bis zur Mitte auf dieselbe Weise bearbeiten wie in den Schritten d) bis e). Da das Format alle 2 Seiten kleiner wird, wandert die Spitze zwangsläufig etwas nach oben.

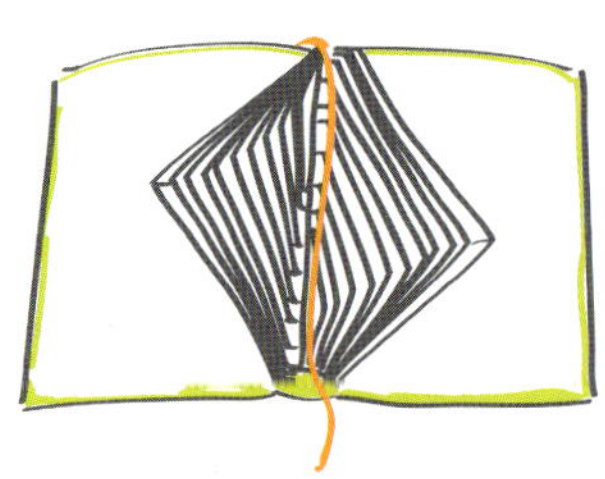

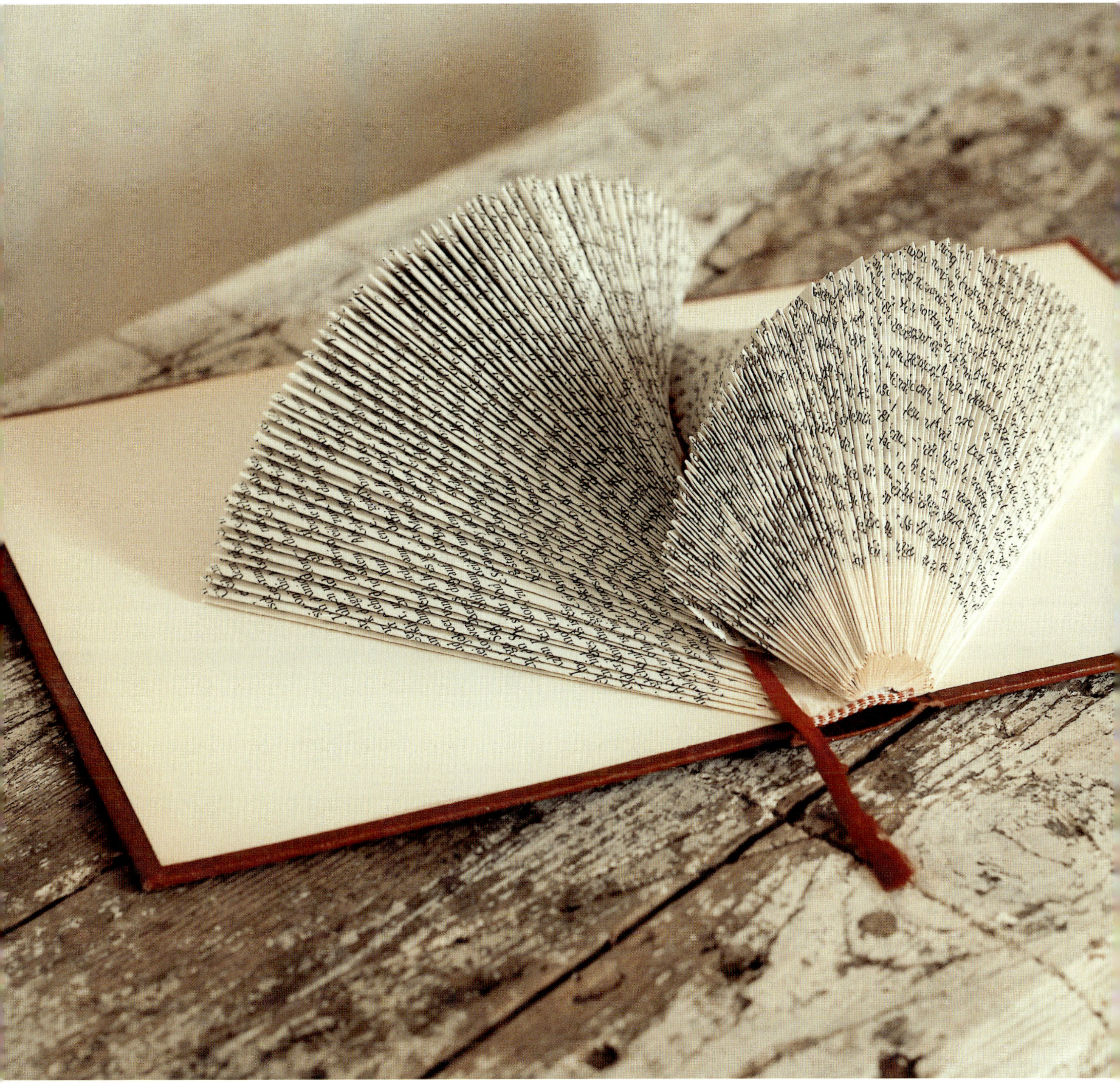

Einfaches Muschelornament

Es wird nach dem gleichen Prinzip gearbeitet. Bei einem Buchformat von 18,5 x 12,8 cm werden 124 ungerade Seiten gefaltet – das Buch muss also mindestens 248 Seiten haben.

Buchblock kürzen

Die ersten 4 ungeraden Seiten werden nur unten gekürzt, und zwar um 62 mm (Buchhöhe minus Buchbreite plus 5 mm).
Alle weiteren Seiten werden an den oberen und unteren Kanten beschnitten.
Begonnen wird auf der 5. Seite: Die obere Kante wird um 2 mm beschnitten, die untere Kante um 60 mm. Jeweils 4 Seiten werden gleich bearbeitet. Bei der 9. Seite rutscht der im Buch verbleibende Teil des Blatts um 2 mm nach unten, d. h., es wird oben um 4 mm gekürzt und unten um 58 mm.
Bei jeder weiteren 4. Seite rutscht der verbleibende Block wiederum um 2 mm nach unten.

Buchblock falten

Gefaltet wird von vorne nach hinten.

1 Die obere rechte Ecke im 45°-Winkel zum Bundsteg falten, sodass die rechte Außenkante genau auf der unteren Kante liegt.

2 Die untere rechte Ecke so falten, dass die untere Kante parallel zur Bindung und genau auf der Kante von Schritt 1. verläuft. Dabei überlappt die Spitze nach oben.

Alle weiteren Seiten falten wie in den Schritten 1 bis 2.

Beispielseite 1

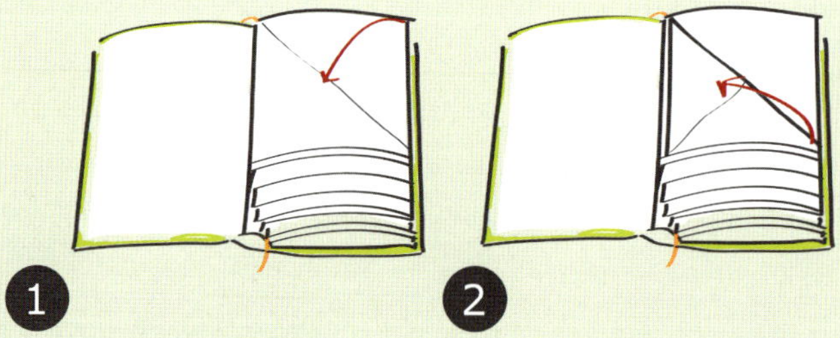

Beispielseite 66

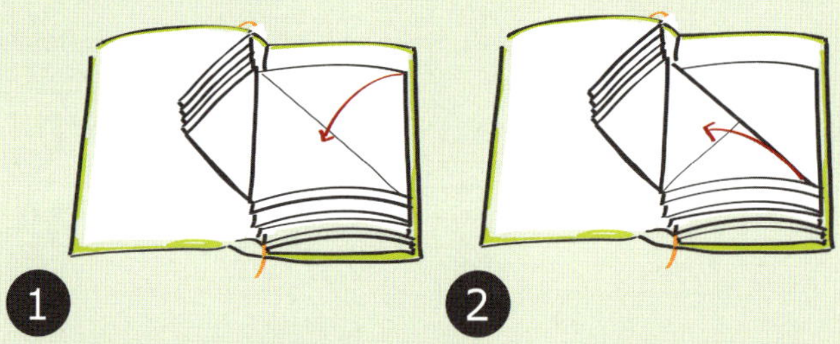

Hat das Buch überzählige Seiten, lassen Sie das Muschelornament am besten bei einem passenden Bild enden – notfalls ein paar Seiten herausreißen.

TIPP: Werden nur jeweils 3 Seiten gleich bearbeitet, hat das Objekt bis zum Schluss weniger Spannung und das Falten geht leichter.

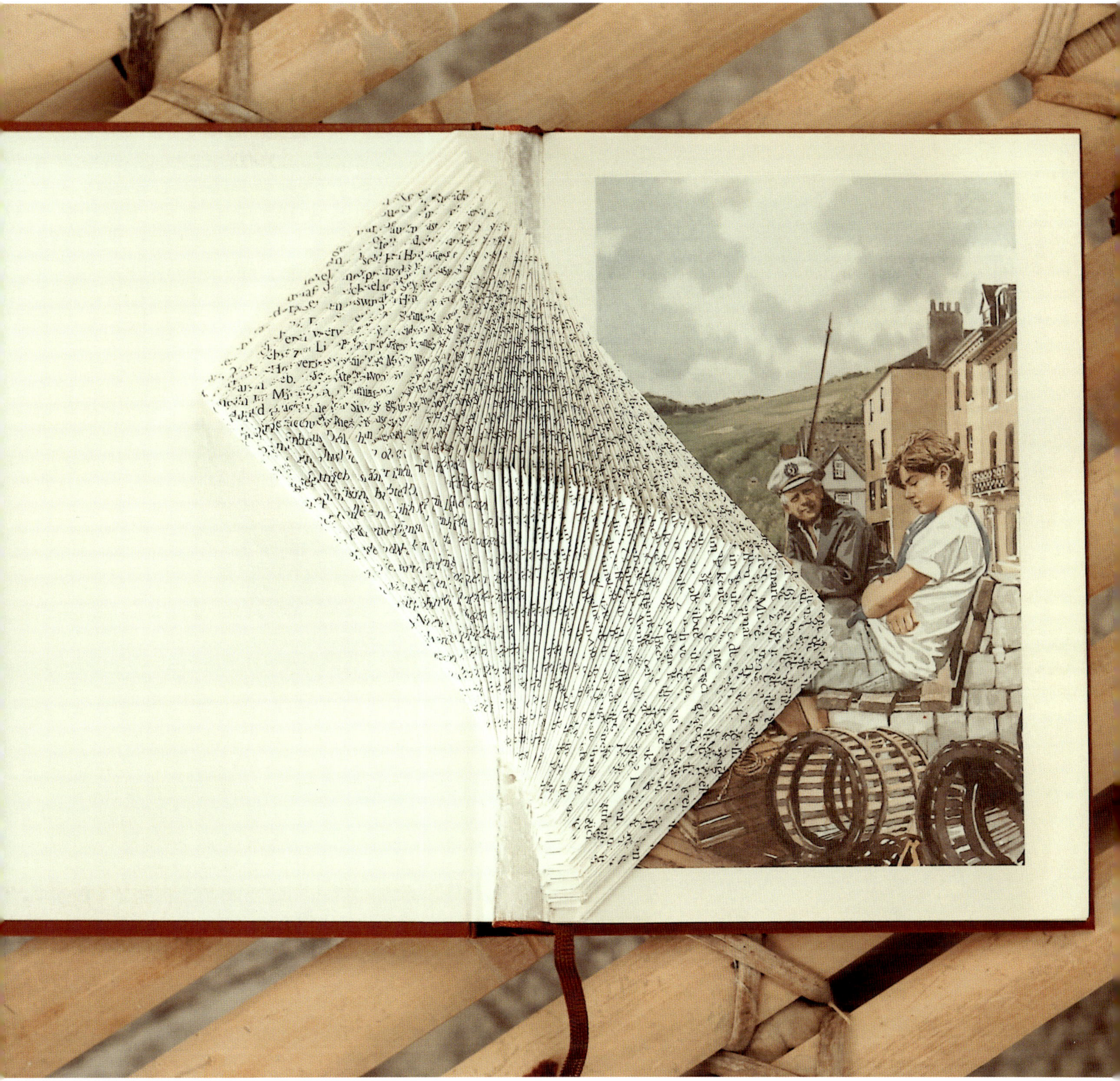

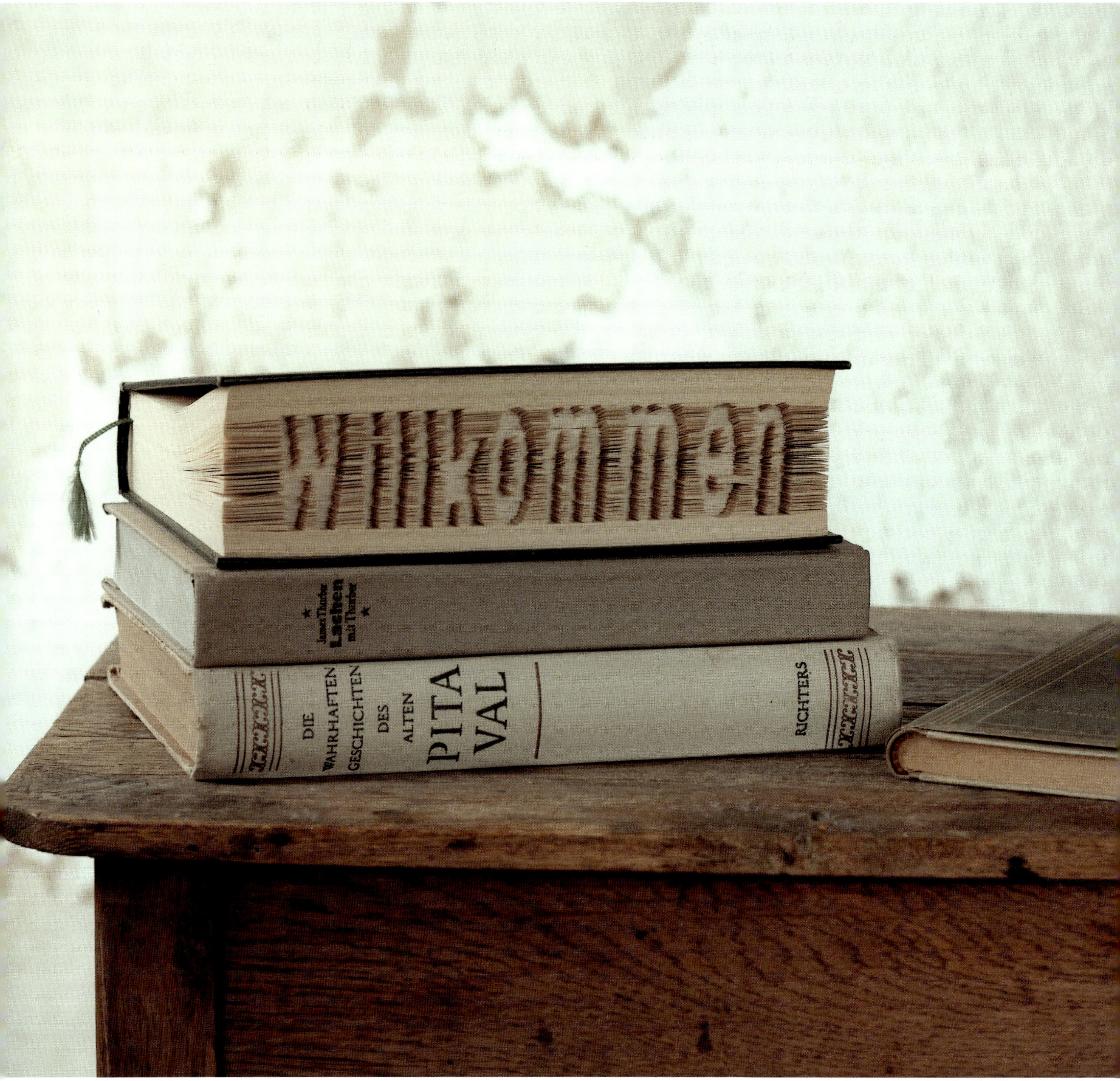
Willkommen
DIE
WAHRHAFTEN
GESCHICHTEN
DES
ALTEN
PITA
VAL
RICHTERS

Buchschnitte schneiden und falten

Als ich begann, Schriftzüge in Bücher zu falten, staunten die Betrachter und waren immer wieder überzeugt, dass die Buchstaben geschnitten sind. Was lag da näher, als es wirklich mal mit Schneiden zu versuchen?

Willkommen ★★★

So wird's gemacht:

1 Vorlage erstellen: Dazu das Motiv auf einen A4-Bogen kopieren. Die halbe Differenz von Seitenhöhe und Motivbreite ermitteln. Parallel zum linken Rand mit einem Abstand, der dem ermittelten Maß entspricht, eine Linie zeichnen. Den Rest abschneiden.

2 Tonkarton als Falthilfe zuschneiden. Die Höhe ergibt sich aus der Höhe des Buchs, die Breite aus der Breite der Buchseite minus 0,5 cm.

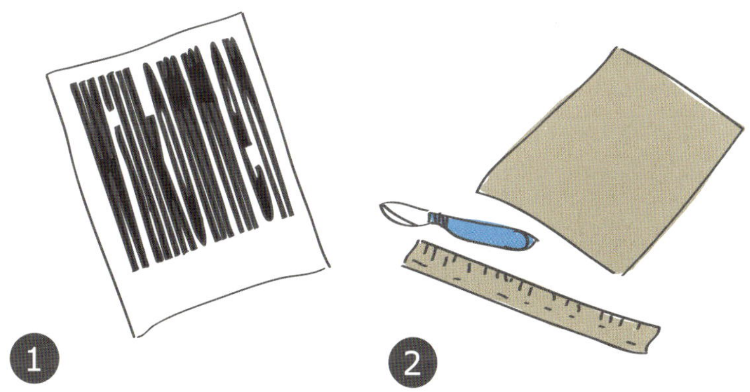

3 Das Buch wird so gedreht, dass der rechte Außenrand unten liegt. Die ersten 150 Seiten umschlagen und ca. auf S. 151 beginnen.

Größe: 5,5 x 20 x 14 cm

Hilfsmittel:

- Vorlage Willkommen (S. 187)
- Bleistift
- Lineal
- Geodreieck
- kleine Papierschere

Materialien:

- 1 Hardcover, 19 bis 20 cm hoch, mindestens 500 Seiten
- Pappe oder Tonkarton im Buchformat

4 Die Vorlage immer so unter die Buchseite schieben, dass links der Rand der Buchseite exakt mit dem Rand der Vorlage übereinstimmt.

5 Die Vorlage so unter S. 151 schieben, dass die erste Quermarkierung (Linie) mit dem Außenrand abschließt. An allen Buchstabenrändern (schwarzen Flächen) auf der ersten Quermarkierung den Außensteg genau senkrecht 0,7 bis 1,0 cm tief einschneiden.

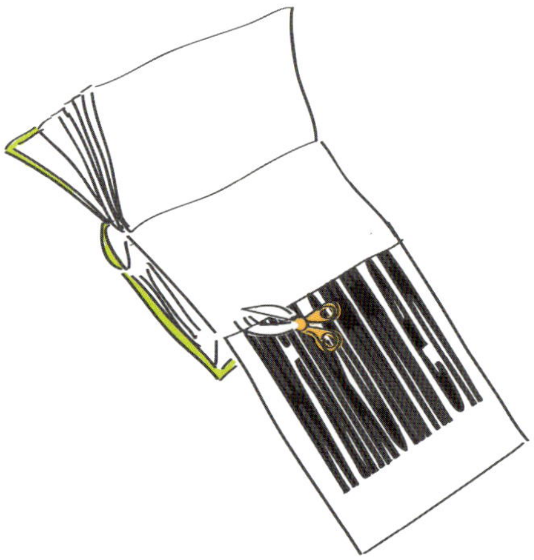

TIPP: Fühlen Sie sich beim Einschneiden nicht sicher, können Sie die Einschnittstellen zuvor mit dem Bleistift markieren. Wichtig ist, sehr genau zu arbeiten.

6 Die Vorlage herausnehmen. Die Falthilfe auf die S. 151 legen und bis an die Bindung schieben. Den überstehenden Außensteg von 0,5 cm dort nach oben falten, wo die Buchstaben liegen.

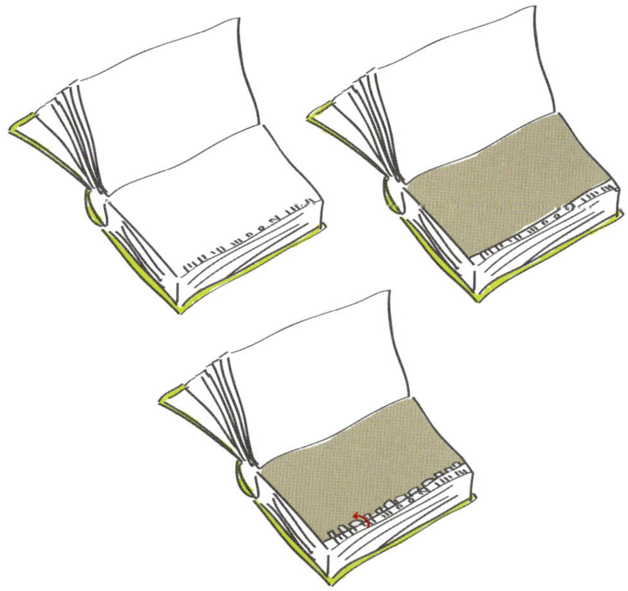

7 Die Schritte 3 bis 5 mit jeder folgenden Seite wiederholen, bis das Motiv vollständig bearbeitet ist.

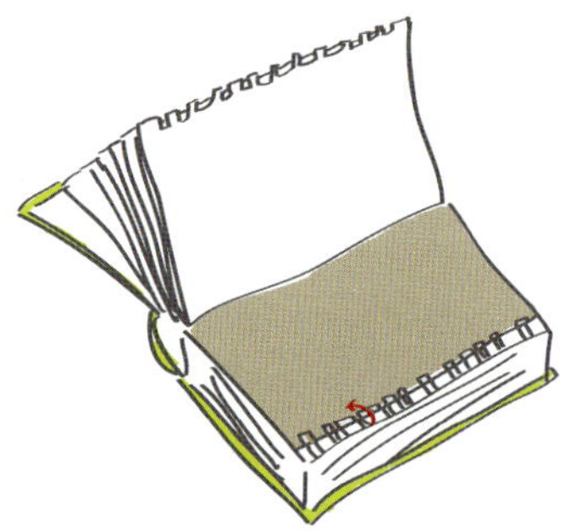

TIPP: Das Bearbeiten der Seiten wird leichter, wenn man das Buch zwischendurch immer mal wieder zusammenpresst, um das Volumen zu reduzieren.
Lässt sich die Faltvorlage nicht mehr unter die Buchseite schieben, kann vorne der bearbeitete Teil abgeschnitten werden.

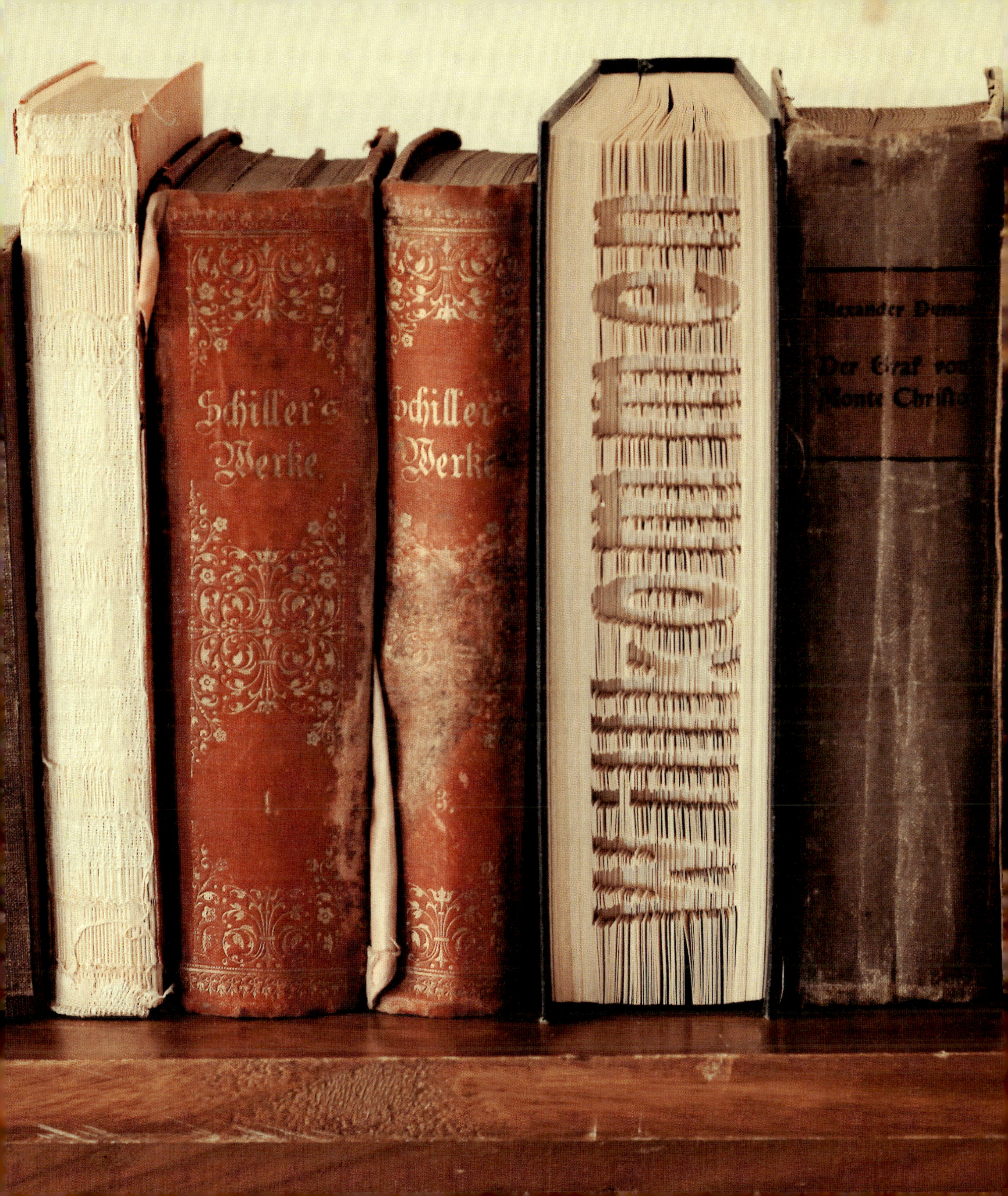
Schiller's
Werke.
1.

Zebra ★★☆

Größe: 20 x 12 x 13 cm

Hilfsmittel:
- ☑ Vorlage Zebra (S. 186)
- ☑ Bleistift
- ☑ Lineal
- ☑ Geodreieck
- ☑ kleine Papierschere

Materialien:
- ☑ 1 Hardcover, 19 bis 20 cm hoch, mindestens 400 Seiten
- ☑ Pappe oder Tonkarton im Buchformat

So wird's gemacht:

1 Ein Buch mit einem möglichst schmalen Außensteg wählen. Idealerweise ist der Text im Blocksatz formatiert.

2 Die Einschnitttiefe wird so gewählt, dass die Schnitte bis ca. 3 mm in den Satzspiegel reichen. Dadurch ist beim fertigen Objekt Druckerschwärze sichtbar.

3 Ermitteln Sie in Abhängigkeit von der Seitenzahl Ihres Buchs die Seite, die als 1. Seite eingeschnitten wird. Achten Sie darauf, dass am Anfang und am Ende des Buchs gleich viele Seiten frei bleiben.

4 Ansonsten wie bei „Willkommen“ verfahren.

TIPP: Von den Seiten, die nicht eingeschnitten werden, jede 2. Seite komplett falten – das gibt zusätzliches Volumen.

Vorlagen selbst herstellen:

Ohne Computer kommt man dabei leider nicht aus, da fast alle Motive verzerrt werden müssen. Am besten geht das mit einem Grafikprogramm, aber auch mit Textverarbeitungsprogrammen ist es möglich.
Schreiben Sie ein Wort oder wählen Sie eine Grafik und fügen Sie sie in Ihr Programm ein. Dann das Motiv etwas breiter zerren – ohne Herumprobieren geht es nicht!
Linien im Millimeterabstand einzeichnen und anschließend alles erneut so verzerren, dass die Abstände zwischen den Linien groß genug sind, um die Einschnittpunkte für jede Seite gut ablesen zu können. Das Ergebnis ist nicht nur abhängig von der Stärke der Verzerrung, sondern auch vom Volumen der verwendeten Buchseiten.

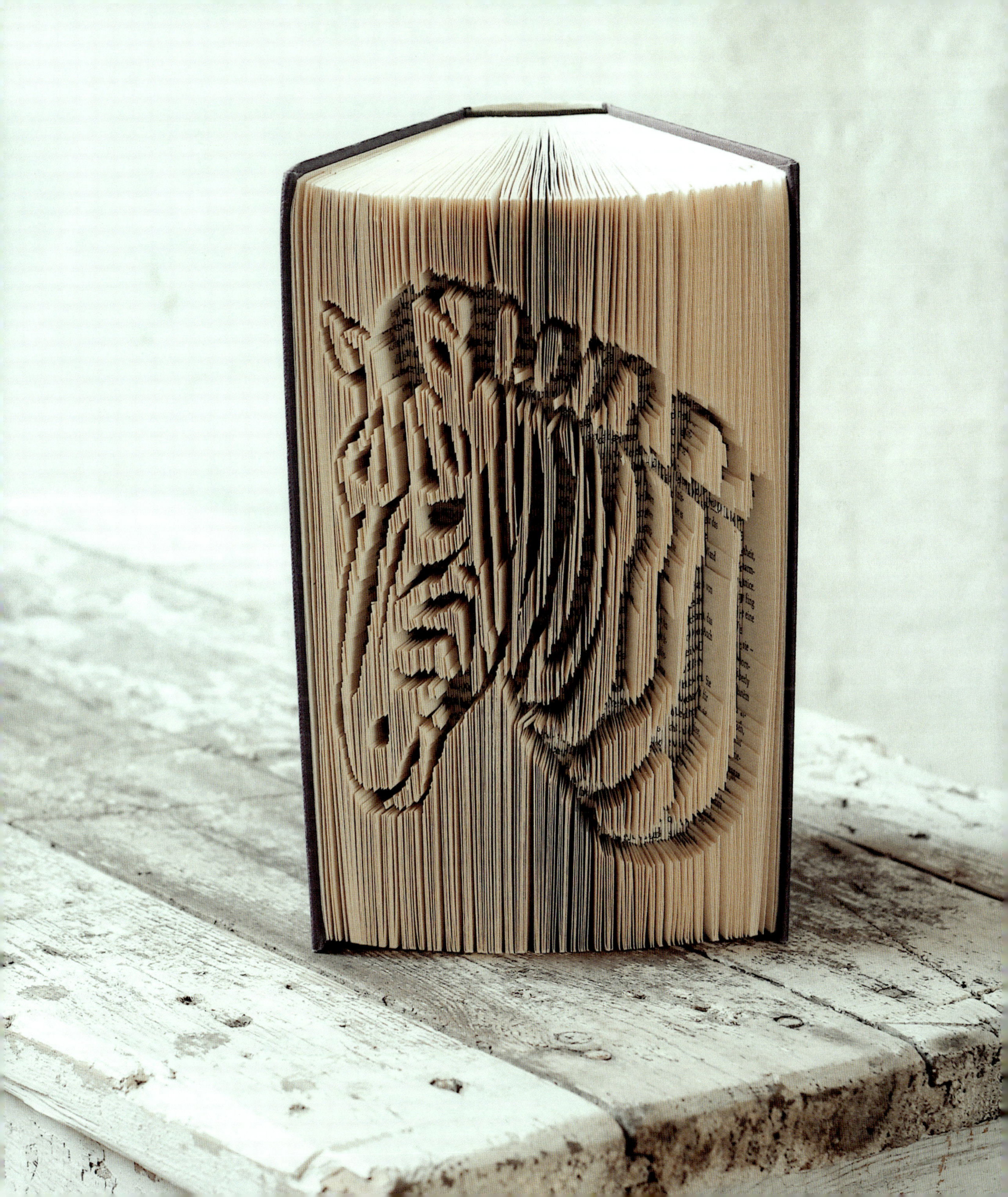

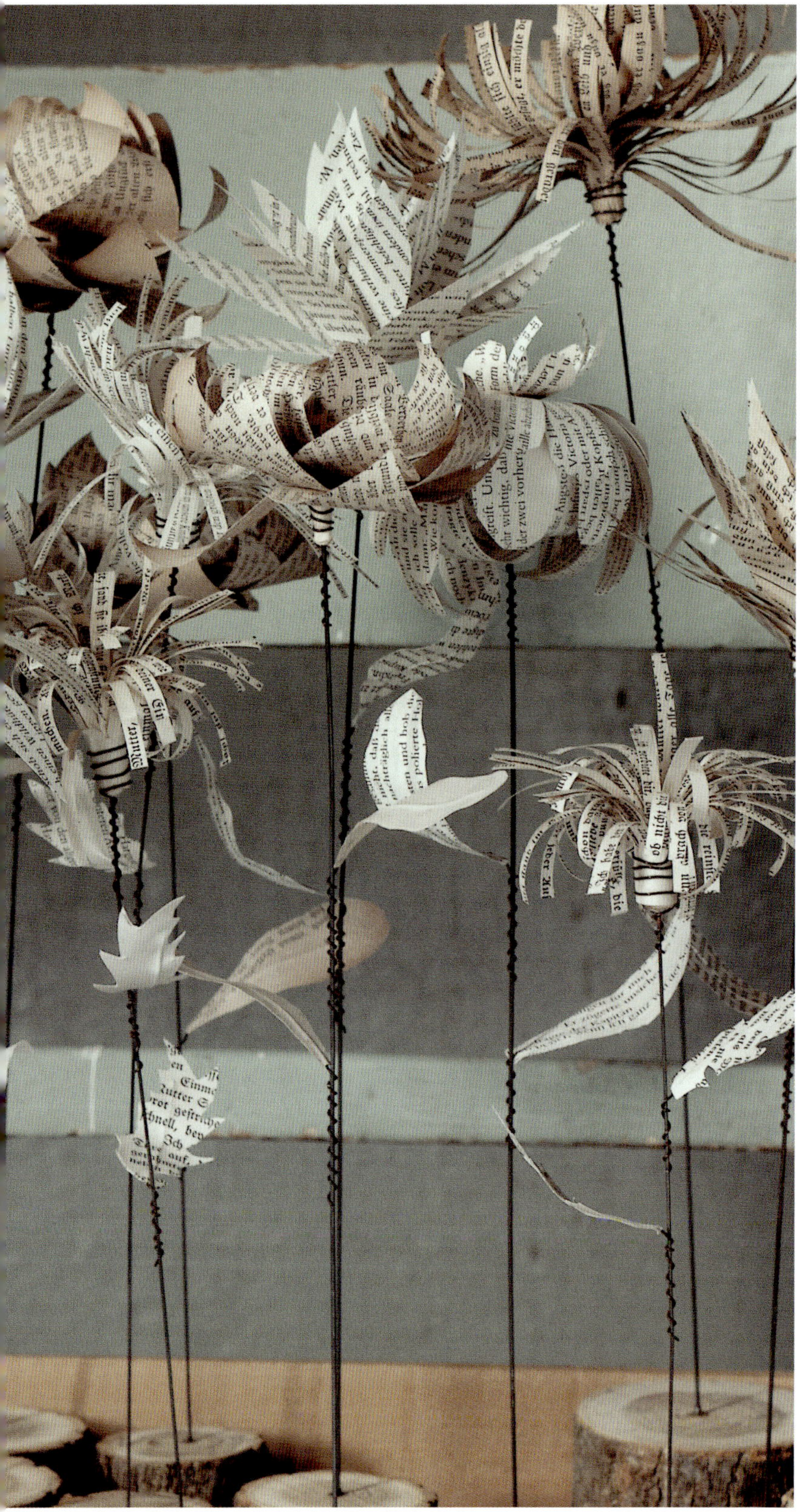

3. Kapitel

Flora & Fauna

Minis zum Aufhängen und Aufstellen

Dieses Kapitel widmet sich der Tier- und Pflanzenwelt. Blüten und Blätter, Insekten und Vögel entstehen Schritt für Schritt. Filigrane Schneide-, Falt-, Pappmaché- und Drahtarbeiten bevölkern die folgenden Seiten und entzücken das Auge des Betrachters.

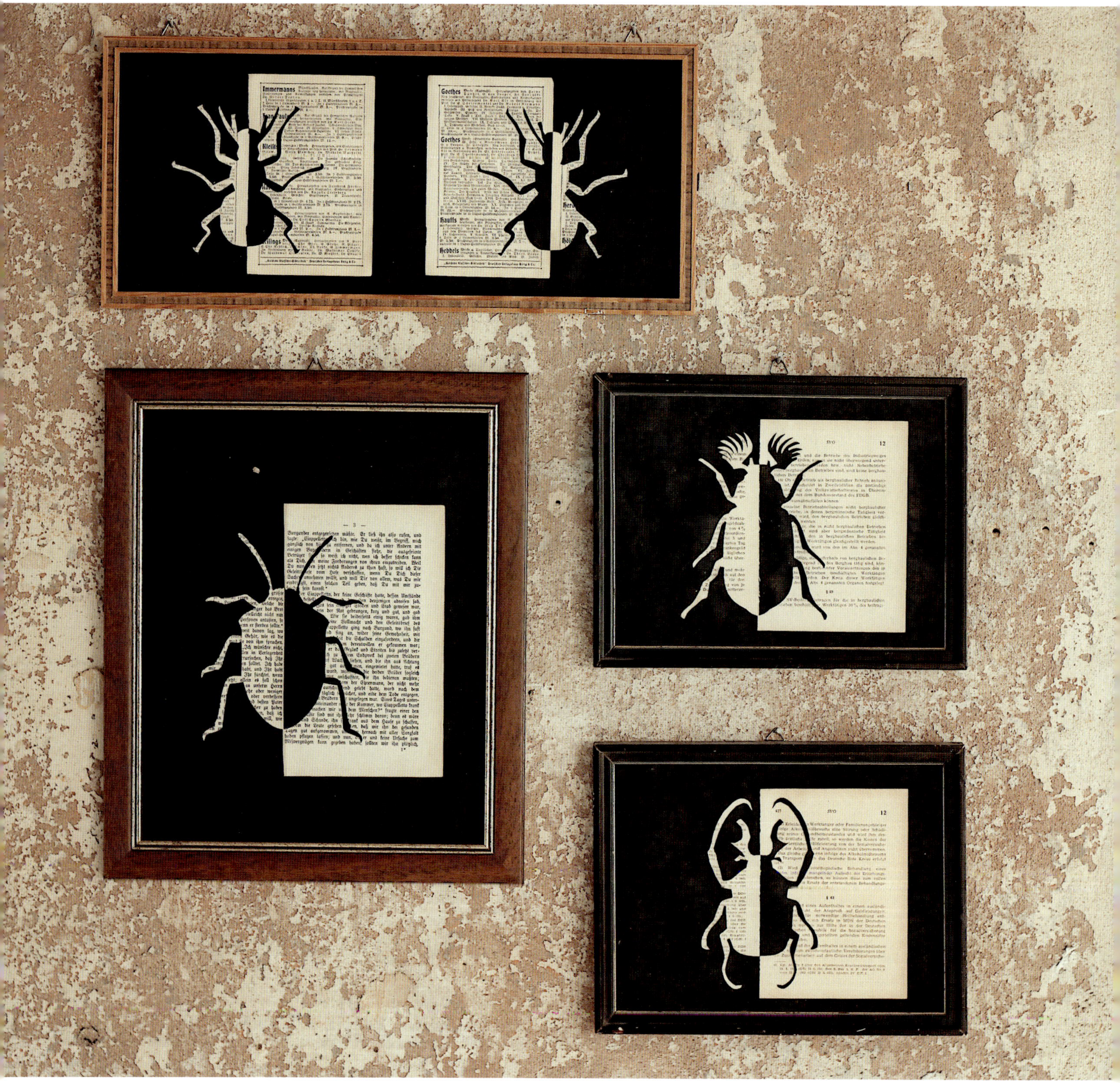

Käfersammlung ★☆☆

So eine Käfersammlung an der Wand hat ihren besonderen Reiz. Sie kann ständig verändert oder erweitert werden. Die alten Buchseiten dürfen an den Rändern schon etwas ausgefranzt sein. Passende Rahmen gibt es auf dem Flohmarkt.

So wird's gemacht:

1. Die Buchseite am Bundsteg begradigen.
2. Die gewählte Vorlage auf die Buchseite übertragen. Die Mittellinie des Käfers muss dabei exakt auf der Kante der Buchseite sitzen.
3. Das Motiv sorgfältig ausschneiden.
4. Positiv und Negativ auf dem Trägerpapier im Bilderrahmen ausrichten.
5. Beide Motivteile punktuell auf das Trägerpapier kleben, sodass nichts mehr verrutschen kann, der Käfer aber nicht platt gedrückt wirkt.

TIPP: Sie wollen Ihre Käfersammlung erweitern? Übertragen Sie den Umriss von historischen Käferabbildungen auf Transparentpapier. Besonders überzeugend wirkt es, wenn Sie noch den lateinischen Namen dazuschreiben.

Größe: variabel

Hilfsmittel:
- Vorlagen Käfer A, B, C, D (S. 182)
- Bleistift
- Radiergummi
- spitze Schere oder Skalpell

Materialien:
- Buchseiten
- Klebstoff
- Bilderrahmen mit Trägerpapier

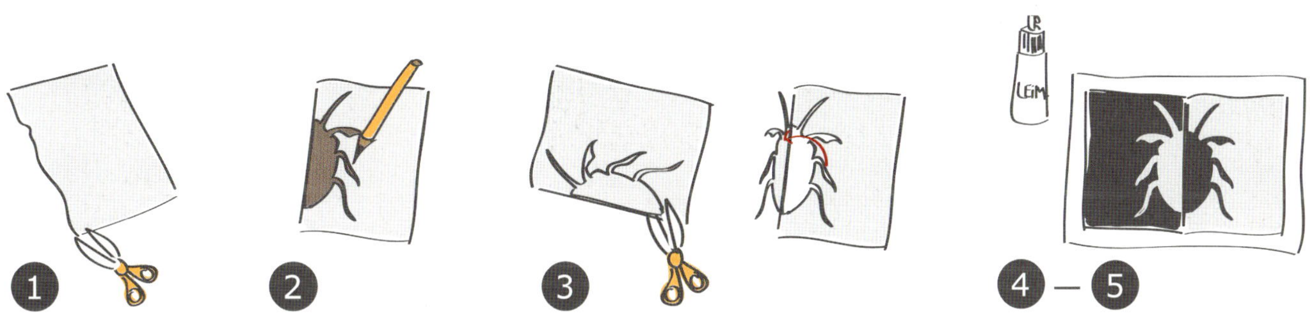

Florale Mobiles

Diese hübschen Mobiles sind trotz ihres Volumens so leicht, dass man sie mit einer Reißzwecke oder mit Klebeband an der Decke befestigen kann.

Blättermobile ★☆☆

Größe: variabel

Hilfsmittel:

- ☑ Vorlage Blatt (S. 182)
- ☑ Schere
- ☑ Zangenset (Seitenschneider, Flachzange

Materialien:

- ☑ Buchseiten
- ☑ Papierdraht
- ☑ Bastel- oder Holzleim

So wird's gemacht:

1 Ein Stück Papierdraht in der gewünschten Länge des Mobiles abschneiden. Als Aufhängung das obere Ende zu einer Schlaufe biegen und verdrillen.

2 Beliebig viele Drahtstücke abschneiden. Verzweigungen und Unterverzweigungen an das lange Drahtstück knüpfen.

3 Aus den Buchseiten so viele Blätter ausschneiden, wie Drahtenden vorhanden sind, und am Stielende mittig falten.

TIPP: Das Ausschneiden der Blätter geht auch freihändig ohne Schablone.

4 Jedes Blatt am Stielende mit Klebstoff bestreichen, ein Drahtende einschieben und den Stiel zusammendrücken.

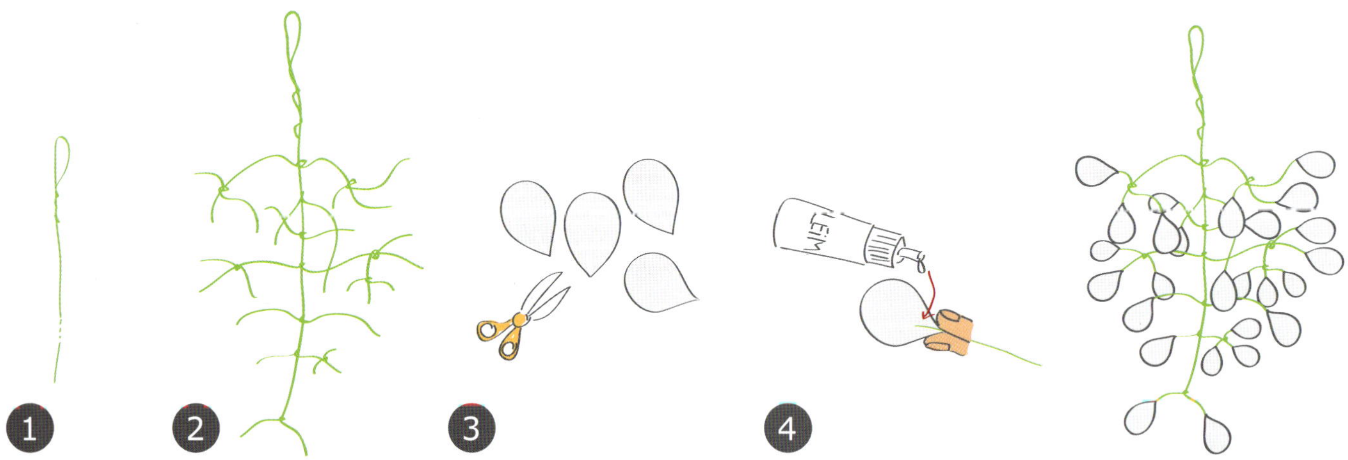

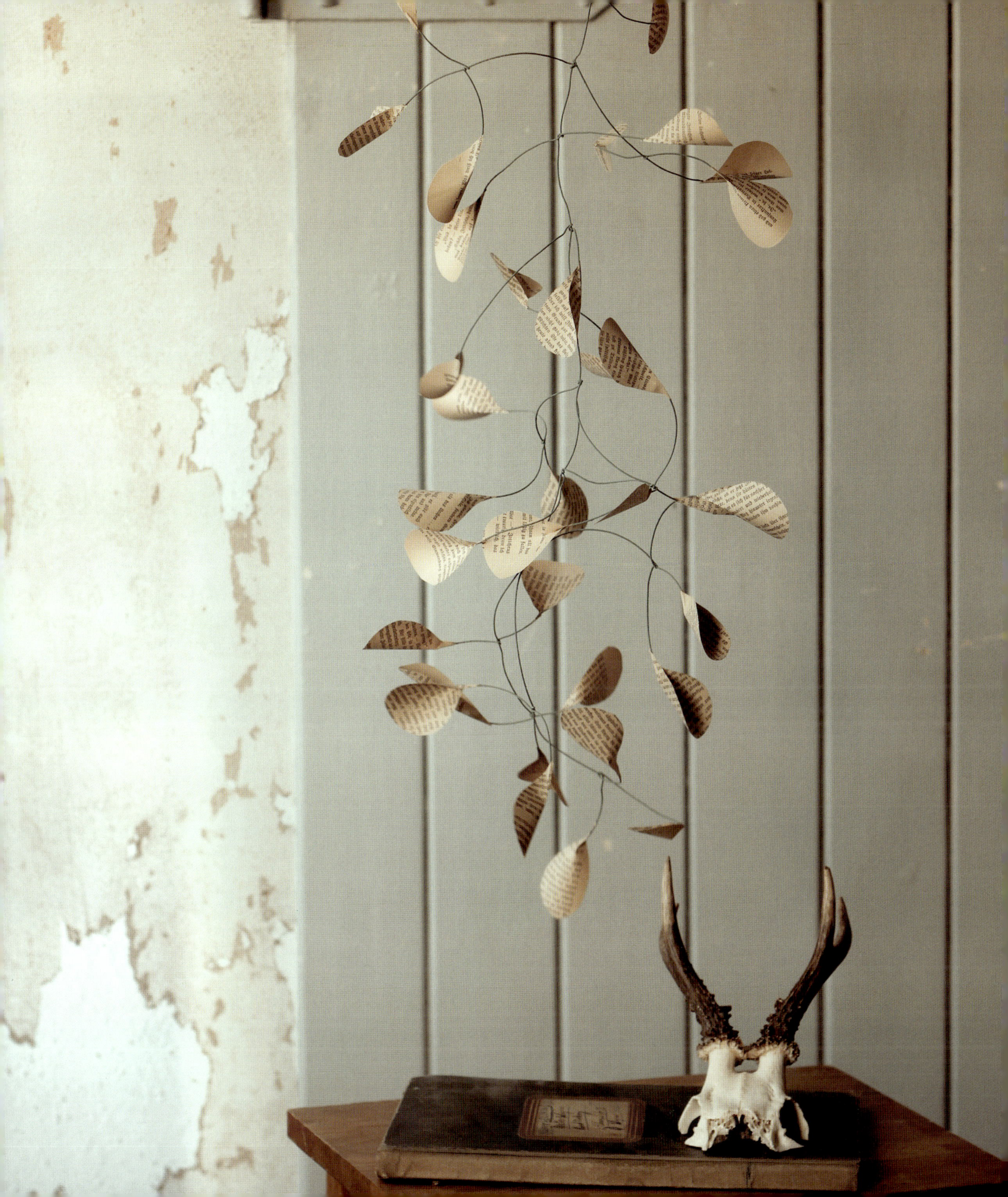

Blütenmobile

Größe: variabel

Hilfsmittel:

- Vorlage Blütenblatt (S. 182)
- Schere
- Zangenset (Seitenschneider, Rundzange, Flachzange)
- Pinsel

Materialien:

- Buchseiten
- Wickel- oder Basteldraht, 0,35 mm Ø
- Klebstoff
- Farbe auf Wasserbasis

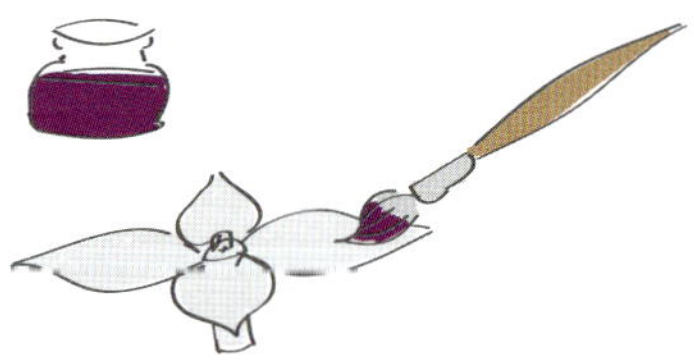

TIPP: Etwas Farbe macht die Blüten attraktiver. Dafür die fertige Blüte anmalen und dabei die Mitte aussparen. Zum Trocknen kann man sie auf ein Stück Draht schieben.

So wird's gemacht:

1 Ein Stück Wickeldraht in der gewünschten Länge des Mobiles abschneiden. Als Aufhängung das obere Ende zu einer Schlaufe biegen und verdrillen.

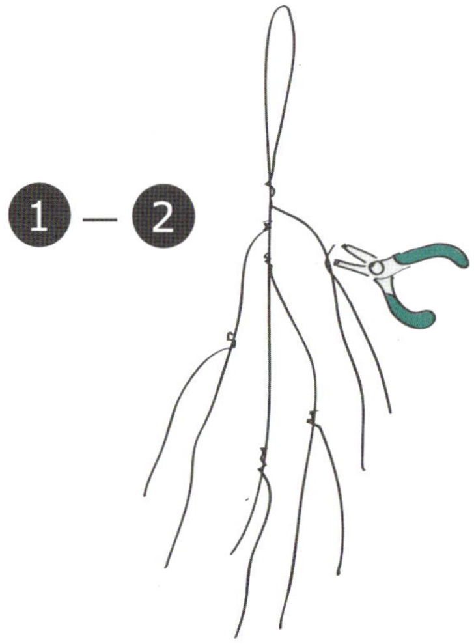

2 Beliebig viele Drahtstücke abschneiden. Verzweigungen und Unterverzweigungen an das lange Drahtstück knüpfen und verdrillen.

3 Aus den Buchseiten 4 x so viele Blütenblätter ausschneiden, wie Drahtenden vorhanden sind.

4 Aus den Buchseiten 1 cm breite und ca. 12 cm lange Streifen schneiden und so viele Papierperlen herstellen (siehe S. 24), wie Drahtenden vorhanden sind.

5 Jeweils 4 Blütenblätter um jede Papierperle kleben.

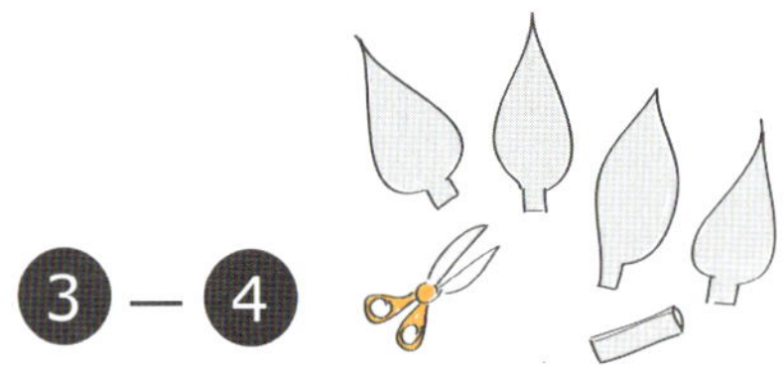

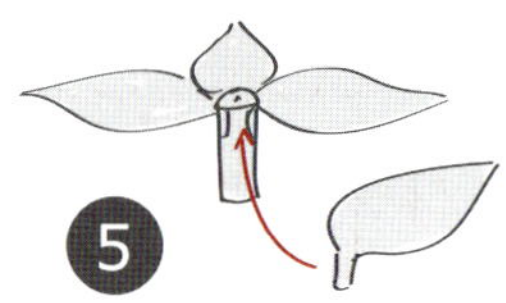

6 Jedes Blütenblatt vorsichtig nach oben über den Scherenrücken ziehen, damit es sich schön fomt.

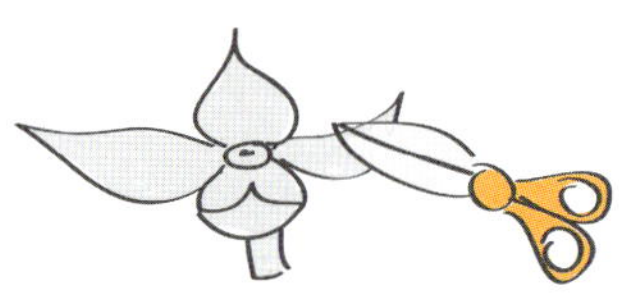

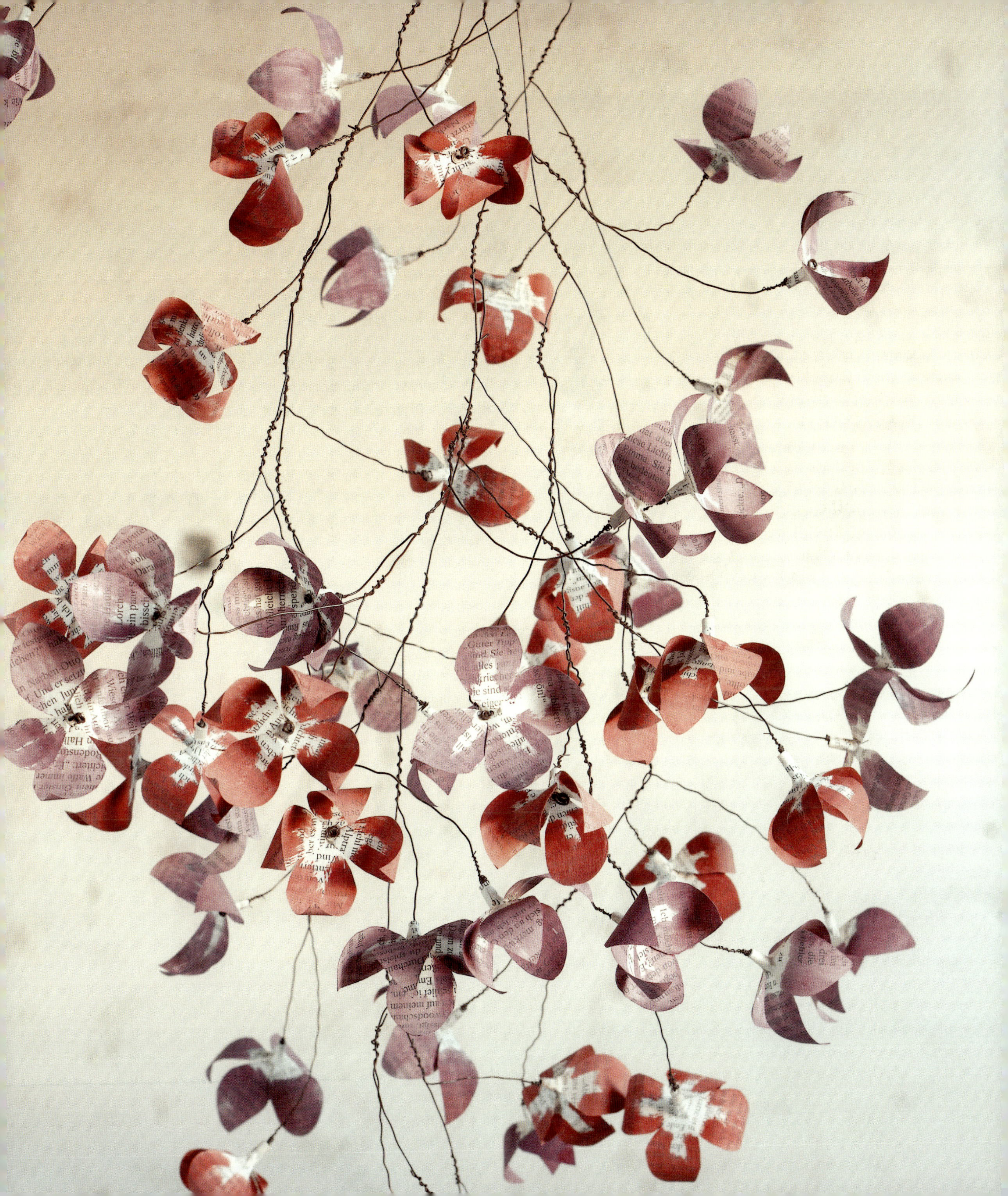

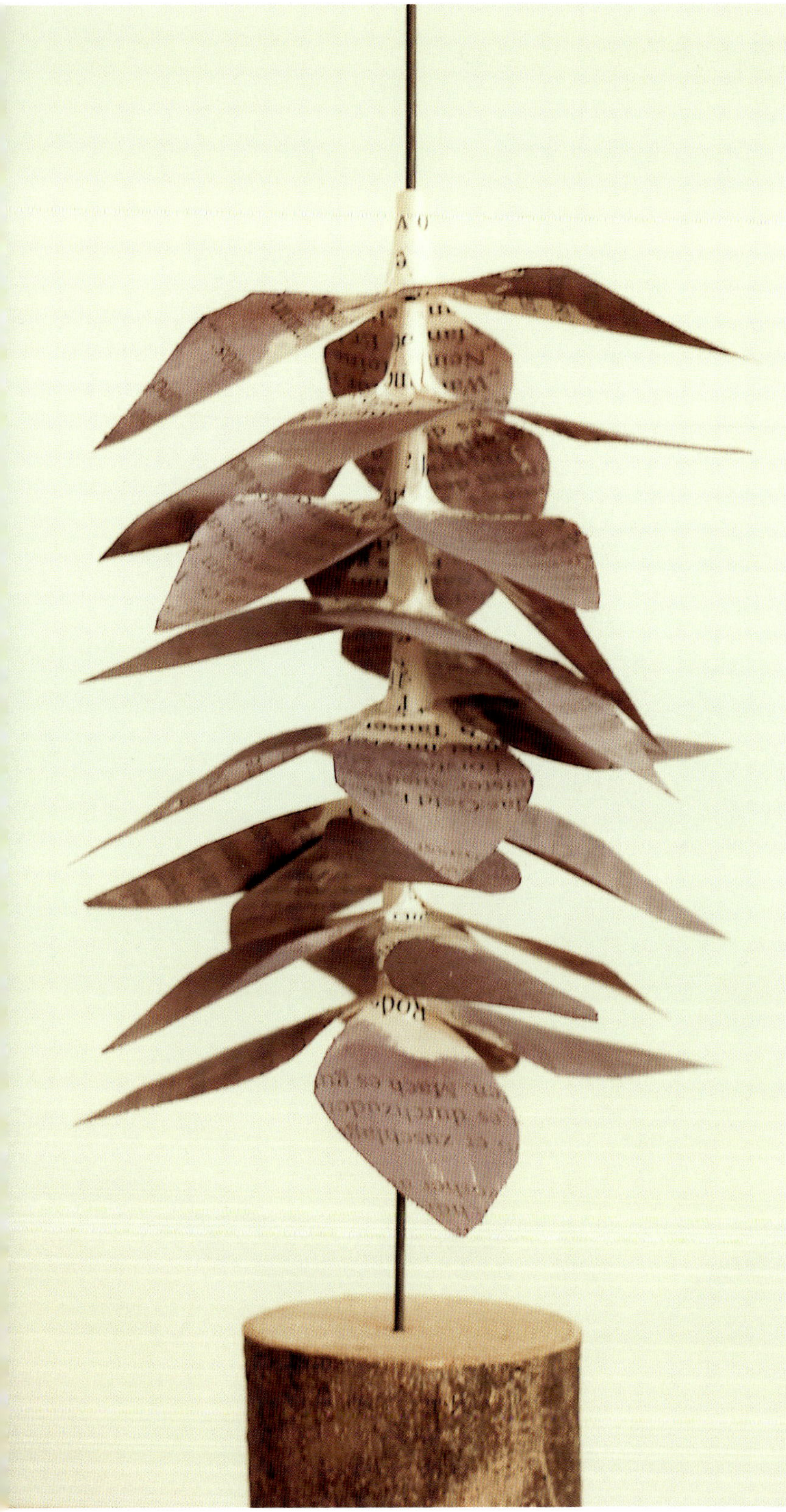

7 Auf jedes Drahtende eine Blüte schieben und die Drahtspitze zu einer geschlossenen Spirale biegen.

8 Die Blüten an den Drahtspitzen zusätzlich festkleben. Dazu einen Tropfen Klebstoff in das Stielende geben.

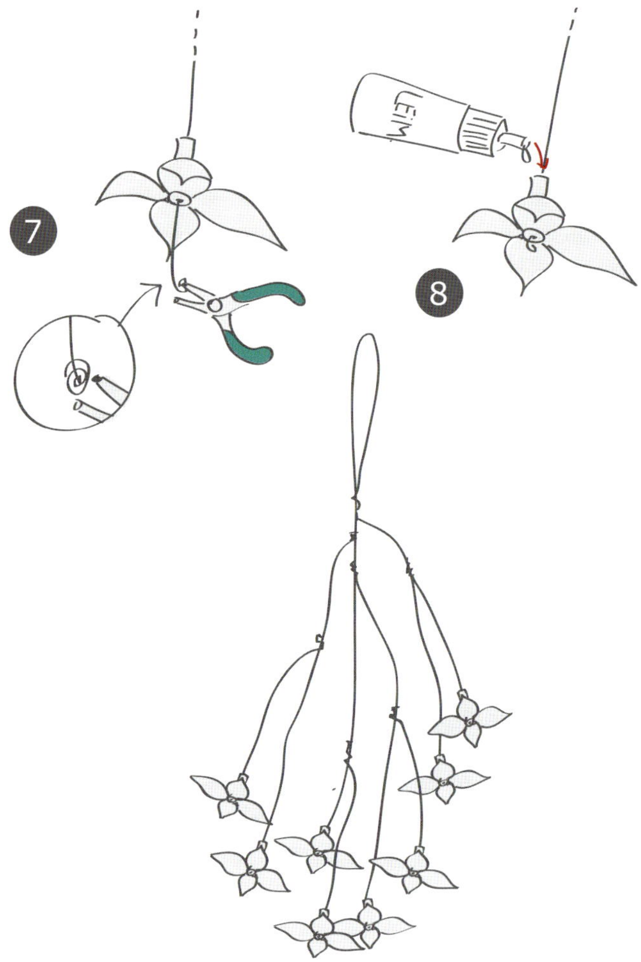

Vor der weiteren Verarbeitung die Farbe gut trocknen lassen.

Strelitzie in einer Retrovase

Die Natur kennt viele verschiedene Arten dieser attraktiven Paradiesblume. Sie lassen sich alle leicht nachahmen.

So wird's gemacht:

Strelitzie herstellen

1 Aus einer Buchseite das Kelchblatt, ein Blütenblatt B und 3 Blütenblätter A ausschneiden.

2 Mit stark verdünnter Farbe von beiden Seiten das Kelchblatt grün und das Blütenblatt B blau färben.

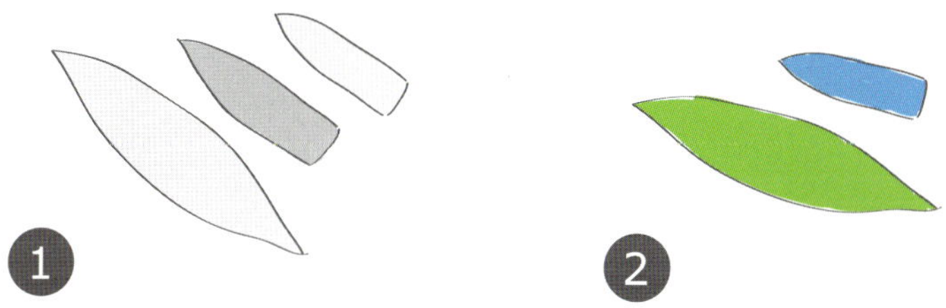

3 Alle Blütenblätter einmal längs falten.

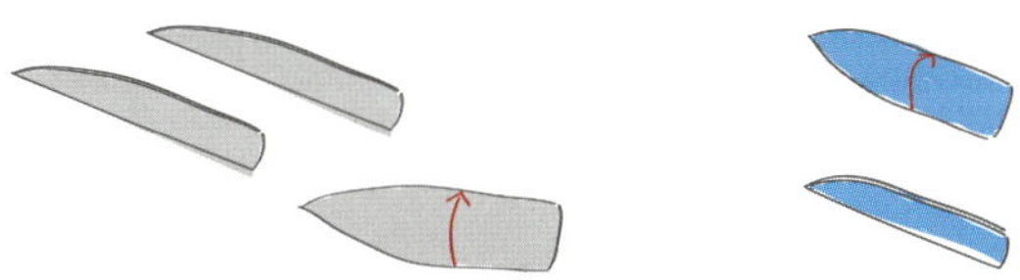

4 Das Kelchblatt längs falten. Dann die Spitze des gefalteten Blatts in der unteren Hälfte zur offenen Seite im 30°-Winkel falten. Durch eine Umkehrfalte das Kelchblatt so formen, dass sich der obere Teil nach oben öffnet.

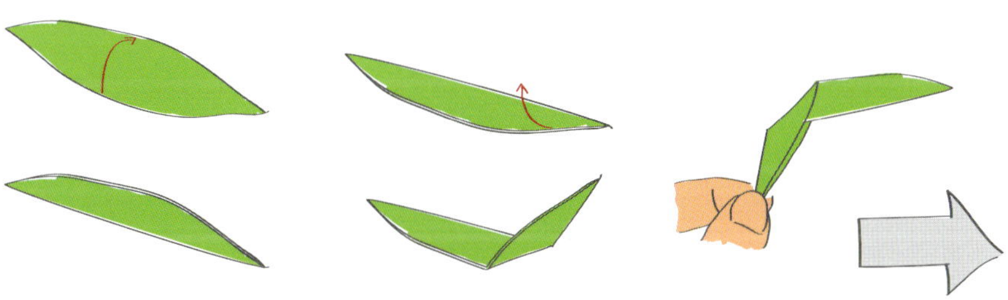

Größe: 10,5 x 16 cm (nur die Blüte)

Hilfsmittel:

Für die Strelitzie:

- Vorlagen Kelchblatt, Blütenblatt A und B (S. 190)
- Bleistift
- Schere
- Pinsel
- Zangenset (Flachzange, Seitenschneider)

Für die Vase:

- Cutter
- Metalllineal
- Schneideunterlage

Materialien:

Für die Strelitzie:

- Buchseiten
- Blumensteckdraht, ca. 30 cm lang
- Farbe auf Wasserbasis in Grün und Blau
- Klebstoff

Für die Vase:

- Buch mit intakter Klebebindung

5 Den Blumensteckdraht so knicken, dass er der Form des Kelchblatts folgt.

6 Den Draht mit dem langen Ende von oben in das Kelchblatt bohren, bis der abgewinkelte Teil in der Falte aufliegt.

7 Das untere Ende des Kelchblatts vollflächig zusammenkleben und dabei den Draht mit einkleben.

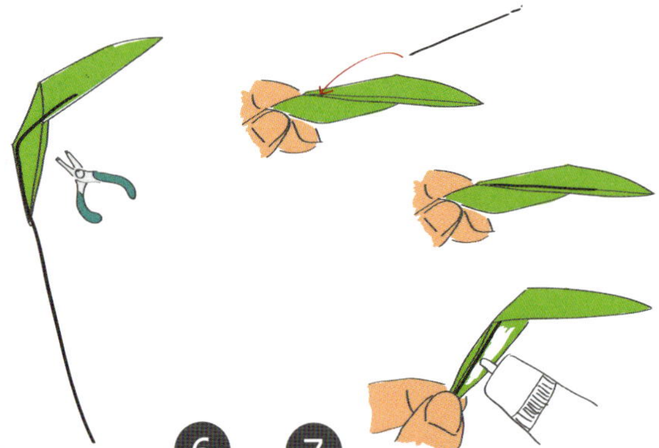

5 6 – 7

8 Die 3 ungefärbten Blütenblätter leicht ineinanderschieben, die Öffnung zeigt jeweils zur Spitze des Kelchblatts. Dann das blaue Blütenblatt mit der Öffnung zu den 3 Blütenblättern einschieben. Alle am Schaft zusammenkleben, in das Kelchblatt kleben und dabei den Draht festkleben. Das Kelchblatt an der Spitze offen lassen.

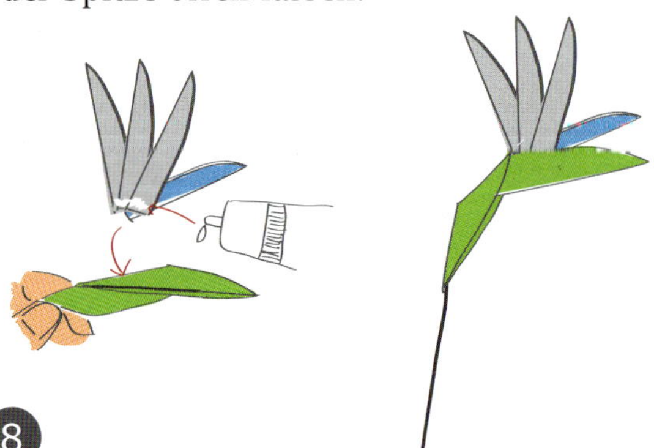

8

Vase A herstellen

9 Den Buchblock vom Einband befreien. Am einfachsten geht dies bei Taschenbüchern durch Reißen, bei Hardcovern hilft ein Cutter.

10 Die ersten Seiten herausreißen, bis die Textseiten beginnen.

11 Für die Faltarbeit werden 23 bis 27 Seiten benötigt. Also einen Block mit ca. 30 Seiten so abreißen, dass die Klebebindung intakt bleibt, ggf. den Cutter zu Hilfe nehmen. Lose und überschüssige Seiten entfernen.

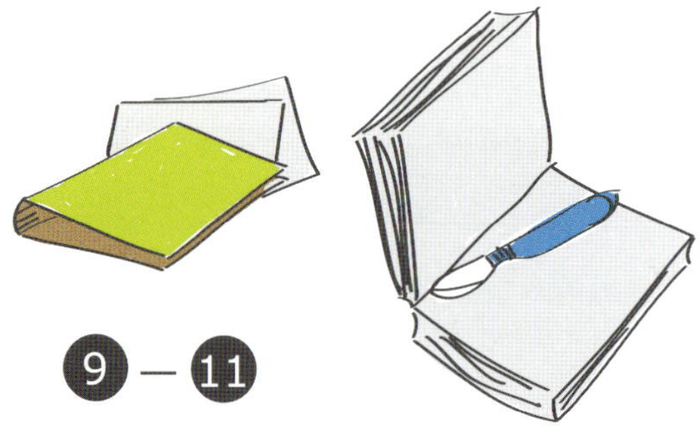

9 – 11

12 Mit dem Cutter den Block unten kürzen, sodass ein Quadrat entsteht.

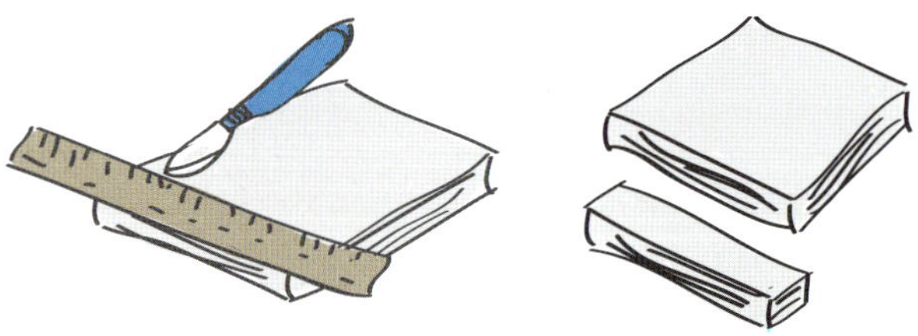

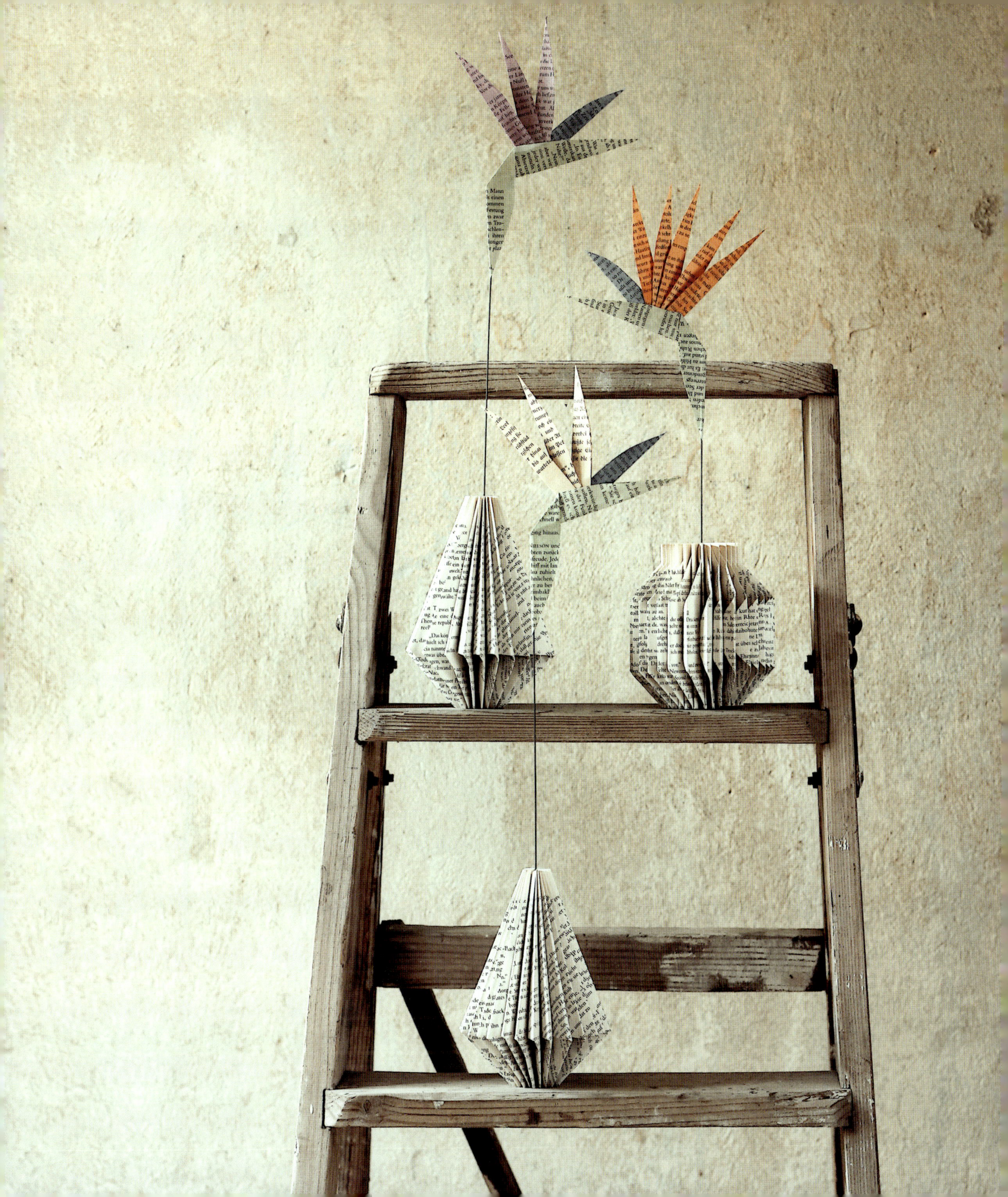

13 Jetzt wird gefaltet. Dafür liegt das Buch so, als würde man zu lesen beginnen wollen.

a) Die obere rechte Ecke der 1. Seite so im 45°-Winkel nach unten falten, dass die obere Kante parallel zur Bindung auf einer gedachten Linie zwischen Satzspiegel und Bundsteg verläuft.

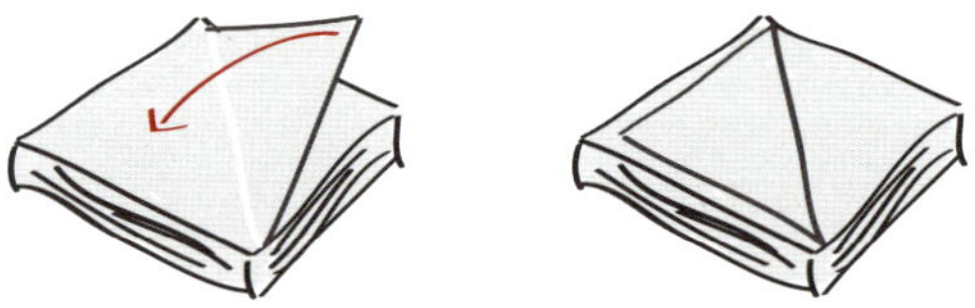

b) Die untere rechte Ecke so nach oben falten, dass auch die untere Kante auf der gedachten Linie zwischen Satzspiegel und Bundsteg verläuft. Dabei überlappt die Spitze nach oben.

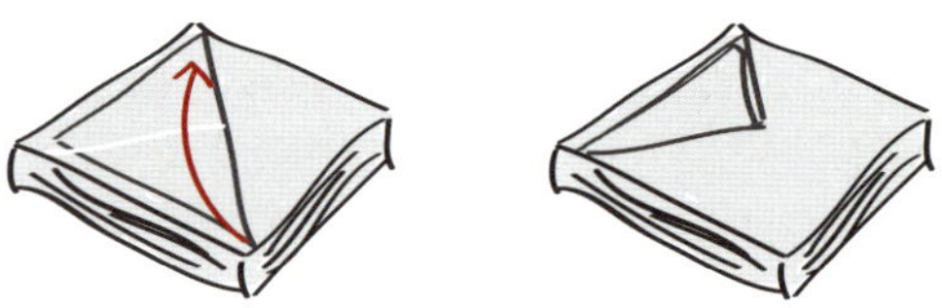

c) Für die 3. Faltung die obere schräge Kante so winklig zur Mitte falten, dass sie im Abstand von 3 bis 5 mm parallel zur Bindung verläuft.

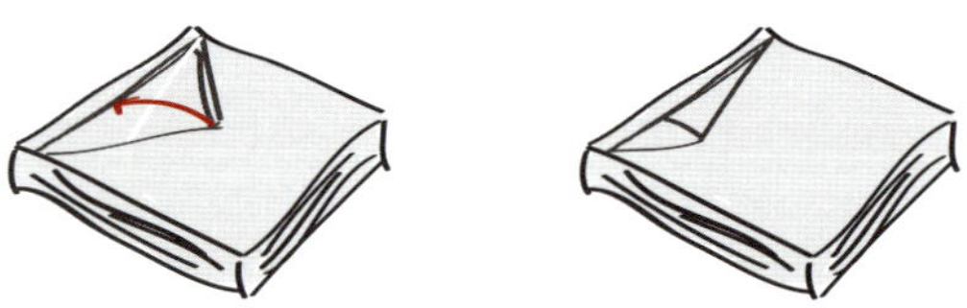

Alle weiteren Seiten falten, wie in den Schrittena) bis c) beschrieben. Die Rundung formt sich von selbst. Sind ausreichend Seiten gefaltet, können die letzten, übrig gebliebenen Seiten vorsichtig herausgetrennt werden.

14 Jede nach innen gefaltete Spitze wird mit der Vorgängerseite punktuell verklebt.

15 Ist der Kleber getrocknet, kurz den kleinen Finger (oder alternativ einen Bleistift) in die Faltung schieben und sie etwas runden.

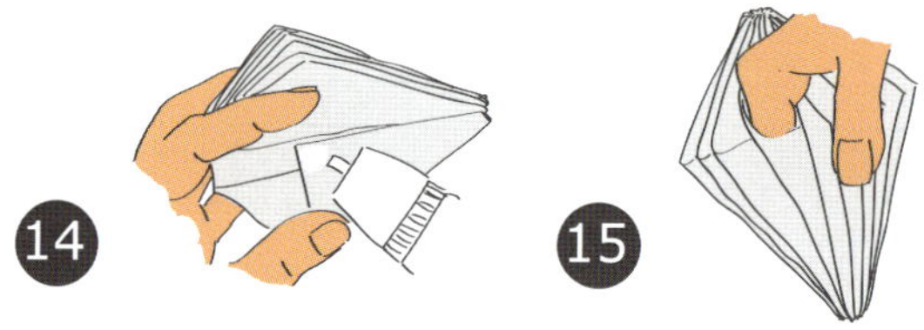

Vase B herstellen

16 Den Schritten 9 bis 11 von Vase A folgen, jedoch werden 70 Seiten benötigt.

17 Mit dem Cutter den Block auf das Format 8 x 10 cm kürzen. Dabei den Block am rechten und am unteren Rand beschneiden.

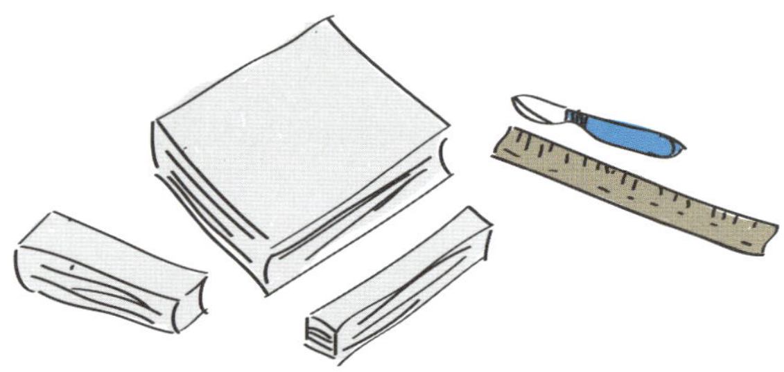

18 Jetzt wird gefaltet. Dafür liegt das Buch so, als würde man zu lesen beginnen wollen.

1. Seite

a) Den rechten Rand so zur Mitte falten, dass er parallel zur Bindung auf der gedachten Linie zwischen Satzspiegel und Bundsteg verläuft.

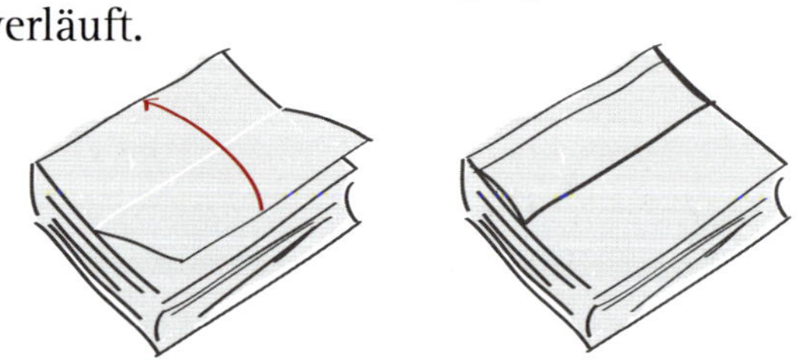

b) Den rechten Rand noch einmal zur Mitte falten, aber dieses Mal muss er parallel zur Bindung liegen mit einem Abstand von ca. 3 bis 5 mm.

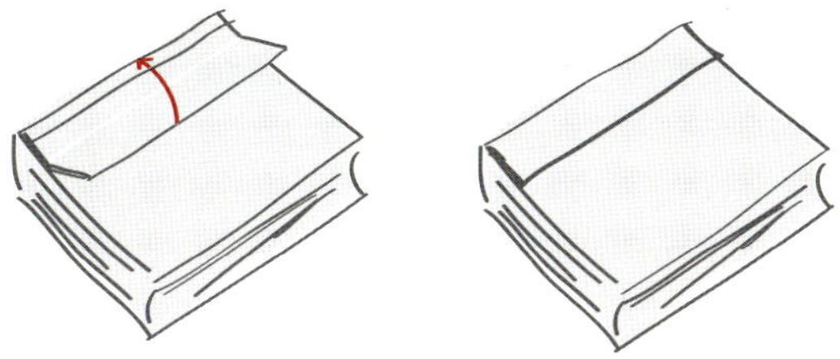

2. Seite

c) Die obere rechte Ecke der 2. Seite so falten, dass die obere Kante parallel zur Bindung direkt auf der Außenkante der vorherigen Seite verläuft.

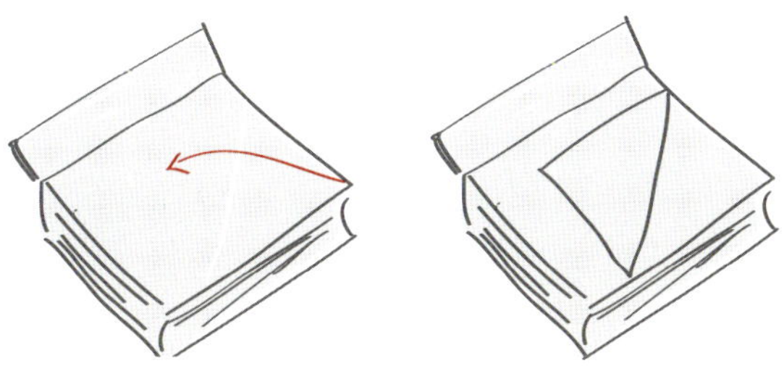

d) Die untere rechte Ecke so falten, dass auch die untere Kante auf der Außenkante der vorherigen Seite verläuft. Dabei überlappt die Spitze nach unten.

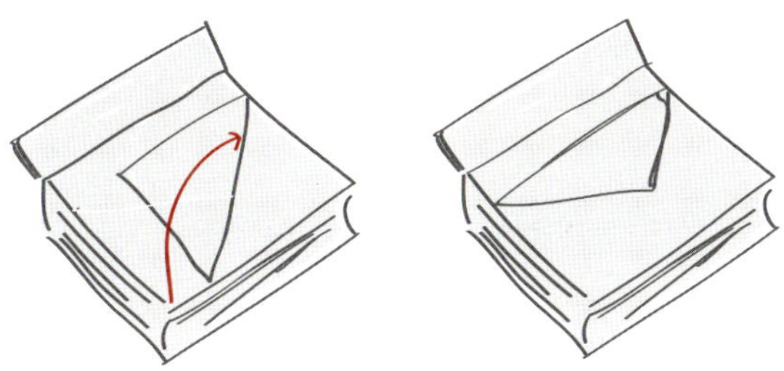

e) Für die 3. Faltung die Spitze am rechten Rand so weit zur Mitte falten, dass sie an die Außenkante der vorherigen Faltung stößt.

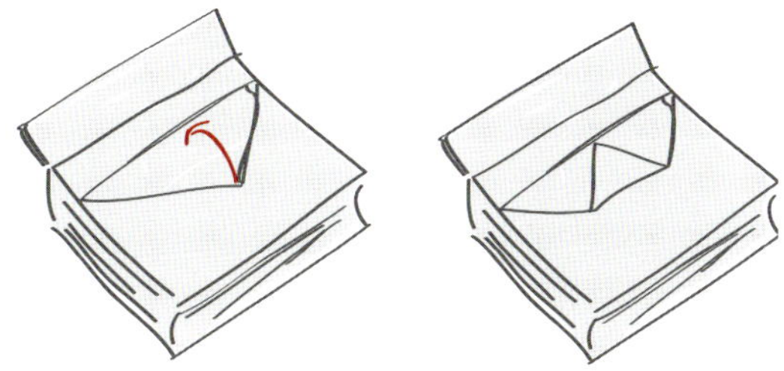

Alle weiteren Seiten falten, wie in den Schritten a) bis e) erklärt. Die Rundung formt sich von selbst. Sind ausreichend Seiten gefaltet, können die letzten, übrig gebliebenen Seiten vorsichtig herausgetrennt werden.

19 Jede nach innen gefaltete Spitze wird mit ihrer Vorgängerseite punktuell verklebt.

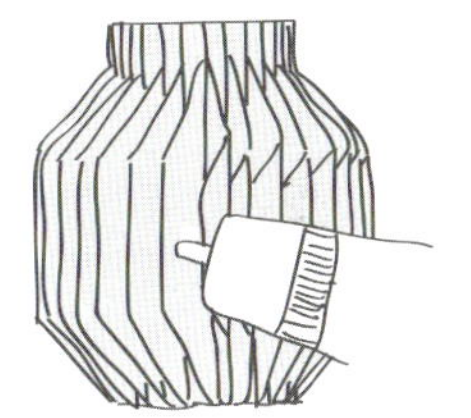

20 Ist der Kleber getrocknet, kurz den kleinen Finger (oder alternativ einen Bleistift) in die Faltung aus Schritt e) schieben und sie etwas runden.

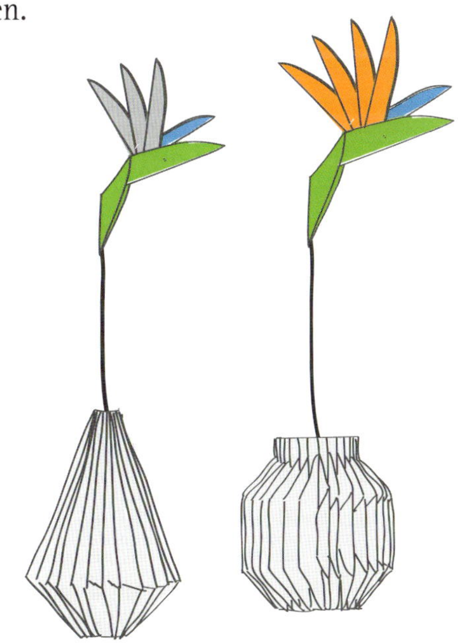

Vase A Vase B

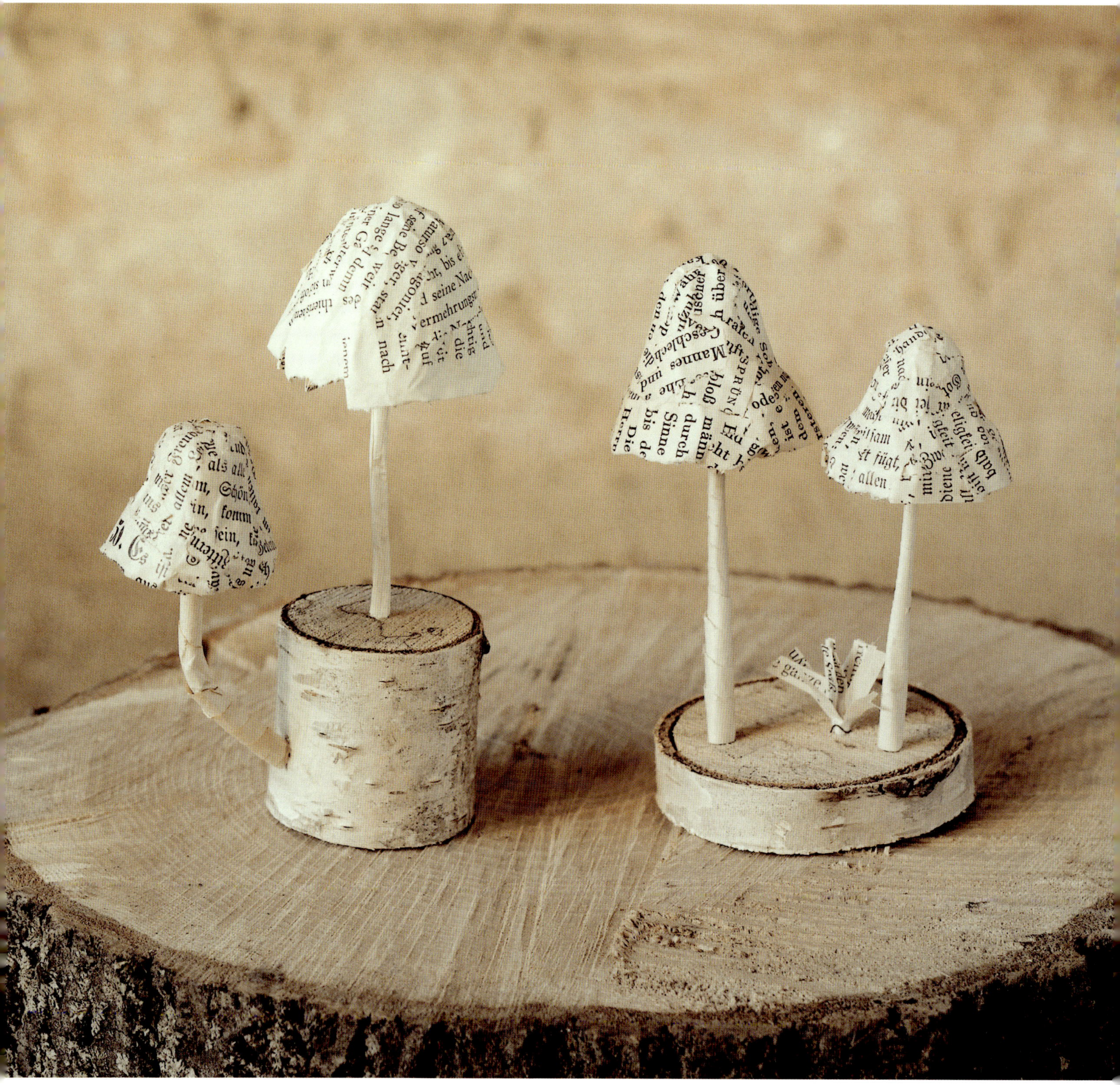

Lamellenpilz

Die Idee entstand, als ich eines Tages mein wunderbar illustriertes Pilzbuch aus Kindertagen wiederentdeckte. Es gibt so viele schöne Formen.

So wird's gemacht:

1 Aus den Buchseiten mindestens 16 Quadrate im Format 5 x 5 cm schneiden.

2 Ein Quadrat 2 x diagonal falten und auffalten.

3 Das Blatt wenden, 2 x in der Mitte falten und auffalten.

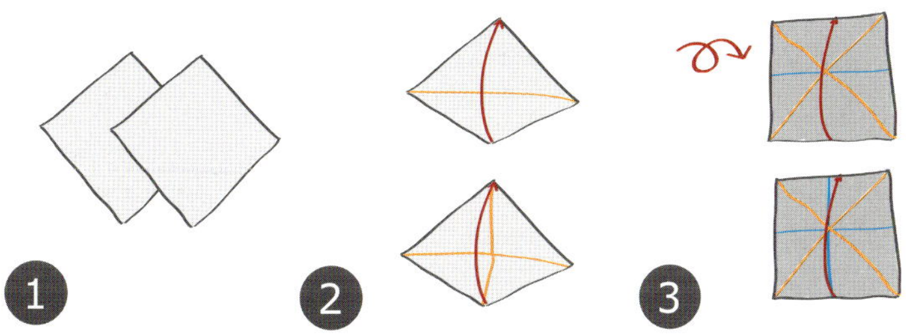

4 Das Blatt einmal zur Mitte klappen und die äußeren Ränder rechts und links nach innen schieben, sodass ein kleineres Quadrat entsteht.

5 Mithilfe der Schablone an der offenen Kante die Form ausschneiden.

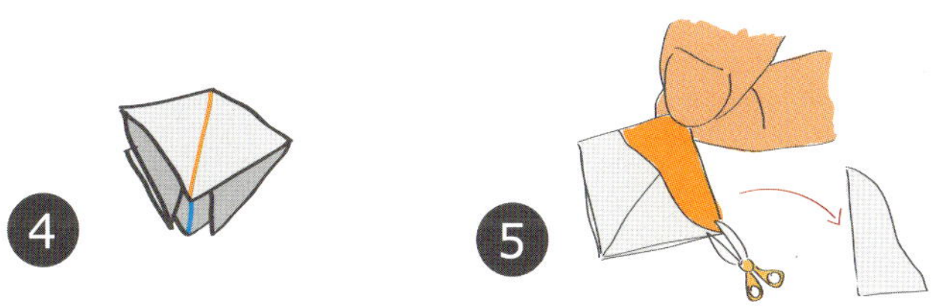

6 So bei allen 16 Quadraten verfahren.

Größe: 8 cm hoch, 4 cm Ø

Hilfsmittel:

- Vorlage (S. 183)
- Schere
- Bleistift
- Handbohrer
- Pinsel
- Zange
- Säge

Materialien:

- Buchseiten
- Steckdraht, 0,9 mm Ø, 8 cm lang
- Kleister
- Klebstoff
- Aststück, ca. 4 cm Ø

7 Alle Teile an den Außenseiten jeweils vollflächig aneinanderkleben und zum Schluss zu einem Ring schließen. Das Ergebnis sieht dann aus, wie in der Zeichnung dargestellt, und ist noch beweglich.

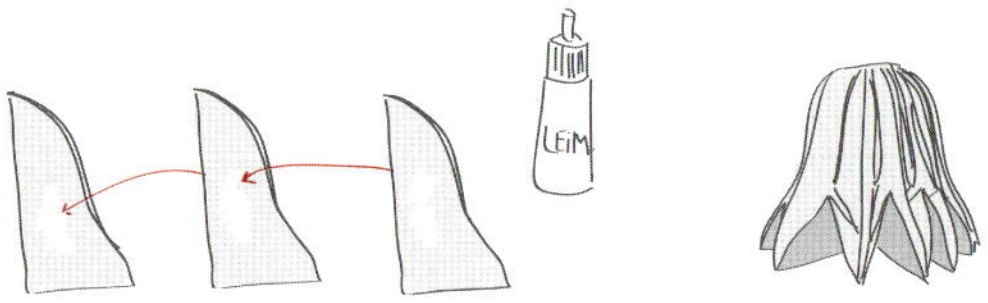

8 Für den Stiel einen Papierstreifen im Format 7 x 2 cm um den Draht wickeln und festkleben. 1 cm Draht bleibt unten frei. Das obere Ende in die Mitte des Faltobjekts schieben und festkleben. Die Falten sollen gleichmäßig verteilt sein.

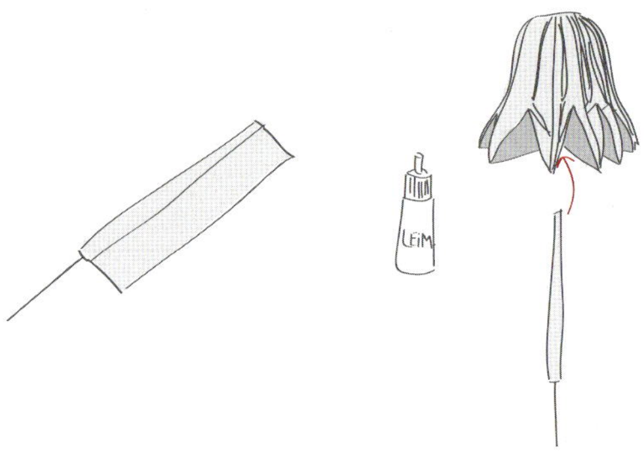

9 Den Stiel so lange mit Papierstücken umwickeln und bekleben, bis er die gewünschte Form hat. 1 cm Draht bleibt weiterhin frei. Bevor der Kleber trocken ist, den Stiel in Form biegen.

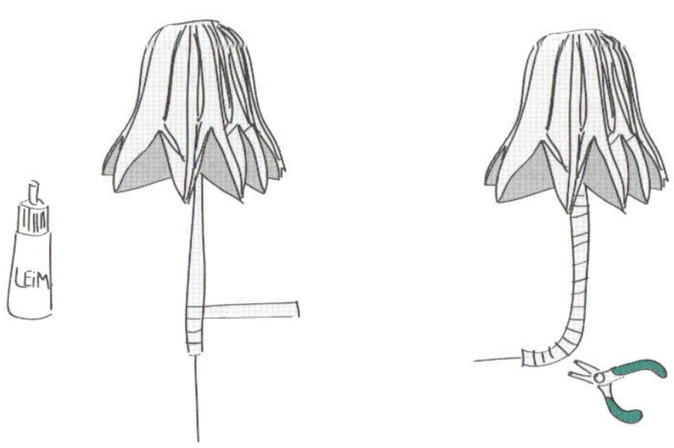

10 Kleine Stücke Papier reißen oder schneiden und mit Kleister auf die Kappe kleben.

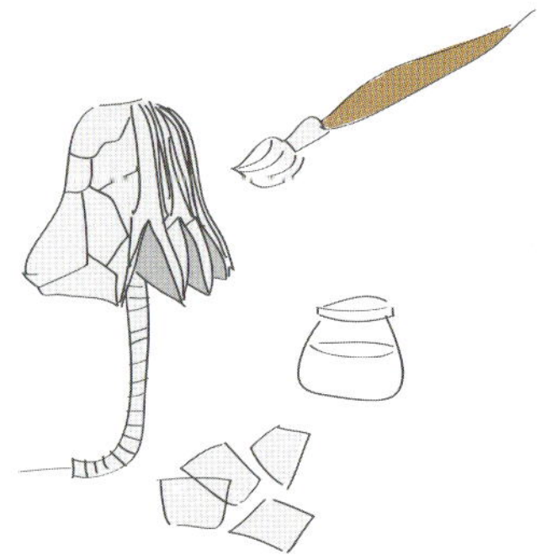

11 Ein Stück Ast an einer Seite mit einem Bohrloch versehen. Das untere freie Drahtende ins Bohrloch kleben. Falls das Bohrloch zu groß ausgefallen ist, kann das Drahtende mit etwas Papier umwickelt werden, bis es passt.

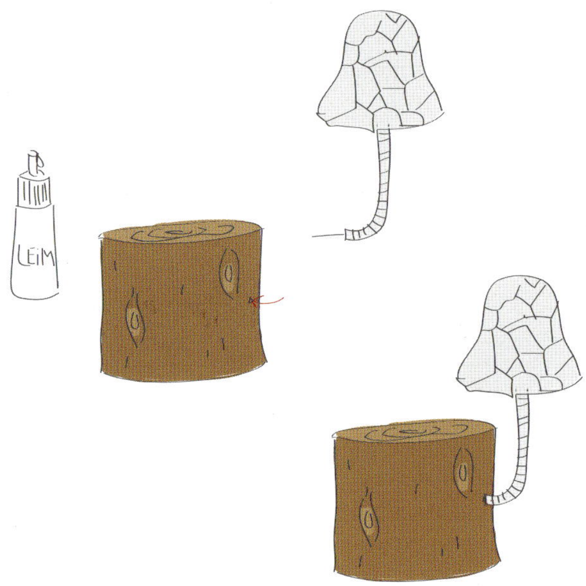

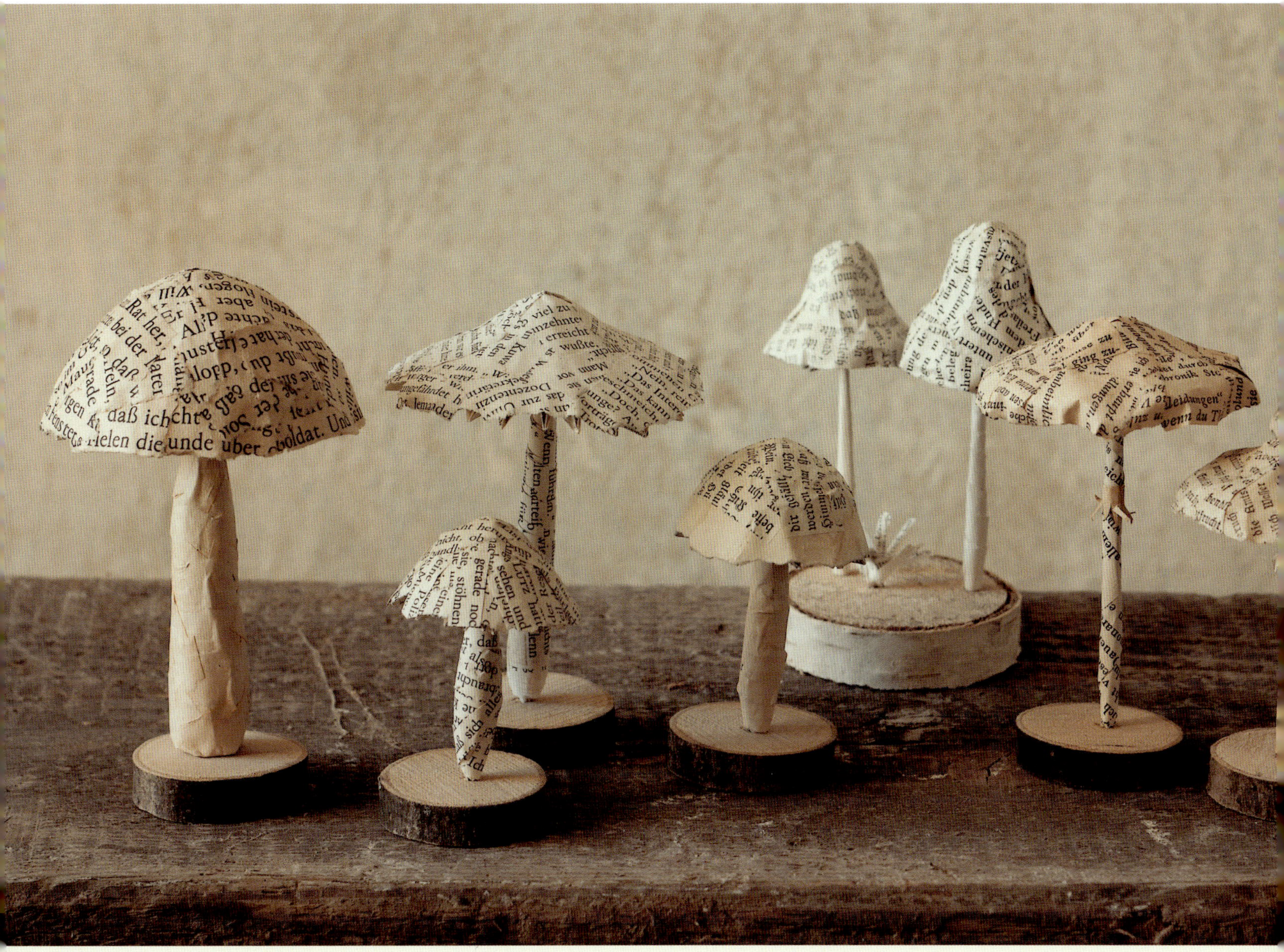

Varianten

Um andere Pilzköpfe herzustellen, die Form der Vorlage entsprechend verändern. Die Stiele anpassen und ggf. mit einer Manschette versehen.

Glücksklee

Ein kleines Kleesträußchen, von einem Spaziergang mitgebracht, lieferte die Inspiration für diese zarten Pflänzchen.

Wiesenklee ★★☆

Größe: variabel

Hilfsmittel:
- Vorlage Wiesenklee (S. 182)
- Kreisstanzer, 35 mm Ø, oder Schablonen (z. B. Münzen)
- Schere
- Bleistift
- Zangenset (Seitenschneider, Flachzange, Rundzange)
- Pinsel
- Säge
- Handbohrer

Materialien:
- Buchseiten
- Wickeldraht, 0,6 mm Ø
- dünner Basteldraht
- Klebstoff
- Wasserfarbe in Grün und Pink
- Aststück, ca. 4 cm Ø

So wird's gemacht:

1 Eine Buchseite in Grün und 2 bis 3 Seiten in Pink einfärben.

2 Aus dem pinkfarbenen Papier 24 Kreise à 35 mm Ø ausstanzen und mittig falten.

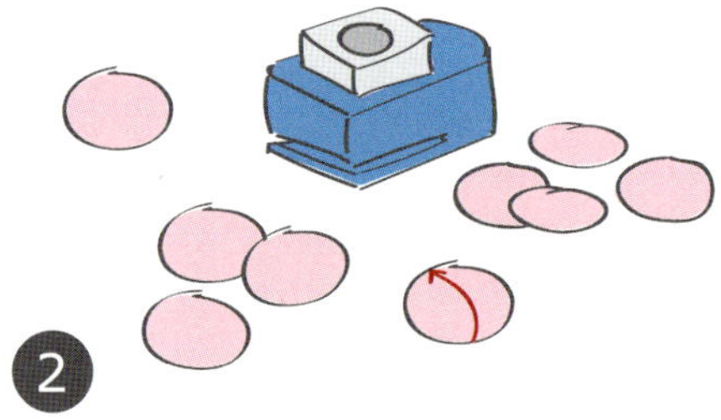

3 Die gefalteten Halbkreise zu einer Kugel aneinanderkleben. Die letzte Klebung noch offen lassen.

TIPP: Das Kleben wird passgenauer, wenn zuerst je 2 Halbkreise aufeinandergeklebt werden. Daraus dann 4er-, 8er-Halbkreise usw. kleben.

4 Ein Ende des Wickeldrahts ca. 2 cm mit Papier umkleben.

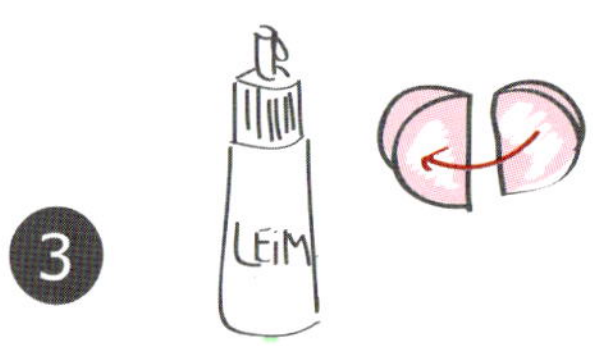

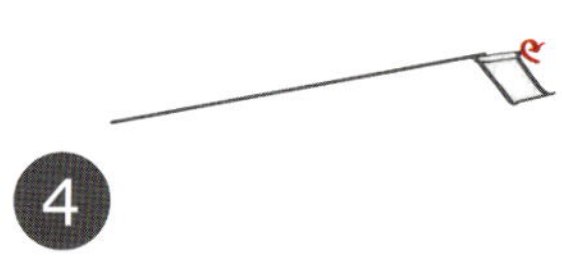

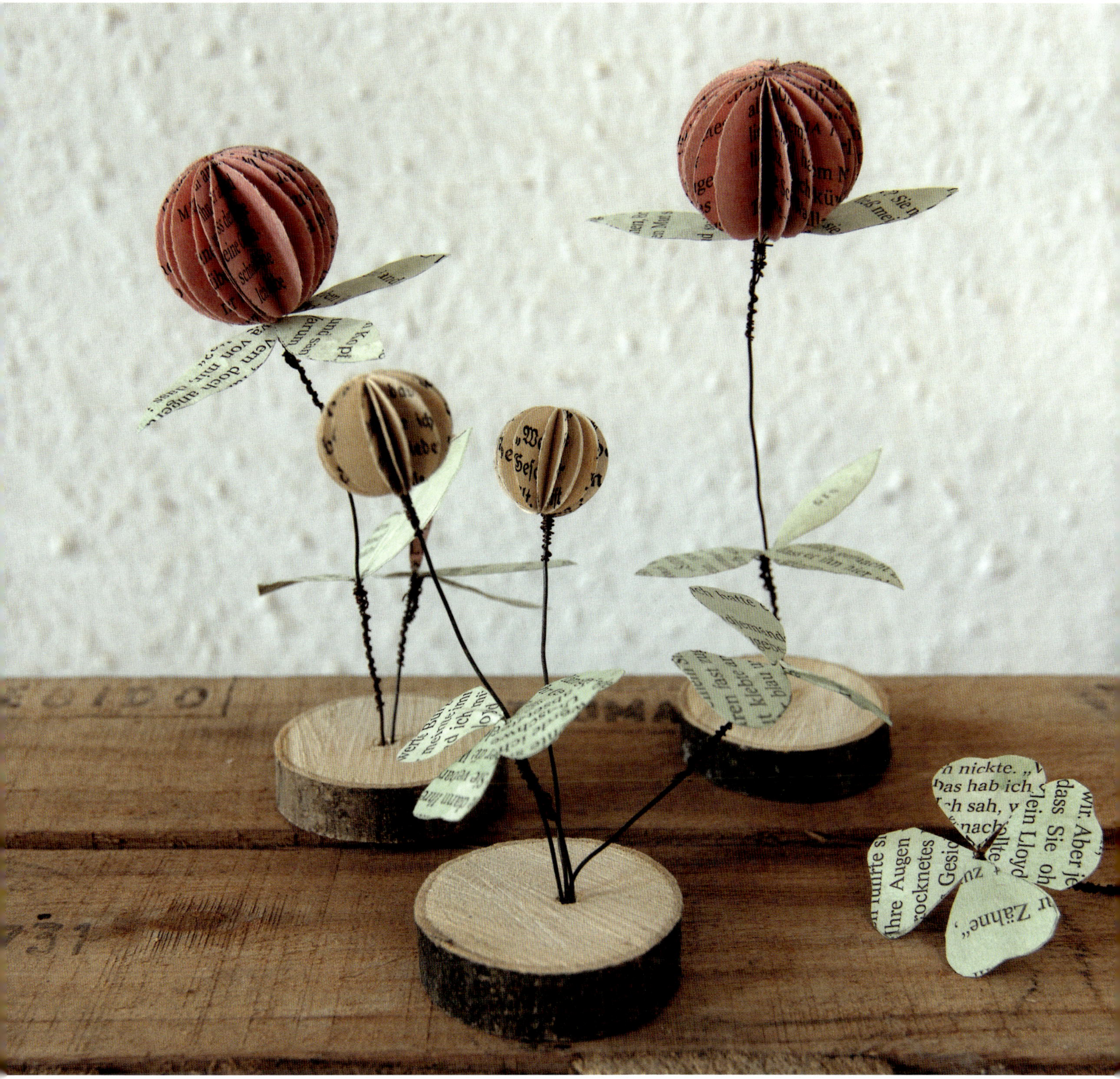

5 Den Draht mit der Papierspitze in die Mitte der Kugel kleben und die letzten beiden Halbkreise zusammenkleben, sodass sich die Kugel schließt.

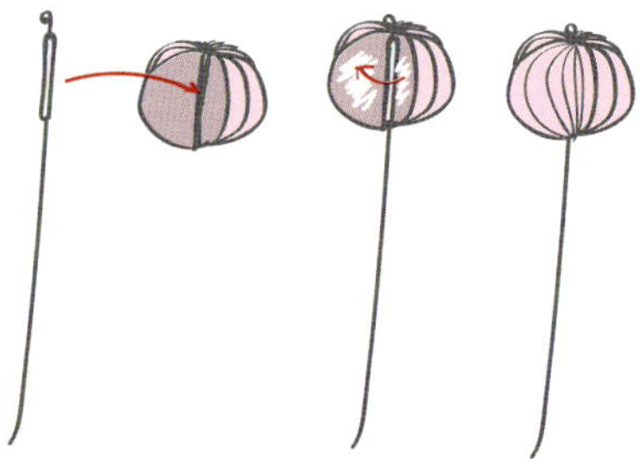

6 Aus dem grünen Papier 12 kleine Blätter mithilfe der Vorlage ausschneiden.

7 Ein Stück Basteldraht in Form einer Schlaufe zwischen 2 Blätter legen und die Blätter zusammenkleben. Ebenso mit den restlichen Kleeblättern verfahren.

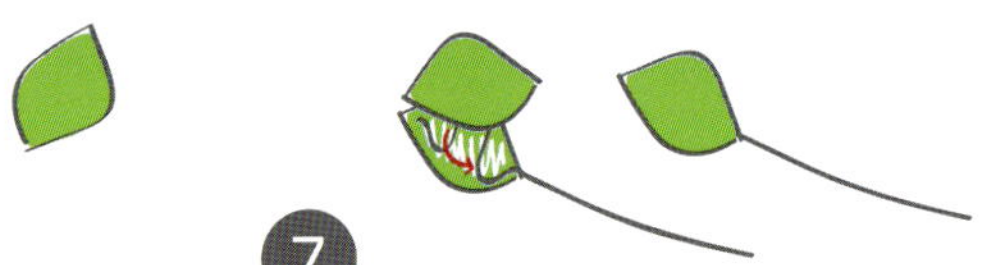

6 7

8 Die Drahtenden von jeweils 3 Blättern am Papieransatz zu einem Kleeblatt kurz verdrillen.

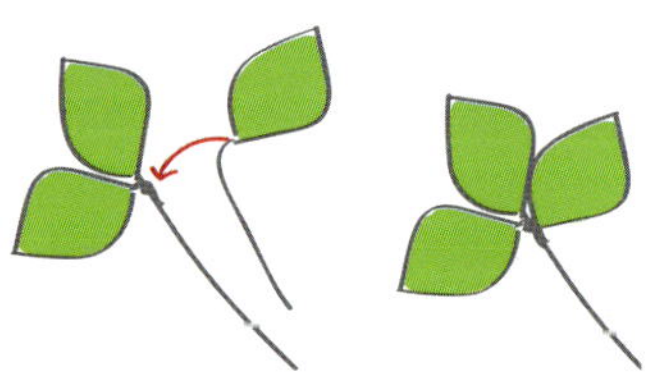

9 Ein Kleeblatt unmittelbar unter der Blüte positionieren und die Drahtenden eng und fest um den Stiel wickeln. Das andere genauso weiter unten anbringen.

10 Vom Ast eine ca. 1,5 cm dicke Scheibe absägen und in der Mitte mit einem Bohrloch versehen.

11 Das untere freie Drahtende ins Bohrloch kleben. Falls das Bohrloch zu groß ausgefallen ist, kann das Drahtende mit etwas Papier umwickelt werden, bis es passt. Den Stiel, falls erforderlich, vorher kürzen.

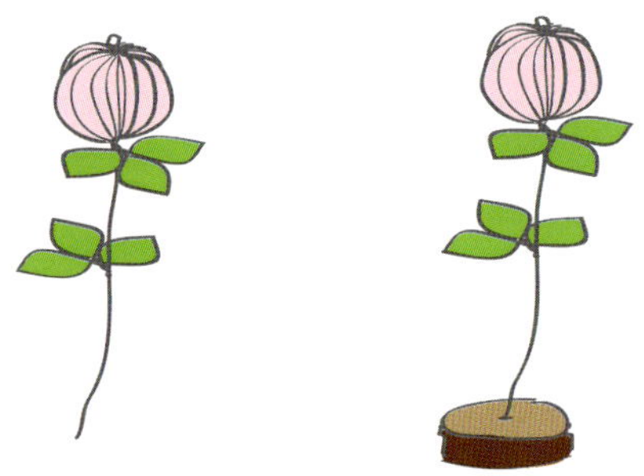

9 10 — 11

Weißklee

So wird's gemacht:

1 Eine Buchseite grün färben.

2 Aus nicht gefärbten Seiten 36 Kreise à 18 mm Ø ausstanzen und mittig falten.

3 Mit jeweils 18 Kreisen 2 x den Schritten 3 bis 5 des Wiesenklees folgen.

4 Aus dem grünen Papier 18 kleine Blätter mithilfe der Vorlage ausschneiden.

5 Zwischen je 2 der 12 grünen Blätter ein Stück Basteldraht einlegen und die Blätter zusammenkleben.

6 Je 2 der restlichen 6 Blätter ebenfalls zusammenkleben, allerdings jeweils ca. 10 cm Wickeldraht einkleben.

7 Je 2 Blätter mit Basteldraht eng um ein Blatt mit Wickeldraht zu einem dreiblättrigen Kleeblatt wickeln.

8 Ein ca. 1,5 cm langes Stück vom Ast absägen und in der Mitte mit einem Bohrloch versehen.

9 Alle 5 Teile mit dem Stiel ins Bohrloch kleben. Die Stiele zuvor nach Bedarf kürzen.

Größe: variabel

Hilfsmittel:

- Vorlage Weißklee (S. 182)
- Kreisstanzer, 18 mm Ø, oder Schablonen (z. B. Münzen)
- Schere
- Bleistift
- Zangenset (Seitenschneider, Flachzange, Rundzange)
- Pinsel
- Säge
- Handbohrer

Materialien:

- Buchseiten
- Wickeldraht, 0,6 mm Ø
- dünner Basteldraht
- Klebstoff
- Wasserfarbe in Grün
- Aststück, ca. 4 cm Ø

TIPP: Bauen Sie ein vierblättriges Glückskleeblatt mit ein.

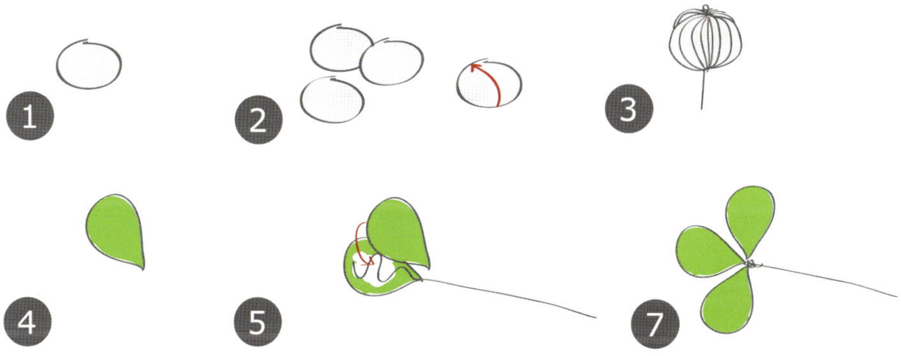

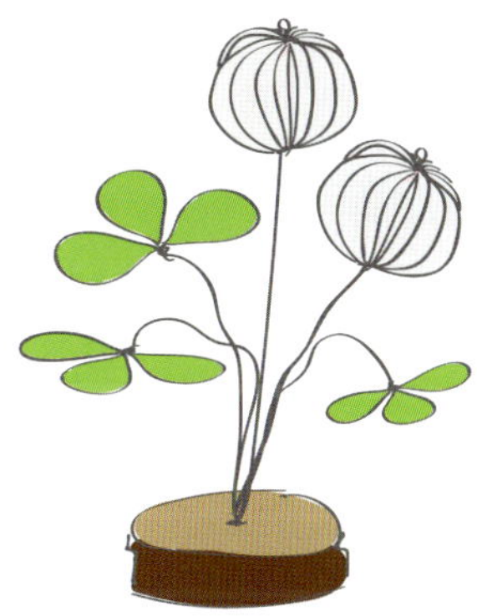

Papiergewichte ★★☆

Diese eleganten Blüten sind nicht nur hübsch anzuschauen. Sie verhindern auch, dass lose Papiere davonfliegen.

Größe: ca. 32 cm hoch, 10 cm Ø

Hilfsmittel:

- Vorlage Blütenblätter und Blätter (S. 183)
- Schere
- Bleistift
- Zangenset (Rundzange, Flachzange, Seitenschneider)

Materialien:

- Buchseiten
- Kieselstein
- Blumensteckdraht, 0,9 mm Ø, mindestens 35 cm lang
- Wickeldraht, 0,6 mm Ø
- Bastel- oder Holzleim

So wird's gemacht:

1 Den Steckdraht einmal fest um den Stein wickeln und verdrillen. Den Draht so biegen, dass er senkrecht steht, wenn der Stein frei liegt.

2 Für die gewünschte Blütenform ca. 20 Blütenblätter zuschneiden.

3 Einen Papierstreifen von ca. 1,5 cm Breite und 10 cm Länge spitz zuschneiden. Daraus eine spitze Papierperle herstellen (siehe S. 24), die über den Blumensteckdraht gewickelt wird.

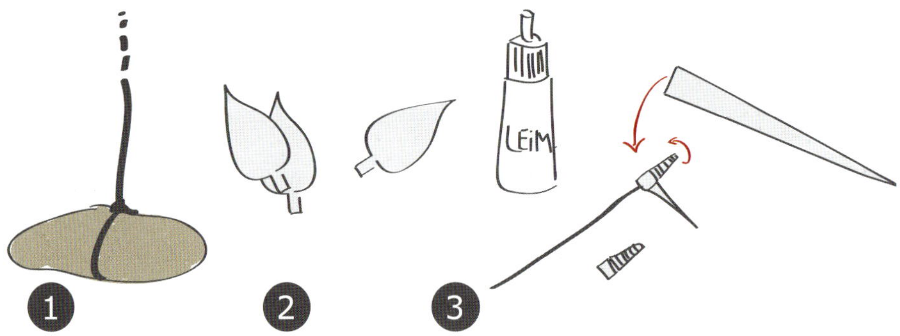

4 Die Blütenblätter an der oberen Hälfte der Papierperle, die mit der dünnen Spitze nach unten zeigt, rundherum festkleben. Dabei ganz oben beginnen und mit jeder Runde etwas nach unten rutschen. Gut trocknen lassen.

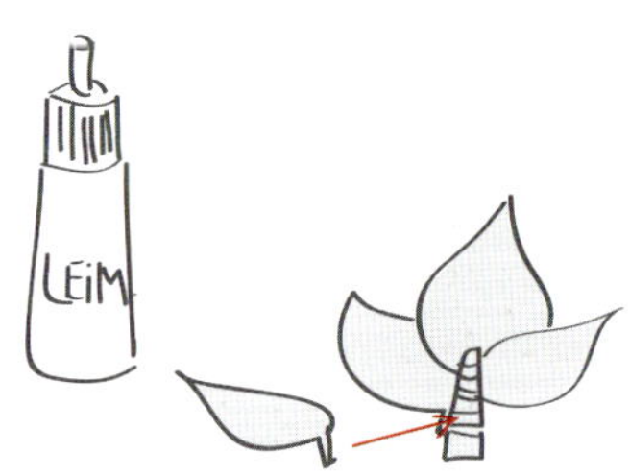

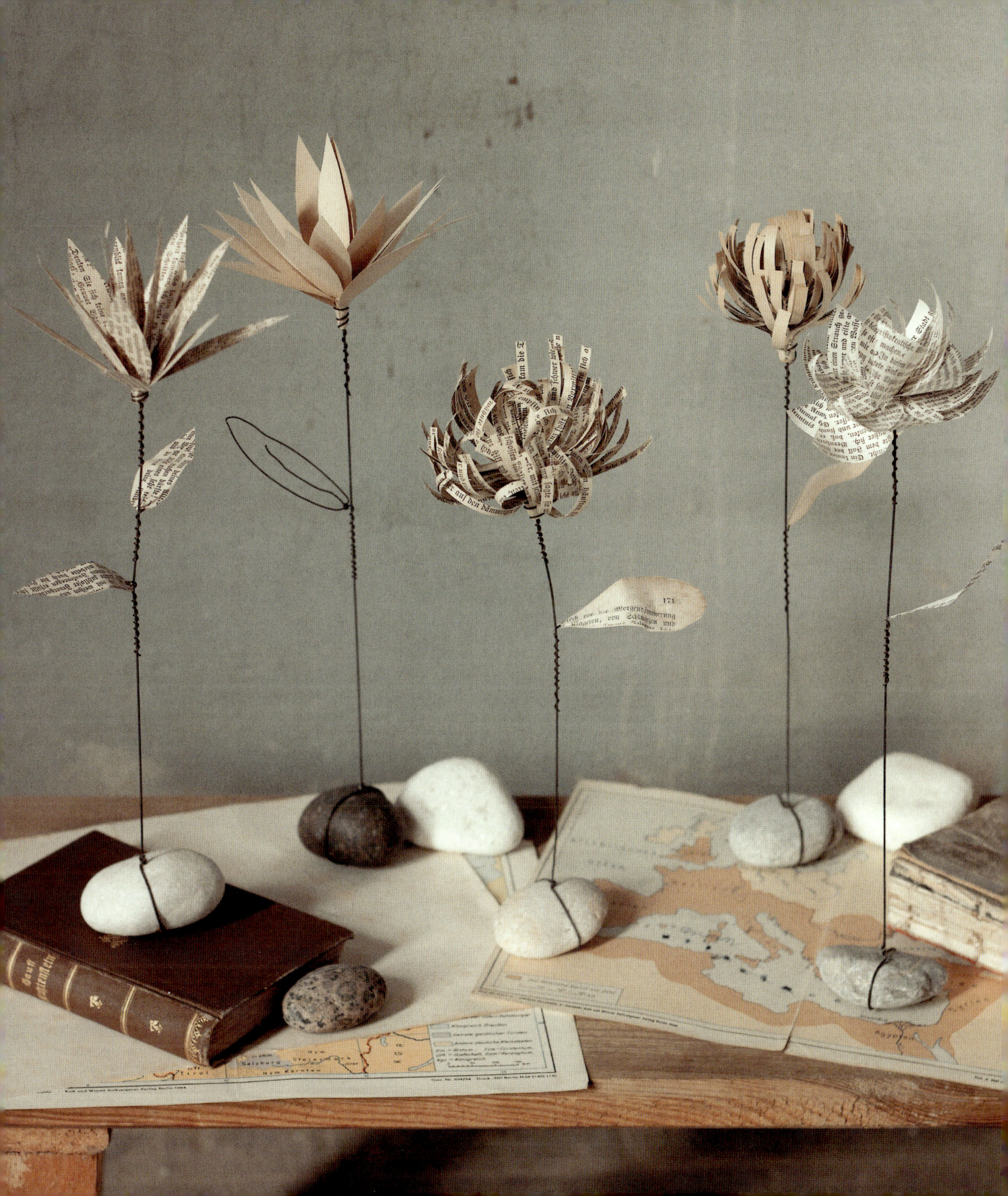

5 Die Blütenblätter am Stab ggf. einzeln über den Scherenrücken ziehen und so in die gewünschte Form bringen.

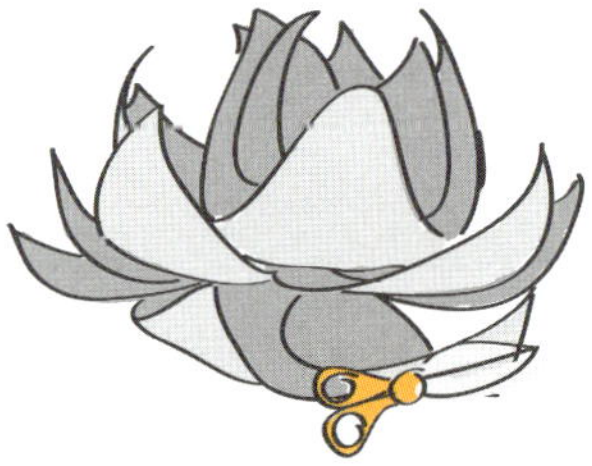

6 Die fertige Blüte auf das obere Ende des Steckdrahts schieben und festkleben. Sie darf sich auf dem Stab nicht mehr verschieben lassen.

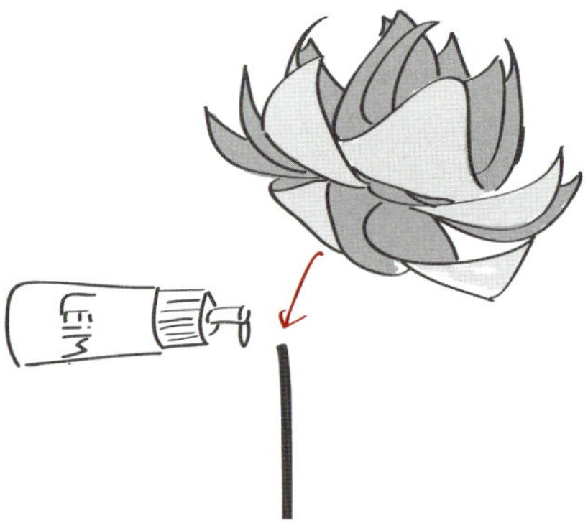

TIPP: Eine Wäscheklammer direkt unter der Klebestelle sorgt dafür, dass die Blüte während der Trockenzeit nicht verrutscht.

7 Etwa 10 cm Wickeldraht abschneiden. An einem Ende eine Schlaufe biegen und diese unmittelbar unter den Blütenblättern auf der Papierperle mit der Flachzange festklemmen. Dann den Draht eng und fest um den Steckdraht maximal 5 cm nach unten wickeln. Den Überstand abkneifen.

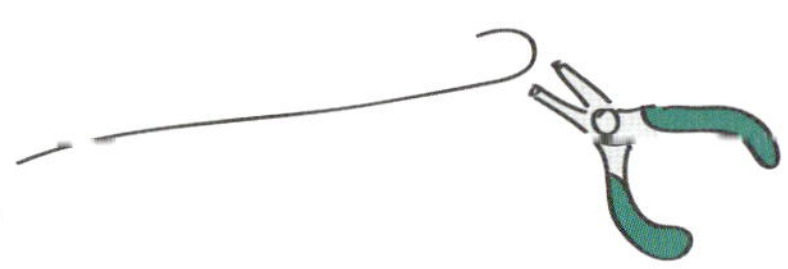

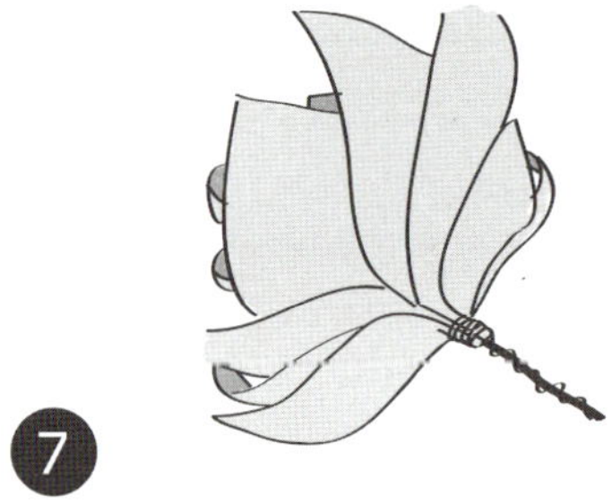

8 Eine Blattform aus den Vorlagen auswählen und doppelt zuschneiden. Ein ca. 14 cm langes Stück Wickeldraht mit einem Ende zwischen den beiden Blättern positionieren und diese zusammenkleben. Trocknen lassen.

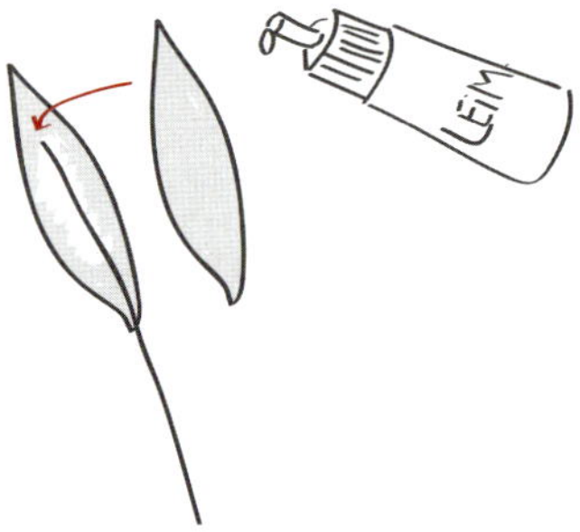

9 Das Blatt am Stiel befestigen. Dafür mit dem Wickeldraht den Stab umschlingen und eng und fest ca. 5 cm nach unten wickeln. Den Überstand abkneifen.

TIPP: Ersetzen Sie das Papierblatt durch ein selbst gebogenes Blatt aus Draht.

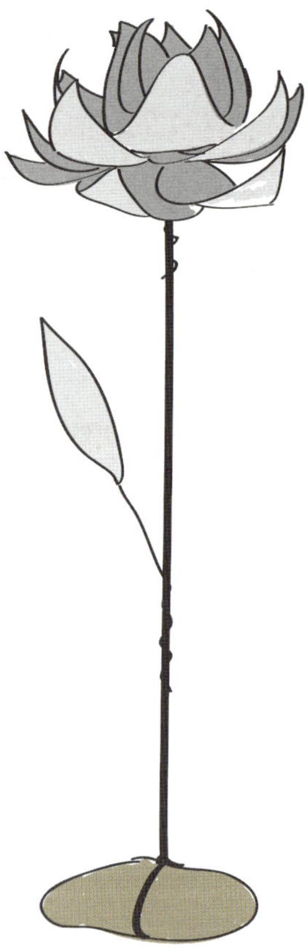

Diese Blütenform unterscheidet sich nur in Schritt 4 von den übrigen: Statt einzelner Blütenblätter wird aus einer Buchseite ein Rechteck in einer Größe von ca. 12 x 6 cm geschnitten. Dieses alle 4 bis 5 mm an einer Längsseite 5 cm tief einschneiden. Dann um die Papierperle wickeln und festkleben.

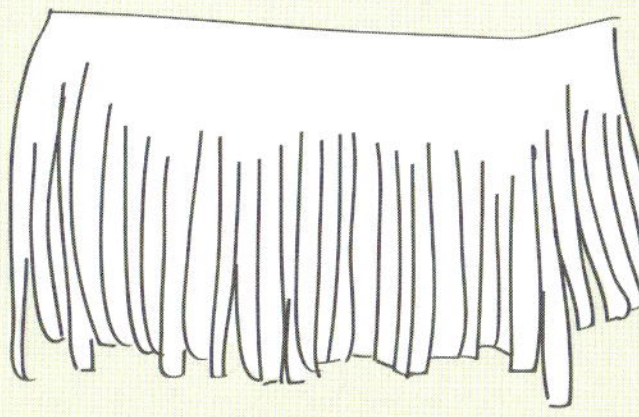

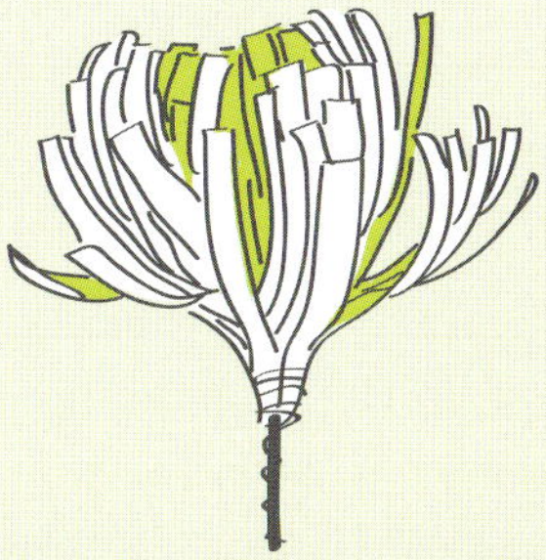

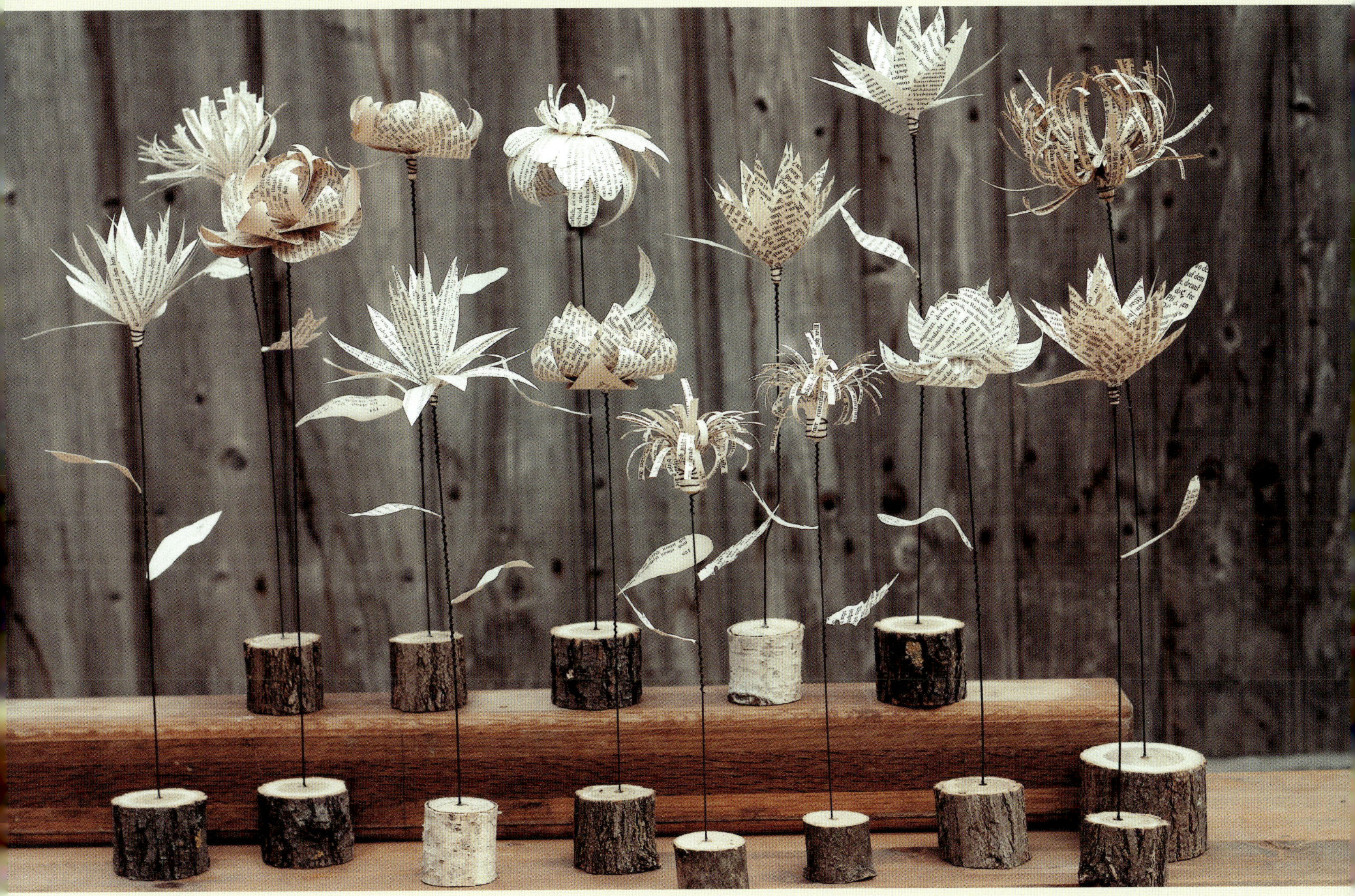

Variante

Statt eines Kieselsteins kann auch ein Stück Ast glatt gesägt und in der Mitte mit einem Bohrloch versehen werden.

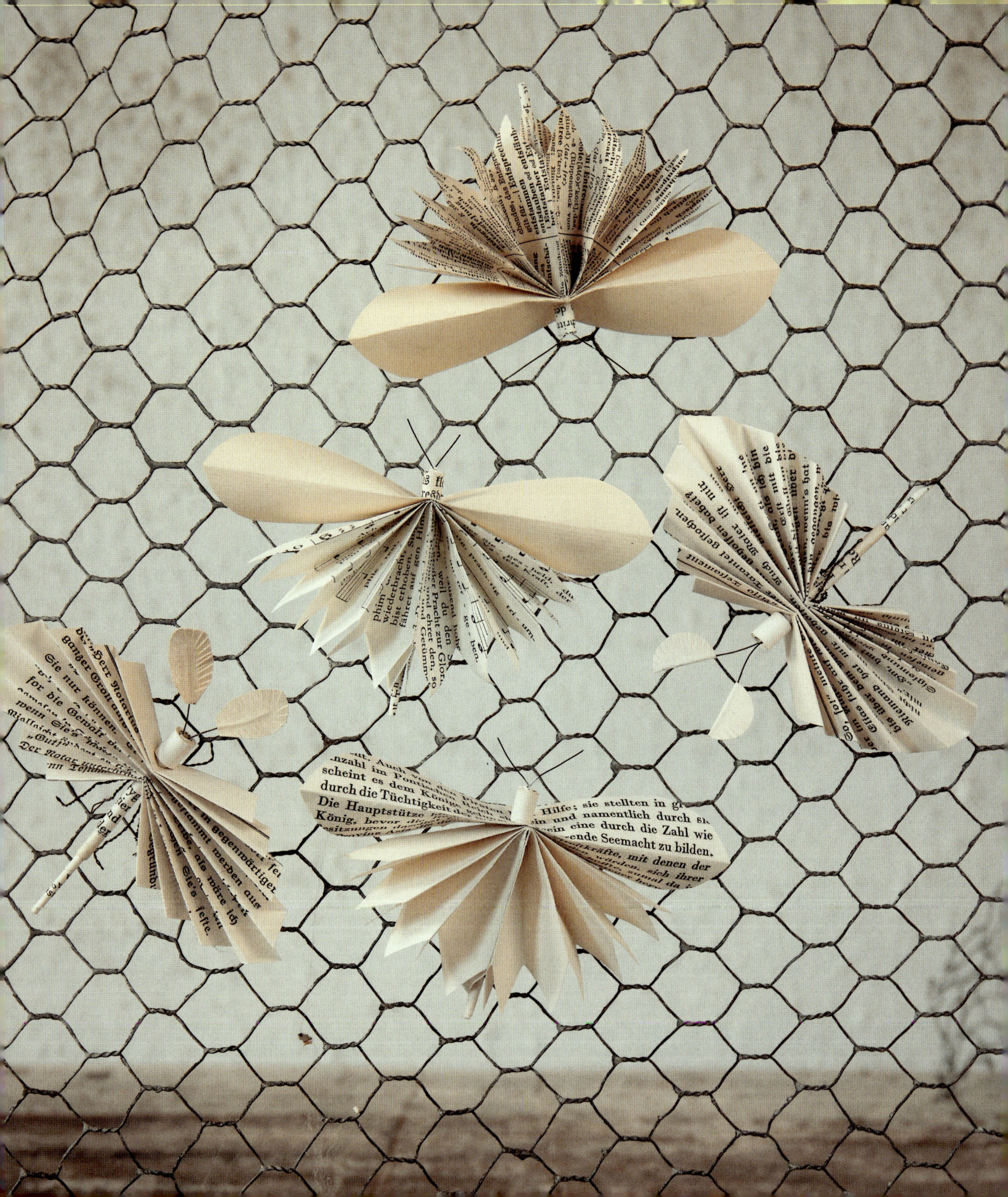

Insekten

Diese anmutigen Insekten sind eine filigrane Dekoration für viele Gelegenheiten. Hat man einen Falter fertig, fallen einem im Nu viele weitere Flügelvarianten ein und schnell kommt ein Insektenschwarm zusammen.

So wird's gemacht:

Insekt A — Flügel

1 Für die Vorderflügel aus einer Buchseite einen Streifen im Format 3,5 x 11,5 cm schneiden und der Länge nach falten. Die Enden abrunden.

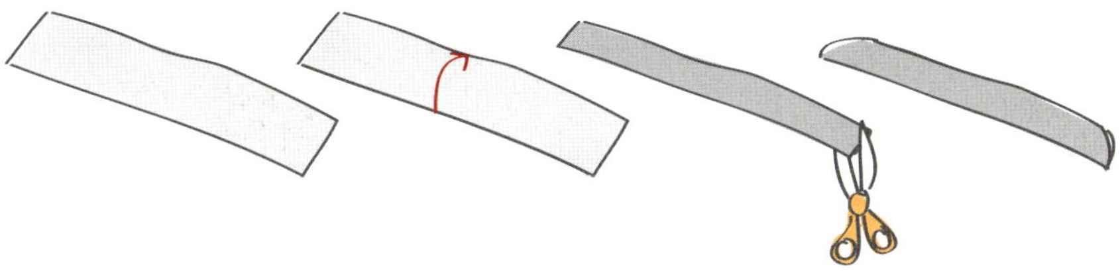

2 Für die Hinterflügel aus einer Buchseite ein Rechteck im Format 13 x 9,5 cm schneiden und als Leporello falten: In der Mitte falten, dann nochmals in der Mitte falten und noch ein weiteres Mal. Entfalten und im Zickzack falten. Die Enden spitz schneiden.

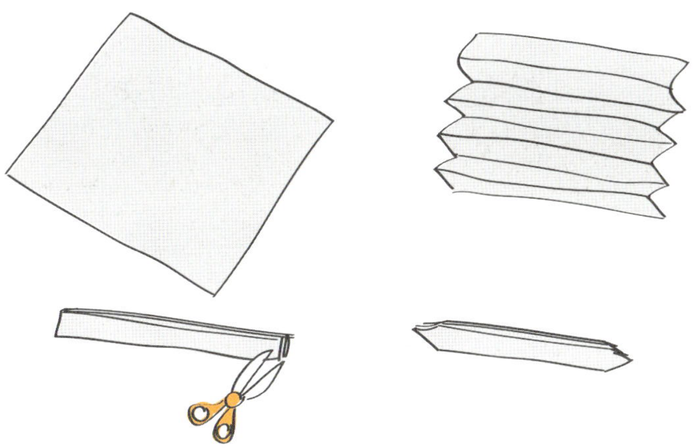

Größe: 9 x 3 x 11,5 cm

Hilfsmittel:

- Bleistift
- Lineal
- Radiergummi
- Schere
- Zangenset (Rundzange, Flachzange, Seitenschneider)
- Lochzange
- Steckdraht, 1,4 mm Ø, ca. 5 cm lang
- Vorbohrer, ca. 3 mm Ø

Materialien:

- verschiedene Buchseiten für die Flügel
- dünne Buchseiten für den Körper
- Bastelleim
- Wickeldraht, ca. 0,5 mm Ø
- hauchdünner Basteldraht

3 Beide Streifen genau in der Mitte lochen (Lochgröße: ca. 0,6 cm Ø).

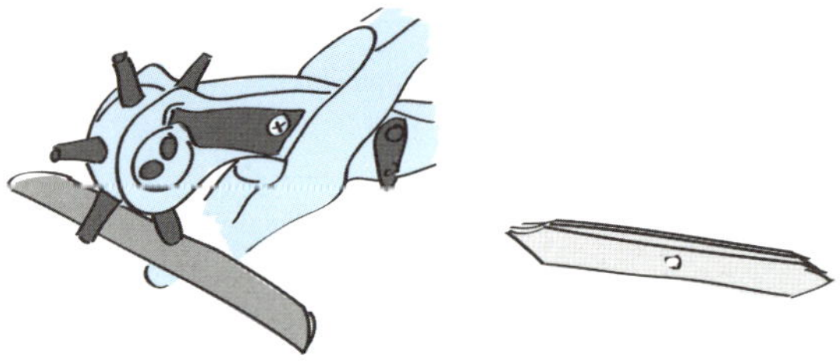

4 Das zusammengedrückte Leporello in der Mitte falten und wieder auffalten.

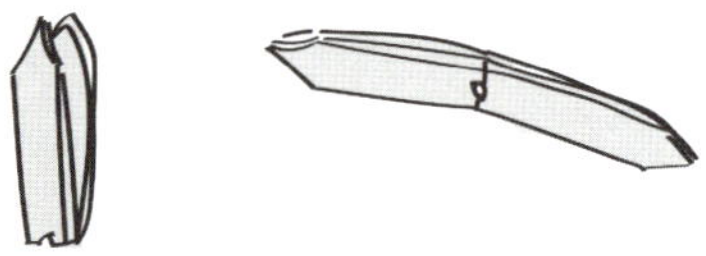

Insekt A — Körper

5 Aus einer dünnen Buchseite ein Rechteck à 6 x 11 cm zuschneiden. Am rechten Rand 1 cm von oben und am unteren Rand 2,5 cm von rechts markieren. Beide Punkte verbinden und an der Linie entlangschneiden.

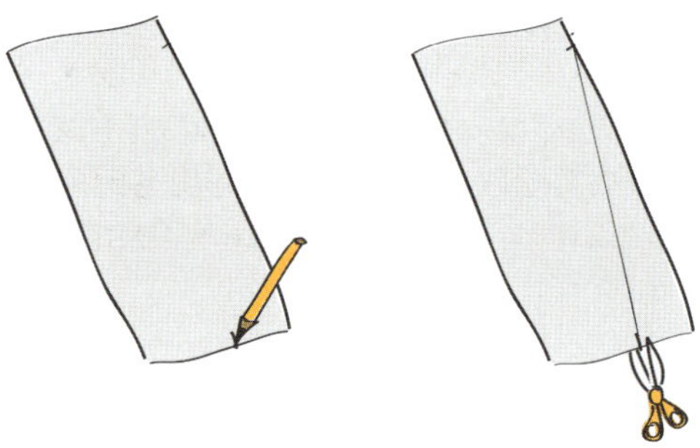

6 Den Streifen als Papierperle um den dickeren Steckdraht wickeln, dabei mit der breiten Seite beginnen.

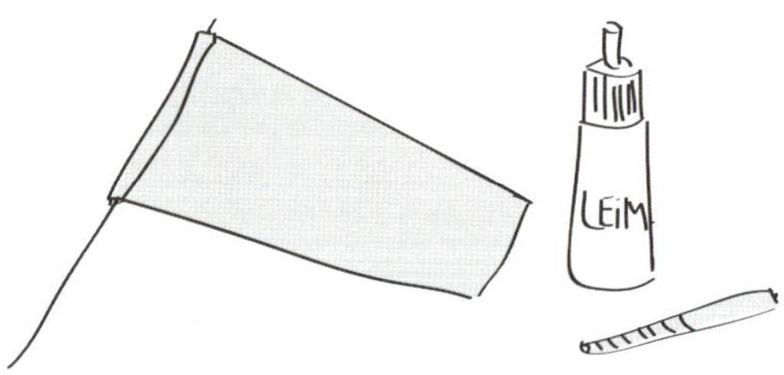

7 Einen weiteren Streifen im Format 0,6 x 10 cm zuschneiden und als Kopf um das dicke Ende der Papierperle aus Schritt 6 wickeln.

8 0,3 cm vom Kopf entfernt die Papierperle durchbohren.

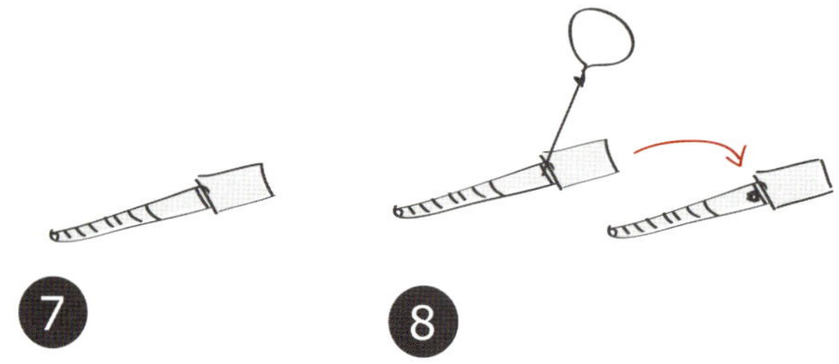

Insekt A — Beine

9 3 Stück Wickeldraht à 10 cm in der Mitte verdrillen.

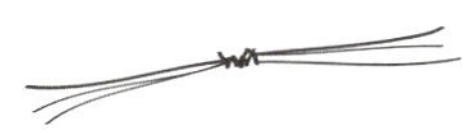

10 Vorder- und Hinterflügel auf den Körper bis dicht an den Kopf schieben, die verdrillten Drähte durch das Bohrloch schieben und nach unten biegen.

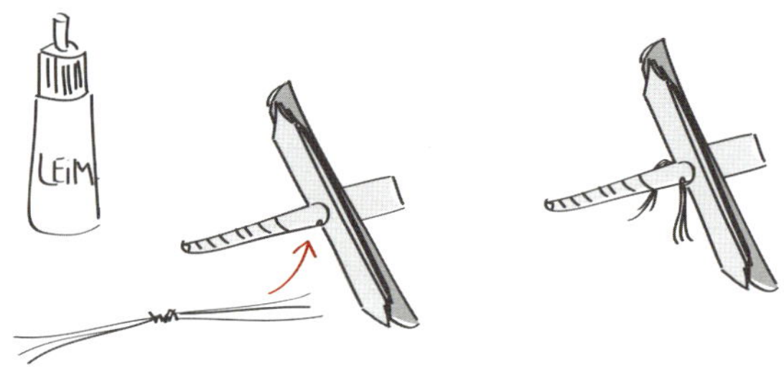

11 Die Drahtfüße formen.

12 Beide Hinterflügel an der letzten oberen Kante über dem Körper zusammenkleben.

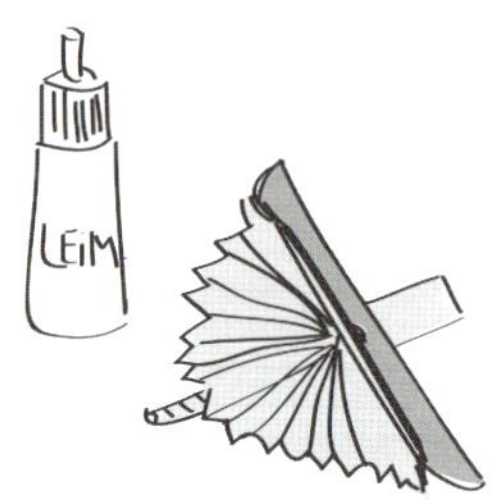

13 Gegebenenfalls die Flügel mit einem Tropfen Kleber am Körper festkleben.

Insekt A — Fühler

14 Ein Stück Basteldraht in der Mitte knicken, am geschlossenen Ende verdrillen, als Fühler in den Kopf schieben und mit einem Tropfen Leim fixieren.

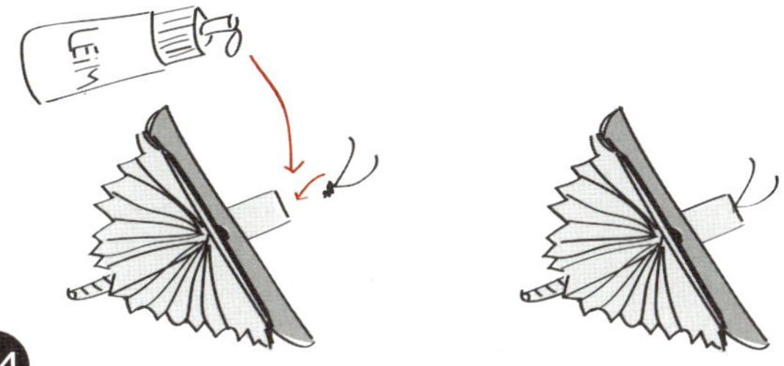

14

Insekt B — Flügel

1 Für die Flügel aus einer Buchseite ein Rechteck im Format 11 x 16 cm schneiden. Einmal der Länge nach und dann quer falten.

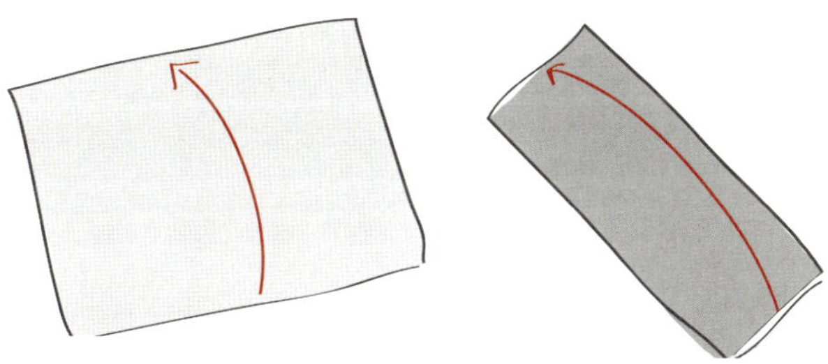

2 Von der unteren rechten Ecke schräg bis 3 cm vor die linke obere Ecke schneiden.

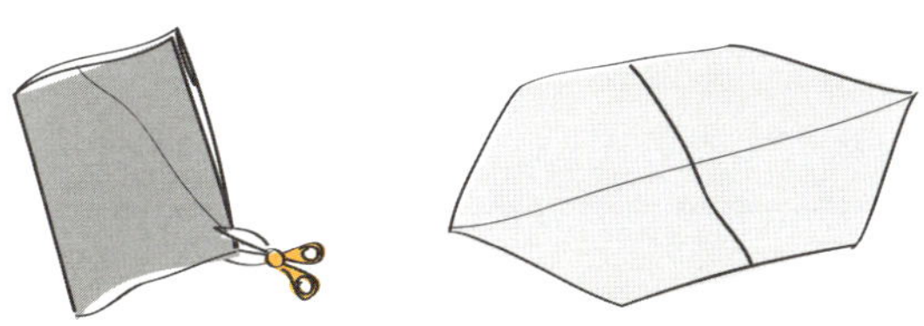

3 Auffalten und als Leporello falten: Das Rechteck in der Mitte falten und wieder öffnen. Jede Hälfte bis zum Mittelfalz falten und wieder öffnen. Die beiden äußeren Kanten zum Viertelfalz falten und wieder öffnen. Die beiden äußeren Kanten zum Achtelfalz falten und wieder öffnen. An einer Kante beginnen, im Zickzack zu falten. Wo erforderlich, eine Umkehrfalte oder fehlende Falze falten. Das Leporello hat zum Schluss 16 gleich breite Streifen.

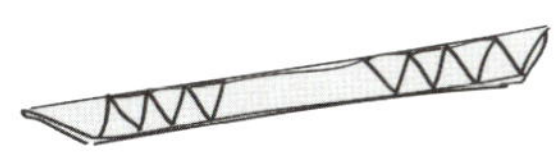

4 Den Leporellostreifen in der Mitte lochen.

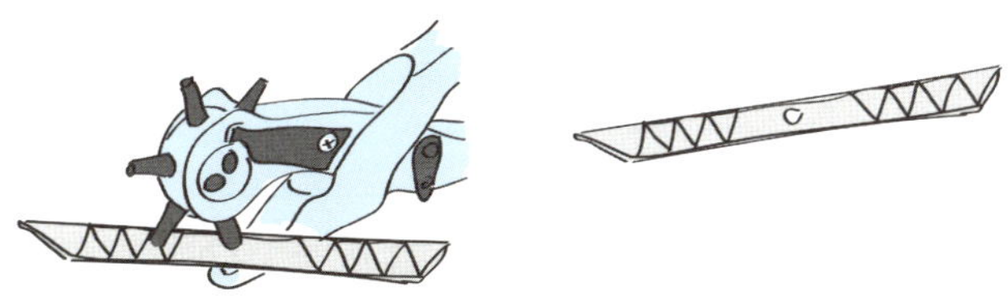

Insekt B — Körper

5 Aus einer dünnen Buchseite ein Rechteck im Format 6 x 5 cm schneiden. Am rechten Rand 1 cm von oben und am unteren Rand 2,5 cm von rechts markieren. Beide Punkte verbinden und genau an der Linie entlang schneiden.

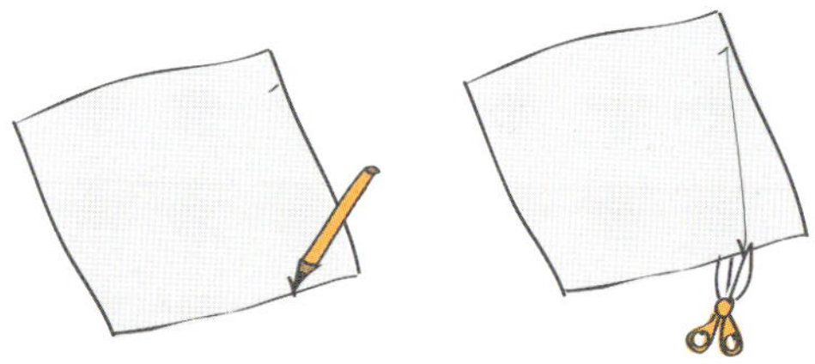

6 Den Streifen als Papierperle um den Steckdraht wickeln, dabei mit der breiten Seite beginnen.

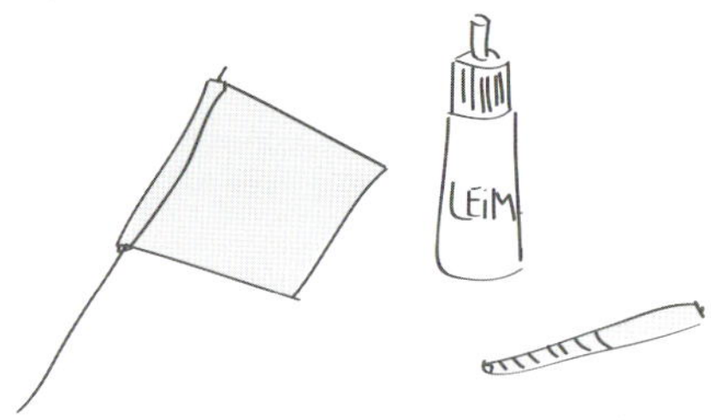

7 Ebenfalls aus einer dünnen Buchseite ein Rechteck à 2 x 4 cm schneiden, um das dicke Ende der Papierperle wickeln und festkleben.

8 Außerdem einen Streifen à 2 x 2,5 cm schneiden, wieder um das dicke Ende der Papierperle wickeln und festkleben.

9 Anschließend für den Kopf einen Streifen à 0,6 x 10 cm schneiden und wieder um das dicke Ende der Papierperle wickeln.

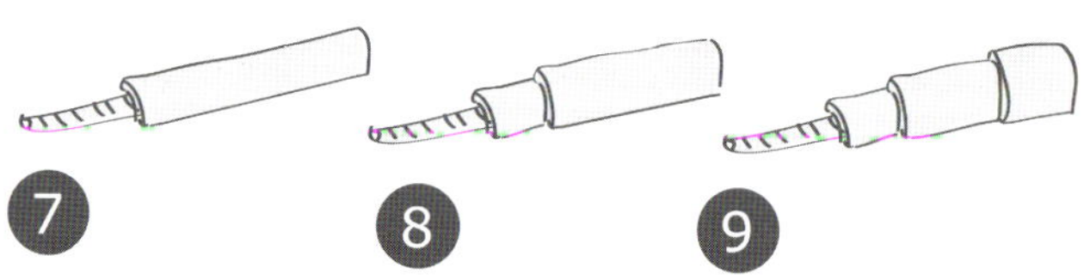

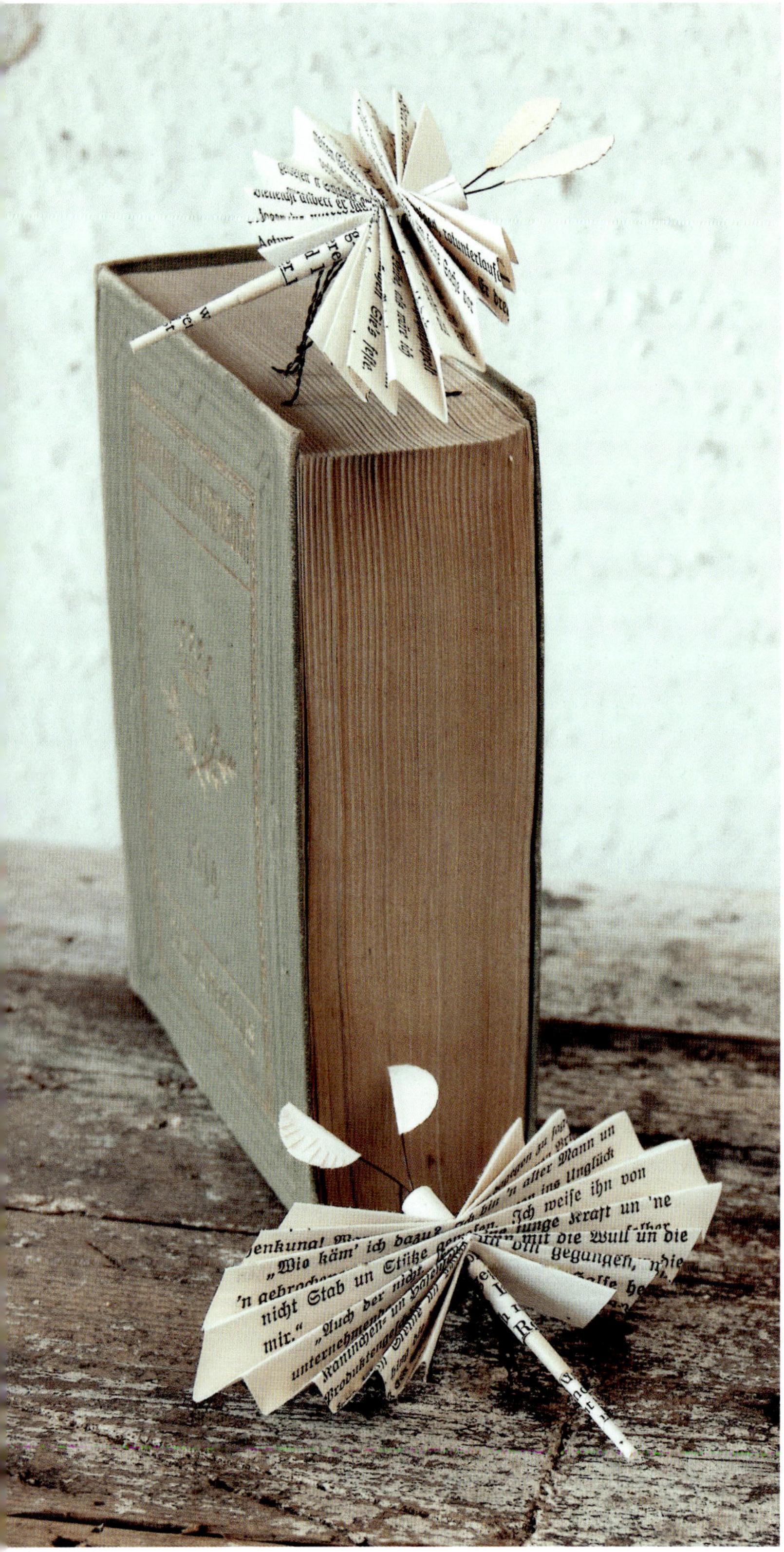

10 0,3 cm vom Kopf entfernt die Papierperle durchbohren.

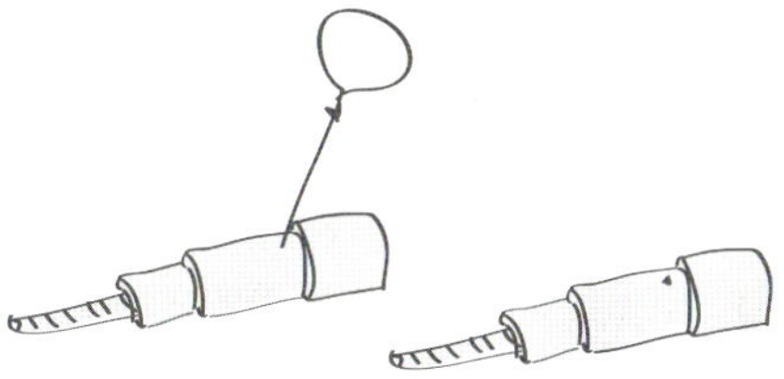

Insekt B — Beine

11 3 Stück Wickeldraht von 10 cm Länge in der Mitte verdrillen.

12 Die Flügel auf den Körper bis dicht an den Kopf schieben. Die verdrillten Drähte durch das Bohrloch schieben.

11 – 12

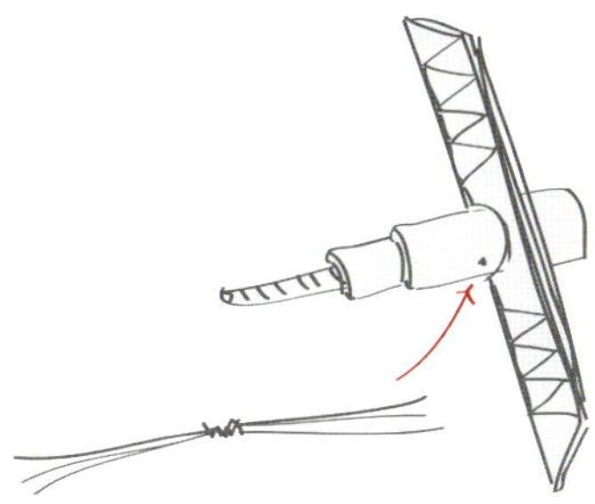

13 Die Drahtfüße formen. Die Flügel breitziehen.

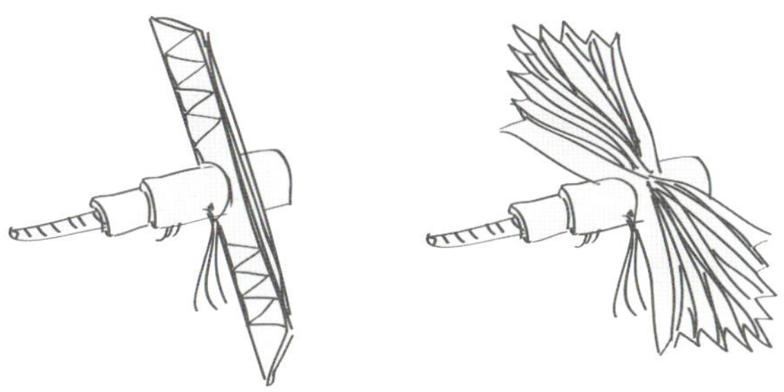

TIPP: Ist die passende Drahtstärke nicht zur Hand, einfach dünnen Basteldraht verdrillen.

Insekt B — Fühler

14 Ein Stück Basteldraht in der Mitte knicken, am geschlossenen Ende verdrillen, als Fühler in den Kopf schieben und mit einem Tropfen Leim fixieren.

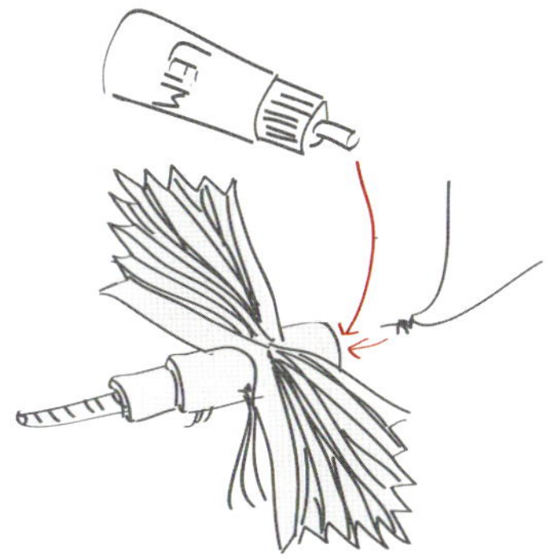

15 Aus einer Buchseite 4 kleine Rechtecke à 1,5 x 3 cm schneiden. Je 2 Stück auf einer Fühlerspitze positionieren und zusammenkleben.

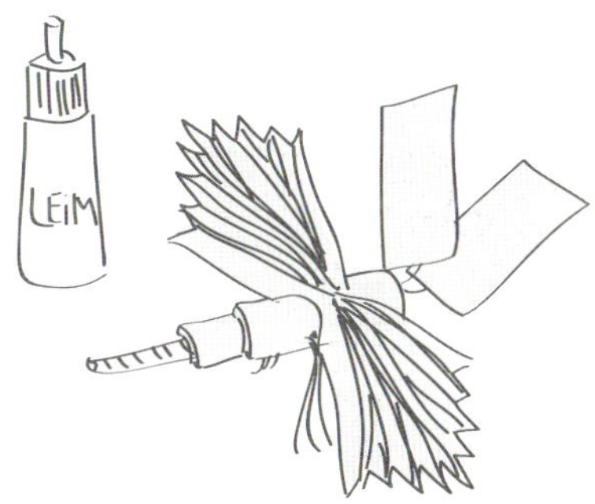

16 Mit der Schere in Form schneiden und wie bei einer Feder einschneiden.

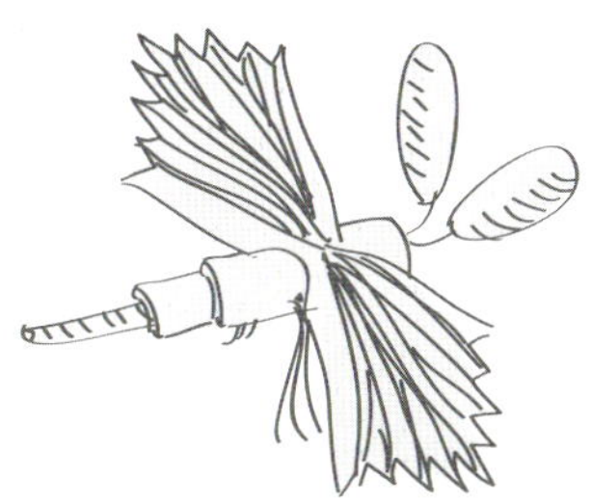

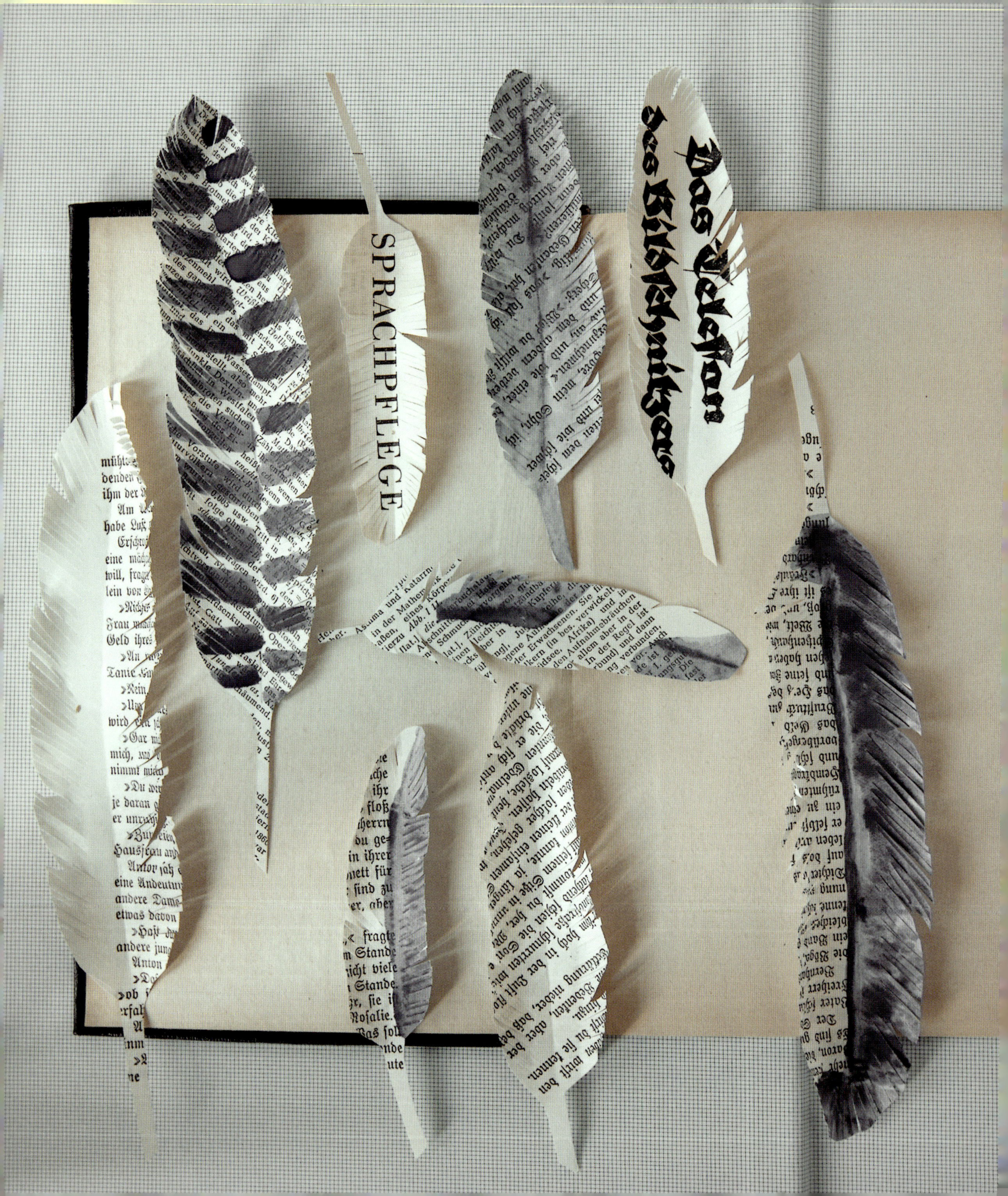
SPRACHPFLEGE

Federn

Die Federn schmücken mit zauberhafter Leichtigkeit jede gedeckte Tafel. An einem Faden aufgehängt, eignen sie sich für drinnen, flattern aber auch gern draußen im Wind. Lassen Sie sich von der Natur inspirieren und probieren Sie weitere Federformen aus.

So wird's gemacht:

1 Die gewünschte Feder mithilfe der Vorlagen aus einer Buchseite ausschneiden.

2 Die Feder längs in der Mitte sanft falten. Es hilft, vorher mit dem Scherenrücken eine Falzlinie zu ziehen.

3 Die Federfahne rundherum in engen Abständen unregelmäßig einschneiden, dabei genügend Abstand zur Falzlinie einhalten. Fertig!

TIPP: Die Federn leicht über den Rücken einer großen Schere ziehen, damit sie luftiger fallen.

4 Stabiler werden die Federn, wenn ein dünner Draht als Federkiel eingearbeitet wird. Dazu wird Wickeldraht auf die passende Länge geschnitten und in den Falz geklebt. Einen schmalen Papierstreifen (z. B. in der Breite einer Textzeile) darüberkleben, sodass der Draht verdeckt ist. Das untere Kielende ggf. zusätzlich mit Papier umwickeln.

Größe: variabel

Hilfsmittel:
- Vorlagen A, B, C (S. 185)
- Schere
- Seitenschneider
- Bleistift

Materialien:
- Buchseiten
- Wickeldraht
- Klebstoff

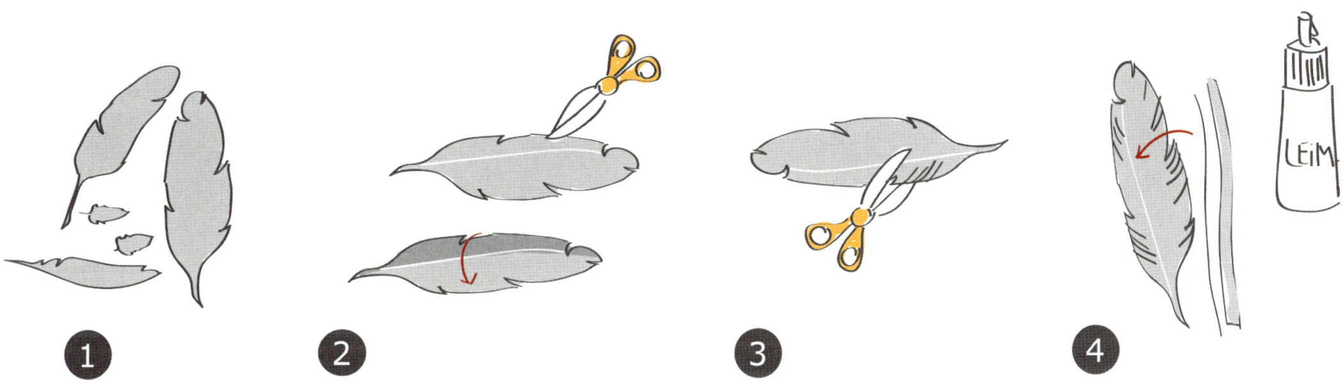

Lesezeichen Zaunkönig ★★★

Lesezeichen kann man nie genug haben. Wie passend, wenn sie aus Buchseiten hergestellt werden!

Größe: 9 x 6 cm

Hilfsmittel:

- Vorlagen (S. 184)
- Schere
- Bleistift
- Zangenset (Seitenschneider, Rundzange, Flachzange)

Materialien:

- unterschiedliche Buchseiten
- Klebstoff
- Basteldraht, ca. 25 cm lang
- Bastel- oder Holzleim

So wird's gemacht:

1 Anhand der Vorlagen die Teile zuschneiden: 2 x Körper, 2 x Kopf, 2 x Schwanz, 1 x Vorderflügel, 1 x Hinterflügel, 2 x gewünschte Kopfbedeckung. Für den Kopf möglichst ein Stück unbedruckte Buchseite verwenden.

2 Die beiden Körper so auf die Arbeitsfläche legen, dass die Außenflächen nach oben zeigen. Auf jeden Körper einen Kopf vollflächig aufkleben.

3 Auf jeden Körper einen zusätzlichen Schwanz kleben. Dabei nur am Schaft etwas Kleber verwenden.

4 Auf einen Körper einen Hinterflügel, auf den anderen einen Vorderflügel entsprechend der Markierung kleben.

5 In der Mitte des Drahts eine Öse (siehe S. 22) biegen, um eine größere Klebefläche zu bekommen. Die Enden des Drahts verdrillen.

6 Die beiden Körperteile vollflächig zusammenkleben, dabei die Spirale dazwischenlegen.

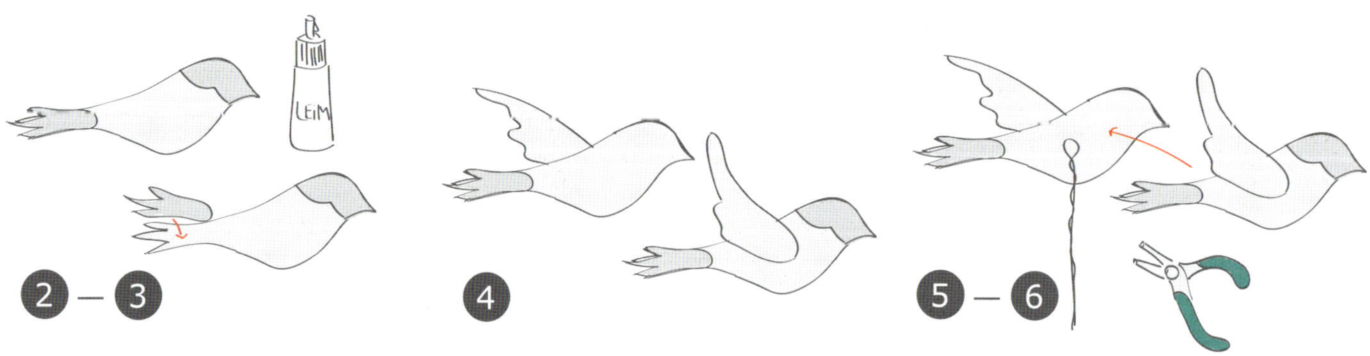

TIPP: Ist das Papier der Körper sehr dünn, eine zusätzliche Körperlage einkleben.

7 Die Kopfbedeckung von beiden Seiten aufkleben und die Augen anzeichnen.

8 Zusätzliche Federn aus schmalen Papierstreifen oder einen verkleinerten Flügel an den Flügeln anbringen. Damit es luftiger wirkt, das lose Federkleid über den Scherenrücken ziehen.

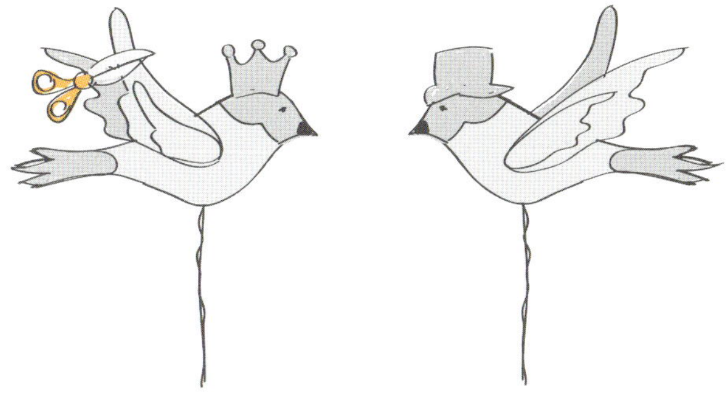

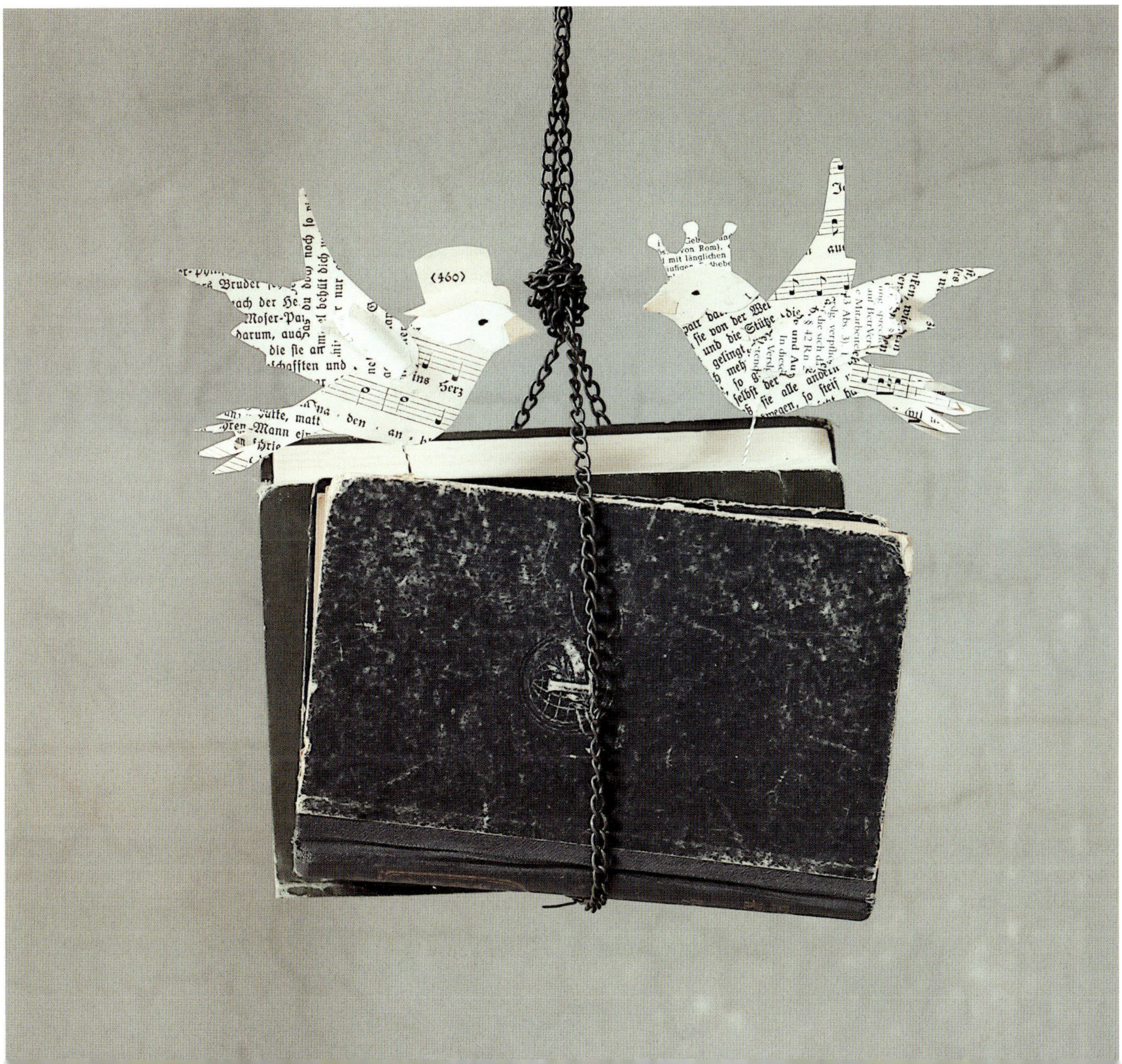

Taube ★★★

Es sieht aus, als würden die Tauben gleich abheben und davonfliegen. Aus den Seiten eines Liebesromans gefertigt, sind sie eine originelle Hochzeitsdekoration.

Größe: 9 x 5 x 11 cm

Hilfsmittel:

- ☑ Vorlagen Körper, Flügel, Schwanz A und B (S. 183)
- ☑ Schere
- ggf. Bleistift
- ☑ Radiergummi

Materialien:

- ☑ Buchseiten
- ☑ Klebstoff

So wird's gemacht:

1. Körper, Schwanz und Flügel ausschneiden. Die Federn von Schwanz und Flügeln an den Markierungen einschneiden. Körper, Flügel und großen Schwanz entlang der gestrichelten Linien falzen.
2. Die Federn von kleinem Schwanz und Flügeln leicht über den Rücken einer großen Schere ziehen, damit sie luftiger fallen.
3. Den Körper an Kopf und Schnabel zusammenkleben. Der Rest des Körpers bleibt offen.
4. Den großen Schwanz auf die Markierung am Ende des Körpers kleben und zurechtbiegen, solange der Kleber noch feucht ist.
5. Den kleinen Schwanz nach Bedarf auf dem großen Schwanz positionieren und im unteren Bereich festkleben.
6. Die Flügel an der Markierung auf den Rücken kleben.

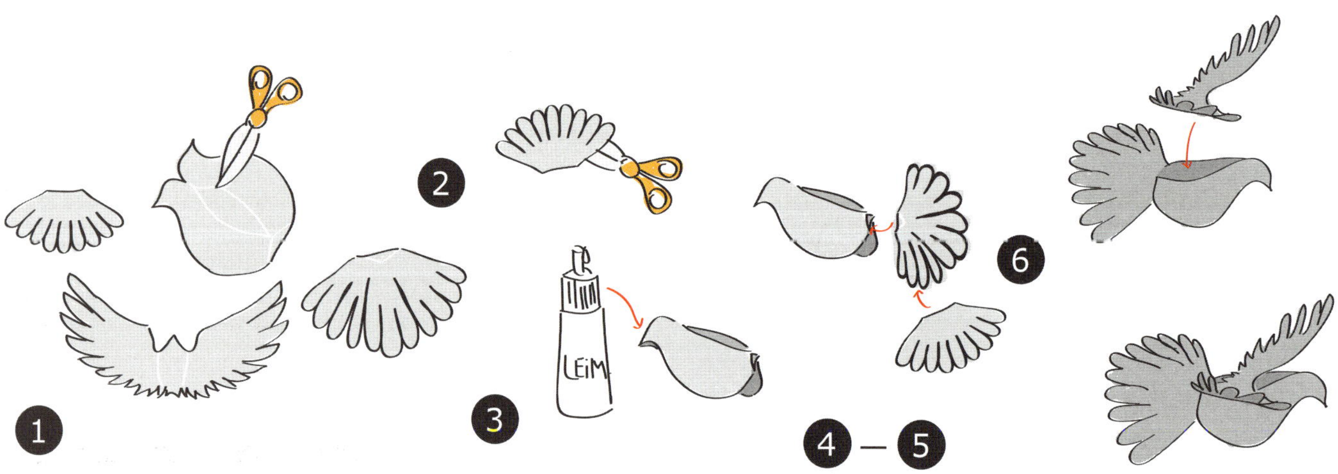

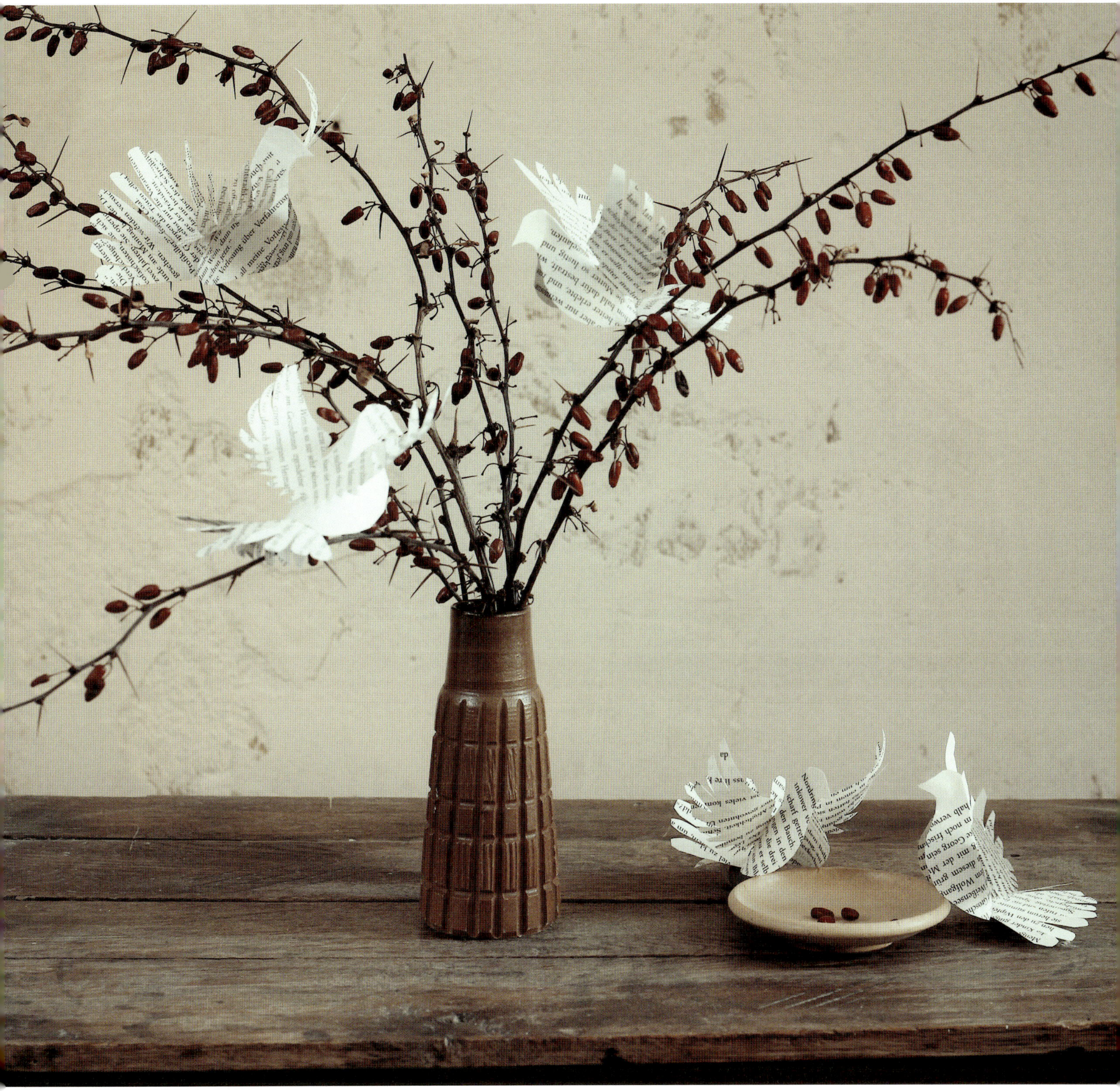

Kolibri

Der Kolibri lässt sich als Dekoration sogar zwischen die Bücher im Regal stecken.

Größe: 13 x 6 x 14 cm

Hilfsmittel:

- ☑ Vorlagen Körper, Flügel, Schwanzverlängerung (S. 184)
- ☑ Schere
- ggf. Bleistift und Radiergummi
- ☑ Zangen (Seitenschneider, Rundzange)

Materialien:

- ☑ Buchseiten
- ☑ Klebstoff
- ☑ Wickeldraht, 0,6 mm Ø, 10 cm lang

So wird's gemacht:

1 Körper und Flügel ausschneiden. Die Federn von Schwanz und Flügeln an den entsprechenden Markierungen einschneiden. Den Körper und die Flügel an den gestrichelten Linien falzen.

2 Die Federn von Schwanz und Flügeln leicht über den Rücken einer großen Schere ziehen, damit sie luftiger fallen.

3 Den Draht gerade ziehen und an einem Ende eine Öse biegen, die später in den Kopf geklebt wird.

4 Beide Kopf- und Schnabelhälften mit Kleber bestreichen, den Draht einpassen und die Hälften zusammenkleben.

5 Die Flügel an der Markierung auf den Rücken kleben. Falls gewünscht, eine Schwanzverlängerung aufkleben.

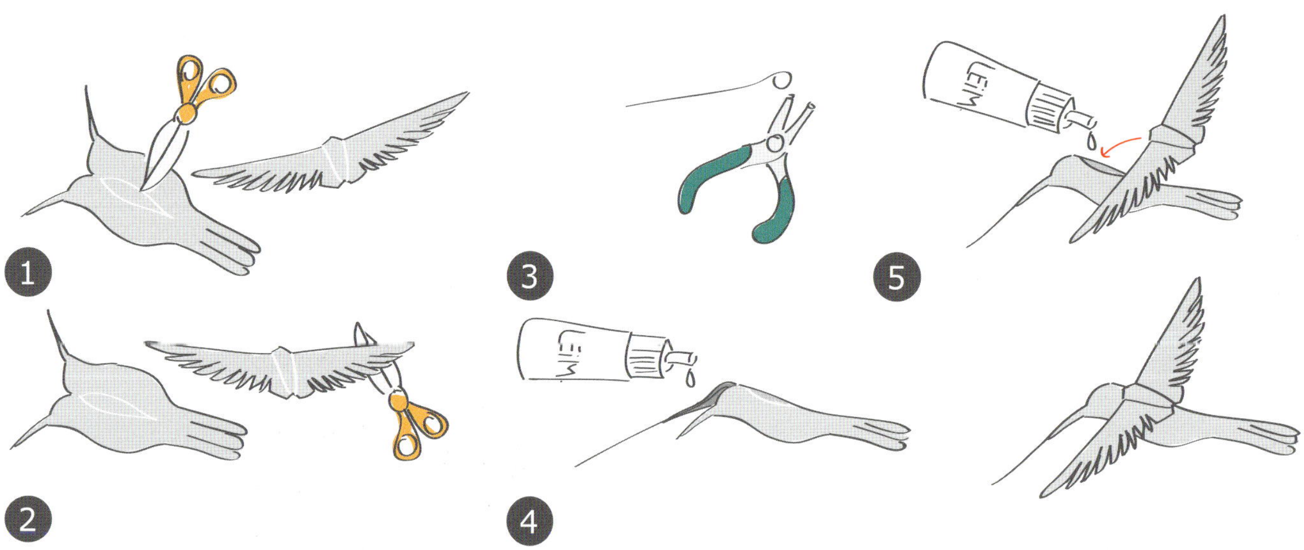

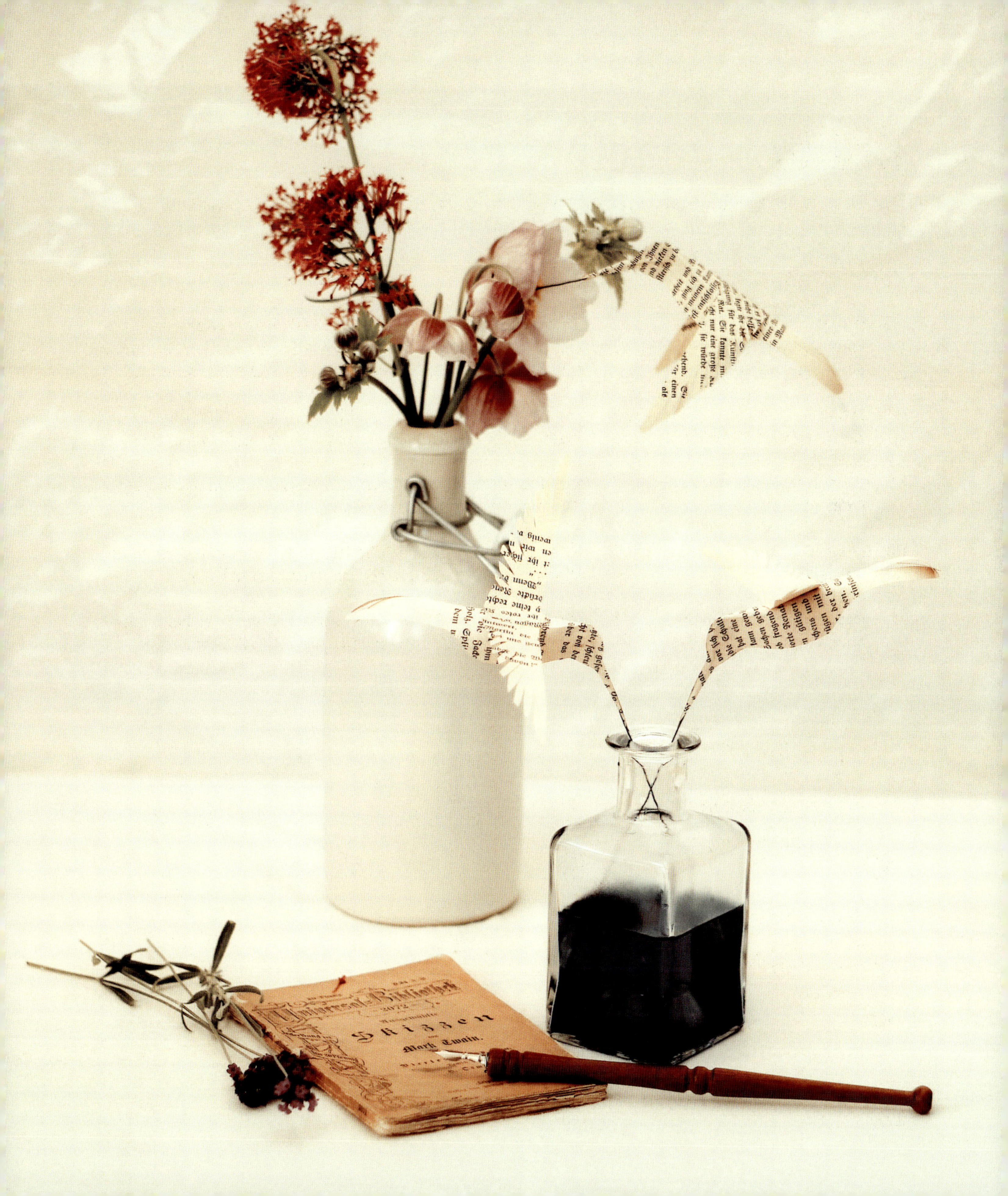
Universal-Bibliothek
Skizzen
Mark Twain

Eckiger Vogelbauer ★★★

Den Boden dieses charmanten Käfigs aus Draht bildet ein ganzes Buch. Besonders edel sieht es aus, wenn das Buch einen Leineneinband hat.

Größe: 13,4 x 19 x 30 cm

Hilfsmittel:

- Bohrlochplan (S. 189)
- Pinsel
- Drahtplan (S. 189)
- Zangenset (Rundzange, Flachzange, Seitenschneider)
- kleiner Handbohrer (alternativ: Bohrmaschine)
- ggf. 2 Schraubzwingen

Materialien:

- Hardcover, ca. 3 cm dick, mindestens 13 x 19 cm
- Holzleim/Bastelkleber
- 12 Stäbe Blumensteckdraht, 0,9 mm Ø, 35 cm lang
- Wickeldraht von der Rolle, 0,6 mm Ø
- Spulendraht/Basteldraht von der Rolle

Für die Kakadus die Vorlagen von S. 184/185 verwenden. Bei der Herstellung der Anleitung für den Kolibri von S. 160 folgen.

So wird's gemacht:

1 Den Bohrlochplan auf Papier übertragen, auf dem Buchdeckel individuell ausrichten und die Bohrlöcher markieren.

2 So tief bohren, dass der Bohrer durch den oberen Deckel und den Buchblock dringt, aber nicht durch den unteren Buchdeckel. Hilfreich ist es, das Buch vorher zwischen 2 Schraubzwingen zu klemmen, damit nichts verrutscht.

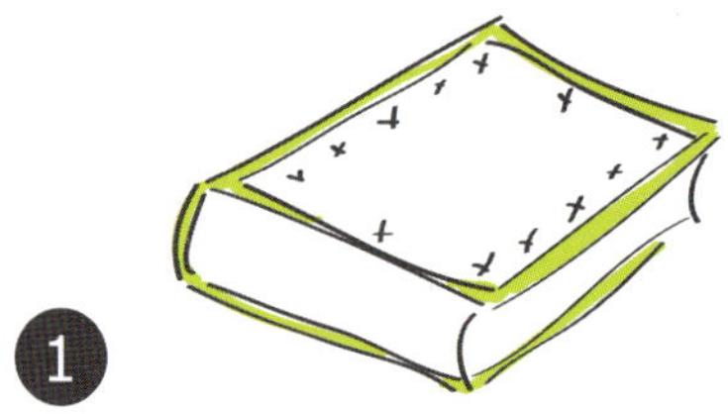

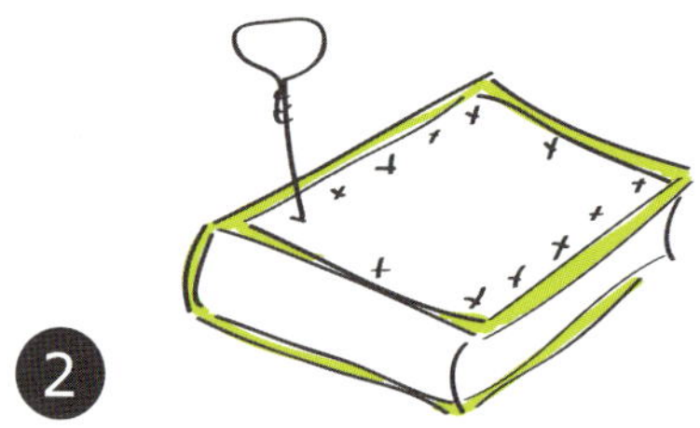

3 Den Buchschnitt komplett mit Holzleim einstreichen und den Leim trocknen lassen. Während des Trockenprozesses das Buch z. B. mit einem Bücherstapel beschweren.

4 Den Blumensteckdraht gemäß Drahtplan biegen und den entsprechenden Bohrlöchern zuordnen. Es werden immer 2 gleiche Stäbe gebogen.

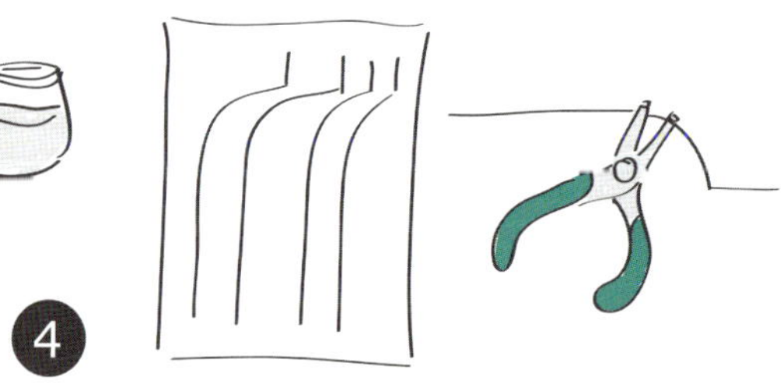

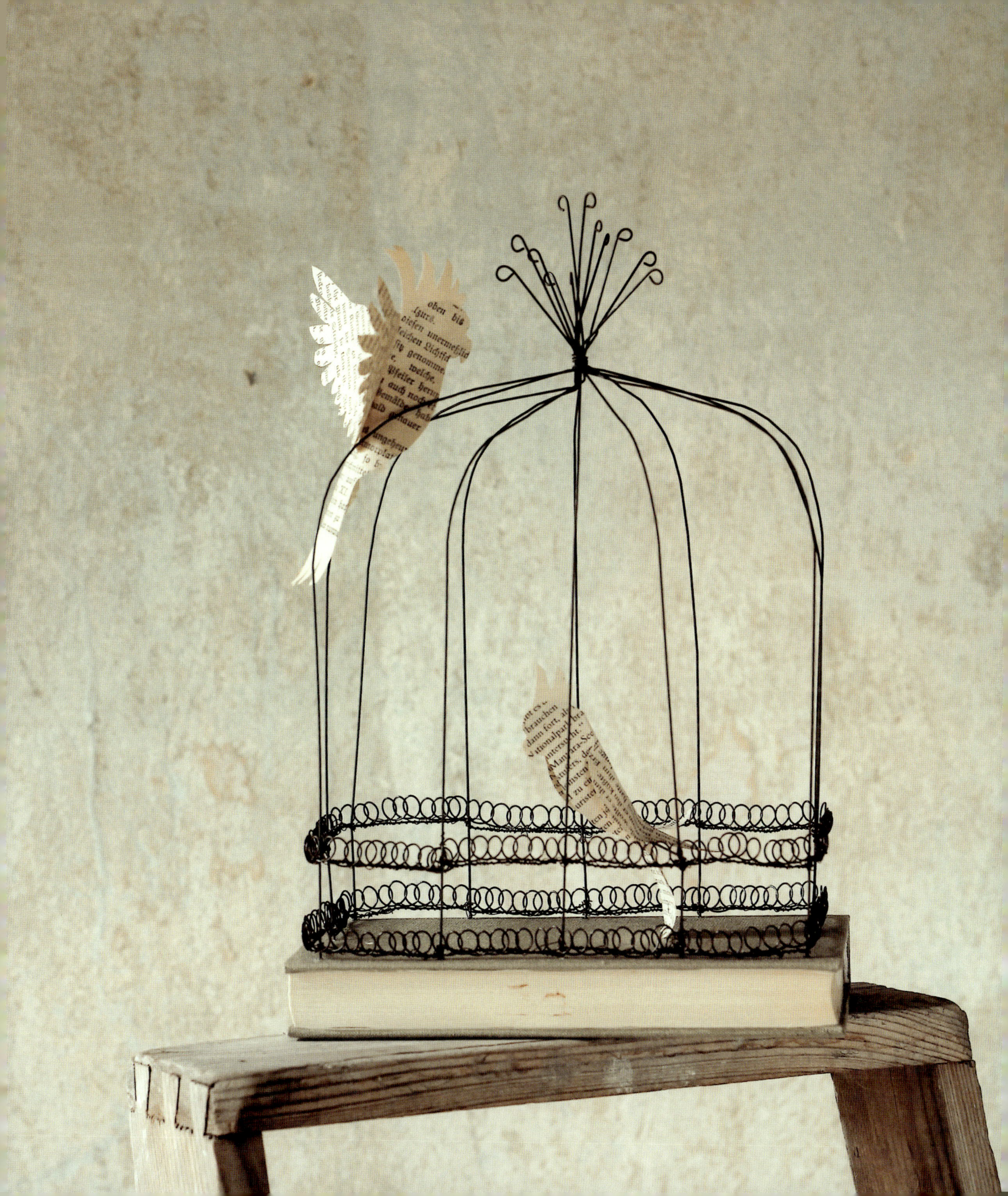

TIPP: Sind die Bohrlöcher im Verhältnis zur Stärke des Drahts etwas groß geraten, können die im Buch verschwindenden Drahtenden mit ein wenig Papier umwickelt und verklebt werden.

5 Die Bohrlöcher mit Holzleim füllen und den passenden gebogenen Stab einführen. Die oberen Enden aller 12 Stäbe in der Mitte zusammenführen und mit einem Stück Wickeldraht fixieren: Hierfür zunächst eine Schlaufe biegen, über die Stabenden legen, mit der Zange zusammendrücken und die Stäbe mehrfach fest umwickeln.

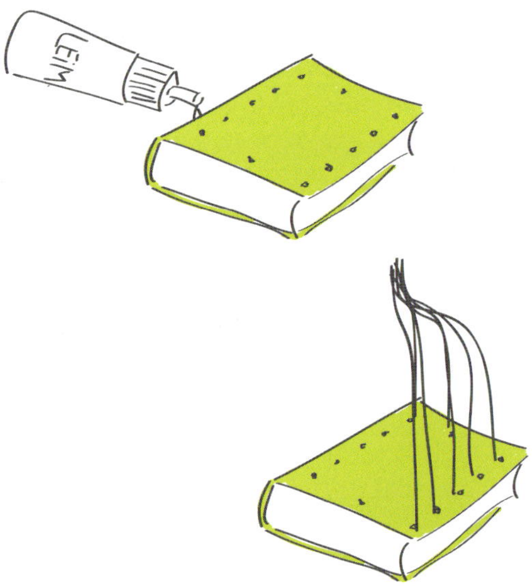

6 Den Holzleim gut trocknen lassen, bis alle Stäbe ganz fest sitzen.

7 Ein Stück Wickeldraht abschneiden, das etwas länger als der Umfang des Käfigs ist. Mit der Rundzange an einem Ende eine Öse biegen. Diese um einen Stab legen und schließen. Dann den Draht unmittelbar über dem Buchdeckel um den gesamten Käfig legen. Dabei den Draht eng um jeden einzelnen Stab herumführen. Als Abschluss eine Öse biegen und schließen. Den Wickeldraht ca. 5 cm gleichmäßig nach oben schieben.

8 Schritt 7 wiederholen, den Draht zum Schluss aber nur ca. 1 cm nach oben schieben.

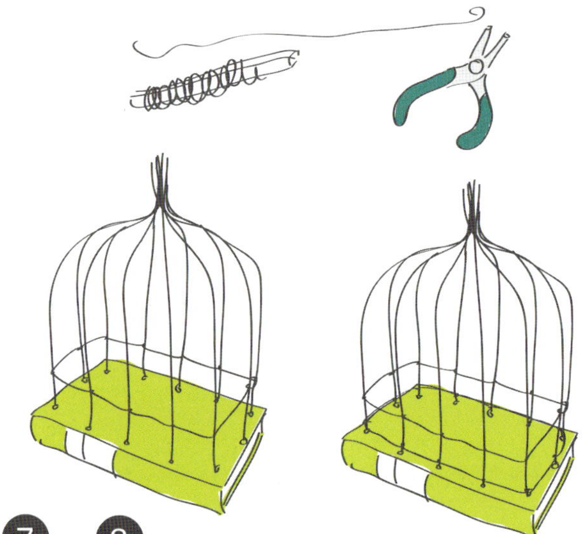

7 — 8

9 Eine flache Schlaufenreihe (siehe S. 23) als Zierelement herstellen: Dafür den Wickeldraht dicht an dicht mehrfach um einen Bleistift wickeln. Nicht zu fest arbeiten, die Spirale muss sich weiterschieben lassen. Insgesamt muss die Spirale so lang sein, dass sie einmal um den Käfig gelegt werden kann.

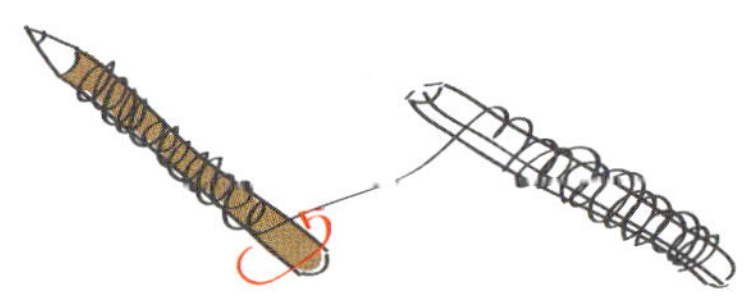

10 Die Spirale in der Mitte teilen und mit jeder Hälfte eine Schlaufenreihe erzeugen. Dazu die Schlaufen zunächst zwischen Daumen und Zeigefinger flach drücken und die einzelnen Wicklungen gleichmäßig auseinanderschieben. Jede Hälfte soll am Ende aus-

reichend lang sein, damit sie rundum den gesamten Käfig gelegt werden kann.

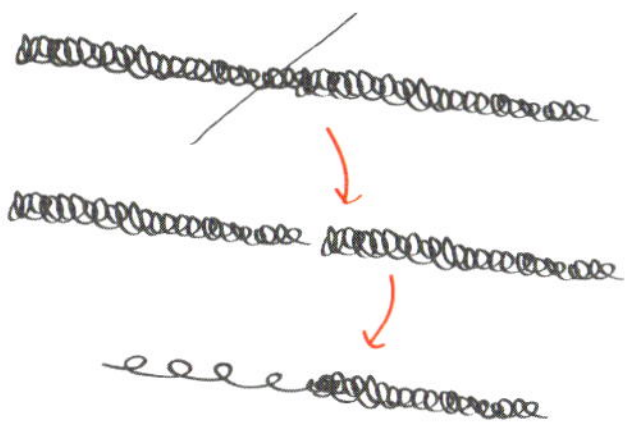

11 Die beiden Wickeldrahtverstrebungen aus den Schritten 7 und 8 eng mit dem Spulendraht umwickeln und dabei die Schlaufenreihen fixieren.

12 Den unteren Draht wieder ganz nach unten auf den Buchdeckel schieben.

13 Zum Schluss die oberen Enden der 12 Stäbe leicht nach außen biegen, unregelmäßig kürzen und mit der Rundzange einen schönen Abschluss biegen.

14 Falls gewünscht, noch eine Sitzstange hinzufügen. Dafür einen Stab quer durch den Vogelbauer schieben und mit Spulendraht befestigen.

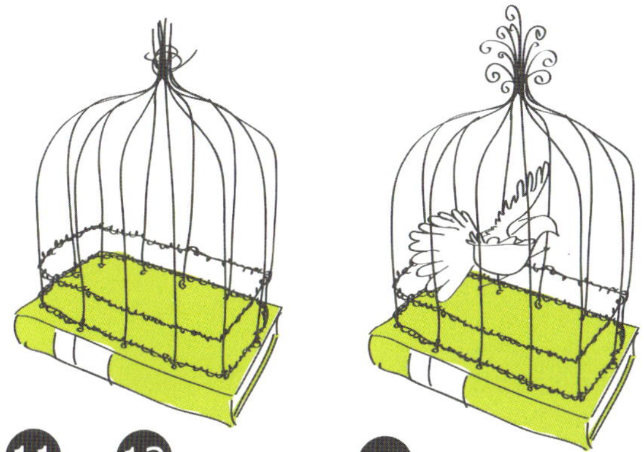

11 – 12   13

Variante mit eigenen Formen

Entwerfen Sie eine eigene Käfigform. Als Hilfen beim Festlegen der Drahtform lassen sich unterschiedliche Haushaltsgegenstände einsetzen. Für den runden Käfig habe ich ein Weckglas benutzt, auf das ich einen kleinen Ball gesetzt habe. Der eckige Käfig hat seine Form mithilfe eines rechteckigen Kartons erhalten, auf den ich eine Butterglocke gestülpt habe.

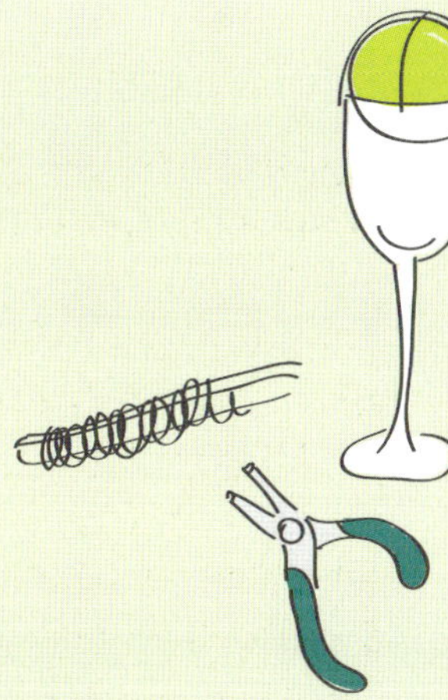

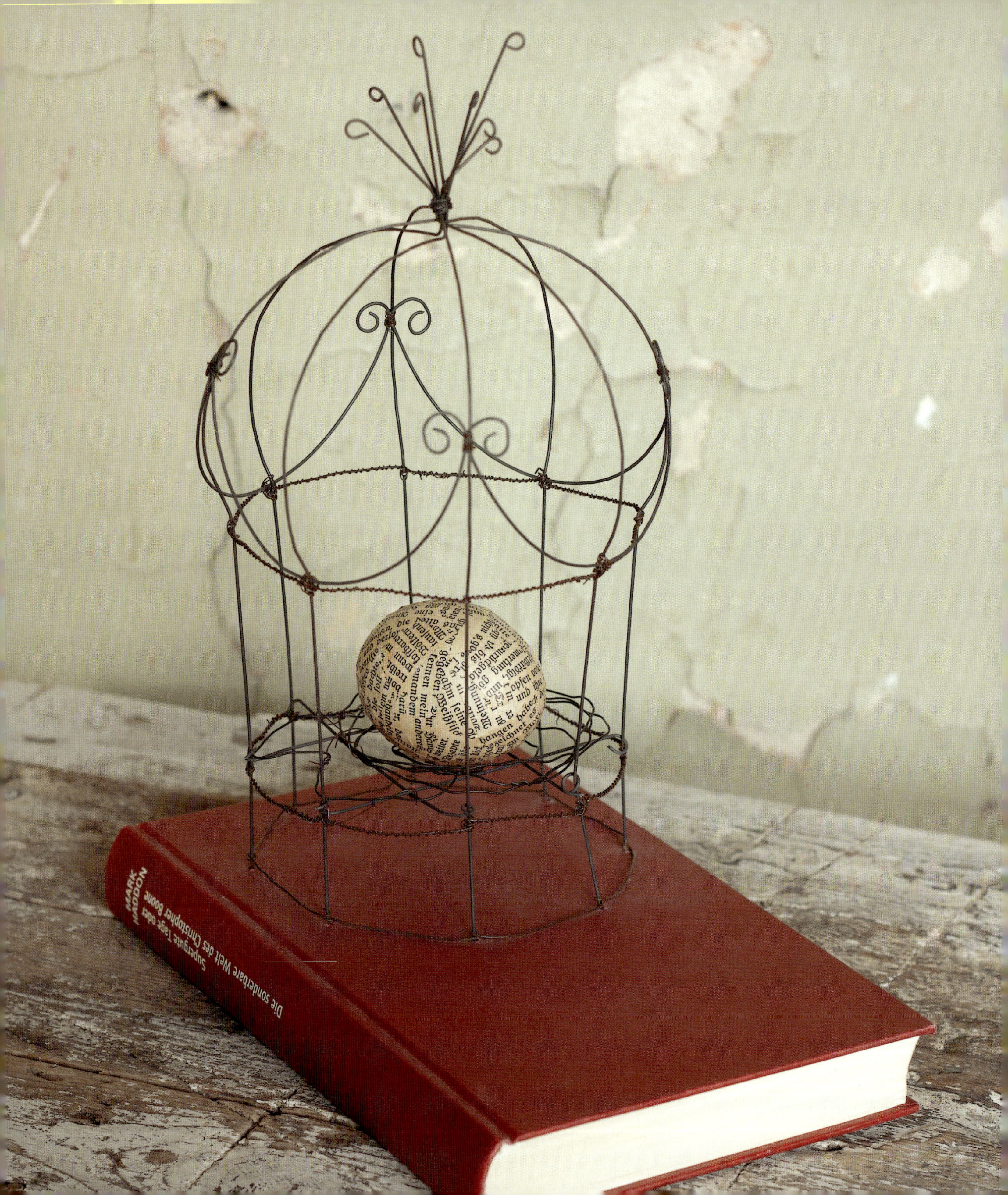
MARK HADDON
Supergute Tage oder
Die sonderbare Welt des Christopher Boone

Vogelbauer mit Nest und Ei ★★★

Im Nest liegt ein ausgeblasenes Hühnerei, das mit Buchseitenschnipseln kaschiert wurde. Sie können auch eine aufgeschlagene Eierschale von innen und außen kaschieren.

So wird's gemacht:

1 Den Bohrlochplan auf Papier übertragen, auf dem Buchdeckel individuell ausrichten und die Bohrlöcher markieren.

2 So tief bohren, dass der Bohrer durch den oberen Deckel und den Buchblock dringt, aber nicht durch den unteren Buchdeckel. Hilfreich ist es, das Buch vorher zwischen 2 Schraubzwingen zu klemmen, damit nichts verrutscht.

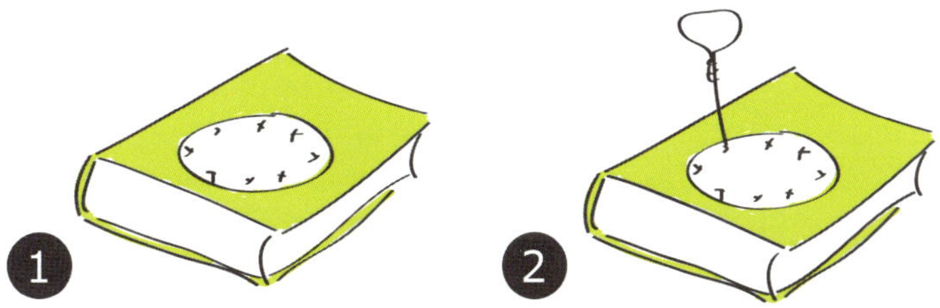

3 Den Buchschnitt komplett mit Holzleim einstreichen und den Leim trocknen lassen. Während des Trockenprozesses das Buch z. B. mit einem Bücherstapel beschweren.

4 Den Blumensteckdraht entsprechend dem Drahtplan biegen.

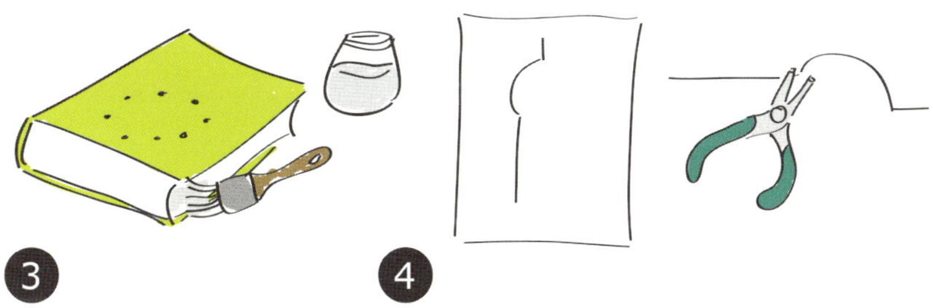

Größe: 13 x 19 x 27 cm

Hilfsmittel:

- Bohrlochplan (S. 189)
- Pinsel
- Drahtplan (S. 189)
- Zangenset (Rundzange, Flachzange, Seitenschneider)
- kleiner Handbohrer (alternativ: Bohrmaschine)
- ggf. Schraubzwingen

Materialien:

- Hardcover, ca. 3 cm dick, mindestens 13 x 13 cm
- Holzleim/Bastelkleber
- 8 Stäbe Blumensteckdraht für den Käfig, 0,9 mm Ø, 35 cm lang
- 2 Stäbe Blumensteckdraht für das Nest, 0,9 mm Ø, 35 cm lang
- Wickeldraht von der Rolle, 0,6 mm Ø
- Spulendraht/Basteldraht von der Rolle

5 Die Bohrlöcher mit Holzleim füllen und die gebogenen Stäbe einführen. Die oberen Enden aller 8 Stäbe in der Mitte zusammenführen und mit einem Stück Wickeldraht fixieren. Hierfür zunächst eine Schlaufe biegen, über die Stabenden legen, mit der Zange zusammendrücken und die Stäbe mehrfach fest umwickeln.

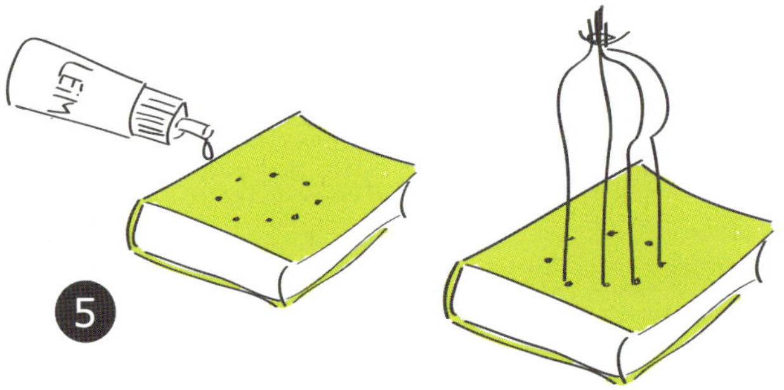

6 Den Holzleim gut trocknen lassen, bis alle Stäbe ganz fest sitzen.

7 Ein Stück Wickeldraht abschneiden, das etwas länger als der Umfang des Käfigs ist. Mit der Rundzange an einem Ende eine Öse biegen. Diese um einen Stab legen und schließen. Dann den Draht unmittelbar über dem Buchdeckel um den gesamten Käfig legen. Dabei den Draht eng um jeden einzelnen Stab herumführen. Als Abschluss eine Öse biegen und schließen. Den Wickeldraht gleichmäßig nach oben bis unter den Knick schieben.

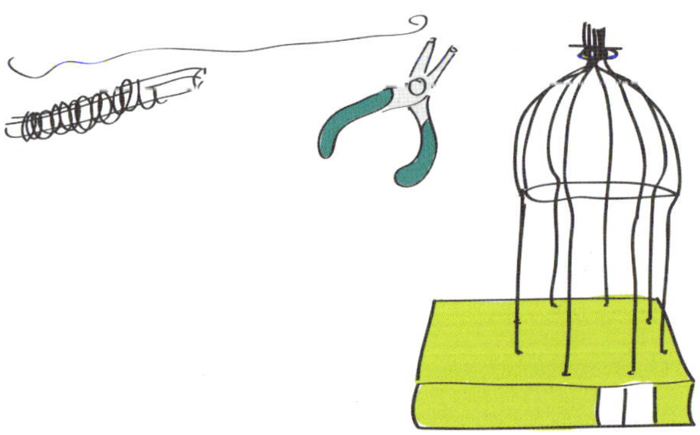

8 Schritt 7 wiederholen, den Draht aber nur ca. 5 cm nach oben schieben.

9 Schritt 7 wiederholen, den Draht aber nicht verschieben.

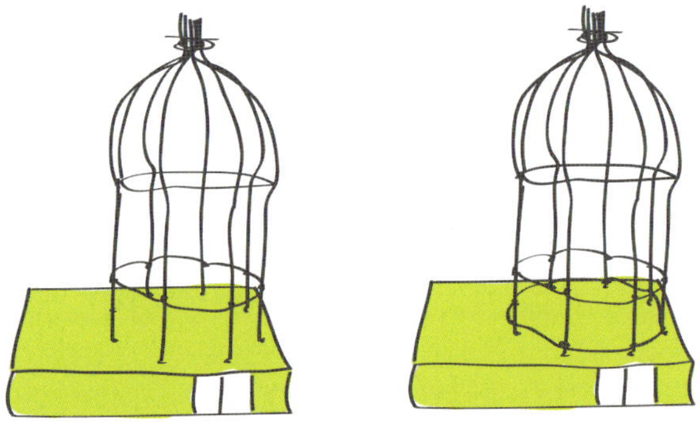

10 Die beiden oberen Wickeldrahtverstrebungen eng mit Spulendraht umwickeln.

11 Die 4 Zierelemente herstellen und anbringen: Dafür jeweils ein Stück Wickeldraht um einen runden Gegenstand mit ca. 7 cm Ø (z. B. ein kleines Wasserglas) biegen. Die Drahtenden auf jeder Seite mit der Flachzange zu einer einheitlichen Zierschlaufe biegen. Die Zierelemente mit dem Spulendraht jeweils an 3 Punkten fixieren.

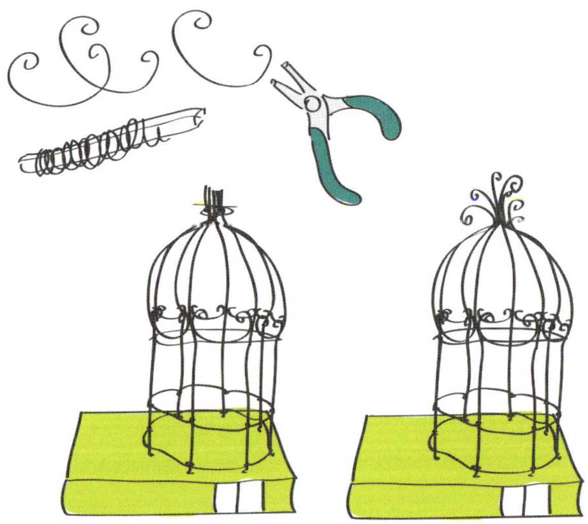

12 Die oberen Enden der 8 Stäbe leicht nach außen biegen, unregelmäßig kürzen und mit der Rundzange einen Abschluss biegen.

13 Für das Nest die beiden restlichen Stäbe Blumensteckdraht miteinander verdrillen und dann freihändig spiralförmig zu einem Nest formen. Mithilfe von Wickeldraht kann die Form durch Querstreben stabilisiert werden. Zum Schluss 4 Stückchen Wickeldraht mit einer Öse versehen und gleichmäßig verteilt am Nest einhängen. Das Nest durch die Gitterstäbe in den Käfig schieben und mithilfe der 4 Wickeldrahtstücke an 4 Gitterstäben befestigen.

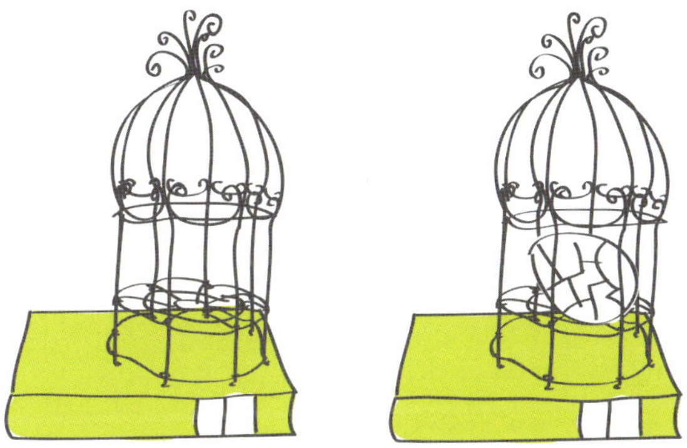

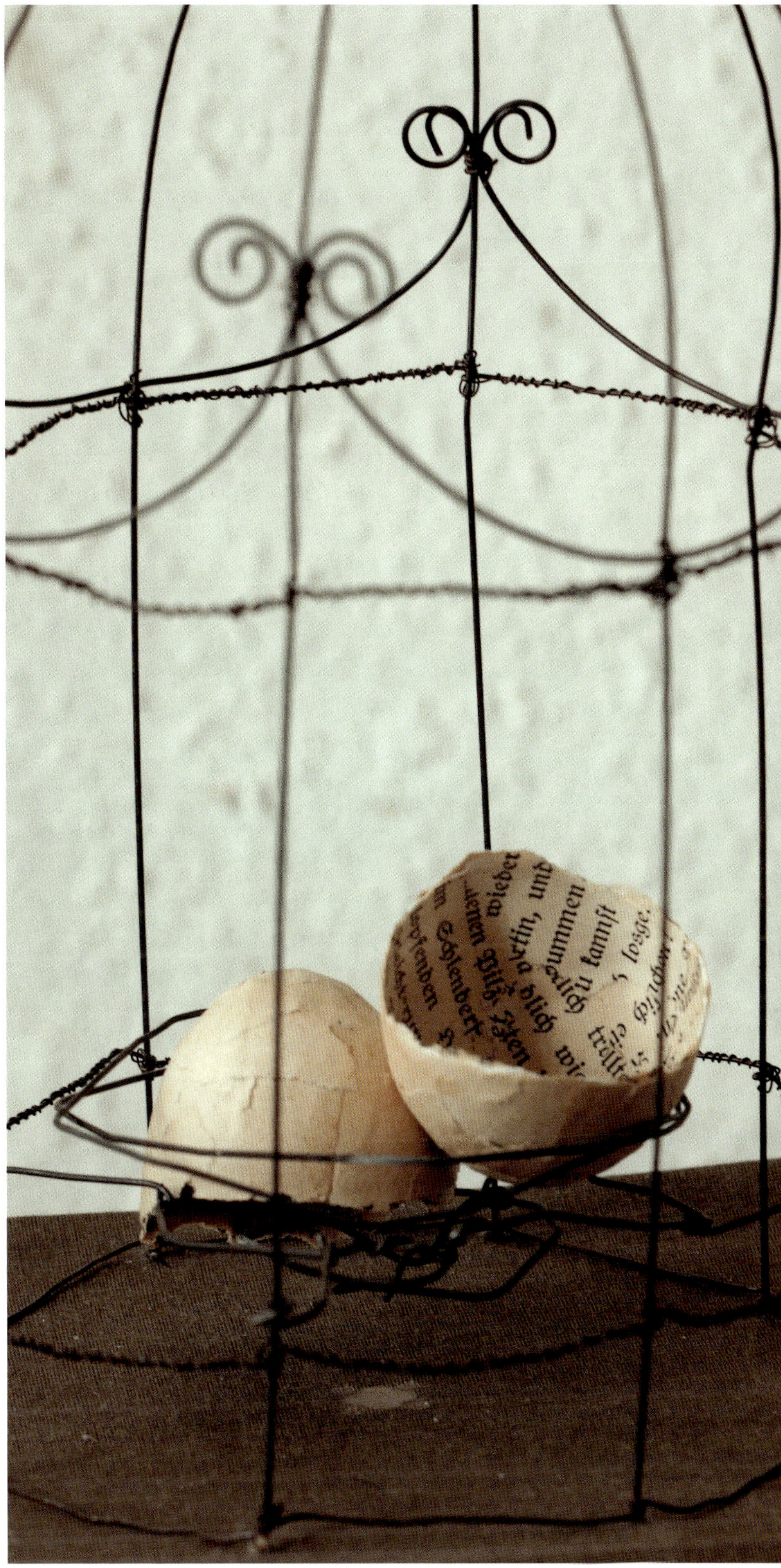

Buchvogel ★★★

Vögel aus Pappmaché sind eine beliebte Dekoration. Wenn Sie ihnen jedoch ein Federkleid aus Buchseiten geben, wirken die kleinen Piepmätze vollkommen anders als gewohnt.

Größe: 21 x 15 cm

Hilfsmittel:

- Zangenset (Seitenschneider, Rundzange, Flachzange)
- Schere
- Bleistift
- Nähnadel
- Vorlage Buchvogel (S. 190)
- Pinsel
- Wasserglas (um den Kleister anzurühren)

Materialien:

- Buchseiten
- Wickeldraht, ca. 0,6 mm Ø
- fester, nicht zu dicker Stoffrest, z. B. von einem Oberhemd
- Füllwatte (alternativ: Watte, Stoffschnipsel o. Ä.)
- Nähgarn
- Küchenfolie
- Zeitungspapier
- Kleister
- Bastelleim
- dünnes Klebeband
- Farbe auf Wasserbasis in Schwarz

So wird's gemacht:

Vogelkörper aus Stoff nähen

Der Vogelkörper aus Stoff wird als Basis für die Abformung des Vogelkörpers aus Papier benötigt. Stoff und Nähte müssen nicht schön sein, es kommt nur auf die Form an. Wenn Sie mehrere Vögel herstellen möchten, kann dieser Stoffkörper immer wieder verwendet werden.

1 Das Schnittmuster auf Papier übertragen und als Schablone ausschneiden.

2 Den Stoff doppelt legen und die Schablone auflegen. Mit dem Bleistift die Schablonenränder auf dem Stoff nachzeichnen.

3 Die Form doppellagig mit ca. 1 cm Zugabe ausschneiden. Bei Bedarf feststecken.

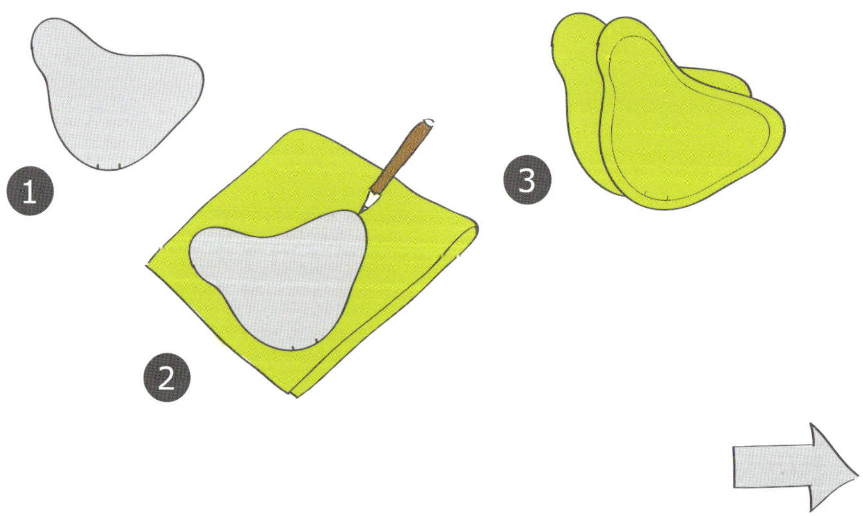

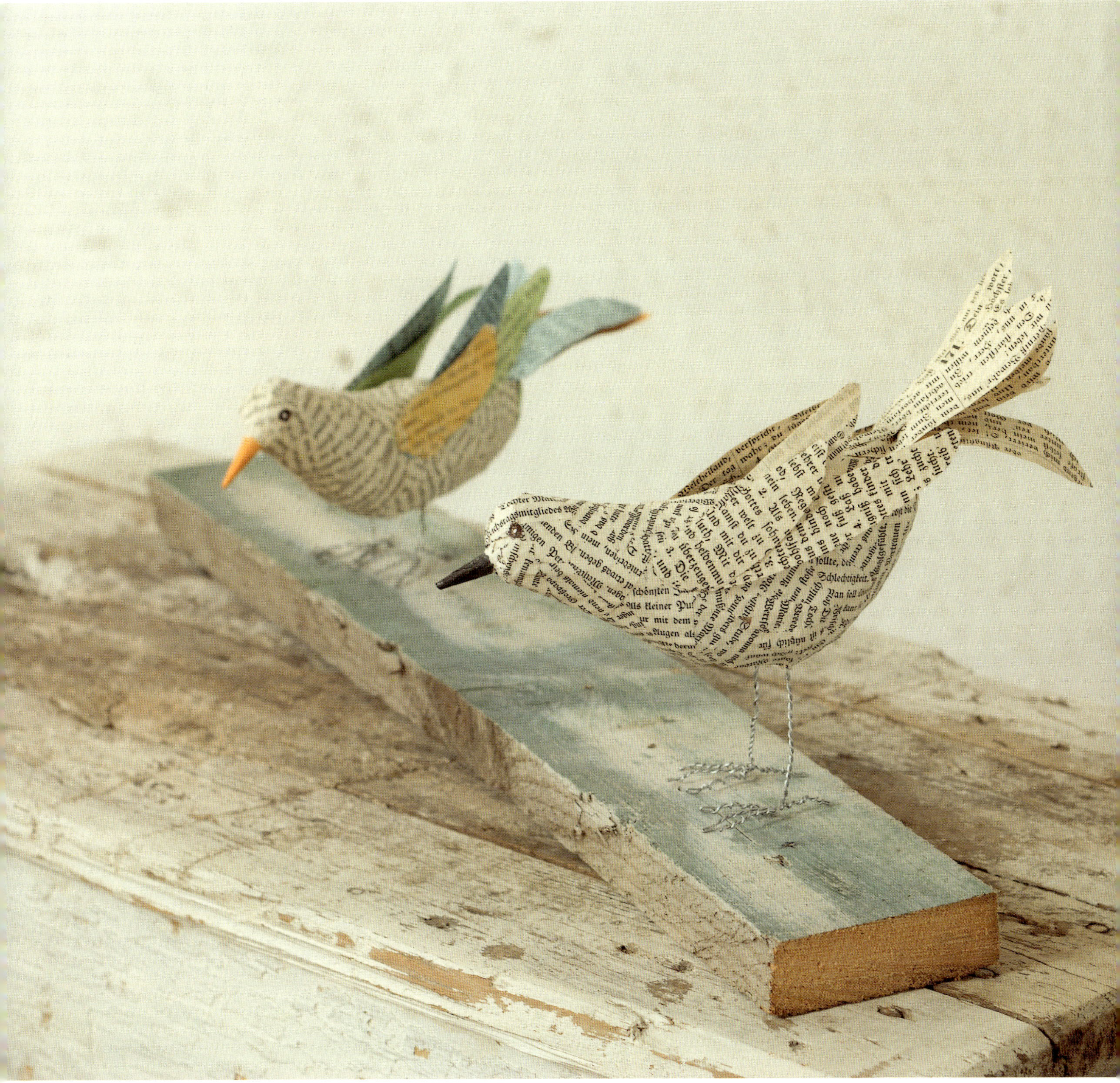

4 Die Formen entlang der Bleistiftlinien von Hand mit einem Steppstich zusammennähen. Die Nähte müssen nicht perfekt sein. Zunächst den Körper zusammennähen und eine Lücke zum Stopfen offen lassen.

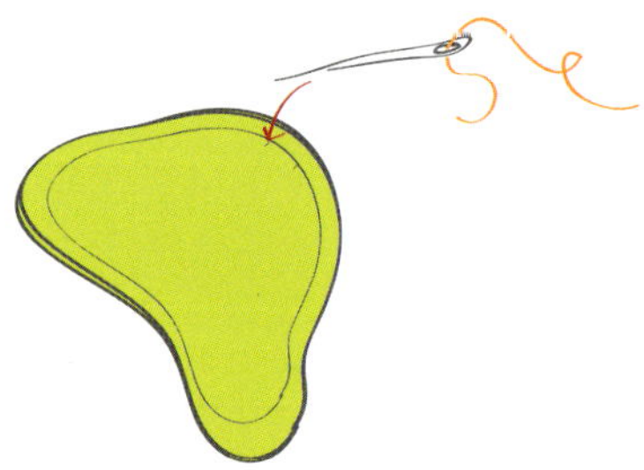

TIPP: Sie sparen Zeit, wenn Sie zum Nähen eine Nähmaschine einsetzen.

5 Auf rechts wenden und stopfen, so fest es geht, dabei den Körper ausformen. Ein Bleistift hilft dabei, bis in den Kopf zu stopfen.

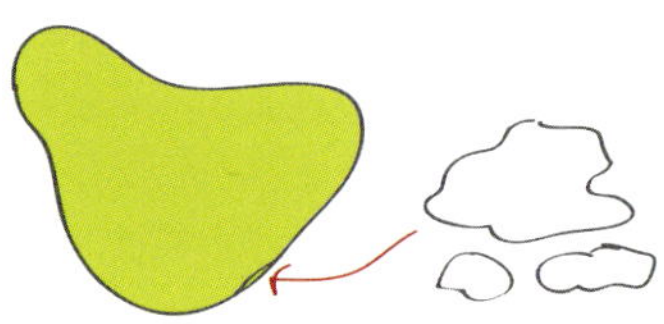

6 Sobald der Körper ganz ausgestopft ist, die Öffnung zunähen.

Durch Abformung die Grundform herstellen

7 Den ausgestopften Stoffkörper mit Küchenfolie „beziehen" und diese mit Klebefilm eng am Körper fixieren, damit der Stoffkörper nicht feucht wird.

8 Mit Kleister bestrichene Zeitungsschnipsel über die Küchenfolie kleben, bis alles bedeckt ist. Trocknen lassen. Anschließend noch mindestens 2 weitere Lagen Zeitungsschnipsel auflegen. Endgültig trocknen lassen.

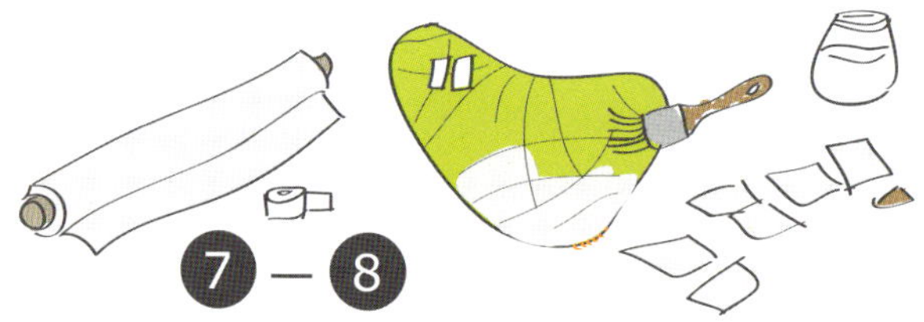

9 Erst wenn die Grundform völlig getrocknet ist, den Körper mit einer kleinen Schere vorsichtig in zwei Hälften schneiden. Der Schnitt soll dort verlaufen, wo später die Füße eingesetzt werden.

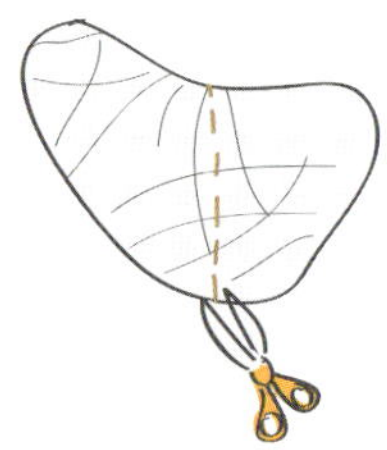

ACHTUNG: Achten Sie darauf, den Stoffkörper beim Schneiden nicht zu beschädigen, damit Sie ihn wiederverwenden können.

Füße aus Draht formen

Für einen sicheren Stand benötigen die Füße eine der Körpergröße angemessene Auflagefläche und dürfen nicht zu klein ausfallen.

10 2 Drahtstücke von ca. 30 cm Länge schneiden.

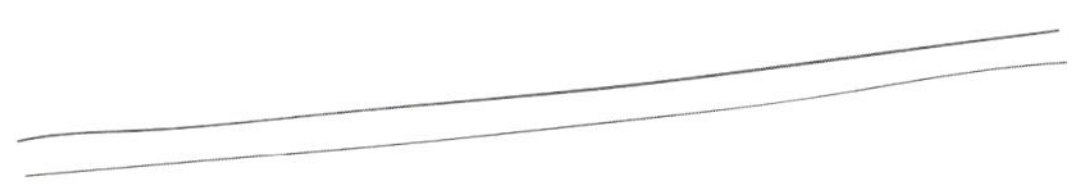

11 Einen Draht in der Mitte biegen und die Krümmung mit der Zange so eng wie möglich zusammendrücken. Beide Drahtenden über ca. 2,5 cm miteinander verdrillen. Die Mittelzehe ist fertig. Den Draht nicht abschneiden.

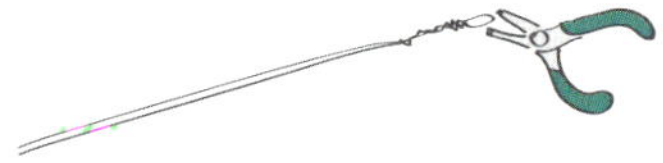

12 Für die beiden äußeren Zehen je ein weiteres Stück des Drahts rechts und links von der Mittelzehe im 45°-Winkel nach vorn biegen. Nach ca. 2 cm zurückbiegen und die Krümmung mit der Zange so eng wie möglich zusammendrücken. Das Drahtende eng um das 2 cm lange Stück wickeln. Die beiden Drahtenden an der hinteren Spitze 1 x miteinander verschlingen.

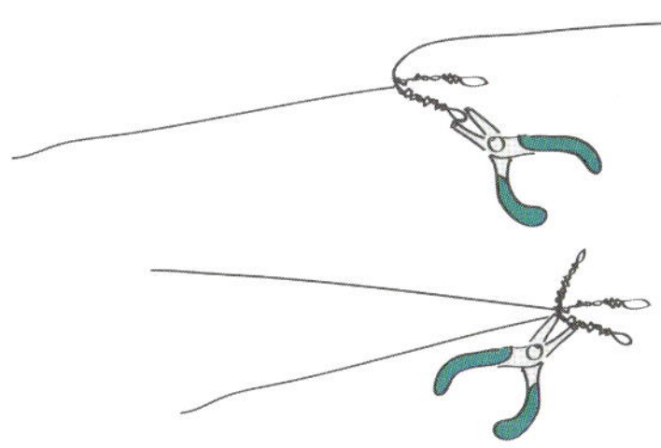

13 Für die rückwärtige Zehe ein weiteres Stück des Drahts nach hinten biegen und nach ca. 1,5 cm zurückbiegen. Weiter wie bei den äußeren Zehen verfahren. Zum Schluss den Draht 1 x um den Mittelzeh wickeln.

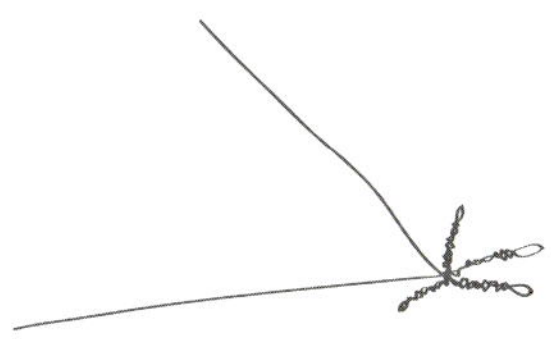

14 Für das Bein beide Drahtenden senkrecht nach oben biegen und über die gewünschte Länge (ca. 6 cm plus ca. 5 cm, die im Körper stecken) verdrillen.

15 Für den 2. Fuß die Schritte 10 bis 15 wiederholen. Wichtig ist, dass beide Füße wirklich gleich groß sind.

16 Am verdrillten Ende jedes Bein rechtwinklig umbiegen – eines nach rechts, das andere nach links.

17 Die Füße so platzieren, dass der Abstand zwischen ihnen 3 cm beträgt. Dann die abgewinkelten Beindrähte miteinander verdrillen.

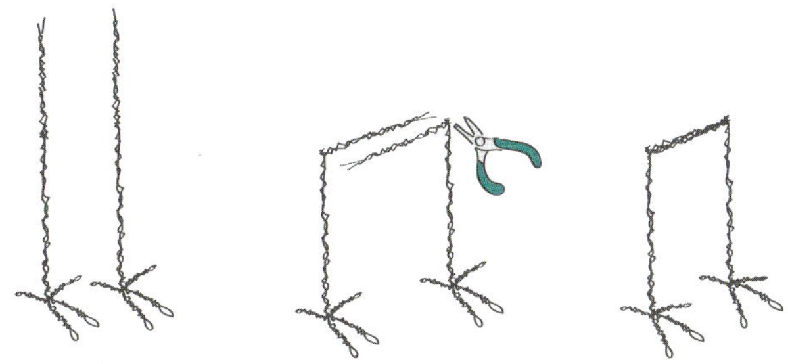

14 16 17

Den Körper zusammenfügen und die Füße fixieren

18 Die beiden Körperhälften mit geknülltem Zeitungspapier stopfen.

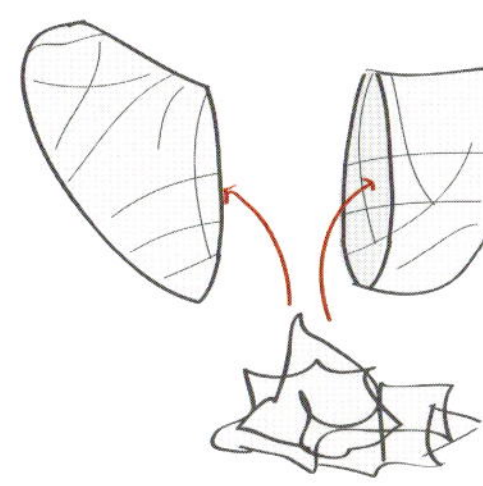

19 Um den Mittelsteg der Beine geknülltes Zeitungspapier wickeln, mit etwas Kleister einstreichen und trocknen lassen.

20 Beide Körperhälften zusammenfügen und dabei die Füße einschieben. Die Naht mit Klebeband schließen und mit eingekleistertem Zeitungspapier kaschieren.

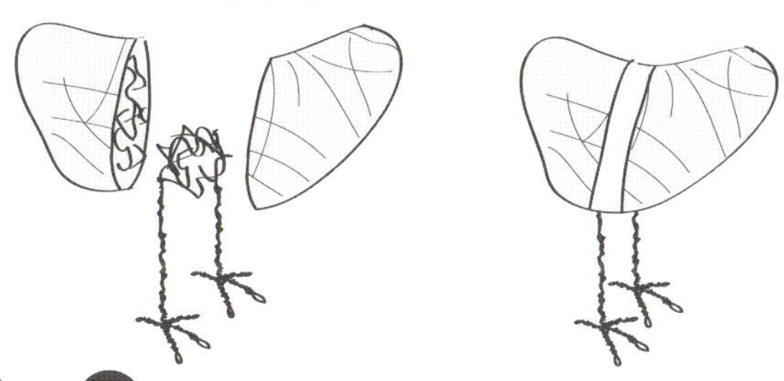

19 — 20

21 Die Standfestigkeit prüfen, ggf. die Beine mit der Zange noch etwas zurechtbiegen.

22 Den gesamten Körper mit klein gerissenen oder geschnittenen Buchseitenschnipseln und Kleister kaschieren. Die Füße dabei aussparen.

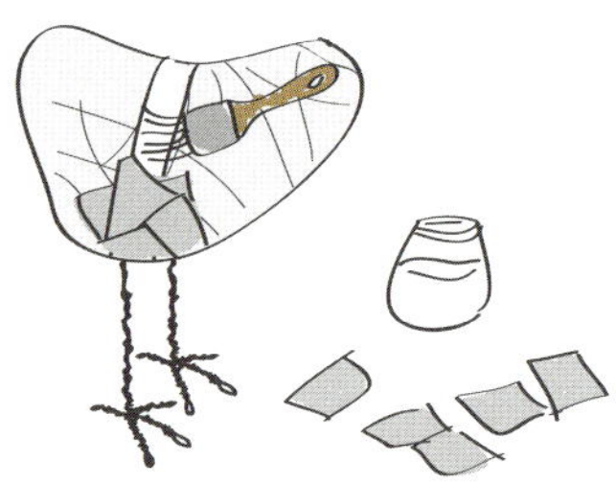

Dem Vogel ein Federkleid geben

23 Flügel und Schwanz ausschneiden:
2 x den großen Flügel, 2 x den mittleren Flügel, 2 x den kleinen Flügel, 5 x den Schwanz.

24 Jeweils 3 Flügelformen fächerförmig am unteren Ende zusammenkleben und an den Körper kleben.

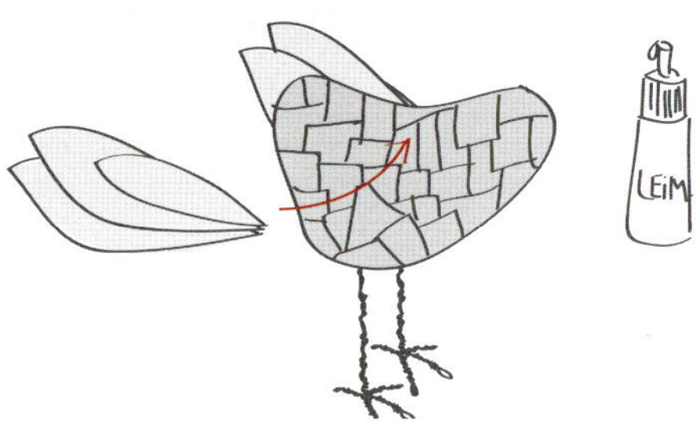

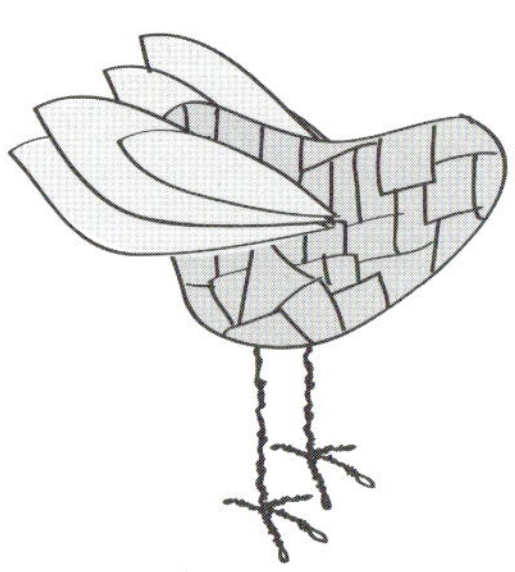

25 Die Schwanzformen unten ca. 2 cm einschneiden und nacheinander am hinteren Ende auf den Körper kleben.

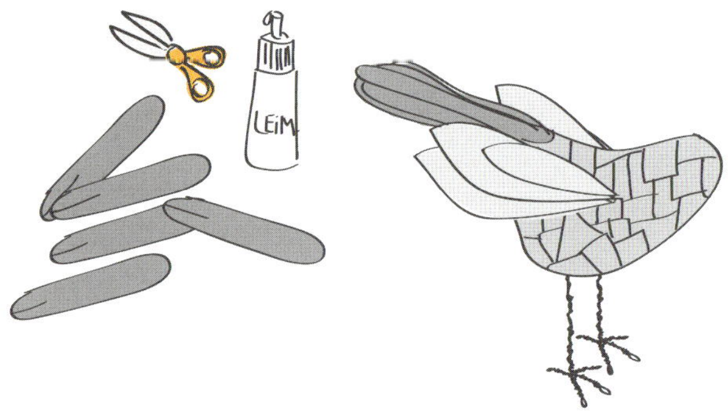

TIPP: Je 2 passende Buchseiten mit Kleister zusammenkleben. Wenn der Kleister angetrocknet ist, pressen. Die Flügelformen ausschneiden und verarbeiten, solange der Kleister noch nicht völlig trocken und das Papier noch weich ist. Ist der Kleister später durchgetrocknet, behalten sie ihre Form.

Schnabel und Augen anbringen

26 Für den Schnabel ein Stück Buchseite von ca. 3 x 5 cm so um die Bleistiftspitze wickeln, dass eine spitze Tüte entsteht. Zusammenkleben.

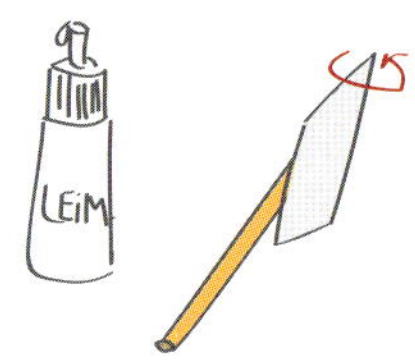

27 Am Rand bis zur gewünschten Schnabellänge rundherum einschneiden und am Kopf festkleben, ggf. vor dem Kleben einfärben.

28 Für die Augen 2 winzige Kreise ausschneiden, schwarz einfärben und in der Mitte einen hellen Punkt lassen. Die Augen aufkleben.

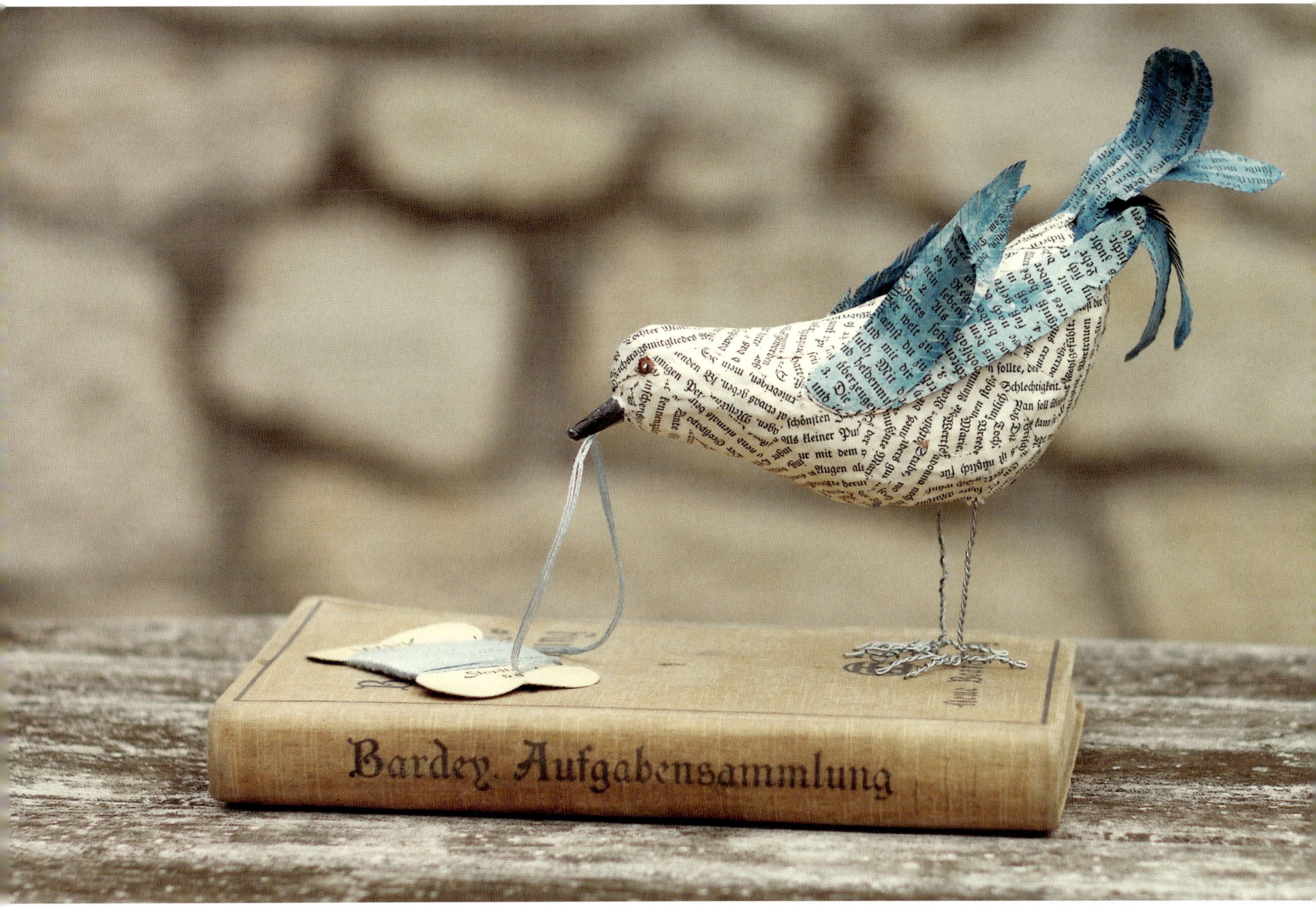

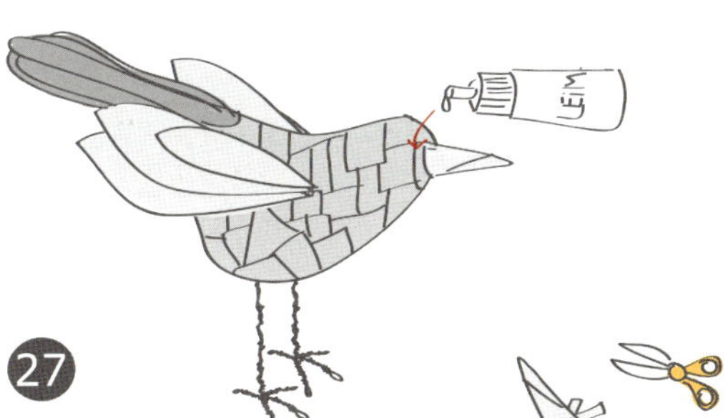

27

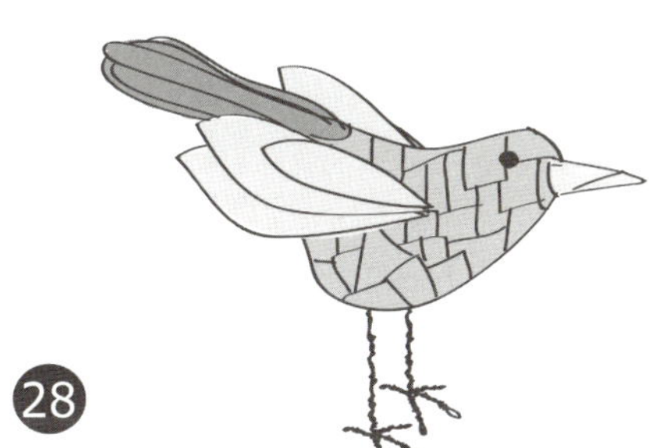

28

Noch ein Buchvogel ★★★

Dieser Vogel wird wie der vorige, aber mit anderen Vorlagen (S. 188) hergestellt. Am Kopf wird zusätzlich eine Kopfplatte eingefügt. Eine weitere Abweichung gibt es bei den Füßen: Die Beine sind länger – entsprechend länger muss der verwendete Draht sein – und werden so geformt, dass sie natürlichen Vogelbeinen entsprechen.
Die Drahtfüße werden kaschiert. Dazu unbedruckte Ränder einer Tageszeitung in ca. 10 cm lange und 1 cm breite Streifen schneiden. Diese in Kleister tauchen und dünn um die Drahtfüße wickeln. Während des Trocknungsprozesses immer wieder korrigieren, drücken und formen. Zusätzliche Streifen knapp unter dem Körper so oft um die Beine wickeln, dass der Vogel kleine Schenkel bekommt. Auch hier während der Trockenzeit mehrfach nachformen.

TIPP: Krone, Weste, Schal und Mütze – alles aus Papier, Wolle oder Stoff – sorgen für extra Pep.

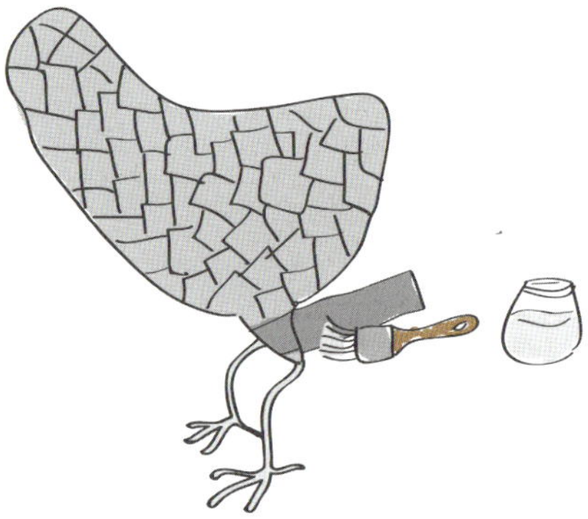

Wie kann ich eine eigene Vogelfigur entwickeln?

Über das Aussehen des Vogels entscheidet vor allem die Grundform, die vom Schnitt abhängig ist. Den kann man ganz einfach selbst entwickeln: Suchen Sie z. B. im Internet nach einem Foto oder einer Zeichnung von einem Vogel, der Ihnen gefällt, in Seitenansicht. Die Umrisse übertragen Sie auf ein Blatt Papier, z. B. indem Sie das Blatt auf den Bildschirm legen – das Bild scheint dann durch. Nun bei dem abgezeichneten Vogel den Bauch nach unten sowie den Kopf nach oben und unten ein wenig verlängern. Fertig ist das Schnittmuster. Sollte Ihnen der Vogel nach dem Nähen und Stopfen noch nicht so recht gefallen, müssen Sie möglicherweise den Schnitt noch mal verändern. Meist erkennt man aber sehr gut, was geändert werden muss. Der 2. Versuch gelingt garantiert!

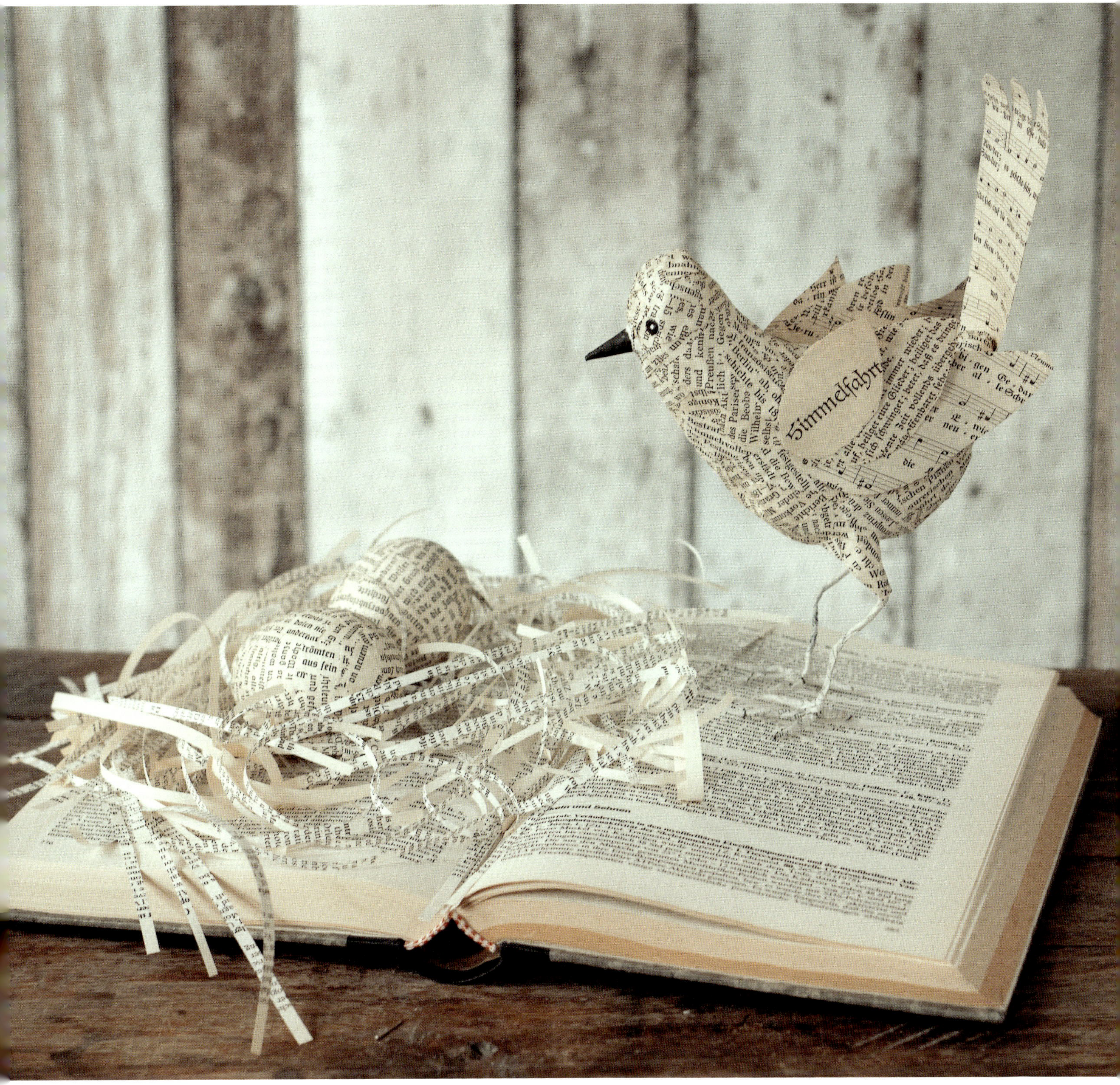
Himmelfahrt

Vorlagen

Anzeichnen und/oder ausschneiden

Falten

Ein- oder ausschneiden

Klebeflächen

Heißluftballon von Seite 39
Originalgröße

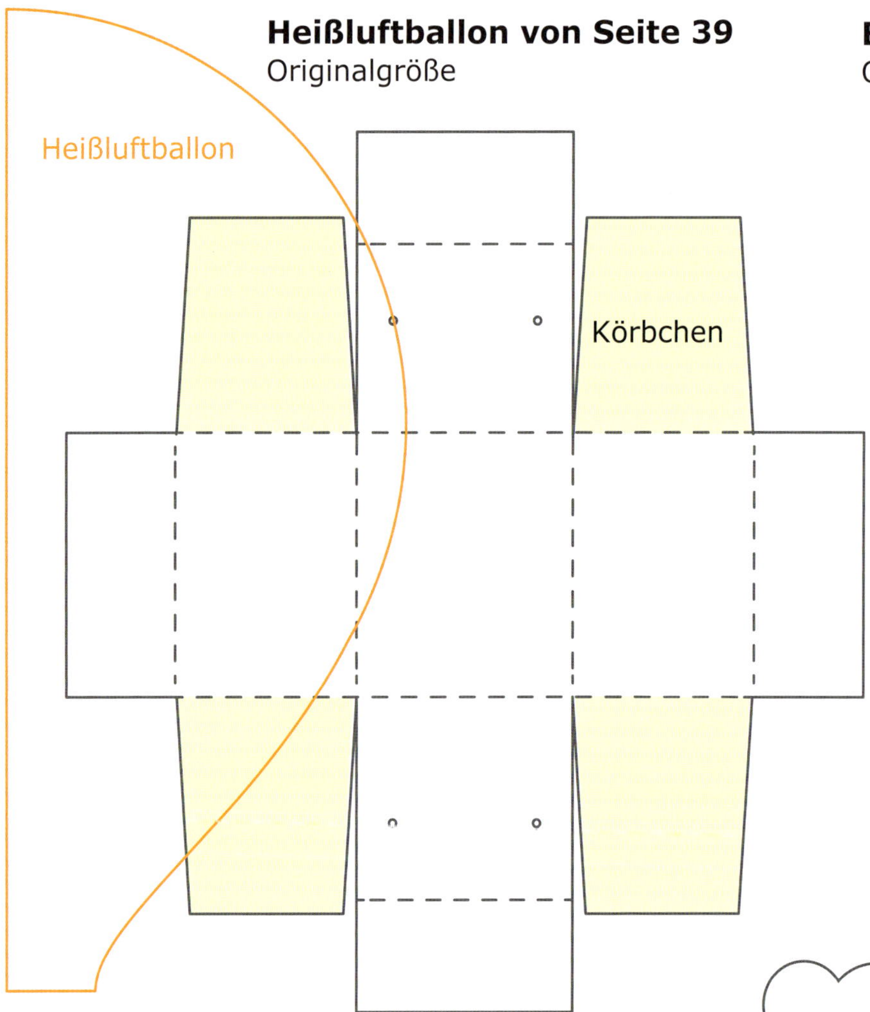

Ballon im Buch von Seite 43
Originalgröße

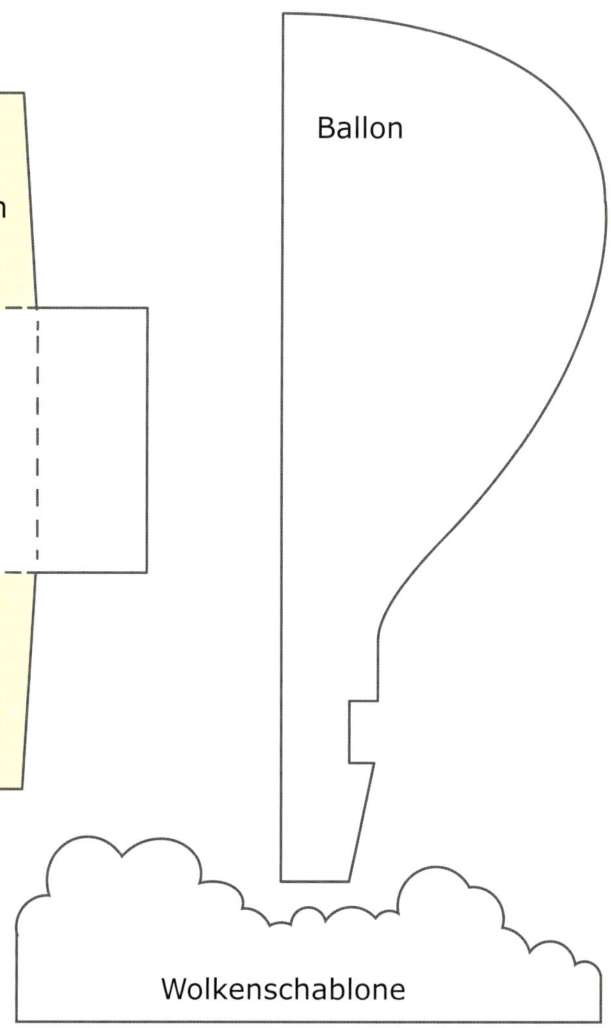

Collagen in 3-D-Optik von Seite 65

Klebeplan A

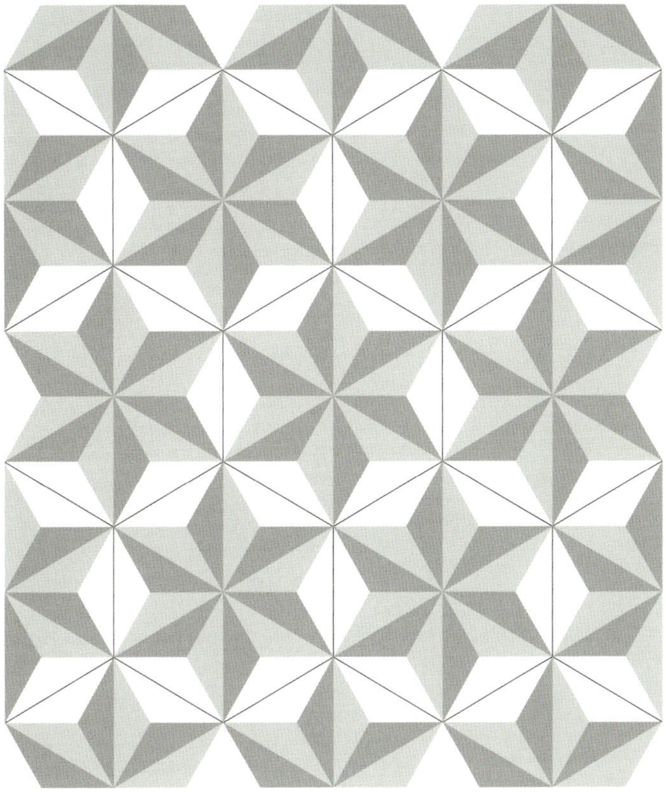

Klebeplan B

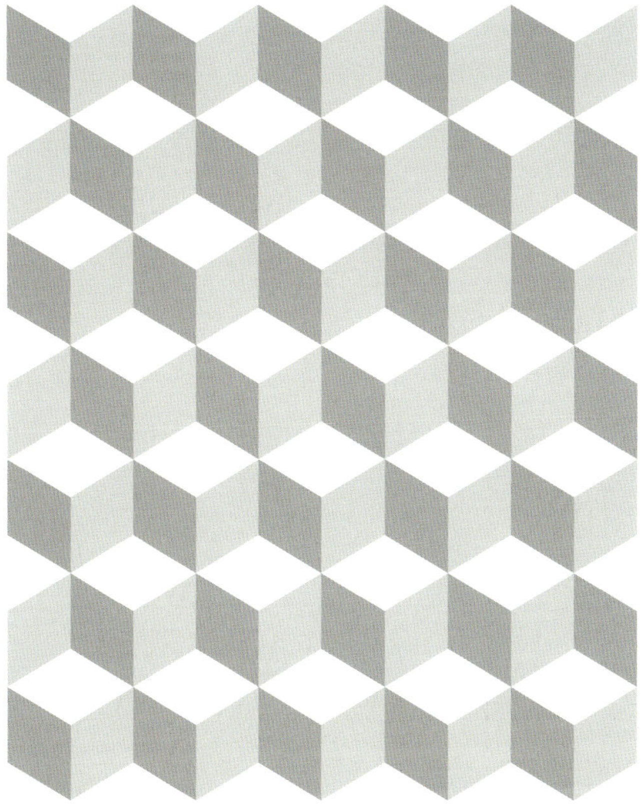

Hilfslinienvorlage A
Größe verdoppeln

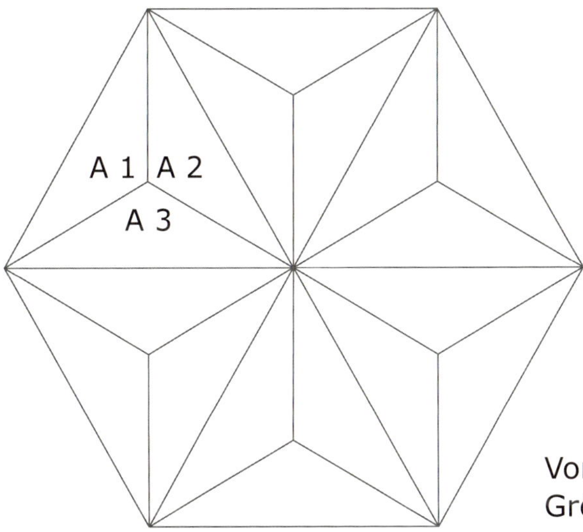

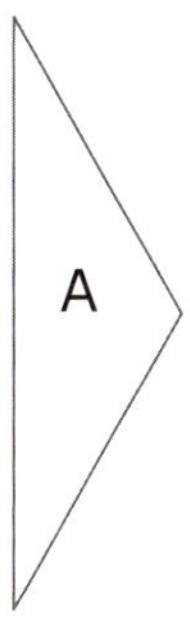

Vorlage A
Größe verdoppeln

Hilfslinienvorlage B
Größe verdoppeln

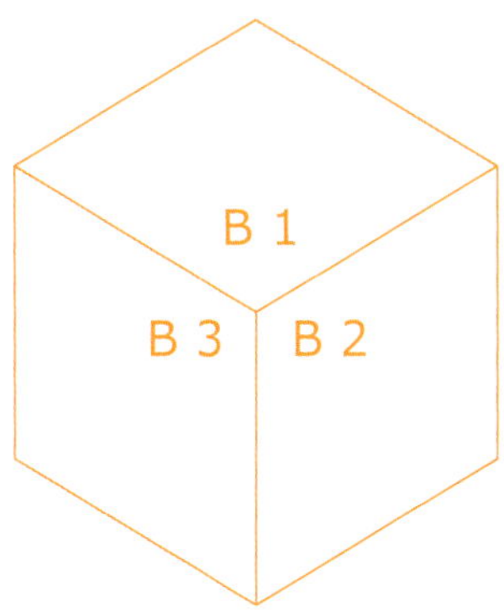

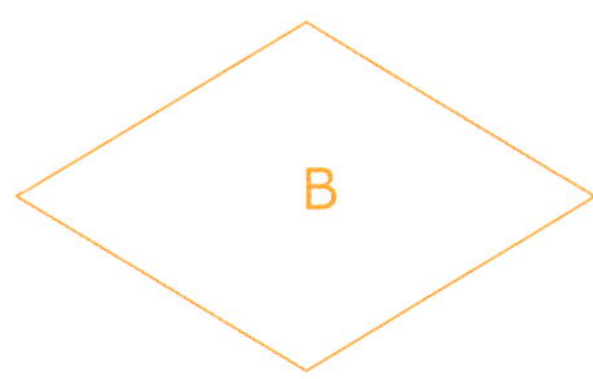

Vorlage B
Größe verdoppeln

Pomponblüten von Seite 90/92

Originalgröße

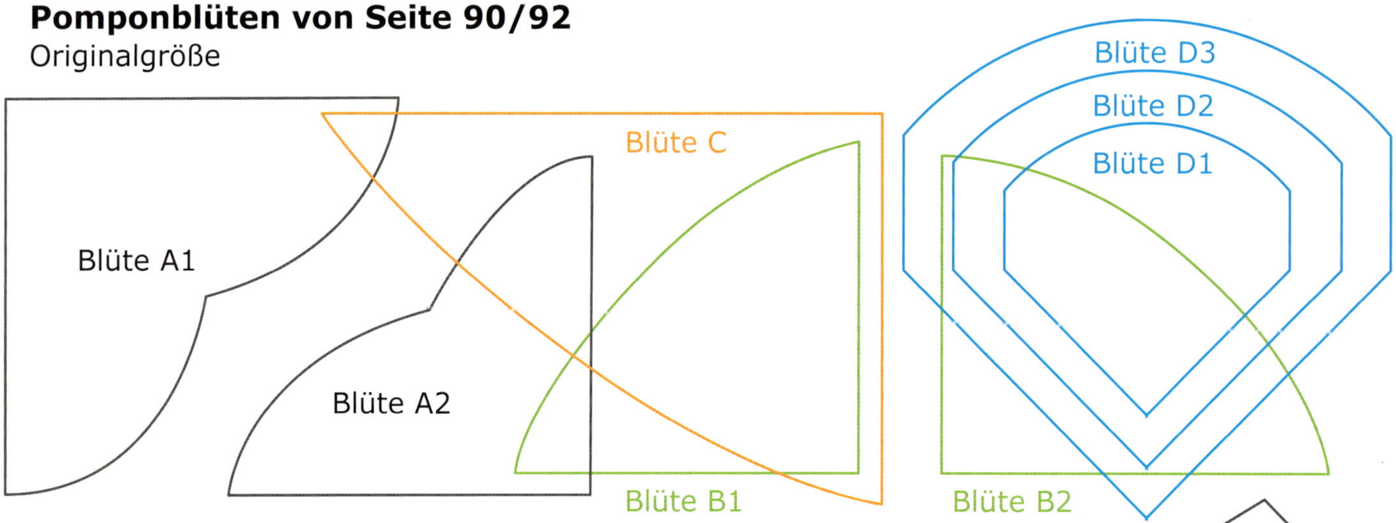

Stern mit Plisseerand von Seite 95

Größe verdoppeln

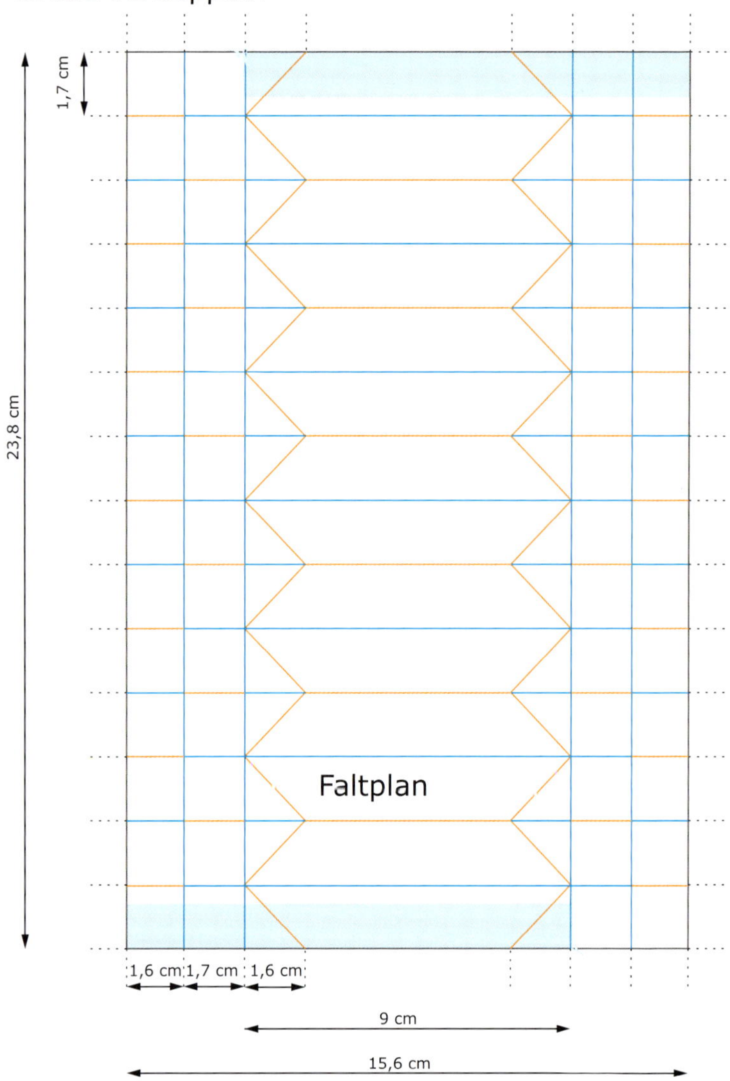

Beweglicher Stern von Seite 89

Originalgröße

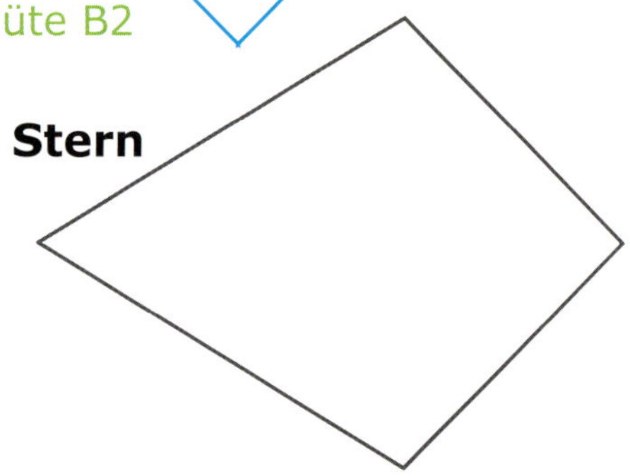

Plisseeanhänger von Seite 99

Größe verdoppeln

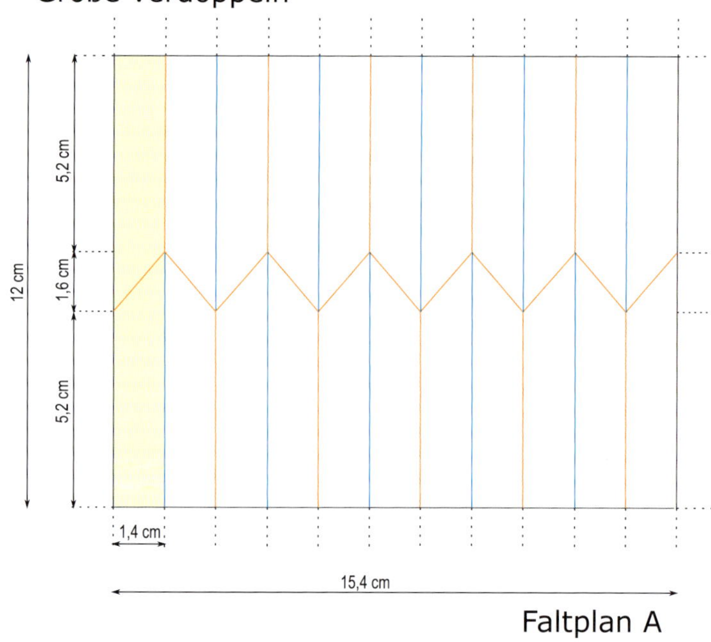

Plisseeanhänger von Seite 102
Größe verdoppeln

Seitenansicht, gefaltet

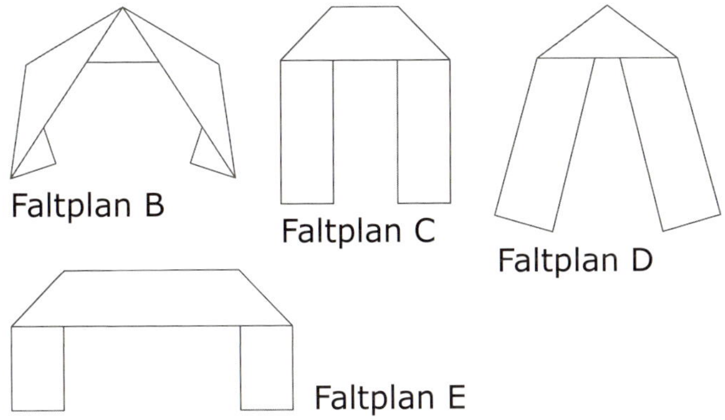

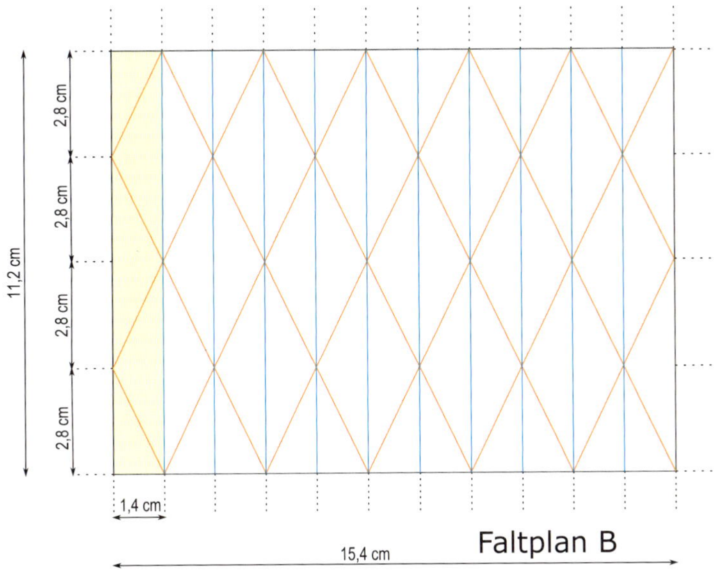

Faltplan B

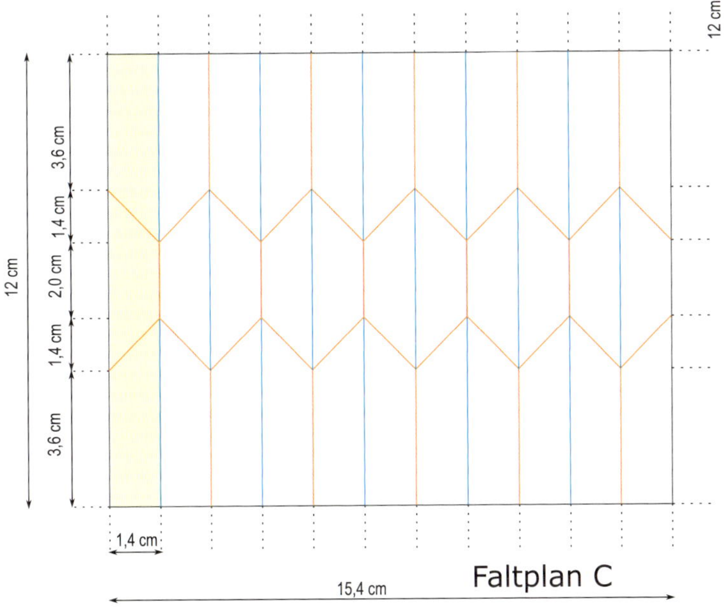

Faltplan C

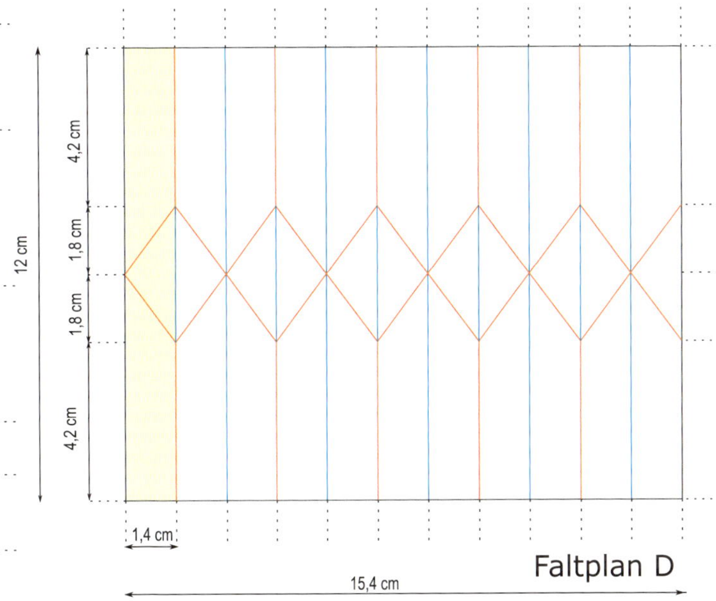

Faltplan D

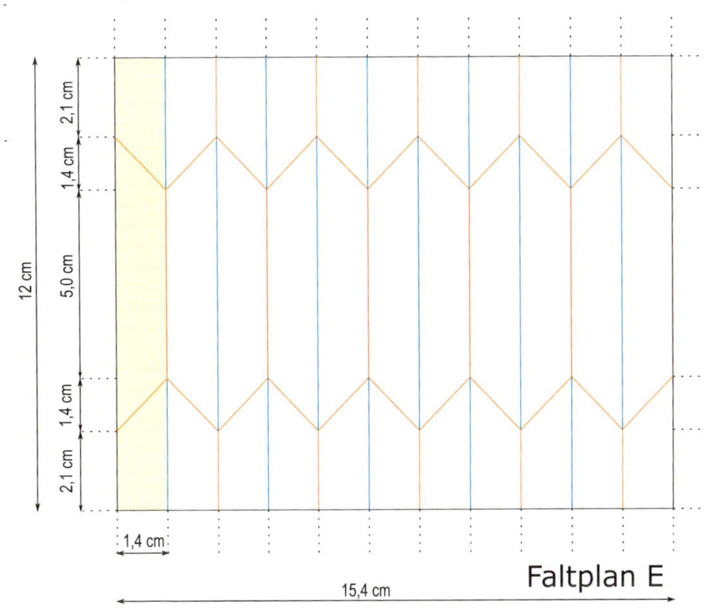

Faltplan E

Vorlage Abstandshalter von Seite 85
Originalgröße

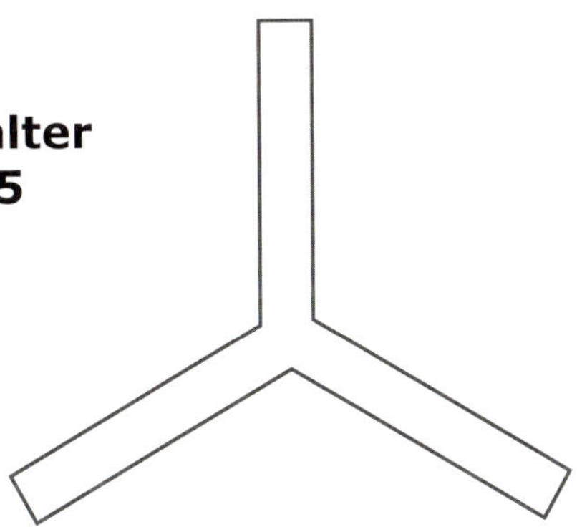

Käfersammlung von Seite 125

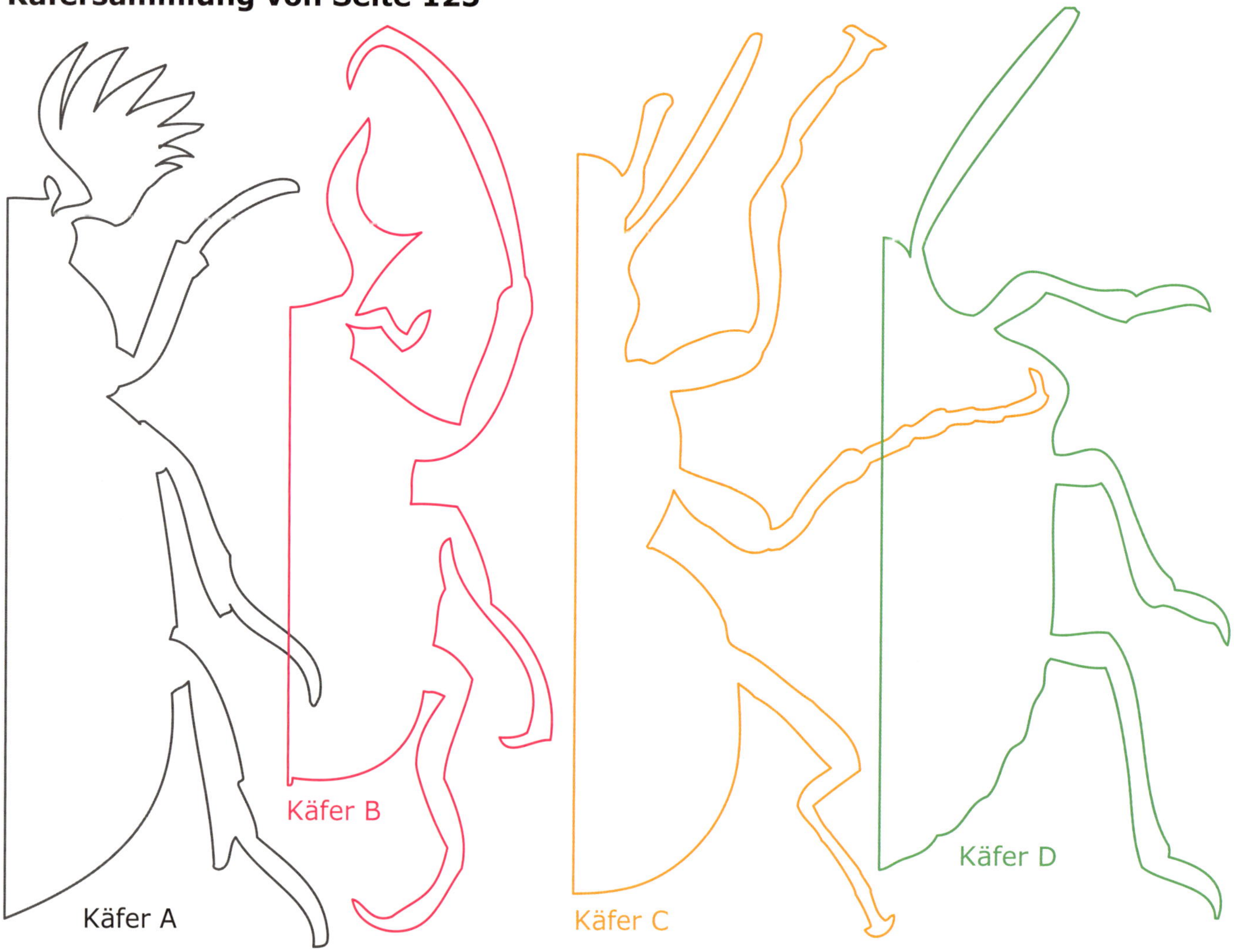

Blütenmobile von Seite 128

Blättermobile von Seite 126

Blütenblatt

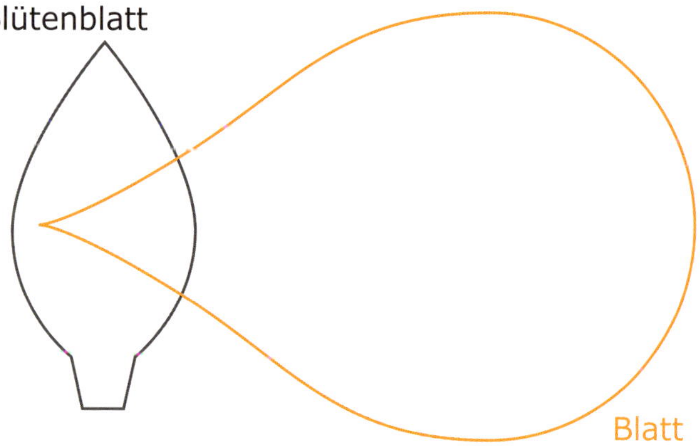

Wiesenklee und Weißklee von Seite 140/143 Originalgröße

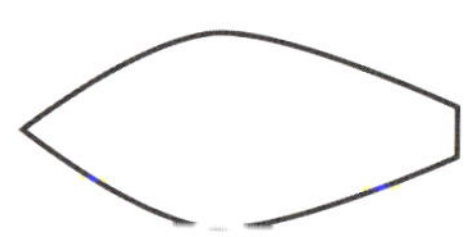

Wiesenklee

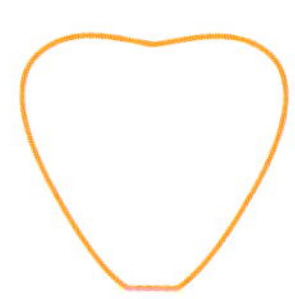

Weißklee

Papiergewichte von Seite 147
Originalgröße

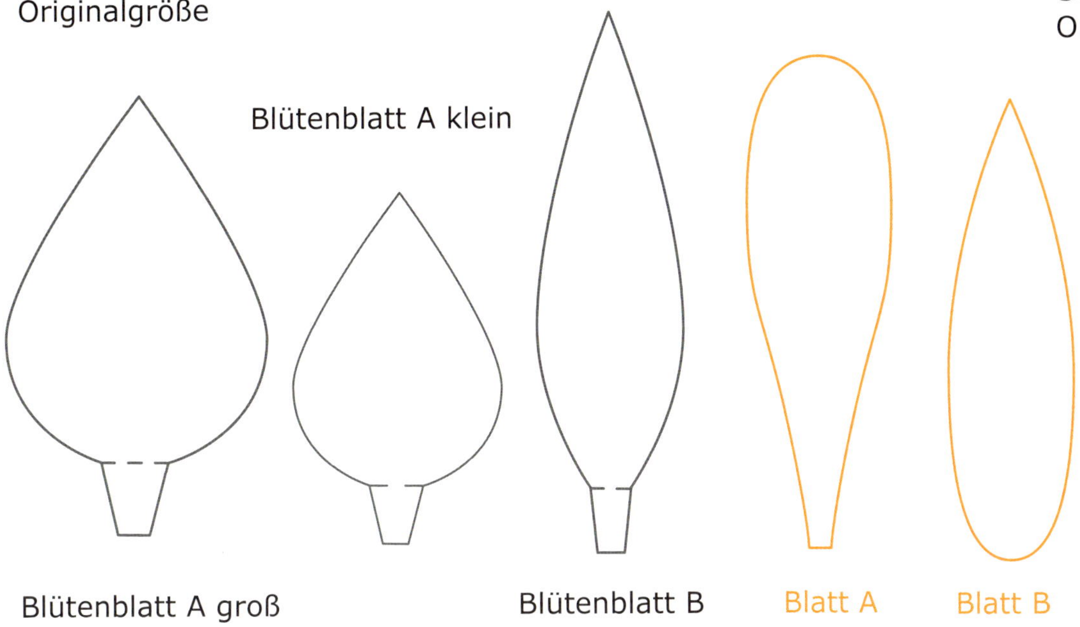

Lamellenpilz von Seite 137
Originalgröße

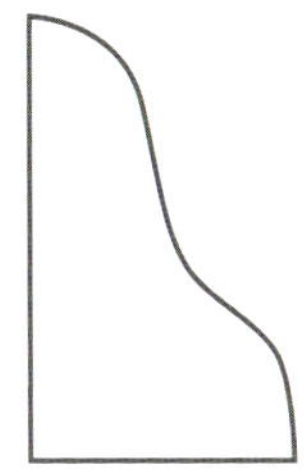

Taube von Seite 158
Originalgröße

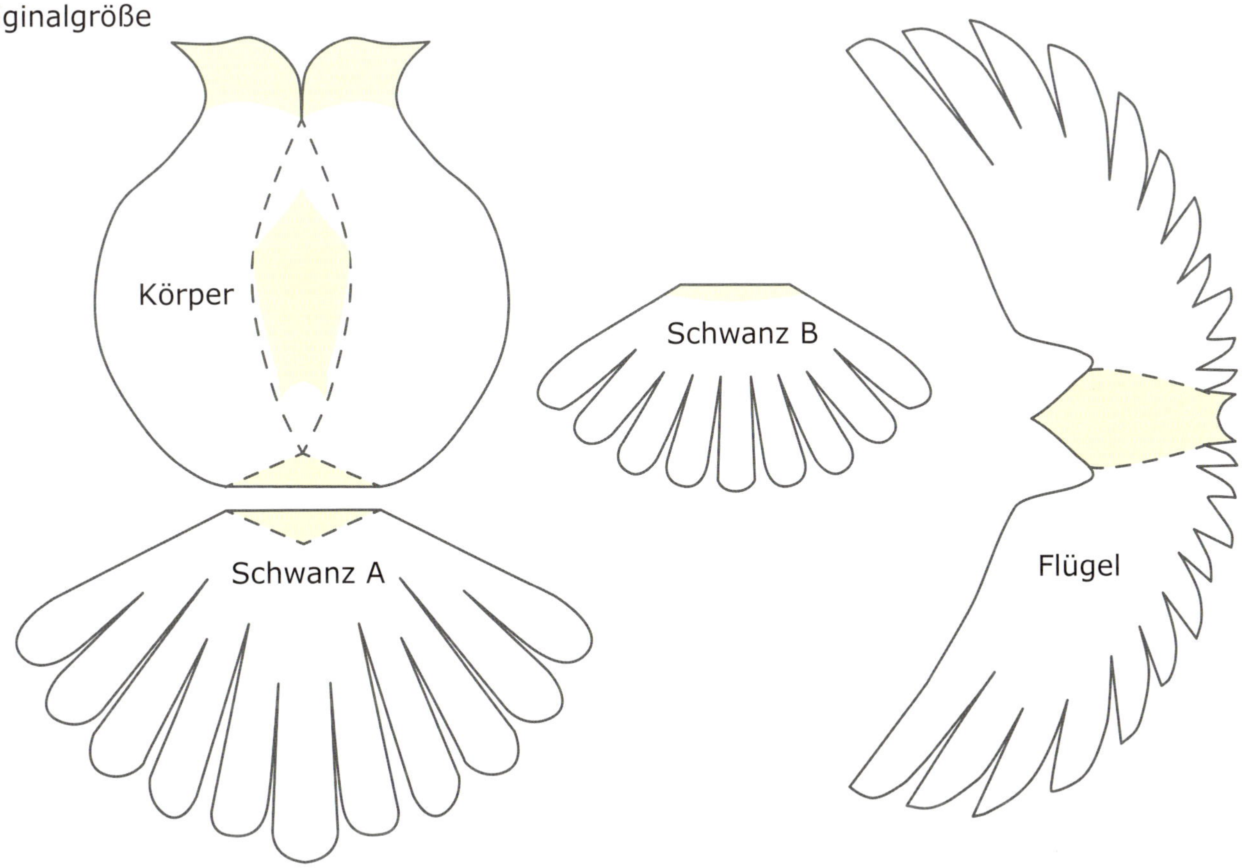

Kolibri von Seite 160

Originalgröße

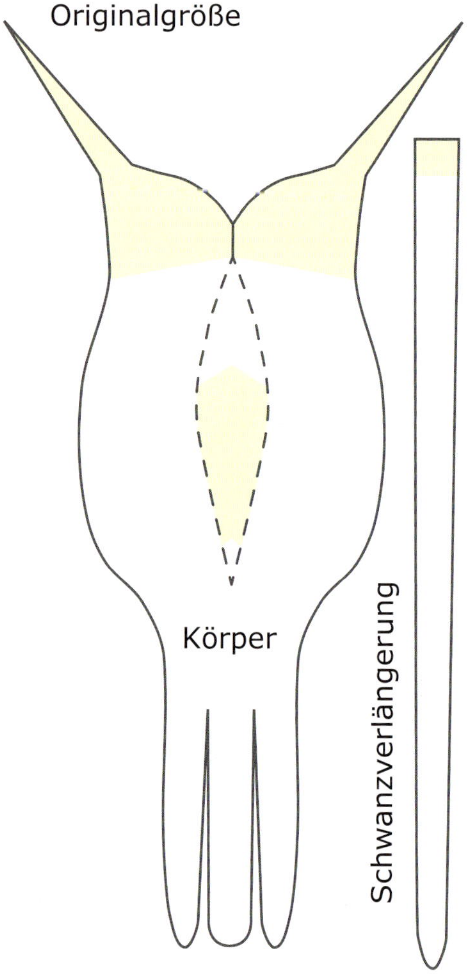

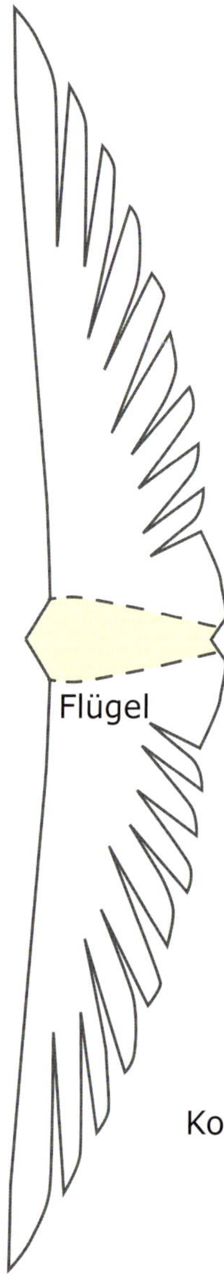

Lesezeichen Zaunkönig von Seite 156

Originalgröße

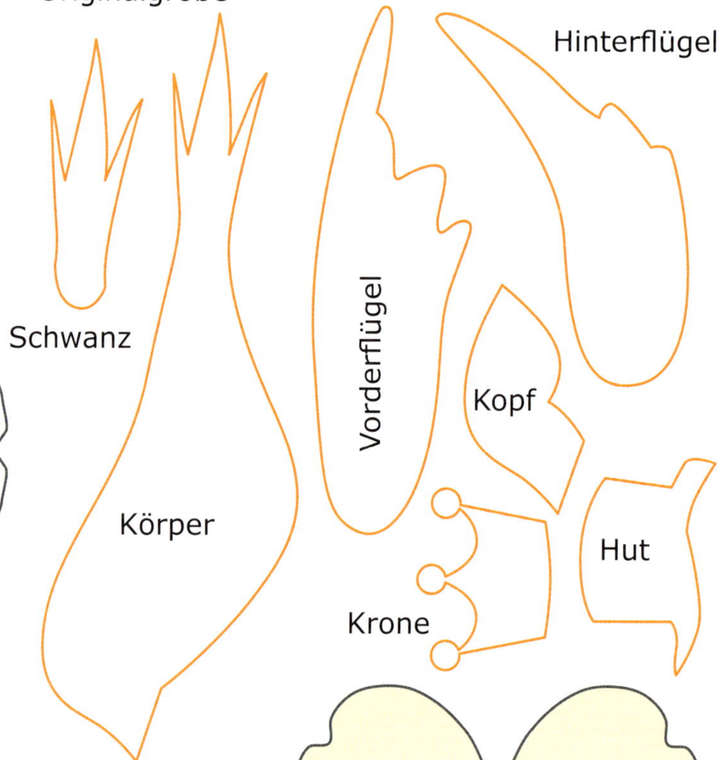

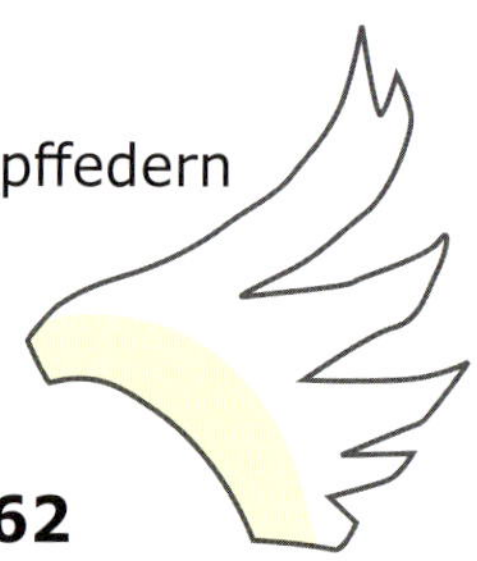

Kakadu, fliegend, von Seite 162

Originalgröße

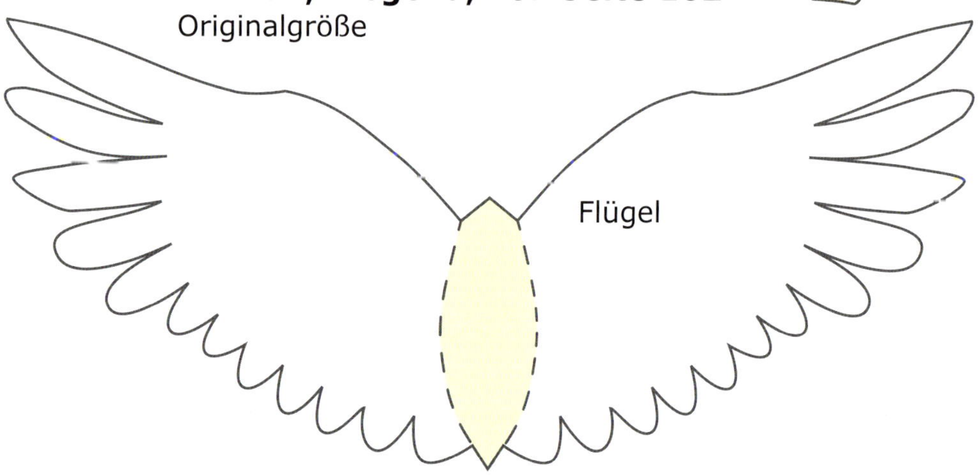

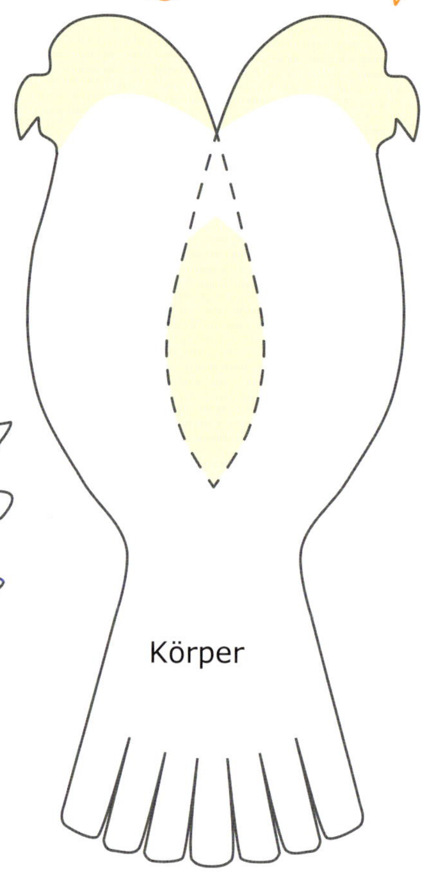

Kakadu, sitzend, von Seite 162
Originalgröße

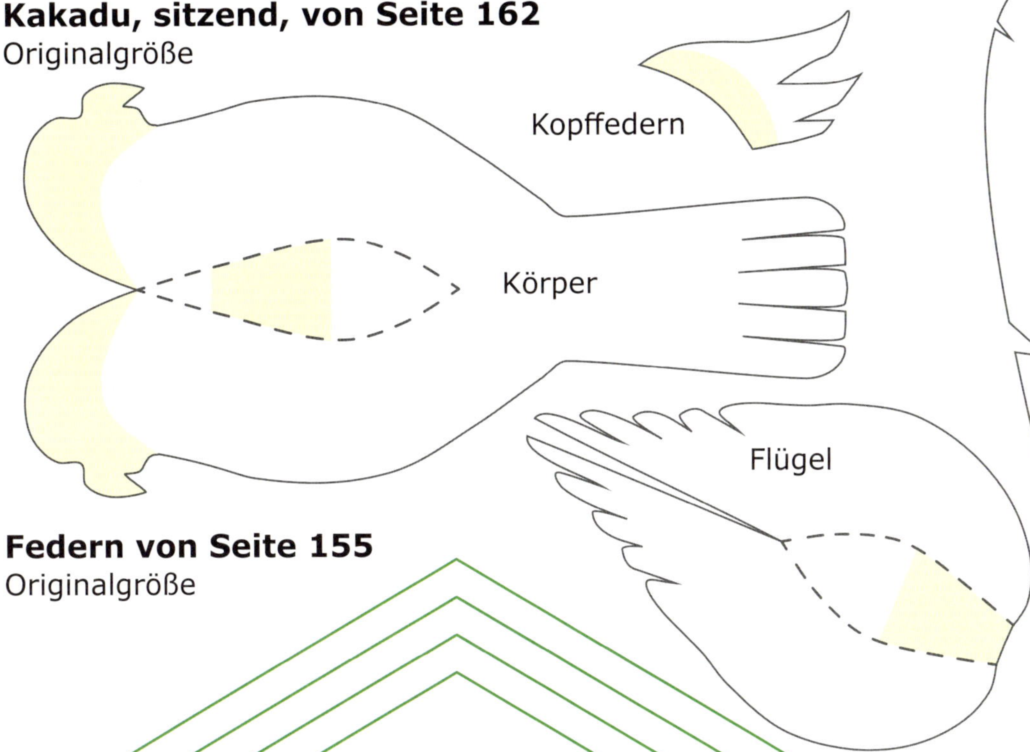

Federn von Seite 155
Originalgröße

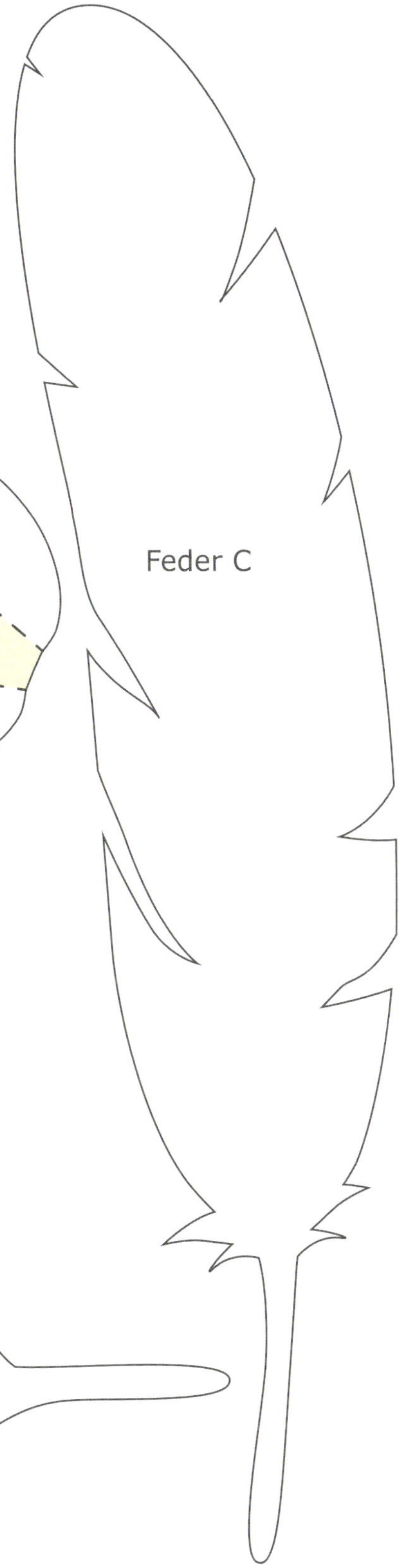

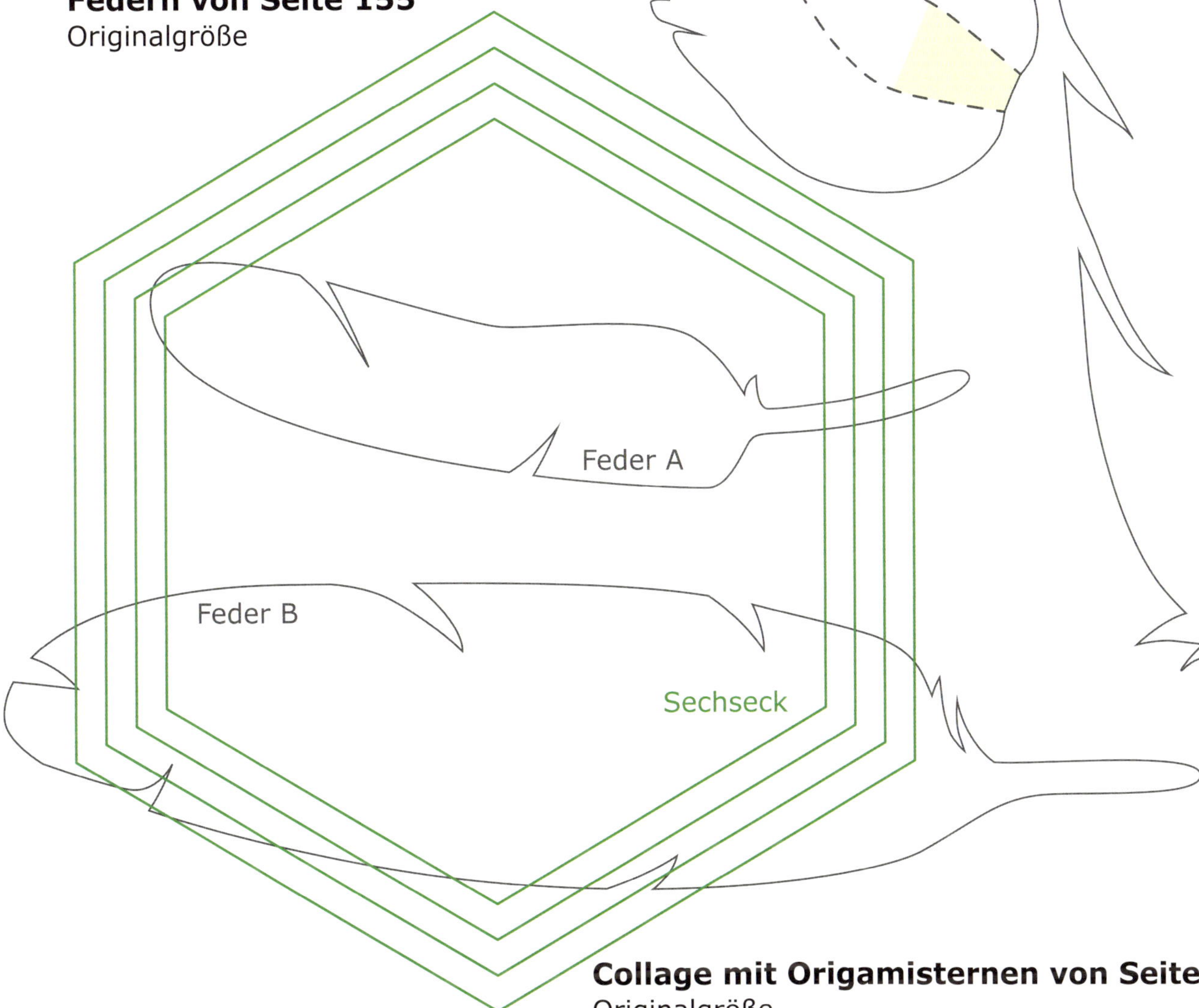

Collage mit Origamisternen von Seite 85
Originalgröße

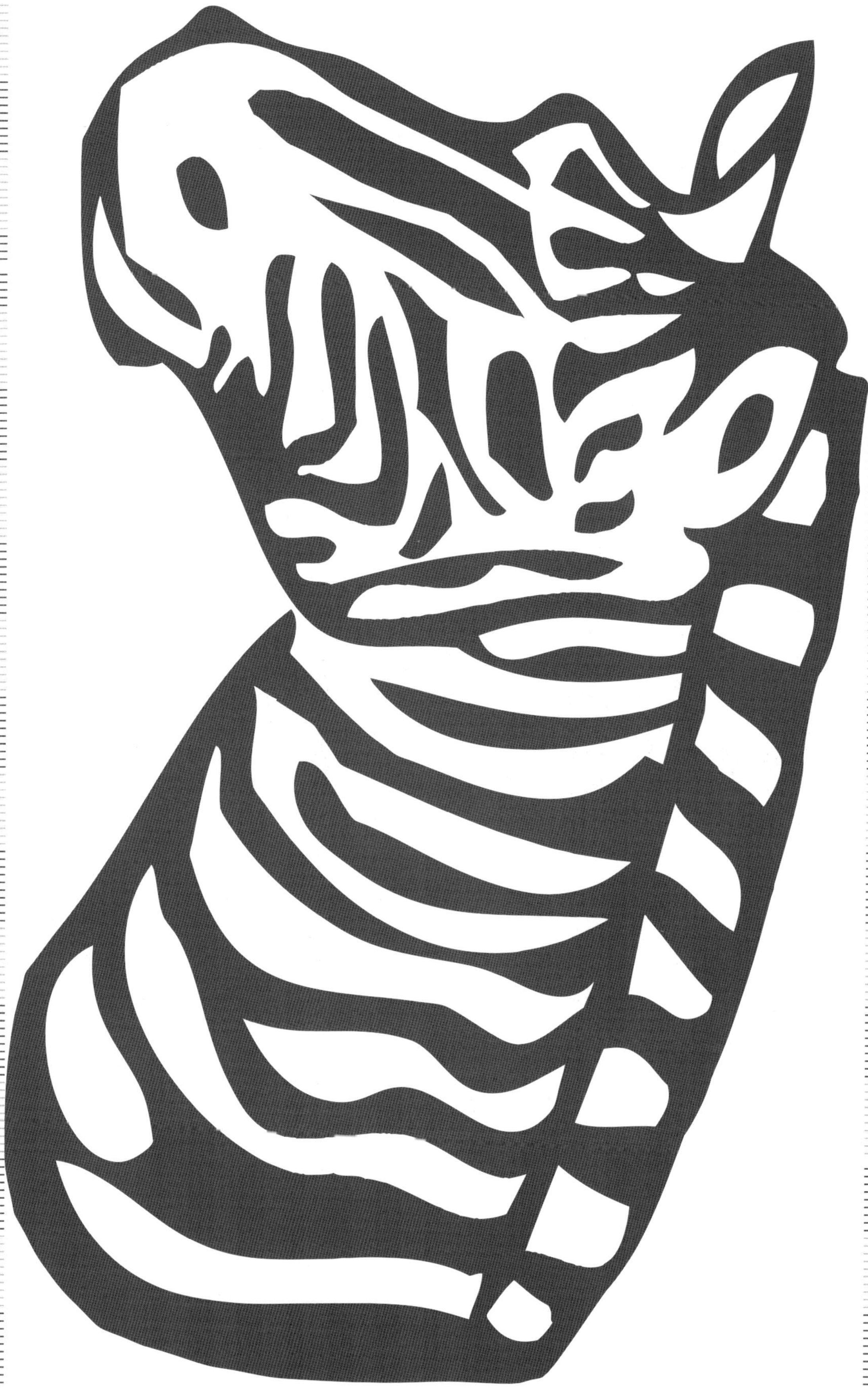

Vorlage Zebra von Seite 120 Originalgröße

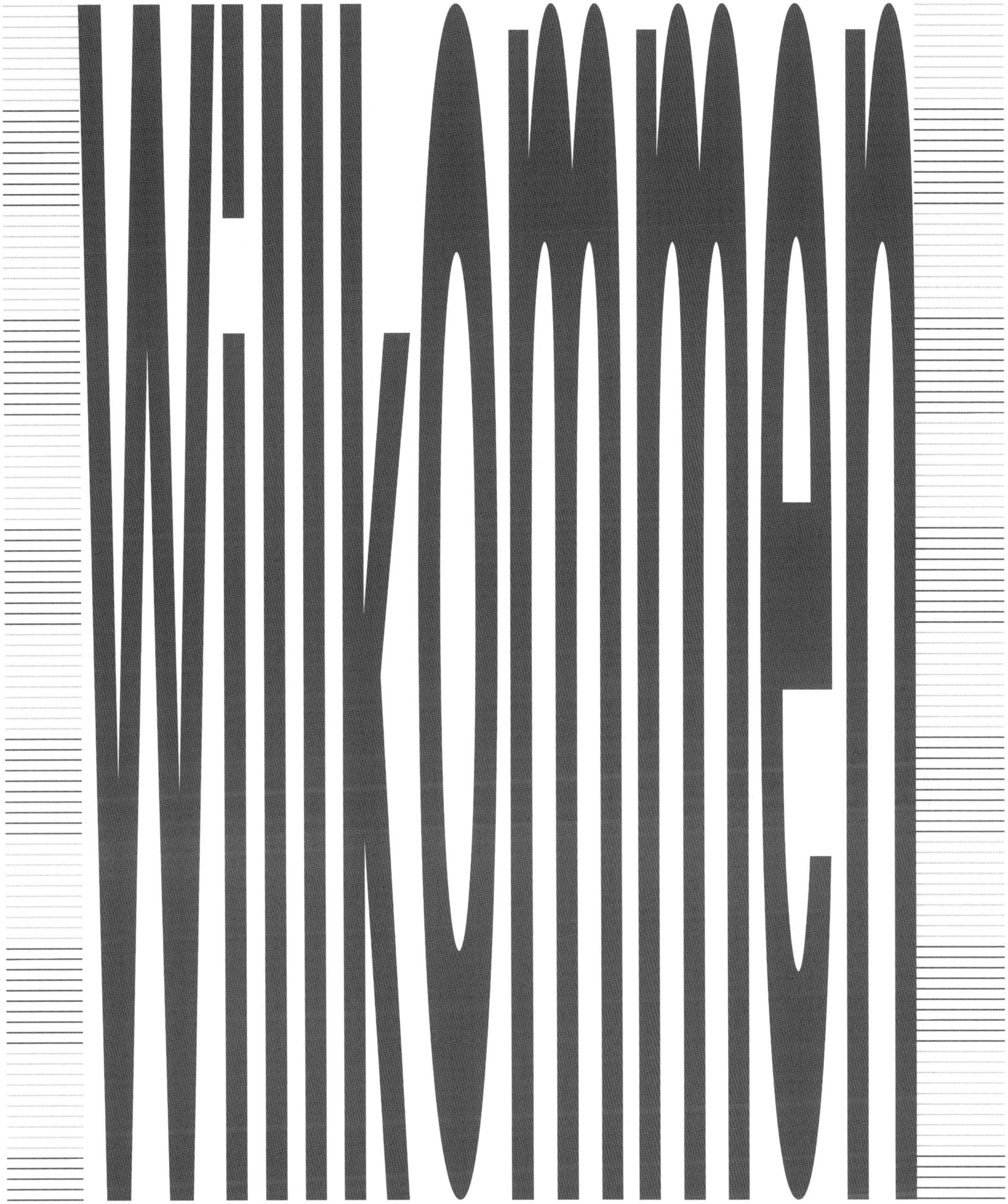

Vorlage Willkommen von Seite 117 Originalgröße

Raffinierte Geschenkverpackung von Seite 56/59
Originalgröße

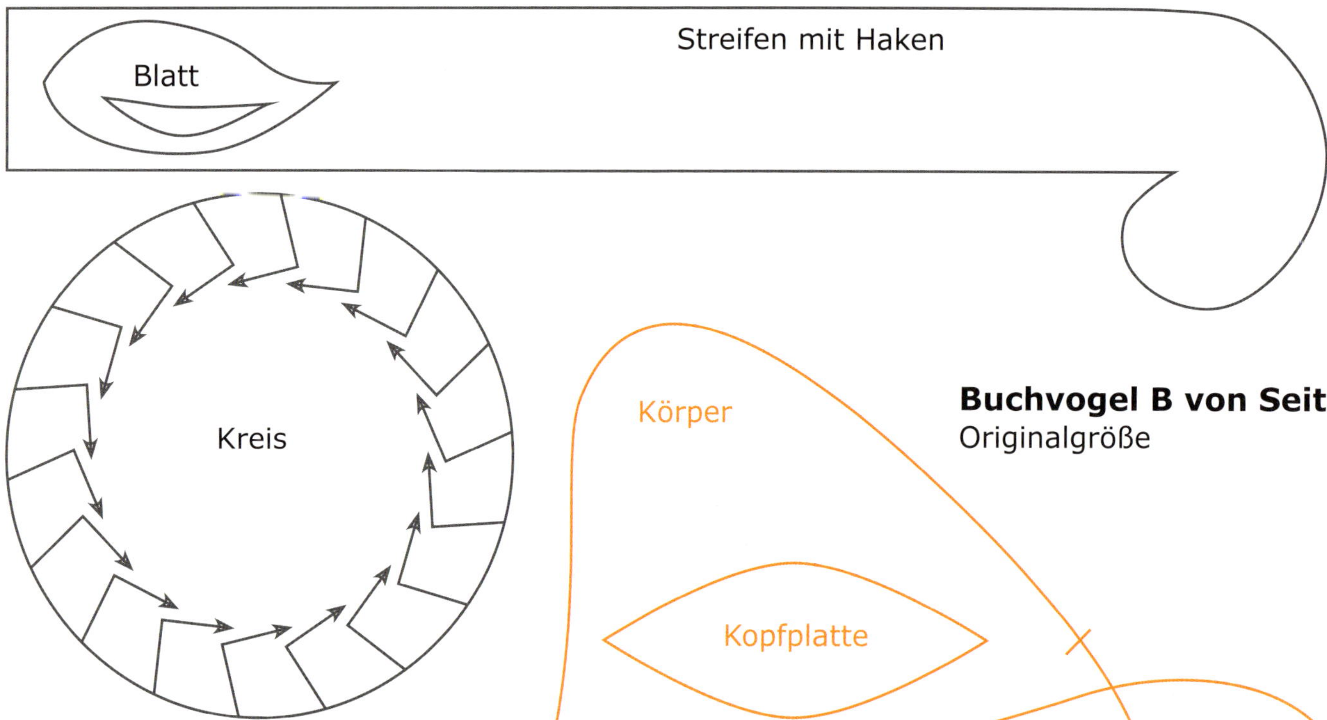

Buchvogel B von Seite 176
Originalgröße

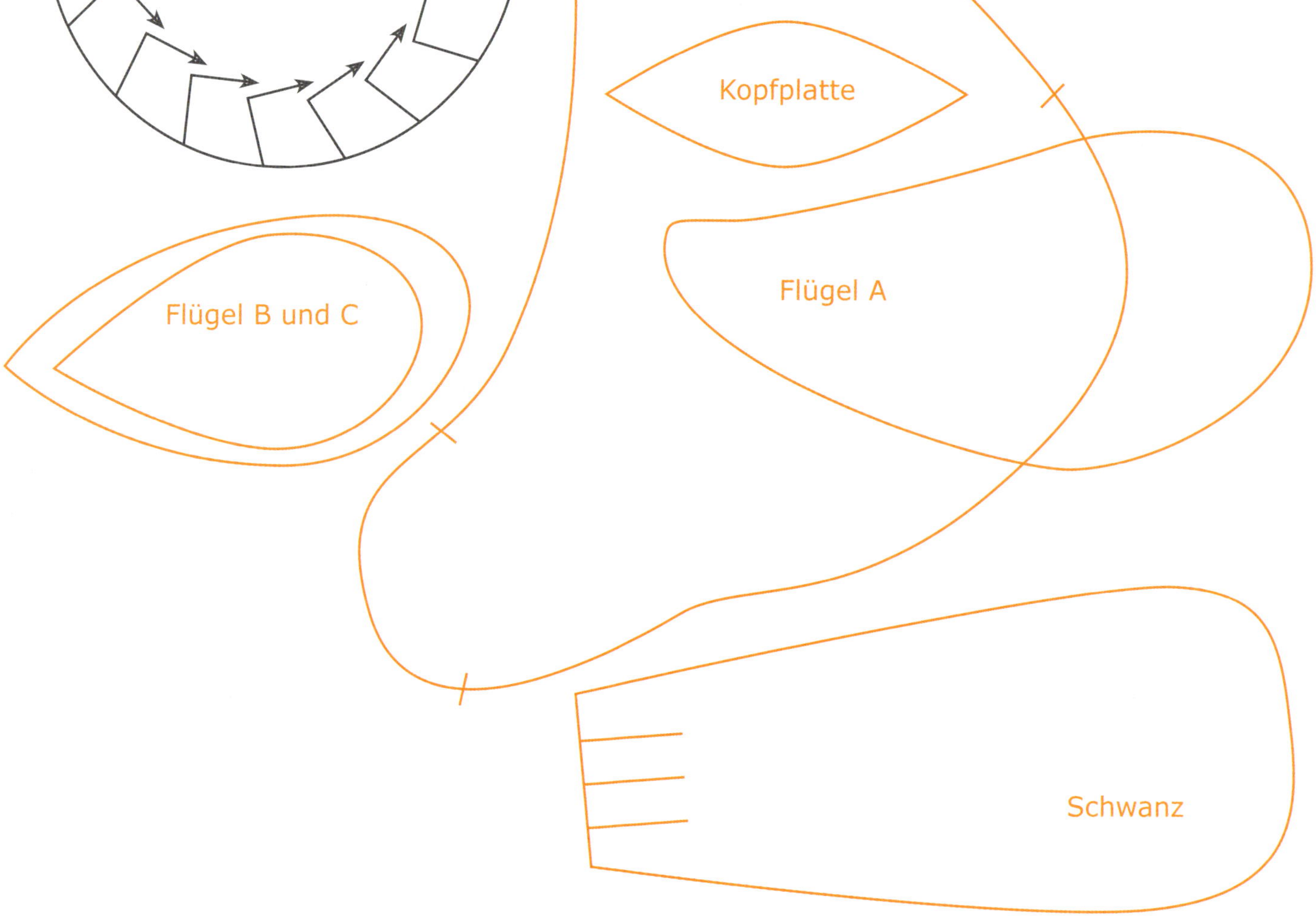

Eckiger Vogelbauer von Seite 162
Originalgröße

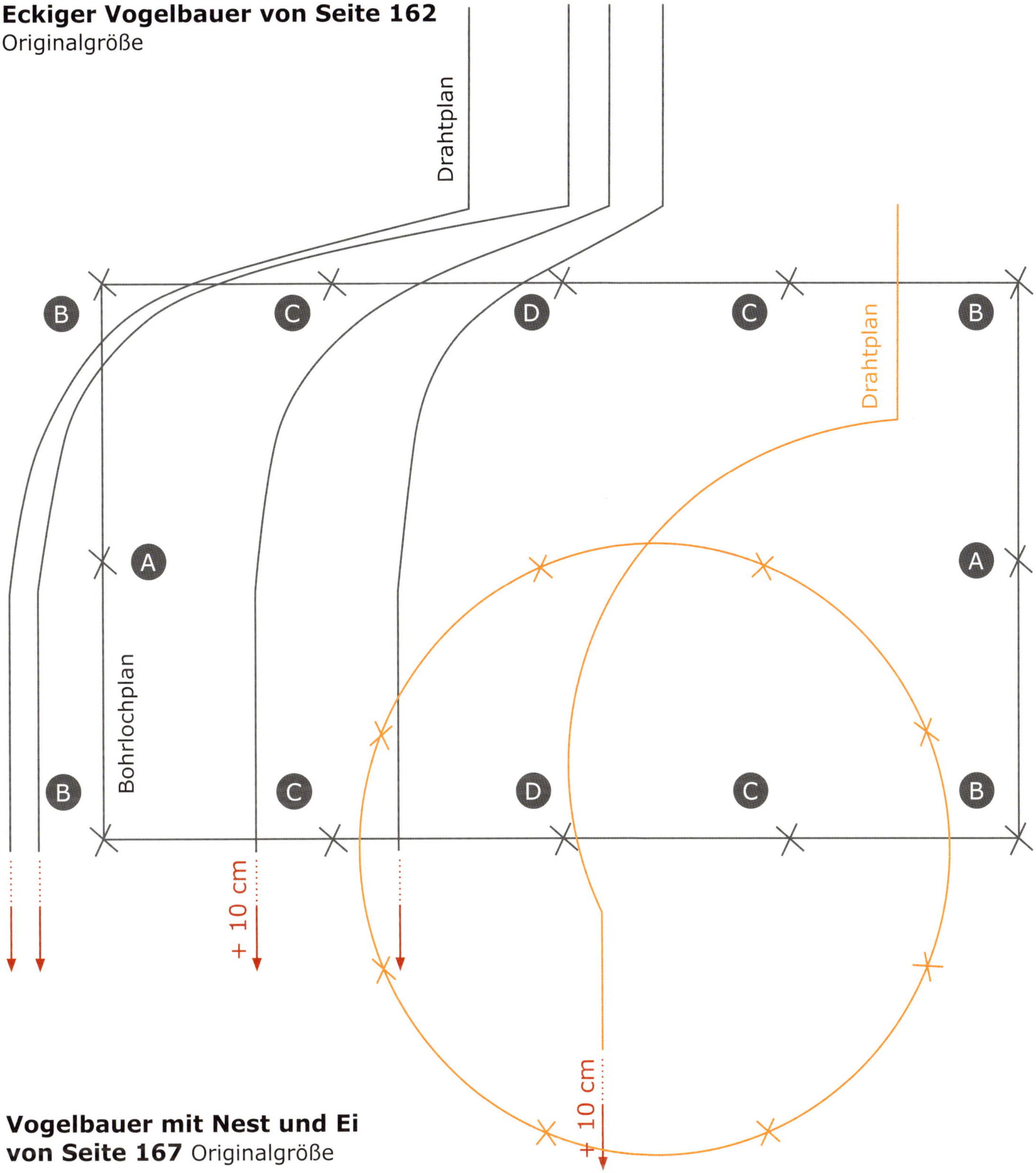

Vogelbauer mit Nest und Ei von Seite 167 Originalgröße

Buchvogel A von Seite 170

Originalgröße

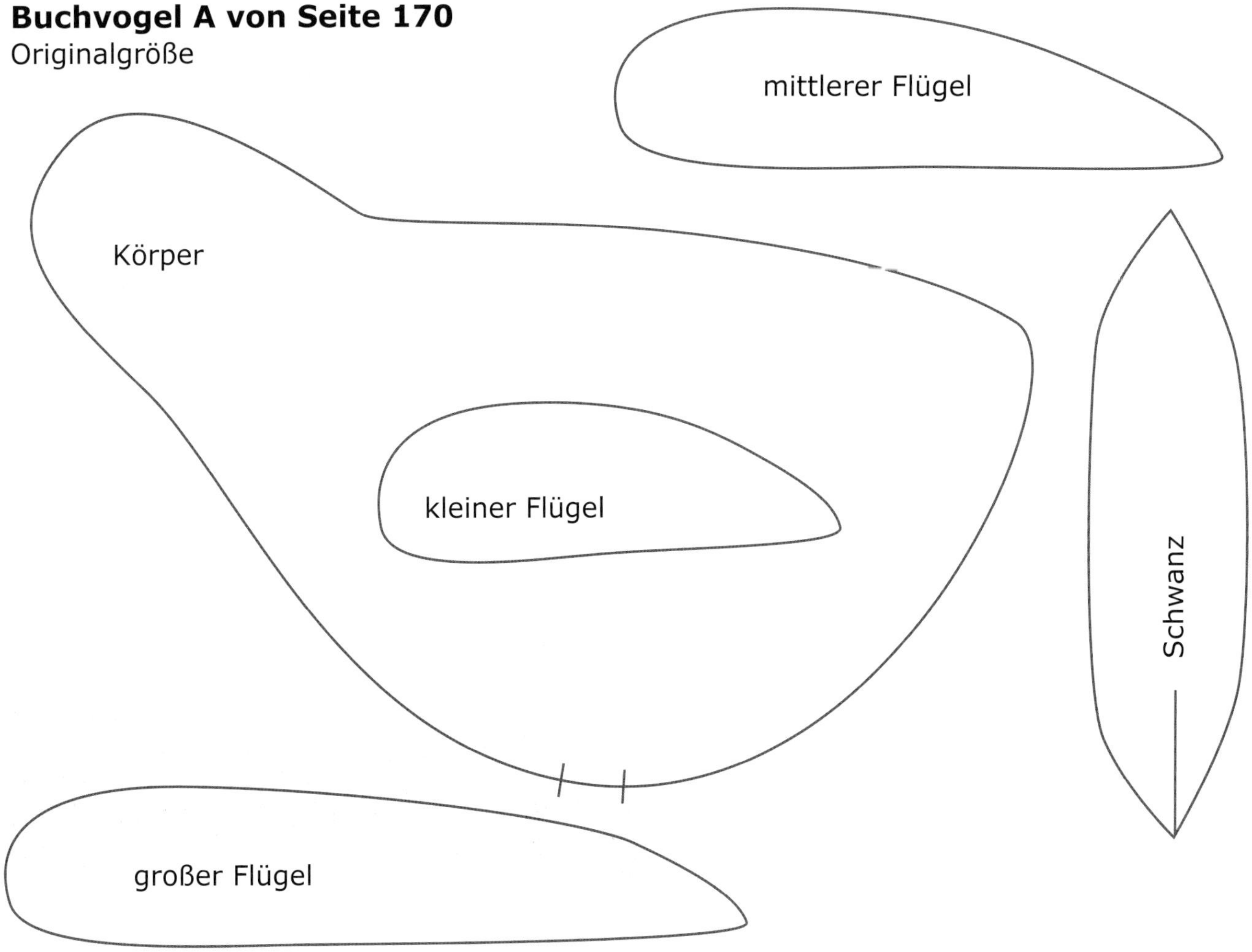

Strelitzie in einer Retrovase von Seite 131

Originalgröße

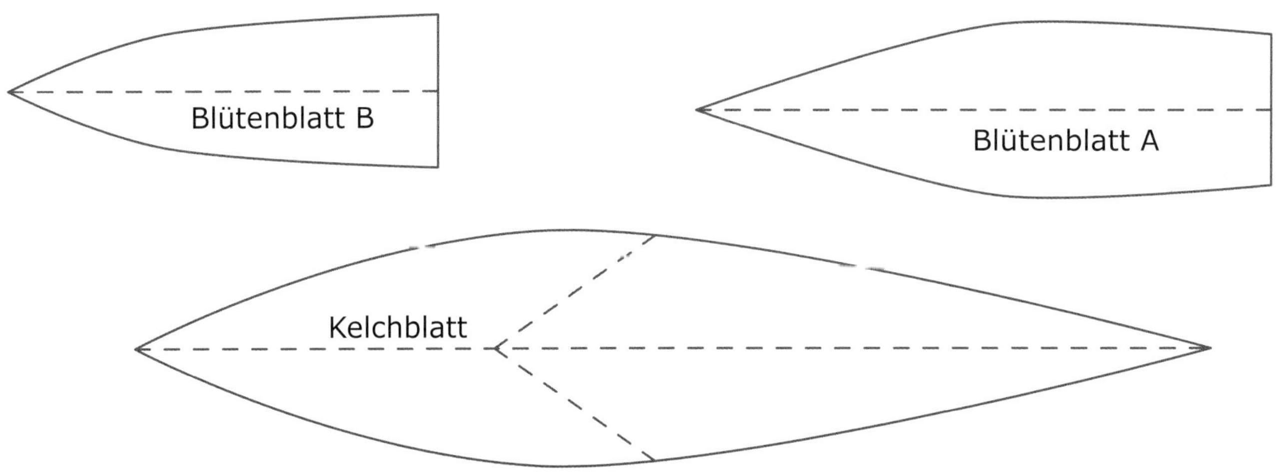

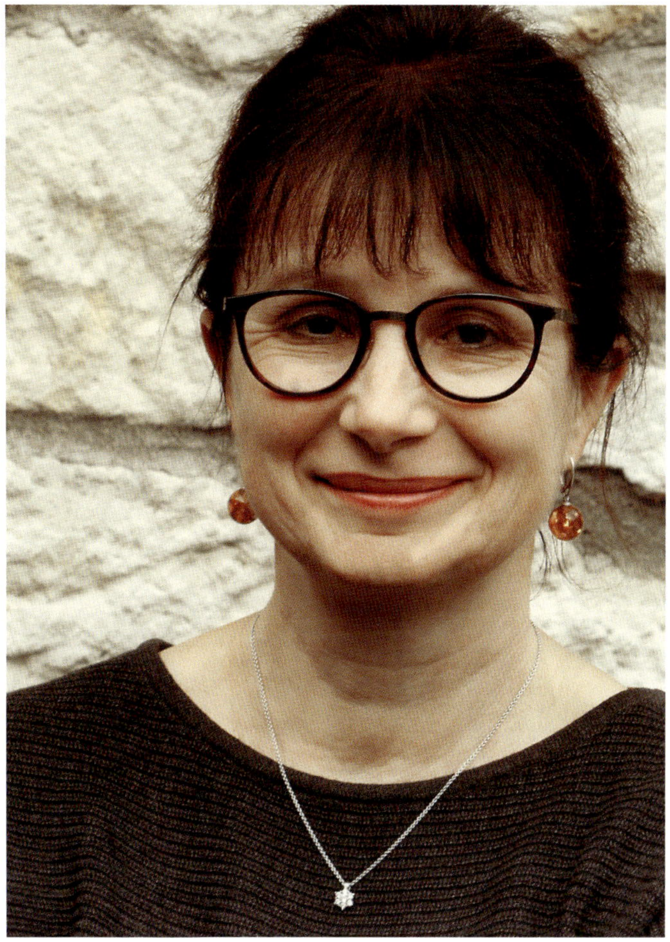

Zur Autorin

Anka Brüggemann führt den Laden *Die Buch Bar – Accessoires für anonyme Bookoholiker* in der Altstadt von Quedlinburg. Als Gründerin der Marke Bookogami, die für Papierarbeiten aus alten Buchseiten steht, leitet sie Workshops zu diesem Thema. Sie rettet alte Bücher vor dem Reißwolf und verwaltet ein Lager mit über 10 000 gedruckten Werken. Regelmäßig organisiert sie mit diesen Büchern Flohmärkte für gemeinnützige Zwecke.

www.diebuchbar.de und www.bookogami.de

Impressum

Illustration, Gestaltung und Satz: Yvonne Gernoth, D-Könnern
Fotografie: Anka Brüggemann, D-Quedlinburg
Lektorat: Eva Hauck/der springende punkt, D-Berlin
Mitwirkender am Projekt: Maik Ulbricht, D-Quedlinburg

1. Auflage 2017

Bibliografische Information der Deutschen Nationalbibliothek: Diese Publikation ist in der Deutschen Nationalbibliografie verzeichnet. Mehr Informationen dazu finden Sie unter http://dnb.dnb.de.

ISBN 978-3-258-60166-3

www.haupt.ch

Printed in Germany

MIX Papier aus verantwortungsvollen Quellen FSC® C004592

Wir verlegen unsere Bücher mit Freude und großem Engagement. Daher freuen wir uns immer über Anregungen zum Programm und schätzen Hinweise auf Fehler im Buch, sollten uns welche unterlaufen sein. Falls Sie regelmäßig Informationen über die aktuellen Titel im Bereich Gestalten erhalten möchten, folgen Sie uns über Social Media oder bleiben Sie via Newsletter auf dem neuesten Stand.